四柱의 定石

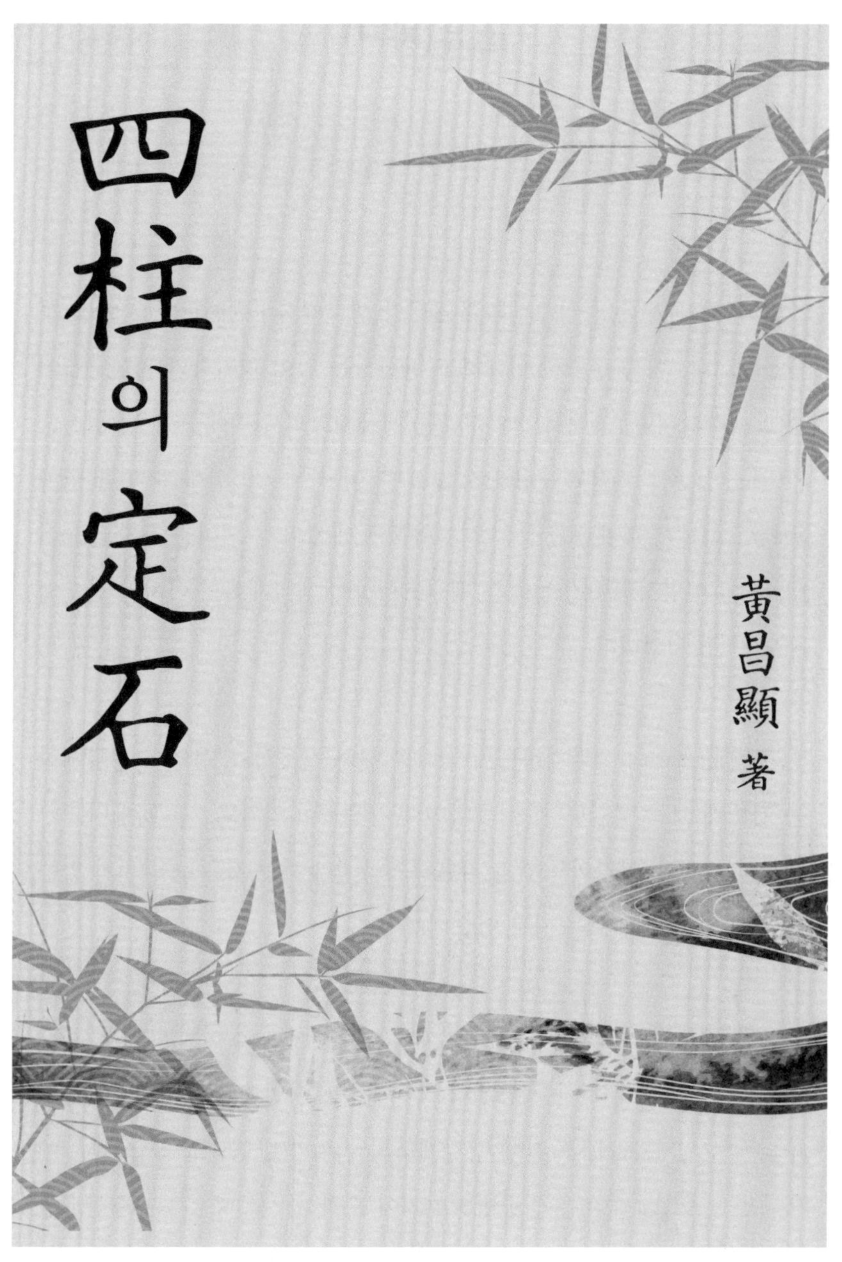

四柱의 定石

黃昌顯 著

좋은땅

自序(자서)

명리학命理學은 음양오행陰陽五行의 생극제화生剋制化에 기반을 둔 학문입니다. 이를 정확히 이해하고 판단하는 것이 명리학의 정석定石이라고 생각합니다. 그래서 필자筆者는 생극제화의 원칙에 크게 벗어난 근거 없는 이론들을 결코 수용하지 않으며, 어느 누구나 한두 개 있을 역마驛馬/도화桃花/화개華蓋 등의 신살神殺에 대해서 큰 의미를 두지 않습니다. 물론 이법적理法的 논리를 맹신盲信하여 생극제화의 이치만 강조해서도 안 될 것입니다.

그런데, 오행의 생극제화는 누구나 이해하는 듯하나, 음양의 생극제화는 가볍게 보는 듯합니다. 이를테면 음간陰干이 양간陽干을 극剋하거나 생生하는 것과, 양간이 음간을 극剋하거나 생生하는 것은 큰 차이가 있는데, 이를 동일하게 보는 자도 있습니다.

한편 천간天干과 달리 지지地支에서는 생극제화의 이치가 아닌 회충합형會沖合刑의 이치가 적용된다고 하나, 그 이면裏面에는 지장간支藏干의 구성인자構成因子 간에 생극제화의 이치가 반영되고 있습니다. 이를테면 인오합寅午合은 인중병寅中丙이 오화午火를 생生하는 형상形象이고, 인신충寅申沖은 신중임申中壬이 인중병寅中丙을 극剋하고, 인중

병은 신중경申中庚을 극췬하고, 신중경은 인중갑寅中甲을 극췬하는 형상입니다.

필자는 수년 전 명리학에 입문하면서 두서頭緖없이 여러 서적을 읽어 보았는데, 학파學派마다 이론 체계가 상이相異하여, 사주추명四柱推命의 결과도 상이함을 알 수 있었습니다. 명리가命理家가 어떤 이론을 채택하는 것은 자유지만, 과학적 논리성論理性이 수반되지 않으면 그 이론은 이내 사라질 것입니다. 그래서 필자는 고금古今을 통틀어 현존現存하는 명리학 이론 중에서, 논리적인 근거가 있는 이론들을 참조하여, 본인이 사유思惟하여 정리한 이론을 새롭게 제시하고자 합니다. 많은 고민 끝에 졸저拙著를 내놓는 바, 독자 여러분께서는 깊이 해량海諒하여 주시기 바랍니다.

필자의 글은 아래와 같은 사항에 대해 중점을 두었습니다.

첫째, 사주팔자四柱八字에서 가장 정확한 것은, 지구의 운동과 관계가 있는 월지月支와 시지時支입니다. 그래서 월·시지에 간명看命의 비중을 높게 두는 것이 아닌가 생각됩니다. 오늘날 태세太歲라고 하는 년주年柱와, 일진日辰이라고 하는 일주日柱는 실제로 천체天體의 움직임과 상관이 없는 가상假想의 개념입니다. 즉 월·시지를 제외한 나머지 여섯 자는 현상계現象界에서 적확성的確性을 증명할 방법이 없습니다. 만약 여섯 자에 오류誤謬가 있다면 명리학 체계가 무너질 것입니다. 하지만 오류가 있음을 증명할 방법도 없습니다.

둘째, 명리학의 기본 개념인 음양오행, 천간지지, 지장간 그리고 역학의 근간根幹인 하도河圖와 낙서洛書, 팔괘八卦, 오운육기五運六氣, 이기理氣, 체용體用 등의 개념에 대하여 정리하였습니다. 명리학의 기본 개념과 근간을 제대로 공부하지 않으면, 배가 산으로 갑니다. 기본 개념은 지식을 습득拾得하는 것이 아니라, 이해理解하는 것이 중요합니다.

셋째, 지지의 회충합형파해會沖合刑破害를 새롭게 분류하였습니다. 지지 간의 결합은 천간과 달리, 지장간으로 구성되어서 복잡다단複雜多端한 체계입니다. 그래서 이에 대한 해석이 간단하지 않으므로, 학파마다 접근 방법이 상이합니다. 필자는 이에 대해 새로운 개념의 분류체계인 會/沖/合/刑/害를 제시합니다. 기존의 파해破害는 간명看命의 도구道具에서 제외합니다.

넷째, 격국格局과 용신用神에 대해 재정립하였습니다. 종래從來 다수가 월지의 투간透干 여부로 격格을 정하는 방식에서 벗어나, 출생한 계절의 기운氣運에 초점을 맞춰 격格을 정합니다. 용신의 적용은 억부용신抑扶用神에 중점을 두고, 보완적補完的인 차원에서 격국용신格局用神으로 격格의 고저高低를 들여다보고, 조후용신調候用神으로 사주의 한난조습寒暖燥濕 여부를 판단합니다.

다섯째, 행운行運(대운大運/세운歲運)에서 종래의 기대운법(起大運法: 대운을 세우는 방법)을 수정修整합니다. 즉 세운이 모든 자에 동일하게 적용되는 것과 같이, 대운도 동년동월同年同月에 출생하면, 동일한 대

  四柱의 定石

운이 적용됩니다. 그러므로 대운세수(大運歲數: 대운이 시작되는 시점을 정하는 기준)를 정할 필요가 없습니다. 그리고 행운을 보는 법을 체계적으로 정리하였습니다.

한편 본本 저서에는 한자漢字가 다소 많이 표기表記되었습니다. 이는 필자가 지적知的 자부심自負心에 고무鼓舞되어, 그리한 것이 절대 아닙니다. 한글은 표음문자表音文字이고 한자는 표의문자表意文字이므로, 명확한 의미전달意味傳達을 위해 그리한 것입니다. 한자는 한글을 병기竝記하였고, 이후의 동일한 한자는 한글로 표기하였습니다. 책장을 계속 넘기다 보면, 계속 되풀이되는 동일한 한자어의 대부분은 명리학 용어用語임을 알 수 있습니다. 그리고 혹 오자誤字가 나오면, 너그러이 용서해 주시기 바랍니다.

2025년 8월 30일
저자 황창현

■ 참고문헌參考文獻

서명書名	저자/편저	출판사
적천수滴天髓	유백온劉佰溫	
자평진전子平眞詮	심효첨沈孝瞻	
난강망欄江網	저자 미상未詳	
기문둔갑기초편	이기목/손혜림	태학당
대산주역강의	김석진	한길사
명리약언	진소암/김정혜 등	이담북스
명리정종정해	장남/심재열	명문당
사주첩경	이석영	한국역학교육원
삼명통회적요	만민영/김정안	문원북
손에 잡히는 맹파명리	단건업/박형규, 허항진	상원문화사
역의 이해와 오운육기	정익	BLOG
연해자평정해	서승/심재열	명문당
완전풀이 적천수	포여명	예예원
완전풀이 십간론	포여명	예예원
완역 명학신의	수요화제관주/나명기	D&V
우주변화의 원리	한동석	대원출판
육임입문	이수동	대유학당
자미두수입문	김선호	대유학당
적천수강의	박주현	동학사
적천수적요해설	이수	장서원
적천수천미해설강의	임철초/이선종	장서원
팔자술필살기	이수	장서원

四柱의 定石

目次 (목차)

第3章 격국과 용신 (格局과 用神)

사주의 근간
(四柱의 根幹)

1. 사주의 변수 (四柱의 變數)

1.1 일간日干에 영향을 주는 독립변수獨立變數

사주란 년주年柱/월주月柱/일주日柱/시주時柱로 구성된 여덟 자의 간지가 결합한 구조이다. 그러므로 여덟 개 구성인자의 성격을 규정하고, 상관관계相關關係를 파악하는 것이 사주추명四柱推命의 척도인 것이다.

인간은 누구나 할 것 없이 지구라는 행성에 살고 있다. 그래서 지구의 운동은 인간을 포함하여 만물에 지대한 영향을 미친다. 지구의 공전公轉과 지축의 기울기로 인하여 사계四季가 구분되고, 지구의 자전自轉으로 인하여 주야晝夜가 구분된다. 즉 지구의 공전과 지축의 기울기 및 지구의 자전은 아我에 심대한 영향을 미치는 독립변수(**獨立變數: 인과관계에 있어서 원인이 되는 변수)**인 것이다.

지구의 공전과 지축의 기울기로 인한 사계의 순환이 바로 월지月支이다. 그래서 명리학을 계절학季節學/절기학節氣學이라고 한다. 만약에 하절夏節에 출생한 자와 동절冬節에 출생한 자가 있다면, 하절생은 더운 기운을 받고 태어난 것이고, 동절생은 추운 기운을 받고 태어난 것이므로, 기상氣象의 차이가 확연하다. 한편 지구의 자전으로 인한 주야의 순환이 바로 시지時支이다. 만약 한낮에 출생한 자와 한밤중에 출생한 자가 있다면, 주생晝生은 따뜻하고 밝은 기운을 받고 태어난 것이고, 야생夜生은 춥고 어두운 기운을 받고 태어난 것이므로, 시지 역시 기상의 차이가 확연하다.

사주는 역학易學의 한 분야이다. 역易이란 본디 상형문자로서 '바꾸다'의 의미로 사용되는데, 자의字義는 日과 月의 합성이다. 즉 日과 月의 움직임으로 바뀌는 것이다. 이것이 바로 월지 및 시지인 것이다. 그래서 이 둘은 사주체四柱體에서 가장 중요한 독립변수가 된다.

그러면 년주年柱는 어떤가? 2025년 현재 출생한 자는 을사년생乙巳年生이다. 을사년에 출생한 자는 1965년생/1905년생도 있다. 즉 60년을 주기週期로 동일한 년주가 세워지는 것이다. 년지年支로 한정해서 보면, 사년생巳年生은 12년을 주기로 동일한 년지가 세워진다. 그런데 세 을사년생 또는 사년생에서 어떤 공통점을 찾을 수 있을까? 월주의 자월子月은 한寒하고 오월午月은 난暖하고, 시주의 자시子時는 암暗하고 오시午時는 명明하여 그 구분이 명확한데, 년주에서 구별을 의미하는 단어가 쉽게 떠오르지 않는다. 그래서 년주는 아我에 영향을 미치는 독립변수로서의 역할이 거의 없는 것이다. 그러므로 사주추명에 있어서, 년주를 월주/시주와 같은 비중으로 판단해서는 안 되며, 경우에 따라서는 무시해도 좋은 것이다.

또한 일주日柱는 어떤가? 일주의 범위는 년주와 달리 장기간의 영역이 아니다. 1개월을 30일로 나누고, 24시간 내에 있는 단기간의 영역이다. 사계와 주야를 의미하는 월주와 시주 사이에 있으며, 월주나 시주와 같이 변화變化의 동인動因도 아니다. 이 점이 일주가 아我를 상징하는 종속변수 **(從屬變數: 인과관계에 있어서 결과가 되는 변수)**의 의미가 부여된 것이다. 즉 아我는 사주체의 주인공이므로 스스로 변화할 수 없고, 오히려 변화의 동인인 월주/시주/년주 등에 영향을 받는 종속변수인 것이다. 이 점이 자평명리학自平命理學이 일간日干을 중심으로 간명看命하는 근거가 된다.

　다음은 동주同柱 내에서 간지干支의 상관관계相關關係에 대해서 살펴 보겠다. 사주는 모두 간지의 결합으로 구성되어 있는데, 일정한 규칙성이 있다. 즉 사주의 배우配偶는 양간陽干이 양지陽支, 음간陰干이 음지陰支와 짝을 짓고 있다. 그래서 양간은 음지와 음간은 양지와 짝을 이루지 못하므로, 갑축일甲丑日이나 을자일乙子日은 없는 것이다. 그래서 동주의 간지 결합은 일신동체적一身同體的인 속성屬性이 있음을 의미하는 바, 육체로 비유되는 지지의 활동으로, 정신으로 비유되는 천간이 영향을 받는 인자因子가 된다. 즉 천간은 지지와의 생극관계生剋關係에 의해, 그 세勢를 달리한다.

　예를 들면 갑인일주甲寅日柱는 녹신祿神을 얻어 목세木勢가 견고해진 반면에, 갑신일주甲申日柱는 금극목金剋木으로 절각**(截脚: 천간이 희신喜神인 경우에 지지의 극제剋制로 피상被傷되었을때, 다리가 부러진다는 은유적 표현)**되어 목세가 쇠약하다. 즉 지지가 무엇이냐에 따라, 甲 일주日主(=일간日干)는 강할 수도 있고, 약할 수도 있다. 이는 동주에서 지지는 천간에 영향을 주는 독립변수라는 것이다. 그러므로 일지日支는 일간의 독립변수이고, 아신我身(=일간)과 일신동체인 일지는 배우자配偶者가 되는 것이다. 물론 일간 外 천간인 년간年干/월간月干/시간時干도, 동주에 좌坐한 지지가 독립변수가 된다.

　상술上述한 내용을 정리하면, 사주체四柱體의 유일한 종속변수인 일주日柱는 독립변수인 월·시·년주로부터 영향을 받는 것이며, 일주 내에서는 일지가 일간에 영향을 주는 것이다. 그러므로 일주가 개입介入이 안 되는, 년과월/월과시/년과시 간의 생극제화生剋制化나 회충합형會沖合刑 등에 대한 간명看命 비중은 상대적으로 낮은 것인데, 어떤 자는 이를 가볍게 여기고, 견강부회(**牽强附會: 이치에 맞지 않는 말을 억지로 끌어 붙여 자기 주장에 맞춤.**) 하기도 한다.

한편 종속변수인 일주日柱에 영향을 주는 비중을 말한다면, 월주>시주>년주 순이다. 일간을 기준으로 한다면, 뿌리가 되는 지지의 비중이 당연히 천간보다 높다. 그래서 지지의 비중은 월지>시지>일지>년지 순이다. 그런데 어떤 자는 시지보다 일지가 더 비중이 있다고 한다. 하지만 이는 잘못된 판단이다. 일지는 사주체의 주인공인 일간과 일신동체이니 크게 보면, 독립변수가 아닌 종속변수이다. 이러한 관계로 일지는 일주日柱의 일원으로 월·시·년주로부터 영향을 함께 받으며, 일간에 영향을 주는 이중성二重性을 가진 인자因子로 개념화概念化해야 한다. 그러므로 지구 변화의 핵심인 월·시지보다는 하위下位이다.

그리고 천간의 비중은 시간>월간>년간 순이다. 여기에서 월간이나 시간이 일간에 붙어 있는 것은 동일한데, 시간을 상위上位에 둔 이유가 있다. 사주를 근묘화실(**根苗花實: 사주를 과거/현재/미래에 대비하면, 년주 및 월주는 과거, 일주는 현재, 시주는 미래를 의미한다.**)의 관점에서 보면, 미래를 예측하는 것이 더욱 유의미有意味한데, 월간은 과거의 위치에 있고, 시간은 미래의 위치에 있기 때문이다.

[일간에 영향을 주는 독립변수의 작용력 순위]

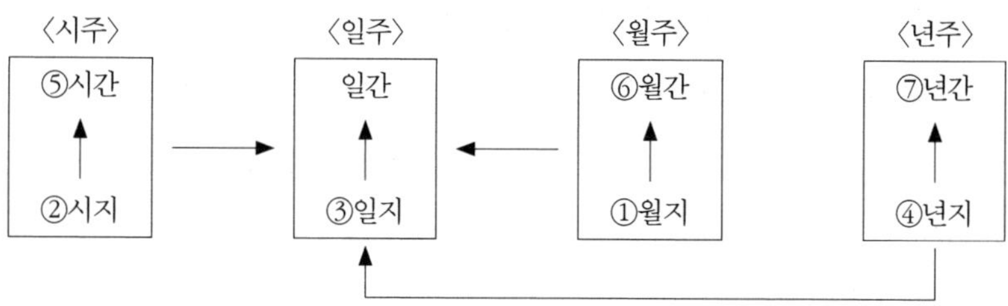

　그러면 독립변수가 종속변수인 아신我神에 영향을 미치는 과정을 살펴보겠다. 자평명리학에서는 종속변수인 일주日主와 계절을 의미하는 독립변수인 월지와의 상관관계相關關係를 핵심적으로 들여다보았고, 그것은 결국 격국론格局論으로 발전하였다. 이를 체용상體用上으로 구분하면, 일주가 체體이고 월지가 용用이 된다. 예를 들면 甲일주가 목왕절木旺節인 寅·卯月에 출생하면 득령得令하여 신왕身旺하지만, 금왕절金旺節인 申·酉月에 출생하면 실령失令하여 신쇠身衰하다. 이처럼 계절이란 변수에 의해 아신은 기氣를 달리한다. 즉 독립변수인 寅/卯月, 申/酉月이란 원인자原因子가 종속변수인 일주의 역량에 영향에 미치는 것이다. 월지 外의 독립변수도 이와 같은 이치를 적용하여, 통근通根 여부를 파악할 수 있다.

1.2 일간日干 外 천간에 영향을 주는 독립변수獨立變數

　그렇다면 일간 外 천간은 일간과 동일한 논리로 영향을 받는가? 하는 의문이 생긴다. 그래서 일간 外 천간에 영향을 주는 사지四支의 비중을 살펴보겠다. 우선 일간 外 천간 대비 월지의 관계이다. 일간을 지구라는 행성으로 보고, 타간他干을 태양계의 또 다른 행성으로 가정假定한다. 그러면 태양계의 행성은 모두 태양을 중심으로 공전하고 있으므로, (비록 공전 주기는 다르지만) 공전을 의미하는 월지는 타간에게도 중요한 변수가 된다. 이러한 관점에서 예를 들면, 甲일주가 午月에 출생하면 휴수기休囚期로 실령失令하지만, 일간 外 천간 中 어떤 천간이 火(丙/丁)

　　　　　　　　　　　　　　　　　　　四柱의 定石

오행이라면 화왕절火旺節로 득령得令한다. 그러므로 일간 㑑 천간 역시 월지의 영향력이 가장 크다고 볼 수 있다.

다음은 일간 㑑 천간 대비 시지의 관계이다. 결론적으로 말하자면, 시지는 일간 㑑 천간과 전혀 관련이 없다. 시지는 지구의 자전에서 비롯된 변수이지, 지구가 아닌 행성의 자전에서 비롯된 것이 아니기 때문이다.

그러면 차위次位는 일신동체의 위치에 있는 동주同柱의 지지가 될 것이다. 즉 년간은 년지, 월간은 월지, 시간은 시지로부터 영향을 받는다. 그리고 차차위次次位는 아무래도 인접隣接한 지지일 것이다.

그러므로 일간 㑑 천간에 영향을 주는 지지의 비중은 월지>동주의 지지>인접한 지지 순이다. 그리고 천간의 비중은 인접한 천간이 우선이다. 예를 들면 월간의 경우는 일간>년간>시간 순이다. 여기에서 일간이나 년간이 월간에 붙어 있는 것은 동일한데, 년간보다 일간을 상위上位에 둔 이유는 명백하다. 月과 日의 관계는 독립변수와 종속변수의 관계이며, 시간적 차원에서도 과거와 현재의 연결이므로, 과거와 과거가 연결된 독립변수 간인 月과 年의 관계보다 당연히 비중이 높다.

[일간 㑑 천간에 영향을 주는 독립변수의 작용력 순위 (월간 기준 예)]

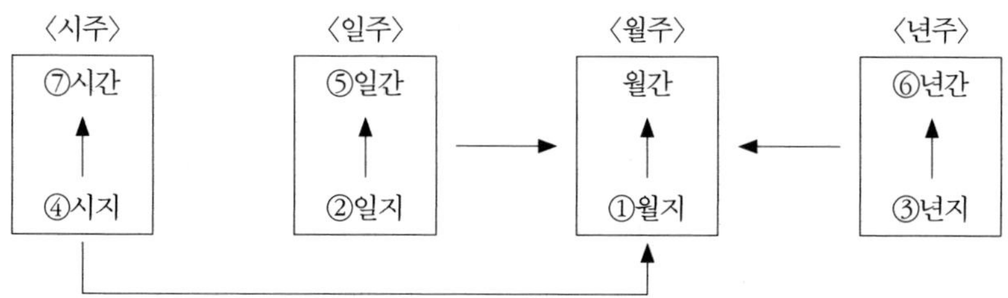

1.3 독립변수獨立變數에 영향을 주는 매개변수媒介變數

　그런데 사주는 독립변수만 있는 것이 아니라, 매개변수**(媒介變數: 독립변수와 종속변수의 관계에 간여하여 변화를 유인誘引하는 변수)**도 있어 사주추명을 복잡다단複雜多端하게 만든다. 예를 들면 甲午일주가 목왕절木旺節인 寅月에 출생하면 신왕身旺한 상태인데, 이때 월간에 丙火가 투간透干하면 火가 득기得氣하여 목세木勢가 다소 약해진다. 이는 일지 午火와 월간 丙火라는 매개변수로 인해, 寅午合과 투간으로 강변위약强變爲弱의 상태로 변화한 것이다. 또한 丙午일주가 寅月에 출생하면 실령失令하여 신쇠身衰한 상태인데, 이때 천간에 木(甲/乙) 오행이 불투(**不透: 해당 오행이 투간하지 않은 경우)**하면, 지지에서는 寅午合으로 화세火勢가 강해진다. 이는 일지 午火라는 매개변수로 인해, 약변위강弱變爲强의 상태로 변화한 것이다. 이러한 매개변수는 무수히 많다. 이를테면 투간透干, 천간합天干合, 회충합형會沖合刑 그리고 각종 신살神殺 등도 있다.

　사주추명은 독립변수와 매개변수에 대한, 올바른 이해와 적확한 판단에서 시작되는 것이다. 그런데 일주인 종속변수와 독립변수의 조합이나 독립변수와 매개변수의 조합은 구조적으로 간지간干支間/천간간天干間/지지간地支間의 결합이기 때문에, 결국 간지干支의 상관관계를 들여다보는 것이다. 이에 대해서는 제2장 사주의 배합 (四柱의 配合) 및 제3장 격국과 용신 (格局과 用神)에서 구체적으로 후술後述하겠다. 本 章은 명리학이라는 학문에 배어 있는 근원根源, 사상思想, 철학哲學 등을 설명하겠다.

2. 하도와 낙서 (河圖와 洛書)

本 篇을 포함하여 제3편 '팔괘八卦' 및 제4편 '오운육기五運六氣'에서는, 정익鼎翼의 "역의 이해와 오운육기" 그리고 한동석韓東錫의 "우주변화의 원리" 등의 서적을 참조하여 설명하겠다.

2.1 하도낙서의 유래 (河圖洛書의 由來)

명리학은 음양오행의 이치를 근간根幹으로 연구하는 학문이다. 그래서 음양오행의 기원起源을 통해 그 심오한 이치를 파악하는 것은 의미가 있다. 그 기원이 바로 하도河圖와 낙서洛書이다.

하도河圖는 약 5,500년 전에 하수(河水: 지금의 황하)에서 나온 그림으로, 역易의 기원이 된다. 중국 건국의 시조가 되는 복희伏羲씨가 용마(**龍馬: 머리는 용이고, 몸은 말의 형상**)를 보았는데, 그 등에 나타난 55개의 점에서 천지天地의 이치를 깨달아 팔괘八卦를 그렸다고 전해진다. 문자가 없던 선사시대의 전설 같은 이야기이지만, 55개의 점은 의미심장意味深長한 개념을 내포하고 있다.

낙서洛書는 약 4,200년 전에 낙수(洛水: 황하의 지류)에서 나온 그림 같은 글자에서 유래한다. 하夏나라 시조인 우禹 임금이 치수治水를 할 당시에 신구(**神龜: 신령한 거북이**)가 출현하였는데, 그 등에 나타난 45개의 점에서 치세治世의 이치를 깨달아, 홍범구주(**洪範九疇: 9개 조항의 큰 규**

범)를 만들어, 정치도덕의 원칙으로 삼았다고 전해진다. 《도서圖書라는 단어는 河圖의 '圖'와 洛書의 '書'에서 연유된다.》

2.2 하도의 원리 (河圖의 原理)

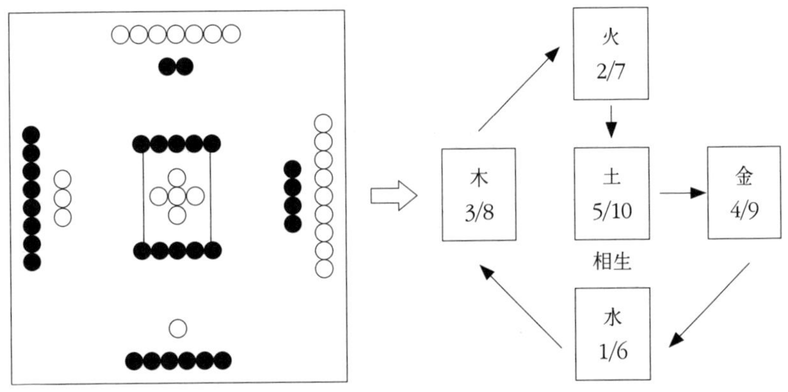

하도河圖를 살펴보면 백점과 흑점이 규칙적으로 놓여 있는 모습을 볼 수 있다. 백점은 1/3/5/7/9로 홀수이다. 이를 역학에서는 "양수陽數=천수天數=기수奇數"라고 한다. 흑점은 2/4/6/8/10으로 짝수이다. 이를 "음수陰數=지수地數=우수偶數"라고 한다. 천수의 합은 25(1+3+5+7+9)이며, 지수의 합은 30(2+4+6+8+10)이므로, 천수와 지수의 합은 55이다. 또한 안에 있는 수 1/2/3/4/5는 생명을 생생한다는 의미에서 생수生數라고 하고, 밖에 있는 수 6/7/8/9/10은 만물의 형形을 완성한다는 의미에서 성수成數라고 한다. 여기에서 성수는 각각의 생수에서 5를 더한 수가 된다. 이는 '5'가 모든 수의 중심이 되어 조절調節/중재仲裁하는 자임을 보여 주

四柱의 定石

는 것이다. 즉 1은 5를 얻어 6이 되고, 2는 7, 3은 8, 4는 9, 5는 10이 된다. 따라서 생수는 체용상體用上 체體가 되며, 성수는 용用이 되는 것이다.

배열된 수數의 위치를 보면, "1과 2, 3과 4, 6과 7, 8과 9, 5와 10"이 서로 마주보는데, 이러한 대비對比는 천수(=양수) 對 지수(=음수)라는 규칙성이 있는 것이다. 이는 음양陰陽의 교감交感을 의미한다. 그래서 양陽이 음陰의 뿌리이고, 음陰이 양陽의 뿌리가 되는 호근互根이 된다.

수순數順을 보면, 1양수陽水, 2음화陰火, 3양목陽木, 4음금陰金, 5양토陽土, 6음수陰水, 7양화陽火, 8음목陰木, 9양금陽金, 10음토陰土 순이다. 음양이 번갈아 가며 반복진행되며, 오행도 水火木金土가 중복되는 규칙성이 있다. 이는 주역周易 계사전繫辭傳에 언급된 일음일양지위도(一陰一陽之謂道: 한번은 음이고, 한번은 양인 것이 도道이다.)라는 문구에서 그 의미를 엿볼 수 있다.

하도를 오행의 관점에서 보면 더욱 신묘神妙하다. 북방北方에 1/6 水가 있는데, 생명의 기원은 水로부터 시작하고 물이 아래로 흐르는 이치에 따라 북위北位에 놓았다. 동방東方에 3/8 木이 있는데, 만물이 새롭게 태어나고 해가 일출하는 방위이므로 동위東位에 놓았다. 남방南方에 2/7 火가 있는데, 만물이 성장하며 불이 위로 타오르는 이치에 따라 남위南位에 놓았다. 서방西方에 4/9 金이 있는데, 만물은 성장을 멈추고 수렴收斂하는 상태이고 해가 일몰하는 방위이므로 서위西位에 놓았다. 중앙中央에는 5/10 土가 있는데, 이는 土가 사원질四原質의 조절자로서 木火金水모두에 관여關與하기 때문에 중앙위中央位에 놓았다. 그리고 시계 방향으로 좌선左旋하면 오행의 상생이치相生理致가 나타난다. 즉 '水生木生火生土生金生水'의 흐름으로 진행된다. 이를 거시적巨視的 관점에서 보면, 우주 만물의 생성원리生成原理가 된다.

한편 양의(**兩儀: 양의陽儀와 음의陰儀, =음양**)에서 분리된 사상(**四象: 태양太陽/소음少陰/소양少陽/태음太陰**)을 수數로 표시하면 다음과 같다. 즉 사상의 정위수正位數는 음양의 노소老少로 분류하는 바, 그 순서는 1태양, 2소음, 3소양, 4태음이 된다. 이는 생수生水를 의미한다. 반면에 사상수四象數는 음양의 속성屬性으로 분류하는 바, 그 순서는 경청輕淸한 양陽이 상위上位이고, 중탁重濁한 음陰이 하위下位이므로, 9태양, 8소음, 7소양, 6태음이 된다. 이는 성수成數를 의미한다.

2.3 낙서의 원리 (洛書의 原理)

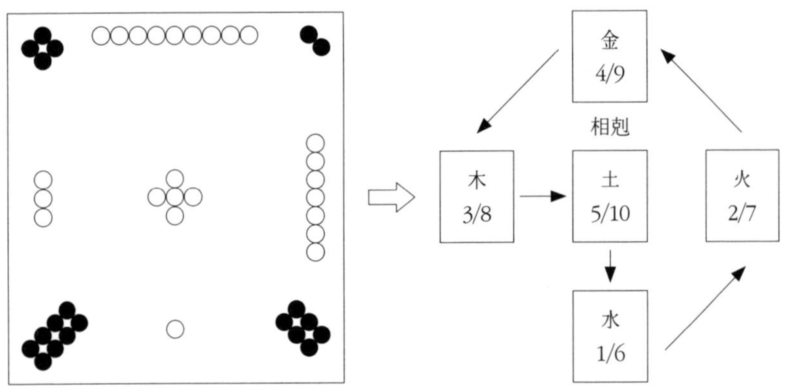

낙서洛書를 살펴보면, 백점5를 중심으로 팔방八方에 수가 배열되어 있고, 10이라는 숫자는 없고, 음양의 수가 합류合流하지 않고, 양수陽數는 사정방四正方(동서남북東西南北)에 있고, 음수陰數는 사간방四間方(동

북/동남/서남/서북)에 있다. 하도河圖와 같이 중앙의 5는 모든 수에 대해 조절/중재 역할을 하고 있음을 의미하고, 양수가 사정방에 있음은 주체자를 의미하며, 음수가 사간방에 있음은 양수의 보조자를 의미한다.

수리상數理上으로 보면, 사정방 양수의 합이 20(1+3+7+9)이며, 사간방 음수의 합도 20(2+4+6+8)이 되어 균형을 잡고 있고, 총수는 중앙의 5를 포함하여 45(1~9)이다. 이는 하도의 총수에서 10이 빠져 있기 때문이다. 한편 대칭점對稱點에 있는 兩 數의 합은 모두 10이 된다. 즉 "1과 9, 2와 8, 3과 7, 4와 6"의 합은 모두 10으로 무중유無中有를 의미하고 있다. 한편 사상위四象位와 사상수四象數의 관점에서 보면, 1과 9는 태양위太陽位와 태양수太陽數, 2와 8은 소음위小陰位와 소음수小陰數, 3과 7은 소양위少陽位와 소양수少陽數, 4와 6은 태음위太陰位와 태음수太陰數가 되므로, 사상四象 모두가 위位와 수數의 합이 10이 됨을 알 수 있다. 그리고 시계 반대 방향으로 우선右旋하면 오행의 상극이치相剋理致가 나타난다. 즉 '水剋火剋金剋木剋土剋水'의 흐름으로 진행된다. 이를 거시적巨視的 관점에서 보면, 우주 만물의 변화원리變化原理가 된다.

하도와 낙서를 비교하기 위해, 양자兩者의 백점/흑점을 구궁도九宮圖에 배치하면 아래와 같다. 구궁도의 지지 및 팔괘궁八卦宮의 배치는, 다음 '팔괘八卦' 편에서 설명하겠다.

	[하도 구궁도]	
7火 兌宮 丙	2火 乾宮 丁	9金 巽宮 庚
3木 離宮 甲	5/10	4金 坎宮 辛
8木 震宮 乙	1水 坤宮 壬	6水 艮宮 癸

	[낙서 구궁도]	
4金 巽宮 辰巳	9金 離宮 午	2火 坤宮 未申
3木 震宮 卯	5	7火 兌宮 酉
8木 艮宮 丑寅	1水 坎宮 子	6水 乾宮 戌亥

하도와 낙서를 구궁도에 대입해서 들여다보면, 방위상으로 차이가 있다. 1/6水나 3/8木은 하도와 같이 북위北位와 동위東位에 있지만, 하지만 2/7火와 4/9金이 서로 바뀌었다. 바로 이 변화가 우주 만물의 변화 원리를 말하는 것이다.

이를 간략하게 설명하자면, 사시四時에서 봄은 木, 여름은 火, 가을은 金, 겨울은 水가 된다. 여름에서 가을로 진입하려는 시기, 즉 금화교역金火交易 시에는 양도(陽道: 양기陽氣가 주도하는 시기)의 木火 분열팽창과정分裂膨脹過程을 마무리하고, 음도(陰道: 음질陰質이 주도하는 시기)의 金水 통일수렴과정統一收斂過程으로 진입해야 하는데, 갑자기 전환할 수 없기 때문에, 사전事前에 준비하는 단계가 필요하다. 그 시점은 金의 장생지長生地인 巳火가 위치하는 손궁巽宮에 해당된다. 그리고 양도에서 성장한 금기金氣가 음도에서 음질화陰質化되려면 (곡물/과실 등은 마지막 결실을 위해) 온기溫氣가 필요하다. 그 마무리 시점은 酉金이 위치하는 태궁兌宮에 해당된다. 이러한 이치로 금화교역이 되어야, 사계四季가 변함없이 순환循環되는 것이다. 한동석韓東錫의 "우주변화의 원리"

   四柱의 定石

에서 주장하는 금화교역론金火交易論은 상당히 이론적이고 구체적이지만, 여기에서는 일반적인 개념하에 설명하였다.

하도는 오행의 상생이치相生理致이며, 반면에 낙서는 오행의 상극이치相剋理致라고 하였다. 이는 오행이 계속 상생만 한다면, 만물이 포화상태飽和狀態가 되어, 균형감을 잃고 결국 폭발할 것이다. 그래서 상극작용相剋作用은 필수불가결한 것이며, 그 작용으로 우주/만물/인간은 균형을 유지할 수 있는 것이다. 하도에서 상생의 원리가 시계 방향으로 순환하니, 상극의 원리는 역逆으로 시계 반대 방향으로 순환하여야 한다. 그래서 낙서는 '水剋火剋金剋木剋土剋水'의 순으로 진행한다.

한편, 낙서의 구궁도에서 보면 모든 방향에서 세 숫자의 合이 모두 15가 된다. 중앙의 5를 중심으로 나머지 兩 數의 合인 '10'과 더해져서 '15'가 된다. 마방진(**魔方陳: 사각형에 자연수를 배열하되, 가로/세로/대각선 세 방향에서 수를 각각 더하여, 모두 같은 값이 나오도록 만든 것**)의 유래由來가 낙서에서 비롯된 것이다.

3. 팔괘 (八卦)

3.1 팔괘의 개념 (八卦의 概念)

팔괘는 자연계와 인간계의 본질을 규명糾明하기 위해서, 자연계에서 가장 보편적인 여덟 개 구성인자를 개념화한 것이다. 즉 하늘(천天), 못(택澤), 불(화火), 우레(뢰雷), 바람(풍風), 물(수水), 메(산山), 땅(지地) 등을 말하는데, 이를 괘卦라는 명칭을 부여하여 상징화象徵化하였다.

팔괘를 구성하는 기본인자는 효爻인데, 효는 陽의 부호(▬)인 양효陽爻와 陰의 부호(▬ ▬)인 음효陰爻로 구분된다. 이 효를 세 번 배합하면 경우의 수인 팔괘가 완성된다. 배합된 八卦는 건괘(乾卦☰), 태괘(兌卦☱), 리괘(離卦☲), 진괘(震卦☳), 손괘(巽卦☴), 감괘(坎卦☵), 간괘(艮卦☶), 곤괘(坤卦☷)이다.

주역周易 계사전繫辭傳에 나오는 유명한 문구이다. "역유태극易有太極, 시생양의是生兩儀, 양의생사상兩儀生四象, 사상생팔괘四象生八卦"(**역에 태극이 있으니, 이것이 양의(=음양)를 낳고, 양의가 사상을 낳고, 사상이 팔괘를 낳았다.**) 즉 팔괘는 음양이 세 번의 변화 과정(천지인天地人 삼재三才를 의미)을 거치면, 산술적으로 여덟 개의 괘가 만들어진다. 그리고 팔괘를 두 개씩 겹치면 64괘가 만들어지는데, 이것으로써 우주변화의 이치와 인간의 길흉화복吉凶禍福을 점占치게 되었다. 이 64괘를 해석한 것이 바로 주역이다.

팔괘의 괘상卦象은 주효主爻를 보면 개념이 명확해진다. 주효란 세 개의 효에서 양효陽爻와 음효陰爻의 수數를 비교하여, 홀수에 해당되는 효를 말한다. 그리고 팔괘 세 개의 효에서 위에 있는 효를 상효上爻, 중간에 있는 효를 중효中爻, 아래에 있는 효를 초효初爻라고 한다. 그러면 팔괘 각각의 주효의 의미를 설명하자면, 다음과 같다.

1) 건괘(乾卦≡)는 초효陽/중효陽/상효陽으로 구성된 바, 양효가 주효가 된다. 양효로만 이루어져 순양純陽의 기상氣象이므로 강건한 괘상卦象이다. 이러한 속성屬性은 하늘(천天)을 의미하며, 아버지(부夫)에 해당한다.

2) 태괘(兌卦≡)는 초효陽/중효陽/상효陰으로 구성된 바, 상효가 주효가 된다. 음효인 주효의 아래에는 두 개의 양효가 있어, 여전히 양기陽氣가 우위優位에 있는 괘상卦象이다. 이러한 속성은 내면이 양기陽氣로 가득 차 있으나, 표면은 부드러운 못(택澤)을 의미하며, 세 번째 효가 음효이므로 소녀少女에 해당한다.

3) 리괘(離卦≡)는 초효陽/중효陰/상효陽으로 구성된 바, 중효가 주효가 된다. 두 개의 양효 사이에 음효가 끼어 있어서, 음질陰質이 분리되어 양기가 발산하는 괘상이다. 이러한 속성은 불(화火)을 의미하며, 두 번째 효가 음효이므로 중녀中女에 해당한다.

4) 진괘(震卦≡)는 초효陽/중효陰/상효陰으로 구성된 바, 초효가 주효가 된다. 양효인 주효가 외부로 튀어나오려고 하나, 위로는 두 개의 음효가 있어 여전히 음질이 견고한 괘상이다. 이러한 속성은 겨우내 잠들었던 대지大地에 봄을 알리는 우레(뢰雷)를 의미하며, 첫 번째 효가 양효이므로 장남長男에 해당한다.

5) 손괘(巽卦≡)는 초효陰/중효陽/상효陽으로 구성된 바, 초효가 주효

가 된다. 음효인 주효가 내부로 수렴收斂하려고 하나, 위로는 두 개의 양효가 있어 아직은 양기가 충만한 괘상이다. 이러한 속성은 지속적인 성장을 억제하려는 기운인 바람(풍風)을 의미하며, 첫 번째 효가 음효이므로 장녀長女에 해당한다.

6) 감괘(坎卦☵)는 초효陰/중효陽/상효陰으로 구성된 바, 중효가 주효가 된다. 두 개의 음효 사이에 양효가 끼어 있어서, 양기가 하강하여 음질이 수렴되는 괘상이다. 이러한 속성은 물(수水)을 의미하며, 두 번째 효가 양효이므로 중남中男에 해당한다.

7) 간괘(艮卦☶)는 초효爻陰/중효陰/상효陽으로 구성된 바, 상효가 주효가 된다. 양효인 주효의 아래에는 두 개의 음효가 있어 여전히 음질이 우위에 있는 괘상이다. 이러한 속성은 내면이 음질로 가득 차 있으나, 표면은 솟아 있는 메(산山)를 의미하며, 세 번째 효가 양효이므로 소남少男에 해당한다.

8) 곤괘(坤卦☷)는 초효陰/중효陰/상효陰으로 구성된 바, 음효가 주효가 된다. 음효로만 이루어져 순음純陰의 기상氣象이므로 유순한 괘상이다. 이러한 속성은 땅(지地)을 의미하며, 어머니(모母)에 해당한다.

3.2 하도의 선천팔괘도 (河圖의 先天八卦圖)

사상위四象位(1태양/2소음/3소양/4태음)를 다시 음양으로 분리하면 선천팔괘가 그려진다. 즉 태양을 분리하면 건괘乾卦와 태괘兌卦, 소음을 분리하면 리괘離卦와 진괘震卦를 낳는다. 이는 시계 반대 방향으로 건태리진乾兌離震의 순이 된다. 반면에 소양을 분리하면 손괘巽卦와 감괘坎卦, 태음을 분리하면 간괘艮卦와 곤괘坤卦를 낳는다. 이는 시계 방향으로 손감간곤巽坎艮坤의 순이 된다.

그래서 선천팔괘의 진행은 진리태건손감간곤震離兌乾巽坎艮坤의 순이다. 이는 삼음三陰인 곤괘坤卦에서 음극양생陰極陽生하여 진괘震卦 초효에서 일양一陽이 발생하며, 이어서 이양二陽인 이괘離卦와 태괘兌卦를 거쳐, 삼양三陽인 건괘乾卦에서 양극음생陽極陰生하여 음도陰道로 전환, 손괘巽卦 초효에서 일음一陰이 발생하며, 이어서 이음二陰인 감괘坎卦와 간괘艮卦를 거쳐, 삼음三陰인 곤괘坤卦에서 음극陰極에 다다르면, 다시 양도陽道로 전환하면서 순환한다. 즉 우주 만물의 생성원리生成原理이다. 그래서 선천팔괘라고 한다.

선천팔괘先天八卦는 천지天地를 기준으로 하여, 남위南位에 건괘乾卦가 있고 북위北位에 곤괘坤卦가 있다. 건괘가 남방南方에 위치한 것은 陽의 속성이 경청輕淸하므로 천상天上에, 곤괘가 북방北方에 위치한 것은 陰의 속성이 중탁重濁하므로 지하地下에 배정된 것이다. 그리고 해당 괘卦와 대칭되는 위치에 있는 상대방 괘는 음양대대(**陰陽對待: 음양은 상반되는 속성이지만, 서로가 기대하고 원願하고 있음.**)의 관계이다. 그래서 건괘와 곤괘에 놓인 세 개의 효 모두가 양효와 음효가 정반대이다. 같은 이치로 태兌와 간艮, 리離와 감坎, 진震과 손巽 등도 세 개의 효 모두가 음양이 뒤바뀌어 있다.

한편 각각의 팔괘명 아래의 괄호( )는 팔괘를 외우는 방법이다. 이를테면 건삼련乾三連은 세 개의 효가 모두 연결되어 삼련, 곤삼절坤三絶은 세 개의 효과 모두 끊어져서 삼절, 태상절兌上絶은 주효인 상효가 끊어져서 상절, 간상련艮上連은 주효인 상효가 연결되어 상련이 된다. 나머지 네 개의 괘도 이와 같은 이치를 적용하면 된다.

四柱의 定石

3.3 낙서의 후천팔괘도 (洛書의 後天八卦圖)

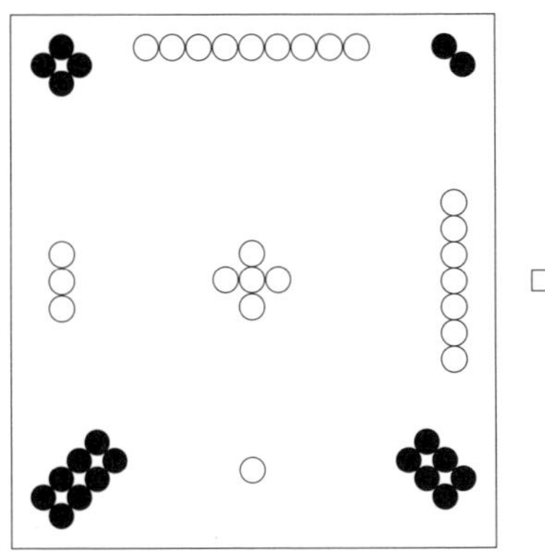

후천팔괘後天八卦를 설명하기에 앞서, 구궁도九宮圖의 십이지지十二地支 배치에 대해서 설명하겠다. 구궁도에는 사정방四正方(東/西/南/北)과 사간방四間方(동북/동남/서남/서북)이 있는데, 사정방은 당연히 주도자主導者의 몫이므로, 계절을 대표하는 왕지旺支 子卯午酉가 놓이게 된다. 일양시생一陽始生하는 子水를 정북正北에 놓고 시작하여, 오행의 상생순으로 좌선하면, 卯木이 정동正東, 午火가 정남正南, 酉金이 정서正西에 놓인다. 반면에 주도자를 보조하는 사간방에는 계절의 시작점인 생지生支 寅巳申亥와 직전 계절말에 위치한 고지庫支 丑辰未戌이 함께 놓인다. 여기에서 고지庫支가 생지生支와 동일한 간방間方에 놓인 이유는 사계토四季土(丑辰未戌)는 계절과 계절 사이에서 조절調節/중재仲裁하는 것이 주된 임무이므로, 다음 계절인 생지의 간방에 기생寄生한다.

그러면 낙서의 이치에서 응용된 후천팔괘後天八卦의 무대에서, 선천팔괘의 각 괘卦가 후천팔괘에서 어떠한 위位로 새롭게 배치되는가를 설명하겠다.

선천팔괘에서 중심이었던 건곤乾坤(=天地)은, 후천팔괘의 무대에서 물러나고, 생명력 유지의 원천인 감리坎離(=水火)가 이를 계승繼承한다. 건곤乾坤은 부모이고, 감리坎離는 자식(중남中男/중녀中女)이므로 상속相續된 것이다. 즉 선천팔괘에서 남방南方에 위치한 건괘乾卦의 자리에는 이괘離卦가, 북방北方에 위치한 곤괘坤卦의 자리에는 감괘坎卦가 들어선다.

다음은 진태震兌의 위치변화이다. 진태震兌는 음양의 교감交感이 시작되는 위位에 놓는다. 진괘震卦는 초효가 양효로 주효에 해당되는데, **정위(正位: 주효의 음양 여부를 판단하여 正·不正을 판단한다. 이를테면 초효는 지하를 의미하므로 음효가 정위이고, 상효는 지상을 의미하므로 양효가 정위이다.)**를 벗어나, 陰의 위치에 陽이 있으니 음양의 교감交感이 이루어진다. 그래서 일출을 의미하는 동방東方의 위位에 놓인다. 한편 태괘兌卦는 상효가 음효로 주효에 해당되는데, 진괘와 마찬가지로 정위를 벗어나 陽의 위치에 陰이 있으니, 음양의 교감이 이루어진다. 그래서 일몰을 의미하는 서방西方의 위位에 놓는다.

다음은 물러난 건곤乾坤의 위치변화이다. 건곤乾坤은 자신의 발원지發源地로 회귀回歸한다. 건괘乾卦는 선천팔괘에서 양극陽極에 해당되어 남방南方에 위치하지만, 태어난 곳은 일양시생一陽始生의 위位인 북방北方이다. 그런데 북위北位는 정방正方으로 후천팔괘가 주도하는 위치이므로, 은퇴한 건괘를 놓을 수 없다. 그래서 건괘는 생장生長을 멈추고 **수장(收藏: 수렴收斂과 축장蓄藏)**의 위치에 있는 서북방西北方에 놓는다. 한편 곤괘坤卦는 선천팔괘에서 음극陰極에 해당되어 북방北方에 위

四柱의 定石

치하지만, 태어난 곳은 일음시생一陰始生의 위位인 남방南方이다. 그래서 건괘와 동일한 이치로 서남방西南方에 놓는다.

마지막으로 손간巽艮의 위치변화이다. 손간巽艮은 동방東方의 位에 놓는다. 손괘巽卦는 초효가 음효로 주효에 해당되는데, 정위正位에 위치하여 음양의 교감이 없어 정방正方에 놓이지 못하고 계속 간방間方에 놓는다. 그런데 후천팔괘에서는 자식이 主가 되므로, 장녀長女인 손괘를 음도陰道(서방西方)에서 양도陽道(동방東方)로 옮겨야 한다. 그래서 손괘는 동남방東南方에 놓는다. 한편 간괘艮卦는 상효가 양효로 주효에 해당되는데, 정위正位에 위치하여 음양의 교감이 없어 간방間方에 계속 놓는다. 그런데 간괘艮卦는 소남少男이므로 손괘巽卦와 동일한 이치로, 양도陽道인 동북방東北方에 놓는다.

선천팔괘과 후천팔괘의 원리는 아래와 같이 정의定義할 수 있다. 선천팔괘는 천지天地 중심의 이치이므로, 우주생성의 원리이다. 이는 선천적先天的이고, 공간적空間的 차원이고, 근원적인 체體의 영역이다. 반면에 후천팔괘는 수화水火 중심의 이치이므로, 우주변화의 원리이다. 이는 후천적後天的이고, 시간적時間的 차원이고, 변화하는 용用의 영역이다.

4. 오운육기 (五運六氣)

4.1 오운육기의 개념 (五運六氣의 槪念)

　전편前篇에서 하도와 낙서는 역易의 기원起源이라고 하였다. 그것이 모태母胎가 되어 주역周易이 탄생하였다. 그래서 명리학에 입문한 자는 주역 관련 서적을 읽어 보는 것이, 명리학의 지식 체계를 확장하는데 도움이 된다고 본다. 본 편에서는 명리학과 다소 관련이 있고, 한의학/계절학 등에서 주로 응용되는 오운육기五運六氣에 대해서 설명하겠다.

　명리학이 정오행正五行을 위주로 탐구하는 분야라면, 오운육기는 화기오행(**化氣五行: 대화작용對化作用을 통해 순환하는 기류氣流를 말한다. 이를테면 甲과 己가 대화작용을 통해 토기土氣로 작용한다.**)을 주로 다루는 학문이다. 물론 명리학에서도 합화合化의 이치가 있으나, 성립조건이 까다롭다. 그래서 화기오행의 개념을 명리학 이론과 비교하여 본다는 것은 유의미有意味한 발상이다.

　제2편 '하도와 낙서'에서, 하도는 천수(=양수)와 지수(=음수)의 대응성對應性 규칙이 있다고 하였다. 즉 배열된 수의 위치가 1과 2, 3과 4, 6와 7, 8과 9, 5와 10이 서로 마주보고 있다는 점이다. 이는 천지의 교감交感을 의미하는데, 오운육기도 이런 대응성에 주목하여 이론을 전개한다. 즉 천기天氣가 동動하여 풍열습조한風熱濕操寒의 기氣가 지기地氣에 하강하면, 상화相火가 추가되어 육기(풍열서습조한風熱署濕操寒)로 화化한 것이며, 지기가 정靜하여 木火土金水의 형形이 천기로 상승하면, 오운

　　　　　　　　　　　　　　　　　　　　　四柱의 定石

(木火土金水)으로 변變한 것이다. 천지의 교감이 상호간에 이루어지니, 체용상體用上으로 천기는 지기로부터, 지기는 천기로부터 영향을 받는 상호교류 작용으로 우주변화를 야기하는 것이다.

그런데 오운에 비해 육기는 하나가 더 있다. 이는 지축이 동북쪽으로 23.5도 기울어져 있기 때문에, 陽의 과항過亢을 초래하여 인신상화寅申相火가 하나가 더 있는 것이다. 인신상화작용에 대한 세세한 사항은 한동석(韓東錫: 한국의 한의사/역학자)의 "우주변화의 원리"를 읽어 보기 바란다.

4.2 오운육기의 변화 (五運六氣의 變化)

오운육기는 천지의 교감과정에서 발생하여 순환하는 기류氣流이므로, 오행의 상생상극相生相剋의 이치에 의해 순환循環하는 정오행正五行과 달리, 대화작용(**對化作用: 서로 상반되는 쌍방雙方이 교류하여 변화를 일으킴.**)의 이치에 의해 순환한다. 그러면 오운과 육기의 대화작용 과정을 살펴보겠다.

4.2.1 오운의 대화작용 (五運의 對化作用)

오운의 대화작용의 兩 당사자는 십천간十天干에서 상호 대칭점에 있는 조합이다. 즉 甲과己, 乙과庚, 丙과辛, 丁과壬, 戊와癸 등이다. 이들 조합의 공통점은 음양이 다르고, 상극관계相剋關系라는 것이다. 하도에서 음양의 교감이 호근互根을 의미한다고 하였다. 즉 陰 없는 陽, 陽 없는 陰은 움직임이 불가하다. 그래서 음양이 합슴을 해야 하고, 그 합은 음양의 속성이 상반되니, 오행도 상반되어야 하므로 상극관계여야 한다. 이를 **대대관계(對待關系: 서로 상반相反된 속성이지만, 서로가 기대하고 원願하는 관계)**라고 한다. 그래서 오운의 대화작용은 합슴의 관계가 된다. 그리고 오운은 대화작용을 통해, 갑기화토甲己化土/을경화금乙庚化金/병신화수丙辛化水/정임화목丁壬化木/무계화화戊癸化火 등으로 변화된다.

여기에서 甲己의 대화작용으로, 甲이 어떻게 土로 화化한 것인지 설명이 필요할 것 같다. 甲木의 대대자對待者는 己土이다. 己土 이전까지는 우주 만물의 생장과정이었는데, 己土에 이르면 생장生長을 멈추고 음도를 시작하는 위位이다. 그래서 己土는 음토陰土이고 10土가 된다. 그리고 甲木은 양목陽木인 바, 성장욕구가 강하므로 중화中和가 필요하다. 이때 대대자인 己土는 자신의 10土 中 반半이 甲木과 교감하여, 甲木은 甲五土로 화化한 것이다. 乙庚 이하의 변화 과정은 생략합니다. 관련 서적을 참조하기 바란다.

《변화變化의 개념 : 변화는 '변變'과 '화化'로 구분하여 정의된다. 즉 변變은 양도의 정점頂点인 하지夏至 직후부터 양기陽氣가 하강하여, 음질陰質이 수렴하는 변화 과정을 의미하고, 화化는 음도의 정점인 동지冬至 직후부터 양기가 상승하여, 음질이 분리되는 변화 과정을 의미한다. 그러므로 甲己의 대화작용에서 甲은 갑기화토甲己化土이고, 己는 갑기변토甲己變土가 된다.》

다음은 오운의 변화 주기週期, 즉 1년 동안의 특정 기운氣運의 순환에 대해서 설명하겠다.

[오운의 주운主運과 객운客運]

순서		初運	二運	三運	四運	終運
주운主運		木	火	土	金	水
객운客運	甲/己 年	土	金	水	木	火
	乙/庚 年	金	水	木	火	土
	丙/辛 年	水	木	火	土	金
	丁/壬 年	木	火	土	金	水
	戊/癸 年	火	土	金	水	木

오운의 주기週期는 주운主運과 객운客運으로 구분된다. 주운이란, 매년 동일하게 진행되는 오운의 순환을 말한다. 주운은 정오행의 상생相生 순서와 동일하게 木火土金水 순으로 진행된다. 반면에 객운客運이란 매년 다르게 진행되는 오운의 순환을 말한다. 객운은 매년 변화되는 운을 초운初運에 놓고 木火土金水 순으로 진행하면 된다. 예를 들면 甲年에서, 주운은 매년 동일하므로 木火土金水 순으로 진행되고, 객운은 변화운變化運이 甲己化土이므로 土運을 초운으로 놓고, 土金水木火 순으로 진행하면 된다.

4.2.2 육기의 대화작용 (六氣의 對化作用)

육기의 대화작용의 兩 대상자는 십이지지十二地支에서 상호 대칭점에 있는 子午/丑未/寅申/卯酉/辰戌/巳亥 등이다. 이 조합의 공통점은 음양이 동일하고, 상극관계相剋關係에 있다는 것이다. 이는 오운과 달리 양자兩者가 陽대陽 또는 陰대陰으로 대립하고 있음을 알 수 있다. 그래서 육기의 대화작용은 충沖의 관계가 된다. 그리고 육기는 대화작용을 통해 巳亥는 풍목風木, 子午는 군화君火, 寅申은 상화相火, 丑未는 습토濕土, 卯酉는 조금操金, 辰戌은 한수寒水 등으로 변화된다.

여기에서 亥巳의 대화작용에서, 亥가 어떻게 풍목風木으로 변화한 것인지 설명이 필요할 것 같다. 생명의 시작점인 亥水는 木으로 가는 것이 목적인데, 亥水의 내부는 견고한 씨앗과 같으니 木을 생生하기에는 역불급力不及이다. 하지만 대대관계對待關係에 있는 巳火 양기陽氣의 도움으로, 木을 생生하게 된다. 그래서 亥巳는 풍목風木으로 변화된다. 이를 상수학象數學 개념에서 보면, 亥(6水) + 巳(2火)=8木이 된다. 子午 이하의 변화 과정은 생략한다. 관련 서적을 참조하기 바란다.

다음은 육기의 변화 과정 및 주기週期에 대하여 설명하겠다.

[육기의 변화]

순서	지지	음양	변화	절기
初氣	巳亥	궐음厥陰	풍목風木	대한 ~ 춘분 직전
二氣	子午	소음少陰	군화君火	춘분 ~ 소만 직전
三氣	寅申	소양少陽	상화相火	소만 ~ 대서 직전
四氣	丑未	태음太陰	습토濕土	대서 ~ 추분 직전
五氣	卯酉	양명陽明	조금燥金	추분 ~ 소설 직전
終氣	辰戌	태양太陽	한수寒水	소설 ~ 대한 직전

상기上記의 표에서 보면, 육기의 대화작용은 오운과 달리 음양의 노소老少에 따라 진행되는데, 이에 대해 별도의 명칭을 부여하였다. 즉 巳亥는 일음一陰으로 궐음厥陰, 子午는 이음二陰으로 소음少陰, 丑未는 삼음三陰

四柱의 定石

으로 태음太陰, 寅申은 일양一陽으로 소양少陽, 卯酉는 이양二陽으로 양명陽明, 辰戌은 삼양三陽으로 태양太陽이 된다. 이러한 진행과정을 삼음삼양운동三陰三陽運動이라고 한다. 반면에 오운은 만물을 성형成形하는 육기와 달리, 만물을 생生하는 기류氣流이고, 또한 기氣가 하나 부족하기 때문에 음양의 균형이 이루어질 수 없는 바, 삼음삼양운동을 하지 못한다.

그런데 상기上記의 표表에서 태음습토太陰濕土(三陰)와 소양상화少陽相火(一陽)의 위치가 바뀌어 있는데, 이는 상화相火의 相(=돕다)이라는 글자가 의미하듯이, 상화는 군화君火를 보좌하는 신하이므로 군화와 붙어 있어야 하고, 오행의 상생相生 흐름에 있어서도 木生火生土 순으로 이어지는 것이 마땅하므로, 소양상화가 태음습토의 전위前位에 놓인다. 이는 주운主運과 같이, 매년 동일하게 木火土金水 순으로 진행되므로 주기主氣라고 한다. 반면에 객기客氣는 매년 다르게 진행하는데, (객운客運과 달리) 변화된 육기를 초기初氣에 놓지 않고 세번째 기氣에 놓고, (이를 사천司天이라고 한다.) 풍목/군화/습토/상화/조금/한수 순으로 배치하면 된다. 그래서 객기에서는 인신소양상화와 축미태음습토가 삼음삼양운동상 본래의 위치에 있다. 예를 들면 '子'년이면 주기는 풍목/군화/상화/습토/조금/한수 순으로 진행되지만, 객기는 변화된 군화를 삼기三氣에 놓으면, 한수/풍목/군화/습토/상화/조금 순으로 진행된다.

상술上述한 내용을 정리하면, 주운과 주기는 정오행과 같이, 매년 木火土金水의 상생相生 순으로 변함없이 순환하지만, 객운과 객기는 매년 특정 기운이 도래到來한다. 그래서 주객主客을 비교하면, 해당 년도의 기후변화를 짐작할 수 있는 것이다. 육기의 주기 및 객기의 진행 과정은 아래의 표와 같다.

[육기의 주기主氣와 객기客氣]

구분		初氣	二氣	三氣	四氣	五氣	終期
주기		풍목	군화	상화	습토	조금	한수
객기	子午	한수	풍목	군화	습토	상화	조금
	丑未	풍목	군화	습토	상화	조금	한수
	寅申	군화	습토	상화	조금	한수	풍목
	卯酉	습토	상화	조금	한수	풍목	군화
	辰戌	상화	조금	한수	풍목	군화	습토
	巳亥	조금	한수	풍목	군화	습토	상화

　　그런데 육기는 오운과 달리, 대화작용 외에도 자화작용自化作用을 한다. 자화작용이란, 土의 도움을 받아 (이른바 토화작용土化作用이라고 한다.) 사원질四元質(木火金水)이 스스로 변화를 일으키는 것을 말한다. 오운에는 2개의 土(戊/己)만 있어서, 사원질이 완전한 자화를 할 수 없다. 반면에 육기에는 4개의 土(辰/戌/丑/未)가 있어 사원질의 완전한 변화가 가능하다. 이런 연유로 육기는 본중말本中末 운동을 하게 된다. 즉 육기는 子卯午酉를 사정방四正方에 놓고, 亥寅申巳을 사상위四相位에 놓고, 丑辰未戌을 사유위四維位에 놓는다. 사정방을 중심으로 하여, 이를 돕는 것이 사상위로서 본本이 되고, 계절과 계절 사이를 사유위로서 엮어 주는 것이 말末이 된다. 이를 계절별로 분류하면, 봄에는 寅卯辰, 여름에는 巳午未, 가을에는 申酉戌, 겨울에는 亥子丑이 해당된다.

4.3 오운육기론의 명리학 적용 (五運六氣論의 明理學 適用)

오운육기의 대화작용을 명리학의 관점에서 보면 천간에서는 합합, 지지에서는 충冲을 의미한다. 사주 원국原局에서 천간합天干合이 성립하고 합화合化의 조건이 충족하면, 오운육기 이론과 같이 오행의 속성이 변화한다. 하지만 합화의 조건이 까다롭기 때문에 대부분 합이불화(**合而不化: 합합은 성립하나 합화合化에 이르지 못한 상태**)가 되어, 兩 십신十神은 기반(**羈絆: 십신이 합으로 묶여 제 역할을 못하는 양상**)이 되는 결과를 초래한다. 이때 행운行運(대운大運/세운歲運)에서 동자운同字運이 도래하면, 쟁합爭合으로 기반이 해소되어 해당 십신이 제 역할을 할 수 있다.

한편 원국原局에서 지지충地支冲이 성립하면, 오운육기 이론과 같이 오행의 속성이 변화한다고 보지 않고, 지장간支藏干이 파괴되어 통근력通根力을 상실한다고 본다. 지지충은 천간합과 달리 전일專一한 기氣가 아니므로, 일대일一對一의 대화작용이 불가하므로 변화할 수 없고, 이격 없이 붙어 있으면 충돌하는 것이다.

그런데 대대관계의 일방一方이 사주팔자 내에 없는데, 이를 대화작용으로 수용한 이론이 있다. 그것은 월두법(**月頭法: 월주月柱를 정하는 법**)과 시두법(**時頭法: 시주時柱를 정하는 법**)에서 찾을 수 있다. 이를테면 월두법에서 년간이 甲年이면, 대대자對待者인 己가 없어도 합화오행인 戊土를 월지 진위辰位에 올려 놓으면 된다. 또한 시두법도 동일한 이치를 적용하면 된다. 다만 월주는 인월寅月이 시작점이고 시주는 자시子時가 시작점이므로, 지지 '子/丑' 위位에 올려 놓은 천간은 상이相異하다. 정오행正五行을 근간으로 하는 명리학이 대화작용의 이치를 월두법 및 시두법에 적용한 것은 시사示唆하는 바가 크다.

이외에도 육기의 대화작용의 이치를 수용하는 이론이 있는데, 이른바 암충격暗沖格이 이에 해당된다. 암충격이란 사주에 재관財官이 없는 경우, 사지四支에서 동일한 글자가 많아 상반되는 기운인 충沖을 불러온다는 허자이론虛字理論이다. 예를 들면 丙일주가 일·시지에 午火가 있으면 실제 있지도 않은 '子'를 불러온다는 허구적虛構的인 이론이다. 하지만 대화작용의 관점에서, 강한 다수 세력이 대대자對待者를 불러온다는 것은 납득이 간다. 다만 암충격의 성격成格은 일주의 분신인 일지를 반드시 포함하여, 두 개 지지 이상이 놓여야 하고, 영향력이 떨어지는 년지는 제외한다.

그리고 대대관계를 활용한 허자이론으로, 자요사격子遙巳格, 축요사격丑遙巳格 등이 있는데, 자요사격이나 축요사격의 비약적飛躍的인 논리가, 과연 격格으로 쓰여야 할 가치가 있는지 의문이다.

《자요사격: 甲子일주가 甲子時를 만나면, 子水가 巳火를 불러와서, 子中癸와 巳中戊가 戊癸合하고, 다시 巳中戊는 巳中丙을 불러오고, 巳中丙은 酉金을 불러와서, 巳中丙은 酉中辛과 암합暗合하여 정관正官을 얻는다는 논리이다. 이와 같은 신출귀몰神出鬼沒한 변화를 믿어야 할지?》

《축요사격: 癸丑일주나 辛丑일주가 지지에 丑土가 많으면, 癸丑일주는 丑中癸가 巳中戊와 무계합戊癸合하여 戊土 정관을 취하고, 辛丑일주는 丑中辛이 巳中丙과 丙辛合병신합하여, 丙火 정관을 취한다는 격格이다. 丑土의 지장간은 변화의 귀재鬼才인가 보다. 어떤 때는 癸가 동동動하고, 어떤 때는 辛이 동한다. 더욱이 丑中辛은 묘고墓庫인데, 충형沖刑이 발發하지 않아도 개고開庫가 된다는 것인지?》

   四柱의 定石

5. 음양오행 (陰陽五行)

5.1 음양오행의 의미 (陰陽五行의 意味)

명리학은 음양오행의 이치를 근간으로, 길흉화복吉凶禍福을 판단하는 학문이다. 당연히 음양오행의 의미를 정확히 이해하는 것이, 사주추명四柱推命의 첫걸음이라 본다.

"음양오행이 무엇이냐?"에 대한 대답은 이미 本 書에서 수없이 언급하였다. '하도와 낙서' 편에서 양수陽數와 음수陰數의 개념 및 오행의 상생상극相生相剋의 원리 등을 설명하였고, '팔괘' 편에서 양효陽爻와 음효陰爻의 개념 및 선천팔괘도先天八卦圖와 후천팔괘도後天八卦圖를 통한 오행의 변화 등을 설명하였고, '오운육기' 편에서 정오행正五行이 아닌 화기오행化氣五行의 변화 등을 설명하였다. 후술後術할 글에서도 음양오행에 관한 내용이 가득하다. 이는 명리학이 곧 음양오행학陰陽五行學이기 때문이다. 그래서 本 篇은 고서(연해자평淵海子平, 삼명통회三命通會, 자평진전子平眞詮 등)에서 언급한 내용을 위주로, 음양오행의 개념을 설명하는 장場이다.

[음양의 속성]

구분	운동성		기질	실제성	체용	표상
陽	동動	유행流行	기氣	상象	용用	風熱濕燥寒
陰	정靜	고정固定	질質	형形	체體	木火金水土

상기上記의 표는 대체로 다수가 공감하는 음양의 속성屬性이다. 음양을 상징하는 가장 기본적인 속성은 양강음유陽强陰柔이다. 그래서 陽은 앞으로 나아가는 속성이고, 동적이고 유행하는 기氣를 의미한다. 기는 상상象(실제가 아닌 이미지)이며, 풍열습조한風熱濕燥寒의 기상氣象으로 표상表象되며, 체용상體用上 용用이 된다. 반면에 陰은 뒤로 물러나는 속성이고, 정적이고 고정되어 있는 질質을 의미한다. 질은 형形(실제의 모습)이며, 목화금수토木火金水土의 형상形象으로 표상되며, 체용상 체體가 된다.

[오행의 특징]

오행	木	火	土	金	水
변화	생生	장長	조절調節	수收	장藏
계절	춘春	하夏	계토季土	추秋	동冬
사상	소음少陰	태양太陽		소양少陽	태음太陰
수數	3·8	2·7	5·10	4·9	1·6
천간	甲乙	丙丁	戊己	庚辛	壬癸
지지	寅卯	巳午	丑辰未戌	申酉	亥子
기후	풍風	열熱	습濕	조燥	한寒
방위	동東	남南	중앙中央	서西	북北
덕목	인仁	예禮	신信	의義	지智
괘상卦象	진震	리離	간艮, 곤坤	태兌	감坎
오색	청靑	적赤	황黃	백白	흑黑
오미	酸시다	苦쓰다	甘달다	辛맵다	鹹짜다
오장	간肝	심心	비脾	폐肺	신腎
오부	담膽	소장小腸	위胃	대장大腸	방광膀胱
오음	각角	치徵	궁宮	상商	우羽

상기上記의 표는 다수가 공감하는 오행의 일반적 특징이다. 이 中에 변화/계절/사상의 측면에서 설명하겠다.

명리학에서는 만물의 변화를 木火土金水 다섯 가지로 상징화象徵化하였는데, 이를 오행이라고 하였다. 행行이 '다닐 행'인 것은 변화를 시사示唆하는 것이다. 변화는 사계四季를 의미한다. 이를 설명하자면, 양도陽道의 시작인 춘목春木은 양기陽氣가 상승하고 음질陰質이 분리되는 시기로, 만물이 생성生成하는 계절이다. 이후 양도가 절정인 하화夏火는 양기의 확산이 극極에 달하는 시기로, 만물이 성장成長하는 계절이다. 이후 음도陰道의 시작인 추금秋金은 양기가 하강하고 음질이 수축하는 시기로, 만물이 생장生長을 멈추고 수렴收斂되는 계절이다. 이후 음도가 절정인 동수冬水는 음질의 응축凝縮이 극에 달하는 시기로, 만물이 저장되는 계절이다. 그리고 사계토四季土는 계절과 계절 사이에 위치하여, 계절간의 부조화不調和를 조절調節/중재仲裁하는 시기이다.

한편 사원질四原質(木火金水)은 음양의 노소老少에 따라, 사상四象으로 분류될 수 있다. 즉 木은 양기의 시작점으로 아직은 양극陽極에 도달하지 않아, 음기와 공존하니 소음少陰이고, 火는 양기가 충만하여 거의 양극에 도달하니, 태양太陽이고, 金은 음기의 시작점으로서 음극陰極에 도달하지 않아, 양기와 공존하니 소양少陽이고, 水는 음기가 충만하여, 거의 음극에 도달하니 태음太陰이 된다.

5.2 오행 생극의 불균형 (五行 生剋의 不均衡)

　무엇보다도 오행의 가장 큰 역할은 상생상극相生相剋의 작용을 통해, 생성/소멸을 반복하는 것이다. 이점이 오행의 존재의 이유이다. 오행의 상생상극은 결국 우주/만물/인간의 운동인데, 이것을 행行하지 못하면, 아마도 무극(無極: **우주가 혼돈과 무질서로 인하여, 극이 존재하지 않고 물질과 빛이 섞여 있고, 분화되지 않은 상태**)의 상황에 직면할 것이다.

　그런데 상생상극은 절대적인 개념이 아닌 상대적인 개념이라는 점을 인식해야 한다. 이를테면 생生을 하는 오행이 너무 강하면 생조生助가 불가하고, 극剋을 받는 오행이 너무 강하면 극제剋制가 불가하다. 즉 오행 생극의 불균형이 심화되면, 생극제화의 이치가 교과서에서 배운 것처럼 작동하지 않는다. 예를 들면 수다목부水多木浮는 생生을 하는 오행이 너무 강하여 수생목水生木이 불가하다. 오히려 木이 물 위에 떠 있는 형상形象이고, 화다수증火多水蒸은 극剋을 받는 오행이 너무 강하여 수극화水剋火가 불가하다. 오히려 水가 증발하는 형상이다. 적천수(滴天髓: 중국 명조明朝, 유백온劉佰溫의 저서) 등의 고서에서 언급되는, 오행 생극의 불균형을 표현한 문구는 아래와 같다. (간명성어看命成語에 대한 뜻 풀이 생략)

四柱의 定石

[오행 생극의 불균형]

생生을 하는 오행이 강한 경우	생生을 받는 오행이 강한 경우	극剋을 하는 오행이 강한 경우	극剋을 받는 오행이 강한 경우
수다목부 水多木浮	수다금침 水多金沈	수다화식 水多火熄	수다토붕 水多土崩
목다화식 木多火熄	목다수축 木多水縮	목다토함 木多土陷	목다금결 木多金缺
화다토조 火多土燥	화다목분 火多木焚	화다금용 火多金鎔	화다수증 火多水蒸
토다금매 土多金埋	토다화회 土多火晦	토다수색 土多水塞	토다목절 土多木折
금다수탁 金多水濁	금다토변 金多土變	금다목절 金多木折	금다화식 金多火熄

5.3 진극가극과 진생가생 (眞剋假剋과 眞生假生)

일부 명리학자에 의해 진극가극眞剋假剋/진생가생眞生假生이란 용어가 회자膾炙되고 있지만, 구체적으로 정리한 서적을 볼 수 없어서 필자가 나름대로 정리하였다. 오행의 생극生剋은 분명히 음양에 따라, 파급효과波及效果의 차이가 있다. 그러면 먼저 진극/가극에 대해 살펴보겠다.

진극眞剋이란, 동일한 음양간의 극제剋制로서, 양간이 양간을 또는 음간이 음간을 극剋하는 것이고, 가극假剋이란, 상반되는 음양간의 극제로서, 양간이 음간을 또는 음간이 양간을 극剋하는 것이다. 그런데 양간이 음간을 剋하면, 합合이 되어 유정有情한 관계로 변화되므로, 결과적으로 가극은 '음간剋양간'뿐이다. 극제력剋制力이 가장 강한 것은 '양간剋음간'이며, 가장 약한 것은 '음간剋양간'이다.

그런데 자평진전(子平眞詮: 중국 청조淸朝, 심효첨沈孝瞻의 저서) 론음양생극論陰陽生剋 편에서 양기음질陽氣陰質의 속성하에서 '음간剋양간'인 가극을 부인否認하고 있다. 언급된 내용에서 庚金의 기氣인 숙살지기(肅殺之氣: 가을의 쌀쌀한 기운)가 甲木의 기氣인 생기生氣를 剋하나, 辛金(칼이나 도끼로 비유)의 질質을 剋할 수 없다고 하였다. 또한 음질인 辛金은 같은 음질인 乙木을 剋하나, 양기인 庚金은 乙木을 剋할 수는 없다고 하였다. 이는 合의 관계이므로, 당연히 불가하다.《原文: 木之生氣, 寄於木而行於天, 故逢秋天肅殺之氣, 則銷剋殆盡, 而金鐵刀斧, 反不能傷. 木之形質, 遇金鐵刀斧, 則斬伐無餘, 而肅殺之氣, 只外掃落葉, 而根底愈固.》

결과적으로 가극인 정관正官으로부터의 극제(庚剋乙/辛剋甲)는 위해危害하지 않은 것으로 보아, 진극인 편관偏官으로부터의 극제(庚剋甲/辛剋乙)와는 차별하였다. 이러한 심효첨의 논리는 격국格局의 파격이론破格理論에서도 고수固守되는데, 이른바 정관격正官格에서 관봉상극(官逢傷剋: 정관이 상관傷官을 만나면 파격)만 언급하였고, 식신食神으로부터의 극제는 언급이 없다. 또한 식신격食神格에도 식신봉효(食神逢梟: 식신이 편인偏印을 만나면 파격)만 언급하였고, 정인正印으로부터의 극제는 언급이 없다.

가극이 진극보다 극제력이 약한 것은 당연하나, 작용력 자체가 없는 것은 아니며, 어떤 십신十神의 경우에는 진극과 별 차이가 없다. 이는 십신의 길·흉신吉·凶神 여부에 따라 작용력의 차이가 발생한다. 그래서 십신十神 모두를 대상으로 진극/가극의 작용력을 살펴보겠다. 일주를 剋하는 관살官殺은 이미 서술했으므로 생략하고, 양간이 음간을 剋하여 合이 되는 것도 당연히 제외한다.

四柱의 定石

1) 일주日主에게 피극被剋되는 십신은 정재正財 및 편재偏財에 해당되는데, 일주의 입장에서는 득재得財한 것이므로, 진·가극 모두가 길吉한 것이다. 그래서 사주추명에 있어서 진극/가극의 구분은 무의미하다.

2) 비겁比劫에게 피극되는 십신은 정재 및 편재에 해당되는데, 이 중 겁재劫財가 정재를 剋하는 진극은 자의字義 그대로 재財를 겁탈劫奪하는 의미이므로 작용력이 강한 것으로 보이나, 실제 사주추명四柱推命에서 비견比肩이나 겁재劫財는 별 차이가 없다. 이는 길신인 재성財星을 剋하는 것은 진·가극 여부와 상관없이 모두 흉凶한 것으로 보기 때문이다. 특히 군비쟁재群比爭財나 군겁쟁재(**群劫爭財: 비겁이 무리를 지어 재성을 극제하는 양상**)가 되면, 파국破局에 이르러 흉화凶禍가 크다.

3) 식상食傷에게 피극되는 십신은 정관正官 및 편관偏官에 해당되는데, 이 中에 식신食神이 편관을 剋하는 진극은 작용력이 크다. 이른바 식신제살(**食神制殺: 식신이 편관을 극제하는 상태**)이라고 한다. 이는 흉신인 살殺(=편관)을 길신인 식신食神으로 교도矯導한다는 측면에서 길하게 작용한다. 그리고 상관傷官으로 가극하는 것도 작용력이 있다. 이를 상관가살(**傷官駕殺: 상관이 편관을 극제하는 상태**)이라고 하는데, 이는 흉신 상관으로 흉신인 칠살七殺(=편관)을 제어하는 이이제이(**以夷制夷: 적敵을 이용하여 다른 敵을 제압**)의 효과가 있기 때문이다. 한편 상관傷官이 최고 길신인 정관을 진극하는, 이른바 상관견관(**傷官見官: 상관이 정관을 만남.**)은 매우 흉하게 본다. 그리고 식신이 정관을 가극하는 **식신견관(食神見官: 식신이 정관을 만남.**)도 작용력이 자못 크다. 이는 길신이 길신을 制하는 것이므로, 역시 이롭지 않다.

4) 재성財星에게 피극되는 십신은 편인偏印 및 정인正印에 해당되는

데, 재성이나 인성印星이 모두 길신이므로, 진·가극 여부와 상관없이 모두 흉하다. 그래서 이들의 상극관계相剋關係를 재인상애(**財印相礙: 재성과 인성이 서로 장애가 된다.**)라고 하였다. 하지만 재성과 인수印綬(=인성) 모두 길신이니 서로 붙어 있지 않으면, 오히려 길복吉福이 배가倍加되는 것이다.

5) 관살官殺에게 피극되는 십신은 비견 및 겁재, 그리고 일주가 해당되는데, 편관이 일주를 剋하는 진극이 가장 흉하나, 신강사주身强四柱라면 편관은 오히려 득관得官이 되어 길吉하다. 한편 편관이 비견을 剋하는 진극이나, 겁재를 剋하는 가극의 작용력은 크지 않다. 또한 정관이 剋하는 경우에도 마찬가지이다.

6) 인수印綬에게 피극되는 십신은 식신 및 상관에 해당되는데, 인수의 主된 역할은 일주를 생조生助하는 것이니, 진극이나 가극이나 작용력이 미약하다. 하지만 편인도식(**偏印盜食: 편인이 식신을 극제하는 상태**)에 해당되면 흉하게 보았다. 이는 길신인 식신을 편인이 剋한다는 관점에서 그러한 것이다.

상술한 上述한 내용을 정리하면, 1) 길신吉神인 재관인財官印에 대한 극제는 흉凶하게 본다. 특히 진극인 상관견관傷官見官은 최악의 조합이 된다. 2) 흉신凶神인 칠살에 대한 극제는 길吉하게 본다. 특히 진극인 식신제살食神制殺은 최선의 조합이 된다. 3) 비겁이나 식상에 대한 극제는 작용력이 미약하다. 다만, 진극인 편인도식偏印倒食만 흉한 작용을 한다.

[십신별 진극가극의 파급효과]

십신 (일주)	진극眞剋			가극假剋		
	피극자	파급효과	사례유형	피극자	파급효과	사례유형
일주	편재	吉/득재		정재	吉/득재	
비견	편재	凶/중	군비쟁재	정재	凶/중	군비쟁재
겁재	정재	凶/중	군겁쟁재	편재	凶/중	군겁쟁재
식신	편관	吉/강	식신제살	정관	凶/중	식신견관
상관	정관	凶/강	상관견관	편관	吉/중	상관가살
편재	편인	凶/중	재인상애	정인	凶/중	재인상애
정재	정인	凶/중	재인상애	편인	凶/중	재인상애
편관	일주	凶/강				
편관	비견	약		겁재	약	
정관				일주	吉/득관	
정관	겁재	약		비견	약	
편인	식신	凶/중	편인도식	상관	약	
정인	상관	약		식신	약	

다음은 진생眞生/가생假生에 대해 설명하겠다. 진생眞生이란, 상반되는 음양간의 생화生化로서, 양간이 음간을 또는 음간이 양간을 생생하는 것이고, 가생假生이란, 동일한 음양간의 생화로서, 양간이 양간을 또는 음간이 음간을 생생하는 것이다. 이를테면 일주가 피생자被生者라면, 진생은 정인이 되고 가생은 편인에 해당되므로, 진생의 생조력生助力이 강하다. 그래서 유약한 속성의 음간은 당연히 양간의 생조生助를 선호한다. 하지만 양간은 진·가생에 따른 생조력의 차이가 거의 없다. 그리고 진생/가생도 십신의 길·흉신 여부에 따라, 작용력의 차이가 있다. 그래

서 십신 모두를 대상으로 진생/가생의 작용력을 살펴보겠다. 일주를 生하는 인수는 이미 서술했으므로 생략한다.

1) 일주가 생조하는 십신은 식신 및 상관에 해당되는데, 가생인 식신의 작용은 일주의 입장에서 설기洩氣가 적당하여 수복신壽福神으로 여겨 길吉하게 보았고, 진생인 상관의 설기는 도기盜氣라고 하여 흉凶하게 보았다.

2) 비겁이 생조하는 십신은 식신 및 상관에 해당되는데, 비겁의 主된 역할이 일주를 방신幇身한다는 점에서, 진생이나 가생이나 작용력이 미약하다.

3) 식상이 생조하는 십신은 편재 및 정재에 해당되는데, 식신이나 상관 모두가 길신인 재성을 生한다는 점에서 진·가생의 작용력 차이는 크지 않다. 이른바 식신생재(**食神生財: 식신이 재성을 생조**)나 상관생재(**傷官生財: 상관이 재성을 생조**)는 모두 길한 조합이 된다. 그 中에 진생인 상관생편재傷官生偏財는, 십신의 속성상 대부大富가 될 확률이 높다.

4) 재성이 생조하는 십신은 편관 및 정관에 해당되는데, 진·가생 여부와 상관없이 흉신인 편관을 生하면 흉하고, 길신인 정관을 生하면 길한 것이다. 이른바 재생관(**財生官: 재성이 정관을 생조**)은 길하고, 재생살(**財生殺: 재성이 편관을 생조**)은 흉하다.

5) 관살이 생조하는 십신은 편인 및 정인에 해당되는데, 흉신인 편관은 설기되어 이롭고, 길신인 정관은 기신忌神의 공격을 방어하여 이롭다. 즉 진·가생 여부와 상관없이, 관인상생(**官印相生: 정관이 인수를 생조**)이나 살인상생(**殺印相生: 편관이 인수를 생조**)이 되어 모두 길하다.

6) 인수가 생조하는 십신은 비견 및 겁재에 해당되는데, 인수의 主된 역할이 일주를 생조한다는 점에서, 진생이나 가생이나 작용력이 미약하다.

상술上述한 내용을 정리하면, 1) 비겁이나 인수는 일차적으로 일주를 방조幇助하므로, 비겁으로부터 생조를 받는 식상 및 인수로부터 생조를 받는 비겁은 상대적으로 생조력의 수혜受惠가 미약하다. 2) 길신인 재관인財官印에 대한 생조는 진·가생 여부와 상관없이, 길복吉福이 배가倍加되는 조합이 된다. 이른바 재생관財生官, 식신생재食神生財, 상관생재傷官生財, 관인상생官印相生, 살인상생殺印相生 등을 말한다. 3) 흉신인 편관에 대한 생조는 진·가생 여부와 상관없이, 흉화凶禍가 배가되는 조합이 된다. 이른바 재생살財生殺이 되어 파격요인破格要因이 된다.

[십신별 진생가생의 파급효과]

십신 (일주)	진생眞生			가생假生		
	피생자	파급효과	사례유형	피생자	파급효과	사례유형
일주	상관	凶/중	도기盜氣	식신	吉/중	漏氣누기
비견	상관	약		식신	약	
겁재	식신	약		상관	약	
식신	정재	吉/강	식신생재	편재	吉/중	식신생재
상관	편재	吉/강	상관생재	정재	吉/중	상관생재
편재	정관	吉/강	재생관	편관	凶/강	재생살
정재	편관	凶/강	재생살	정관	吉/중	재생관
편관	정인	吉/강	살인상생	편인	吉/중	살인상생
정관	편인	吉/중	관인상생	정인	吉/강	관인상생
편인				일주	吉/중	
편인	겁재	약		비견	약	
정인	일주	吉/중				
정인	비견	약		겁재	약	

6. 천간지지 (天干地支)

6.1 천간과 지지의 속성 (天干과 地支의 屬性)

사주체四柱體의 천간/지지는 음양오행의 대명사代名詞이다. 즉 천간은 陽의 속성이 있어 동적이고 기氣를 의미하며, 지지는 陰의 속성이 있어 정적이고 질質을 의미한다. 그래서 천간은 정신계가 되어 하늘에서 흐르는 기운으로 표상表象되며, 지지는 오행의 상생상극相生相剋이 물질계를 이루니 사시四時(=사계四季)가 유행流行하며 순환循環한다. 이러한 속성 때문에 천간은 합습으로 묶이는 것을 두려워하고, 지지는 응고凝固된 기물器物이 충冲으로 파괴되는 것을 두려워한다.

무릇 천간과 지지의 작용이 다름은, 구성인자構成因子에서 비롯된다. 즉 천간은 오로지 전일專一한 오행으로 구성되어 있지만, 지지는 지장간에 2~3개의 오행이 섞인 구성인자를 가지고 있다. 그래서 천간은 오행의 생극제화生剋制化를 그대로 적용할 수 있지만, 지지는 적용할 수 없다. 이러한 지지의 구조적인 문제로 인하여, 회충합형會沖合刑 등이 생극제화를 대신代身하는데, 학파 간의 견해차이見解差異로 이론적 합의가 어렵다.

그리고 천간과 지지의 수數도 상이하다. 즉 천간의 수는 10이나, 지지의 수는 12이다. 즉 불배우不配偶의 조합이다. 만약에 지구의 지축이 23.5도 기울지 않고, 정위正位에 위치했다면, (과학적 근거는 불확실하지만) 배우配偶의 조합이 되어 정신과 물질이 일체一切가 되어 아름다운

세상을 구가謳歌했을지 모른다. 물론 인간은 사계四季가 없는 기후변화에 새롭게 적응해야 한다. 이러한 관점에서 공망호亡은 심도있게 고찰해야 할 분야로 보인다.

그런데 '천간=동動/지지=정靜'이라는 일차원적인 명제는, 다음과 같이 진화進化한다. 장남(張楠: 중국 명대明代의 명리학자)은 그의 저서 명리정종命理正宗 동정론動靜論에서 "운運에서 오는 천간은 사주 원국原局의 지지를 극剋할 수 없고, 운에서 오는 지지는 원국의 천간을 剋할 수 없다"라고 하였다. 이후에 심효첨(沈孝瞻: 중국 청대靑代의 명리학자) 그의 저서 자평진전子平眞詮 논희기간지유별論喜忌干支有別 편에서 "천간은 하늘을 주관하여 동적動的이며, 유위有爲이다. 반면에 지지는 땅을 주관하여 정적靜的이며, 용用할 시기를 기다린다"라고 하였다.《原文: 而干主天 動而有爲. 支主地, 靜以待用.》그리고 정물靜物인 지지가 동動하는 발용發用 조건을 주장하였다. 즉 지지는 정靜하여 천간을 剋할 수 없는데, 지지에서 회합會合(삼합/방합/반합 등)이 성립하여 動하면, 천간을 공격할 수 있다고 하였다.

6.2 천간과 지지의 특징 (天干과 地支의 特徵)

[천간의 특징]

천간	甲	乙	丙	丁	戊
음양	陽	陰	陽	陰	陽
오행	木	木	火	火	土
물상物象	임목林木	초목草木	태양太陽	성星	산山
선천수	9	8	7	6	5
후천수	3	8	7	2	5
천간	己	庚	辛	壬	癸
음양	陰	陽	陰	陽	陰
오행	土	金	金	水	水
물상物象	전답田畓	암岩	보석寶石	호해湖海	우로雨露
선천수	9	8	7	6	5
후천수	10	9	4	1	6

[지지의 특징]

지지	子	丑	寅	卯	辰	巳
체體	陽	陰	陽	陰	陽	陰
용用	陰	陰	陽	陰	陰	陽
오행	水	土	木	木	土	火
물상	氷水	凍土	嫩木	成木	濕土	溫火
선천수	9	8	7	6	5	4
후천수	1	10	3	8	5	2
동물	鼠쥐	牛소	虎범	兎토끼	龍용	蛇뱀
구궁	감坎	간艮	간艮	진震	손巽	손巽
절기	대설	소한	입춘	경칩	청명	입하
중기	동지	대한	우수	춘분	곡우	소만

지지	午	未	申	酉	戌	亥
체體	陽	陰	陽	陰	陽	陰
용用	陰	陽	陽	陰	陽	陽
오행	火	土	金	金	土	水
물상	熱火	熱土	硬金	軟金	燥土	寒水
선천수	9	8	7	6	5	4
후천수	7	10	9	4	5	6
동물	말馬	양羊	원숭이猿	닭鷄	개狗	돼지猪
구궁	리離	곤坤	곤坤	태兌	건乾	건乾
절기	망종	소서	입추	백로	한로	입동
중기	하지	대서	처서	추분	상강	소설

다수가 공감하는 천간/지지의 일반적 특징이다. 이 中에 선천수先天數/후천수後天數에 대하여 설명하겠다. 명리학에서는 별 쓰임이 없지만, 타他 역학분야인 기문둔갑奇門遁甲, 육임六壬, 육효六爻 등에서는 기본적으로 활용되고 있다.

선천수先天數는 하도河圖의 상생원리相生原理를 적용하면 된다. 즉 木火土金水 순으로 놓되, 그 시작은 양수 中 가장 큰 숫자 '9'에서 출발하여 순차적으로 진행하며, 숫자 5(천간의 경우) 또는 4(지지의 경우)가 도래到來하면 다시 '9'부터 시작한다. 그러면 천간은 9甲己8乙庚7丙辛6丁壬5戊癸가 놓이게 되며, 지지는 9子午8丑未7寅申6卯酉5辰戌4巳亥가 놓이게 된다. 결국 천간은 합슴의 조합이고, 지지는 충沖의 조합이 된다. 그런데 선천수에는 1/2/3이 빠져 있다. 그 이유는 천지인天地人 삼원三元을 수數의 기본으로 정하고, 이로부터 생생하는 수를 선천수로 보기 때문이다.

후천수後天數는 우주생성宇宙生成 이후 생명 기원의 과정을 적용하면 된다. 즉 水火木金土 순으로 놓되, 그 시작은 양수 '1'에서 출발하여 음양을 번갈아 놓으면서 진행되며, 숫자 5가 도래하면 다시 음수 '6'부터 시작한다. 그러면 천간은 1壬2丁3甲4辛5戊6癸7丙8乙9庚10己가 놓이게 된다. 지지는 1子2巳3寅4酉5辰戌6亥7午8卯9申10丑未가 놓이게 된다.

6.3 사계토에 대한 이해 (四季土에 대한 理解)

사계토 丑辰未戌은 사우四隅에 기탁寄託하여 사계四季(춘하추동春夏秋冬)의 흐름을 주관한다. 그래서 사계토는 사시무시불왕(四時無時不旺:

 四柱의 定石

사계토는 왕성하지 않은 때가 없다.)이라고 표현한다. 이는 土가 사계절 모두에 관여한다는 의미로, 主된 역할이 사원질四原質인 木火金水에 대한 조절調節/중재仲裁/균형均衡/완충緩衝이다. 그래서 지지의 사계토는 이법적理法的 논리로 접근하면 안된다. 즉 木剋土/土剋水/火生土/土生金은 허상虛像이다. 세상 사람들이 사계四季/사상四象이라고 칭하지, 土를 포함하여 오계五季/오상五象이라고 하지는 않는다.

이러한 속성으로 사계토는 다음과 같이 중재작용仲裁作用을 하는 것이 主된 역할이다. 丑土는 子月과 寅月 사이에 위치하여, 다음 도래하는 계절을 원활하게 맞이하게끔 중재한다. 그래서 지장간 丑中辛은 金을 묘고墓庫에 가두어 놓아, 木(춘절春節)을 보호하는 역할을 한다. 辰土는 卯月과 巳月 사이에 위치하여, 다음 도래하는 계절을 원활하게 맞이하게끔 중재하고, 그래서 지장간 辰中癸는 水를 묘고에 가두어 놓아 火(하절夏節)를 보호하는 역할을 한다. 未土는 午月과 申月 사이에 위치하여, 다음 도래하는 계절을 원활하게 맞이하게끔 중재하고, 그래서 지장간 未中乙은 木을 묘고에 가두어 놓아 金(추절秋節)을 보호하는 역할을 한다. 戌土는 酉月과 亥月 사이에 위치하여, 다음 도래하는 계절을 원활하게 맞이하게끔 중재하고, 그래서 지장간 戌中丁은 火를 묘고에 가두어 놓아 水(동절冬節)를 보호하는 역할을 한다.

한편 사계토의 체용상體用上의 속성은 다음과 같다. 체體의 관점에서 보면, 음양배열상 辰戌은 양토陽土이고 丑未는 음토陰土이다. 용用의 관점에서 보면, 丑辰은 습토濕土이므로 음토이고, 未戌은 건토乾土이므로 양토이다. 그러므로 (子午가 체양용음體陽用陰이고, 巳亥가 체음용양體陰用陽인 것처럼) 辰土는 체양용음이고 未土는 체음용양이다. 그래서 金

오행은 (木이 음수陰水인 癸水에서 잘 성장하듯이) 습토인 辰土에서 잘 성장한다. 이는 음양의 성쇠盛衰 과정에서, 분열팽창과정分裂膨脹過程 인 양도陽道에는 丑/辰이 위치하여 생장生長을 돕고, 통일수렴과정統一 收斂過程인 음도陰道에는 未/戌이 위치하여 성장을 억제하는 것이다.

다음은 未土와 丑土의 계절성을 살펴보겠다. 未月은 태양력太陽歷 기 준으로 7월 6일부터 8월 6일까지이다. (2024 甲辰年 기준) 실질적으로 가 장 더운 시기인데, 화왕절火旺節이라고 하지 않는다. 그 이유는 하지夏 至와 관련이 있다. 하지(6월 21일)는 지구의 북반구北半球에서 년중 낮 이 가장 길고, 일사량日射量도 가장 많은 날이어서 제일 더워야 하나, 실 제는 未月인 7월 말이 가장 덥다. 이는 하지에 양기陽氣가 가장 강하나 형질화形質化가 아직 완성되지 관계로, 일정 기간이 경과經過되어야 더 워지는 이치이다. 이른바 선기후질先氣後質의 이치이다. 결국 질質의 측 면에서는 未月이 가장 더운 시기가 된다. 동일한 논리로 동지冬至(12월 21일)와 丑月(1월 5일~2월 2일)을 비교하면, 丑月인 1월 말이 가장 춥다. 한편 시지時支에도 적용하면, 오시午時에 온도가 가장 높아야 하나, 실제 는 미시未時인 14시 30분경에 온도가 가장 높다.

그런데 다수는 丙일주 未月生이 화왕절火旺節로 득령得令했다고 보지 않고, 壬일주 丑月生이 수왕절水旺節로 득령했다고 보지 않는다. 이는 질質의 관점이 아닌 기氣의 관점에서 판단하기 때문이다. 하지만 천상天 上의 기운氣運이 지계地界에 도래하면, 인간/생물/미생물 등은 일정 기 간이 경과한 후, 형질화가 완성되어야 실질적으로 육기六氣(풍열서습조 한風熱暑濕操寒)를 감지할 수 있는 것이니, '다수의 판단이 옳은 것인가?' 하는 의문이 생긴다. 그래서 필자는 득령개념得令槪念을 수정修正하려

四柱의 定石

한다. 구체적인 내용은 제3장 '월령月令' 편에서 후술後述하겠다.

한편 조후적調候的인 관점에서 未月에 출생하면, 열토생熱土生이니 (巳/午 월생과 같이) 수기水氣가 시급한 것이고, 축월丑月에 출생하면, 동토생凍土生이니 (亥/子 월생과 같이) 화기火氣가 시급한 것이다. 또한 지지에 건토가 많으면, 火의 생조生助를 오히려 두려워하고, 지지에 습토가 많으면, 土는 水를 극제剋制하는 것이 아니라 오히려 수세水勢가 강해진다. 그러므로 사계토의 생극관계生剋關係는 전혀 의미가 없으며, 사계토에 대한 간명看命은 본연의 중재기능仲裁機能(=토화작용土化作用)과 함께, 한난조습寒暖燥濕의 속성을 들여다보는 것이다.

7. 지장간 (支藏干)

7.1 지장간의 의미 (支藏干의 意味)

지장간支藏干이란 자의字義 그대로 지지속에 감추어진 천간을 의미한다. 지장간은 초기初氣/중기中氣/정기正氣로 구분되는데, 세 기운氣運의 비중은 차이가 있다.

1) 정기장간正氣藏干은 세 기운 中 비중이 가장 큰 본기本氣이며, 계절을 의미하는 기운이다. 즉 봄의 본기는 寅卯, 여름의 본기는 巳午, 가을의 본기는 申酉, 겨울의 본기는 亥子, 사계말四季末의 본기는 丑辰未戌이 된다.

2) 초기장간初氣藏干은 직전 지지 정기장간의 기운이 유여有餘하여,

다음 지지의 초기까지 계속 이어지는 기운이므로, 여기餘氣라고도 한다. 예를 들면 '子'의 정기장간 癸水는 차순次順의 지지 '丑'의 초기장간까지 이어진다.

3) 중기장간中氣藏干은 근본적으로 계절과는 상관이 없는 기운이다. 그럼에도 불구하고 배속配屬된 이유가 있다. 예를 들면 午月은 화기火氣가 가장 강한 시기이다. 그런데 화기는 午月에 갑자기 만들어져, 午月에 전부 소진消盡되는 것이 아니다. 직전 계절(봄)인 寅月에 생生하여 午月에 전성기를 누리고, 다음 계절(가을)인 戌月에 축장蓄藏시켜, 寅月에 화기가 다시 부활할 때까지 휴식기를 갖는다. 이를 火의 寅午戌 삼합운동이라고 한다. 그래서 火의 준비단계인 '寅'의 중기는 丙火이고, 火의 마감단계인 '戌'의 중기는 丁火가 된다. 한편 왕지旺支(子卯酉)는 전일專一한 오행으로 지장간이 구성되는데, 유독 午火만이 중기장간인 己土가 있다. 이는 오운육기五運六氣 편에서 설명한 육기六氣의 토화작용土化作用과 관련이 있다. 계절말季節末의 사계토四季土는 계절과 계절을 이어주는 윤활유潤滑油 같은 역할을 한다. 사계토 中 윤활유가 가장 많이 필요한 시기는 未土이다. 이는 양도陽道의 木火 생장기生長期를 마무리하고 음도陰道의 金水 수장기收藏期에 진입하려면, 엄청난 제어制御가 요구되는 바 그 역할을 未土가 중추적으로 수행하는데, 제어 역할은 하지夏至 시점인 午月에 사전준비가 되어 있어야 한다. 그래서 '午'의 중기장간은 己土가 차지한다.

7.2 월령용사 지장간 (月令用事 地藏干)

[월령용사 지장간표]

지지	子	丑	寅	卯	辰	巳	午	未	申	酉	戌	亥
초기	壬 10	癸 9	戊 7	甲 10	乙 9	戊 7	丙 10	丁 9	戊 7	庚 10	辛 9	戊 7
중기		辛 3	丙 7		癸 3	庚 7	己 9	乙 3	壬 7		丁 3	甲 7
정기	癸 20	己 18	甲 16	乙 20	戊 18	丙 16	丁 11	己 18	庚 16	辛 20	戊 18	壬 16

다수가 공감하는 월령용사月令用事 지장간표地藏干表이다. 지장간은 월지에만 적용하는 월령용사 지장간과 인원용사人元用事 지장간으로 구분되는데, 월령용사 지장간은 십이지지를 초기/중기/정기로 나누어, 배속配屬된 날짜에 따라 사령司令(=주관)하는 시기를 구분한다. 예를 들면 寅月의 지장간 戊丙甲이 7:7:16의 비율이므로, 절입일節入日 초일初日부터 7日까지는 戊土가 사령하고, 8日부터 14日까지는 丙火가 사령하고, 15日부터 말일末日까지는 甲木이 사령하게 된다.

그런데 월령용사 지장간의 중기장간은 계절적 관점에서 보면, 비합리적이다. 예를 들면 초기장간인 寅中戊(7일간)는 丑月에서 이어진 여기로서, 새로운 계절을 맞이하게끔 조절해 주는, 이른바 토화작용을 하는 것이므로 이의異意가 없으나, 寅中丙(7일간)은 향후 도래할 하절夏節을 준비하는 역할에 불과하여, 화기火氣는 미약하므로 계절성과는 관련이 없다. 그러나 한때 어떤 이들은 이 비율을 맹신盲信하여 庚일주가 寅中丙에 사령司令하면, 편관격偏官格으로 판단하는 오류誤謬를 범하였다. 월령용사의 사령 시점으로 격格을 정하는 것은 전혀 의미가 없다. 또한 천간의 투간透干 여부로 격을 정하는 것도 신강·약身强·弱 여부를 판단하는 억부抑扶의 논리일 뿐이다. 격은 오로지 계절성에 입각하여 정定해야 한다. 즉 庚일주가 寅中丙에 사령해도 투간 여부와 상관없이, 정기장간과 같이 재성격財星格이 되어야 한다. 제3장 '월령月令' 편에서 자세히 설명하겠다.

7.3 人元用事 地藏干 (인원용사 지장간)

인원용사人元用事 지장간은 자의상字義上으로, 지장간을 써서(용用), 인간이 일(사事)을 하는 것이다. 그래서 월령용사와 달리 각 지지를 대표하는 장간藏干을 정하는 것이 된다. 학파마다 견해차이見解差異가 있으며, 이로 인해 사주추명도 상이相異해지는 요인이 된다. 왕지旺支(子卯午酉)나 고지庫支(丑辰未戌)에 있어서는 대체적으로 의견일치가 되나, 생지生支(寅巳申亥)에서 차이가 있다.

월령용사 지장간의 기준으로 보면, 생지는 초기장간이 모두 戊土이다. 지지의 土는 본디 사계四季에 속하지 않는 이방인異邦人이다. 하지만 土는 계절과 계절 사이에서 중재仲裁 역할을 하는 없어서는 안 될 중요한 존재이다. 그래서 土는 사시四時(=사계) 모두에 관여하는 것이다. 이런 연유로 12개 지지 中 9개 지지에 土오행이 배속되어 있다. 한편 왕지 '子卯酉'의 지장간에는 土가 없지만, 실제는 土가 여전히 관여하고 있다. 이는 중재역할의 비중이 적기 때문에 제외됐을 뿐이다. 하지만 이처럼 다수의 土를 그대로 적용한다면, 오행의 불균형은 명약관화明若觀火한 상황이 된다.

　　　　　　　　　　　　　　　　　　　四柱의 定石

즉 사원질四原質인 木火金水 천간은 5개 지지에 유근有根하다면, 土(戊/己) 천간은 9개 지지에 유근하는 결과를 초래하게 된다. 예를 들면 甲木은 '亥寅卯辰未'에 유근하지만, 戊土는 '丑寅辰巳午未申戌亥'에 유근하므로 조정調整은 불가피하다. 이러한 맥락脈絡에서 생지의 초기장간 戊土는, 해당 지지를 대표하는 기운이 아닌 허부虛浮한 지장간으로 보고 인원용사 지장간에서 제외한다. 이러한 이치로 조정이 되면, 오행은 균형적인 유근 수數를 갖게 된다. 자세한 내용은 제2장 '통근通根' 편에서 후술後術하겠다. 상술上述한 내용을 정리한 인원용사 지장간표는 아래와 같다.

[인원용사 지장간표]

지지	子	丑	寅	卯	辰	巳	午	未	申	酉	戌	亥
지		癸			乙			丁			辛	
장		辛	丙		癸	庚	己	乙	壬		丁	甲
간	癸	癸	己	乙	戊	丙	丁	己	庚	辛	戊	壬

8. 이기론 (理氣論)

8.1 이기의 개념 (理氣의 槪念)

우주 속에 존재하는 모든 현상은 '리理'와 '기氣'로 구성되었으며, 현상계現象界의 모든 존재는 추상적이고 무형적인 근본원리인 理에 의하여 氣가 취산운동聚散運動을 함으로써, 우주 만물이 생장/소멸한다고 규정하고 있다.

주돈이(周敦頤: 중국 북송北宋의 성리학자)는 그의 저서 태극도설太極圖說에서 "오행은 하나의 음양이고, 음양은 하나의 태극太極이며, 태극은 본래 무극無極이다."라고 하였다. 《原文: 五行一陰陽也, 陰陽一太極也, 太極本無極也.》 즉 음양오행의 모체母體가 태극이다. 이어서 주자(朱子: 중국 남송南宋의 성리학자)는 '태극즉리太極卽理'라고 하였다. 즉 태극은 理를 의미하고, 근본원리인 理에 의하여 氣가 발발發發하는 것이다. 그래서 이기론論理氣은 음양오행을 근간으로 하는 명리학의 이론적 기반이 되는 것이다.

그런데 이와 같은 理와 氣에 대한 존재론적存在論的 사고思考는 두 가지 원칙이 있는데, 즉 理와 氣는 서로 떠날 수 없는 관계인 이기불상리理氣不相離의 원칙과 서로 섞이지도 않는 관계인 이기불상잡理氣不相雜의 원칙이 있다. 그래서 理와 氣의 관계에서 어디에 중점을 두냐에 따라 학파가 나뉘는데, 이기불상잡의 관점에 입각한 이황(李滉: 조선 중기의 유학자)은 이기호발설理氣互發說의 입장에서 "사단四端(인의예지仁義禮智)은 理가 발발發發하여 氣가 따르는 것이요, 칠정七情(희노애구애오욕喜怒哀懼愛惡欲)은 氣가 발하여 理가 타는 것이다."라고 주장하였다. 《原文: 四端理發而氣隨之 七情氣發而理乘之》 그러므로 이기호발설은 이기불상리의 원칙을 벗어날 위험이 있다. 한편 이기불상리의 관점에 입각한 이이(李珥: 조선 중기의 유학자)는 기발이승일도설氣發理乘一途說의 입장에서 "사단칠정四端七情은 모두 氣에서 발발發發하여 理가 타는 것이다."라고 주장하였다.

　四柱의 定石

8.2 명리학의 이기론 적용 (命理學의 理氣論 適用)

명리학에서 근본원리인 理는 음양과 오행의 속성屬性이며, 이를 통한 생극제화生剋制化의 이치를 말한다. 그런데 다수가 오행의 생극제화는 언급하지만, 음양이나 오행의 속성에 대해서는 다소 등한시等閑視한다. 즉 양강음유陽剛陰柔나 양기음질陽氣陰質의 속성이나 오행의 기후성(한난조습寒暖燥濕)이나 심리적 요인(성격性格, 취미趣味) 등에 대해서도 깊은 관심을 기울여야 한다.

여하간 理의 개념하에서 취산운동聚散運動을 통해 발發하는 것이 氣라고 정의되는 것인데, 조후용신調候用神이나 십간조합十干組合을 氣로 설명하는 것을 보았다. 이는 아마도 기후상 한난조습寒暖燥濕의 과부족을 파악하는 조후용신調候用神이나, 물상적物象的 결합에 대한 희기喜忌 여부를 파악하는 십간조합十干組合 등의 이론을 취산활동의 소산所産으로 판단하는 것 같다. 하지만 한난조습은 그저 오행의 근본적인 속성이고, 십간조합十干組合도 마찬가지이다. 즉 氣가 발發하여 理가 타는 것이 아니다.

다시 한번 강조하지만 氣는 음양오행의 취산운동으로 발發하는 상태狀態이고, 이러한 유형들을 기류(**氣類: 취산운동의 결과로 발한 기의 유형**)라고 칭하겠다. 이를테면 천간에서는 대화작용對化作用으로 합습이 이루어지고, 지지에서는 충沖이 이루어진다. 한편 지지에서의 본중말本中末 운동을 통해 삼합三合이나 방합方合이 이루어진다. 예를 들면 천간에서 甲木과 대화관계에 있는 己土와는 상극相剋이지만, 陽과 陰의 결합으로 유정有情한 관계가 이루어져 합기合氣가 발發한 것이고, 지지에서 子水와 대대관계에 있는 午火와는 상극相剋이고, 음양이 동일하여 쟁투爭鬪가 벌어져 충기沖氣가 발한 것이다. 한편 亥卯未 조합은 亥水에서 생발生發하여 卯木에서 극왕極旺하고, 未土 묘고지墓庫支에 묻히는 과정이다. 이는 亥卯未가 부자손父子孫의 관계인 바, 삼합이란 氣가 발한 것이다. 寅卯辰 조합은 木오행의 녹왕쇠祿旺衰 결합으로, 동기同氣 오행의 역량이 집중되는 것이다. 이는 寅卯辰이 형제 간의 관계인 바, 방합이란 氣가 발한 것이다. 천간은 취산운동을 통해 발한 氣는 합습이 유일하지만, 지지에서는 충沖/삼합三合/방합方合/육합六合/형刑 등 다양한 기류氣類가 있다.

한편 천간과 지지의 교감운동交感運動으로 발發하는 氣도 있다. 즉 득령得令/통근通根/투간透干 등의 기류를 말한다. 전술前述한 바와 같이 일주에게 가장 큰 영향을 주는 독립변수는 월지라고 하였는데, 월령月令이 일주와 같은 오행이라면, 득령得令이란 氣가 발發한 것이다. (일주를 포함하여 천간의 어떤 오행이든 월령와 동일한 오행이면, 득령한 것이라고 정의定義한다.) 통근이나 투간도 마찬가지로 천지의 교감이 이루어져 氣가 발한 것이다. 특히 통근은 오행의 기세氣勢를 판단하는 가장 보편적인 방법인데, 이러한 기류는 통근 外에도 십이운성十二運星, 왕상휴수사旺相休囚死, 진기퇴기進氣退氣 등이 있다.

그런데 이러한 기류들은 통근과 상충相衝되는 부분도 있는데, 이들 기류와 비교하여, 오히려 합리적인 판단을 할 수 있다. 예를 들면 甲木은 지지 亥寅卯辰未에 유근한데, 이를 십이운성법으로 보면 생록왕쇠묘生祿旺衰墓에 해당되고, 왕상휴수사법으로 보면 亥는 상相, 寅卯는 왕旺, 辰未는 수囚에 해당되고, 진기퇴기법으로 보면 亥寅卯는 진기進氣이고 丑

四柱의 定石

辰은 퇴기退氣이다. 결과적으로 '辰未'는 甲木에 유근하나, 십이운성에서는 쇠묘衰墓에, 왕상휴수사에서는 수囚에, 진기퇴기에서는 퇴기退氣에 각각 해당되어, 미근微根임을 알 수 있다. 십이운성/왕상휴수사/진기퇴기 등의 개념은 제2장에서 후술後述하겠다.

이분법적二分法的인 차원에서, 주리론主理論에 입각한 이법적理法的 논리는, 음양오행의 속성이나 생극제화의 이치에 입각하여 그 해법을 찾는 것이다. 자평진전子平眞詮에서는 생극生剋의 이치하에, 정관격正官格이면 길신을 생조하는 재성을 상신(相神: **격국格局을 성격成格시키는 핵심적인 글자**)으로 삼고, 편관격偏官格이면 흉신을 극제하는 식신을 상신으로 삼는 방식이다. 난강망(欄江網: 명조明朝 작자미상未詳의 저서)에서는 음양오행의 기후적氣候的 속성에 주목하여, 십천간과 월지와의 상관관계相關關係를 파악하여 조후용신을 정하였고, 투파명리透派命理에서는 천간의 물상적物象的 속성에 주목하여, 십천간 상호 간의 희기喜忌 여부를 파악하였다.

반면에 주기론主氣論에 입각한 기세적氣勢的 논리는, 기류氣類가 사주체에 미치는 영향을 의미하는데, 즉 기세氣勢의 강약强弱을 판단하는 방법이다. 오행의 기세를 판단하는 근본적인 방법은 간지 간의 상관관계인데, 이는 득령/통근을 비롯하여 십이운성, 왕상휴수사 등이 있다. 그리고 지지의 기류들은 기세를 강화시키거나 약화시키는 작용을 하는데, 즉 삼합이나 방합은 세勢를 구축하고, 충沖은 통근력通根力을 상실시키고, 육합六合은 특정 십신十神의 역할을 구속拘束하고, 형形은 특정 십신이 피상被傷되는 작용을 한다.

그런데 기세적 논리로 기류를 들여다보는 것은, 최종적으로 일주의 신강·약身强·弱 여부를 판단하는 것이다. 그러나 이를 판단하는 기준이 정립定立되어 있지 않고, 주장하는 자마다 상이相異하다. 대체로 다음과 같은 사항에 대하여, 합리적인 판단을 내리지 못하기 때문이다. 1) 월지에 유근한 경우, 他 지지에 대비하여 어느 정도의 가중치加重値를 부여해야 하는지? 2) 묘고지墓庫支에 유근有根한 경우에도 통근으로 봐야 하는지? 통근이라면 생록왕지生祿旺支에 대비하여 어느 정도의 비중으로 봐야 하는지? 3) 천간합이나 회충합형會沖合刑의 작용이 오행의 강약에 미치는 영향을, 합당하게 적용할 수 있는지? 4) 무엇보다도 신강신약身强身弱 판단에 있어, 가장 핵심인 득령실령得令失令도 통일된 개념이 없다. 아직도 다수는 월지가 인수印綬이면, 득령得令한 것이라고 한다. 득령실령得令失令 개념은 제3장 '월령月令' 편에서 후술後述하겠다.

적천수滴天髓에서는 (격국格局도 인정하지만) 신강약 여부로 일주의 기세를 파악한 후, 억부논리抑扶論理에 의거하여 용신用神을 구한다. 일주의 기세 파악은 기세적 논리이며, 억부抑扶의 抑(누르다)은 극剋/설洩을 의미하고, 扶(돕다)는 방幫/조助를 의미하니, 이법적 논리도 있다. 그래서 억부용신抑扶用神은 이기일원적理氣一元的 접근방법이다.

반면에 자평진전子平眞詮에서는 월령月令을 길신과 흉신으로 구분하여, 길신이면 생生하고 흉신凶神이면 극剋하는 방식이다. 일주의 기세는 고려하지 않고, 이법적 논리만으로 용신을 구한다. 그러므로 정관격이 신약하여도 재성이 상신이 될 수 있다. 상신이나 억부용신이나 모두 이법적 논리를 적용하나, 용신을 구하는 방식이 다른 것이다. 즉 자평진전은 월령의 길흉신 여부로, 적천수는 일주의 신강약 여부로 용처用處를 바라보았기 때문이다.

四柱의 定石

한편 난강망欄江網의 조후용신 체계도 탁월한 이법적 논리이다. 십간을 월별로 계절적 특성인 한난조습寒暖燥濕을 고려하여 용신을 정정定하는 방식이다. 상신이나 억부용신과 달리 구求하는 것이 아니라, 일주와 월지를 보고 공식적公式的으로 용신이 정정해진다. 이를테면 子月甲木은 丁火를 용용用하고, 子月乙木은 丙火를 용하고, 卯月甲木은 庚金을 용하고, 卯月乙木은 丙火를 용한다. 여기에서 甲/乙은 동일한 木오행이지만, 음양에 따라 용처가 다름을 알 수 있다. 이는 오행의 생극의 이치는 음양의 구분 없이 木生火이고 木剋土가 원칙이나, 음양의 속성을 고려하면, 유약한 음간은 陽의 생조를 선호하고 陽의 극제를 두려워하는 반면에, 강건한 양간은 陰의 생조를 선호하고 陽의 극제를 두려워하지 않고 반긴다는 점이다. 이는 난강망이 음양의 강유剛柔 속성이나 오행의 한난寒暖 속성에 대해서, 세세하게 들여다본 것이다.

9. 체용론 (體用論)

9.1 체용의 의미 (體用의 意味)

체용體用은 원래 도교/불교에서 쓰는 용어였으나, 송宋나라 유학자들이 유가철학儒家哲學에서 이론적으로 원용援用하면서 철학적 용어로 확장되었다. 명리학자들도 거의 대부분 유학자이므로 자연스럽게 개념화槪念化되었다. 정이(程頤: 중국 북송北宋의 성리학자)는 리理를 형이상

적形而上的인 관념적觀念的인 존재로 보고, 기氣를 형이학적形而下的
인 질료적質料的인 존재로 보았다. 즉 理를 영구불변의 본체적本體的 존
재로서 체體라 하고, 氣를 변화하고 작용하는 존재로서 용用이라고 하였
다. 결국 체용론體用論은 이기론理氣論을 사물의 작용 측면에서 고찰한
것이라 볼 수 있다.

이기론 및 체용론은 우주 만물뿐만 아니라 더 나아가서, 인간의 성정性
情 작용에서도 성性(인의예지仁義禮智)을 體로, 정情(측은지심惻隱之心
/수오지심羞惡之心/사양지심辭讓之心/시비지심是非之心)을 用으로 규
정하였다. 한편 주자朱子는 태극太極(理/體)이 음양陰陽(氣/用)을 낳은
것이 아니라, 태극이라는 것은 이미 태극(體)과 동시에 동정動靜(用)의
원리가 함께 있다고 보았다. 이른바 체용일원體用一元을 주장하였다. 결
국 이기론理氣論의 이기불상리理氣不相離의 원칙과 같이, 체용의 개념
도 진리를 구현하기 위해 통일성統一性을 강조하였다.

9.2 자평명리학에서의 체용 (自評命理學에서의 體用)

자평명리학에서 체용의 개념을 적용하면, 가장 보편적인 것이 일간과
월지의 관계이고, 사주원국四柱原局과 대운大運 또는 사주원국과 세운
歲運의 관계일 것이다. 그래서 일간 對 월지의 체용관계는 本 편에서 고
찰하고, 원국 對 행운行運의 체용관계는 제3장 '행운行運' 편에서 후술後
述하겠다.

자평명리학은 일간이 중심이므로 이를 體로 보고, 가장 핵심적인 독립

변수인 월지를 用用으로 보고, 용신用神을 구구求하는 방식이다. 여기에서 용신을 구한다는 것은, 이차적二次的으로 월지를 다시 體로 보고, 용신을 用으로 본다는 것이다. 이와 같이 체용의 개념은 상대적인 것이다. 그런데 용신은 취용取用의 주안점主眼點에 따라 용신이 달라진다. 보편적으로 알려진 취용의 방식은 세 가지인데, 그것이 자평진전子平眞詮의 상신相神, 적천수滴天髓의 억부용신抑扶用神, 난강망欄江網의 조후용신調候用神 등이다.

자평진전에서는 월령月令을 절대신絕對神으로 보고 있다. 이를 입증하는 문구가 있다. 팔자용신전구월령(八字用神專求月令: 용신은 오로지 월령에서 구求한다.) 즉 體는 일간, 用은 월지가 아닌 월령月令이다. 그런데 현재 다수는 월지장간月支藏干 中의 어느 하나가 투간透干하면, 이를 월령으로 본다. 그리고 격格이 정해지면 순용順用과 역용逆用의 원칙 하에서 격국格局의 성패成敗를 판단하므로, 격을 성격成格시키는 상신의 존재 여부가 핵심이 된다. 즉 이차적으로 격국을 體로 보고, 상신을 用으로 본다.

그런데 성격의 조건이 까다롭기 때문에 파격破格이 훨씬 많다. 그래서 이를 보완하기 위해, 원국에서 파격되어도 대운에서 파격을 해소하는 글자가 도래하면, 성격으로 전환된다. 물론 역逆으로 원국에서 성격되어도, 대운을 통해 파격이 된다. 이는 원국과 대운을 일원화一元化하여 體의 영역을 확대한 것으로 보인다. 하지만 사주원국은 선천적先天的인 것이고 행운(대운/세운)은 후천적後天的인 것인데, 이를 어찌 한 그릇에 담을 수 있겠는가? 당연히 사주원국을 體라 하면, 대운은 用이어야 자연스러운 것이다. 또한 세운에 대한 언급이 없으니, 일부 후학後學들은 세운도 대운의 연장선으로 여기고 상신을 탐색하는 작업을 되풀이했을 것이다. 근래 인간의 평균수명 80세를 기준으로 할 때, 대운은 여덟 번의 성패 여부를 확인하여야 하며, 세운은 팔십 번의 성패 여부를 확인해야 하는 고단한 작업이었을 것이다. 이런 작업의 결과는 원국에서의 파격이 대운을 통해 성격으로 전환되고, 세운을 통해 다시 파격이 될 수 있다는 것이다.

적천수에서는 일주의 기세氣勢를 파악한 후, 오행의 균형을 맞출 수 있는 글자를 용신으로 삼는다. 그러므로 체용상 일간이 體이고, 나머지 일곱 개 간지가 用이 된다. (적천수에서도 격국을 인정하므로, 월지만 用이 될 수도 있다.) 그리고 신강·약身强·弱 여부가 결정되면, 일간을 제외한 일곱 개 간지에서 억부용신을 구한다. 즉 이차적으로 일곱 개 간지를 體로 보고, 억부용신을 用으로 본다. 그래서 억부용신은 (월지에 한정해서 상신을 구하는 방법과 달리) 파격을 급격히 줄일 수 있었다. 더 나아가 오행이 편중偏重되면, 종격從格/화격化格 등 변격變格의 개념을 도입하여 더욱 그러하였다. 여기에서 변격은 체용상 변화신變化神이 體이고, 사주팔자 전체가 用이 된다. 이를테면 종재격從財格에서 體가 재성이고, 用이 사주팔자 전체가 된다. 이러한 체용 개념의 다양성多樣性은 사주추명四柱推命의 범위를 확대한 공功이 있다. 이와 같이 격국과 억부는 體가 다르고 용신을 구하는 방식도 상이하기 때문에, 용신이 되는 글자가 논리적으로 일치할 수 없다. 물론 일치하는 경우도 있으나, 이는 아무런 인과관계因果關係가 없는 우연일 뿐이다.

난강망에서는 십간十干의 속성과 십이지지十二地支의 계절적 특성을 대비하여 용신을 정定하는 방식이다. 체용상으로 일간이 體라면 월지가 用되고, 다시 월지를 體로 보면 조후용신이 用이 된다. 그런데 조후용신은 기본적으로 천간에서 정하는 것이 원칙이치만, 지지의 지장간에서도 구求할 수 있다. 이는 한난조습寒暖燥濕이 천지간의 교류이므로, 간지干支 모두에 내재되어 있기 때문이다. 이 점은 조후용신이 상신보다 성격될 확률이 높다는 것이다. 그리고 조후용신은 정해진 분류표에 의거하여 정해진다. 마치 공식公式처럼 용신이 정해진다. 사주추명이 이와 같이 용이하다면, 명리학은 이미 수학數學과 같은 자연과학의 영역에 있었을 것이다. 인간은 계절적 요인에 의해서만, 길흉화복吉凶禍福과 부귀빈천富貴貧賤이 정해지는 것은 아니다. 이런 차원에서 조후용신은 신뢰도가 떨어진다. 하지만 매우 덥거나 추울 때는 조후가 시급하므로, 상신이나 억부용신보다 조후용신을 우선적으로 적용하는 것은 당연하다. 그래서 자평진전 론용신배기후득실論用神配氣候得失 편에서 동목冬木/하목夏木(=목화상관木火傷官)/동금冬金(=금수상관金水傷官) 등은 조후를 우선 적용해야 한다고 하였으며, 적천수 한난조습론寒暖燥濕論에서도 특정 기후의 과다過多에 대한 조후의 필요성을 강조하였다.

이러한 맥락脈絡에서 난강망에서 정한 조후용신이 상신이나 억부용신에 어느 정도 부합되는가를 살펴보기 위해, "혹한기酷寒期인 子月 및 혹서기酷暑期인 午月의 조후용신이 격국법格局法 및 억부법抑扶法 체계에서도 성격이 가능한가?"를 비교하여 보겠다.

[조후용신 대비 상신/억부용신의 성패]

일주	월지	조후용신	상신		억부용신	
			성패	격국유형	성패	신강신약
甲	子	丁	○	인용식상	○	신강
乙		丙	○	인용식상	○	신강
丙		壬	X	관살혼잡	X	신약
丁		甲	○	살격용인	○	신약
戊		丙	○	재격투인	○	신약
己		丙	○	재격투인	○	신약
庚		丁	○	금수상관	X	신약
辛		丙	○	금수식신	X	신약
壬		戊	○	양인로살	○	신강
癸		丙	○	록겁용재	○	신강
甲	午	癸	○	상관패인	○	신약
乙		癸	X	식신봉효	○	신약
丙		壬	○	양인로살	○	신강
丁		壬	○	록겁용관	○	신강
戊		壬	X	인수봉재	○	신강
己		癸	X	인수봉재	○	신강
庚		壬	X	관봉식신	X	신약
辛		壬	○	살용상관	X	신약
壬		癸	X	재성봉겁	○	신약
癸		庚	○	재격투인	○	신약

먼저 子月의 조후용신을 격국법과 비교하면 子月丙火 일주만 불일치하며, 억부법과 비교하면 子月의 丙/庚/辛 일주가 불일치한다. 상당히 일치율一致率이 높다. 불일치한 사항은 다음과 같다.

四柱의 定石

1) 子月丙火의 조후용신은 壬水인데, 壬水 편관이 투간透干하면 관살혼잡(官殺混雜: 정관과 편관이 모두 투透한 상태)으로 파격破格이 된다. 난강망에서는 동지冬至에 일양一陽이 생생하여 약한 가운데 다시 강해진다고 한다. 최양最陽인 丙火의 강건함을 고려한 듯하다. 억부의 관점에서도 신약하여 편관 취용取用이 불가하다. 2) 子月庚金의 조후용신은 丁火인데, 丁火 정관은 상관격傷官格에서 본디 상관견관傷官見官으로 파격이나, 금수상관격金水傷官格은 예외적으로 성격이라고 하였다. 하지만 억부의 관점에서는 일주가 신약하여, 정관 취용이 불가하다. 3) 子月辛金의 조후용신은 丙火인데, 子月庚金과 같이 금수식상격金水食傷格이 되어 성격이 된다. 하지만 억부의 관점에서는 일주가 신약하여, 정관 취용이 불가하다.

한편 동수冬水인 子月壬水의 조후용신이 '火'가 아닌 戊土로 정한 것이 이채異彩롭다. 난강망에서는 양인(陽刃: 陽일주의 겁재근劫財根)이 방신幫身하여 일주가 왕旺하니, 戊土를 선취先取한다고 설명한다.《原文: 十一月 壬水, 陽刃幫身, 較前更旺, 先取戊土.》

다음은 午月의 조후용신을 격국법과 비교하면 50%가 불일치하며, 억부용신과 비교하면 午月의 庚/辛 일주가 불일치한다. 불일치한 사항은 다음과 같다.

1) 午月乙木의 조후용신은 癸水인데, 癸水 편인은 식신봉효(食神逢梟: 식신이 편인을 만남.)로 파격이 되나, 억부의 관점에서는 일주가 신약하여 인수 취용이 가능하다. 2) 午月戊土의 조후용신은 壬水인데, 壬水 편재는 인수봉재(印綬逢財: 인수가 재성을 만남.)로 파격이 되나, 억부의 관점에서는 일주가 신강하여 재성 취용이 가능하다. 3) 午月己土의 조후

용신은 癸水인데, 午月戊土와 같은 이치로 파격이 된다. 억부의 관점에서는 일주가 신강하여 재성 취용이 가능하다. 4) 午月庚金의 조후용신은 壬水인데, 壬水 정관은 관봉식신(官逢食神: 정관이 식신을 만남.)으로 파격은 아니나, 길신이 길신을 극剋하여 이롭지 않다. 억부의 관점에서도 일주가 신약하여 식신 취용은 불가하다. 5) 午月壬水의 조후용신은 癸水인데, 癸水 겁재는 재성봉겁(財星逢劫: 재성이 겁재를 만남.)으로 파격이 되나, 억부의 관점에서는 일주가 신약하여 겁재 취용이 가능하다.

한편 하수夏水인 午月壬水는 조후調候가 필요 없어 보이나, 癸水를 용用한다. 난강망에서는 丁火가 왕旺하고 일주가 신약하여, 癸水를 취取한다고 설명한다.《原文: 五月 壬水, 丁旺壬弱, 取癸為用.》

상술上述한 내용에서 알 수 있듯이, 난강망에서 정한 조후용신은 한난조습寒暖燥濕의 기후만을 고려한 것이 아니라, 격국과 억부의 이치도 섞여 있다. 실제 이 책을 읽어 보면, 심오한 의미가 담긴 것을 이내 알 수 있다. 어찌 보면 명리학 삼대보서三大寶書(적천수/자평진전/난강망) 中 가장 난해하다.

사주의 배합
(四柱의 配合)

1. 간지의 배합 (干支의 配合)

제1장 '사주의 변수(四柱의 變數)' 편에서 일주인 종속변수와 월지를 비롯한 독립변수의 조합 및 독립변수와 매개변수의 조합은, 구조적으로 간지간干支間/천간간天干間/지지간地支間의 결합이라고 하였다. 本 章에서는 이를 본격적으로 설명하겠다.

1.1 간지간 결합 (干支間 結合)

천간과 지지의 결합유형 中 작용력이 가장 큰 것은 간지간 결합이다. 적천수滴天髓에서는 이를 시사示唆하는 유명한 문구가 있다. 천부지재 **(天覆地載: 하늘(=천간)은 땅(=지지)을 덮어 주어야 하고, 땅은 하늘을 받쳐 주어야 한다.)**라는 사자성어四字成語이다. 천간은 정신을 의미하고 지지는 육체를 의미하는 것이니, 천간이 지지에 연결되어 있지 않으면 의지만 있지 행동으로 이어지지 않는 것이다. 그래서 천간이 지지에 깊게 연결되어 있어야, 강력한 힘을 발휘할 수 있다.

간지 간 결합 중에서 가장 중요한 결합은 일주와 월지의 관계이다. 이는 자평명리학의 핵심이고, 이것은 바로 격국格局을 의미한다. 격국 外의 간지결합은 통근通根/투간透干/십이운성十二運星/왕상휴수사旺相休囚死/천합지天合地 그리고 각종 신살神殺(천을귀인天乙貴人/백호살白虎殺/괴강살魁罡殺 등)도 있다.

간지 간 결합에서 통근과 투간은 격국 못지않게 중요한 결합이다. 그러면 무근無根인 천간과 불투不透한 지지 中 어느 것이 더 기세가 약한 것인가? 결론적으로 말하자면, 불투한 지지가 더 약하다. 이는 천간이 동적이고 자유로운 속성으로 인하여 氣가 유여有餘하나, 지지는 정적이고 고정된 속성으로 인하여 동요動搖가 없기 때문이다. 그러므로 사주추명四柱推命에 있어서 오행의 기세氣勢를 판단하는 기준은, 천간을 중심으로 하여 지지의 勢를 보는 것이다.

1.2 천간간 결합 (天干間 結合)

십천간十天干은 대대對待하는 쌍방雙方이 '합'이 되는데, 이는 천간 변화의 핵심이다. 탐합망극(貪合忘剋: 合을 **탐하여 剋을 망각한다.**) 그리고 탐합망생(貪合忘生: 合을 **탐하여 生을 망각한다.**)이란 간명성어看命成語가 이를 입증한다. 천간의 특징은 陽의 속성이 있어 동적動的이고 氣로 표현된다. 그래서 매사에 움직이려고 하기 때문에 천간은 合을 두려워한다. 천간합天干合이 되면 자유로운 氣가 묶인다는 것인데, 즉 기반羈絆으로 제 역할을 하지 못한다. 천간합 外 천간간 결합은 생극生剋의 이치이다.

그러면 生과 剋 中 어떤 것이 우선적으로 작용하는가? 탐생망극(貪生忘剋: 生을 **탐하여 剋을 망각한다.**)이란 간명성어看命成語가 있는데, 이 점은 필자의 견해와 다르다. 剋보다 生이 우선한다는 것인데, 아생자我生者는 아我(=일주)가 설기洩氣되므로 나의 에너지가 소모消耗되므로 유쾌하지 않은 것이고, 아극자我剋者는 我가 취취取하는 것이므로 인간 본연의 욕구欲求인 소유所有이다. 즉 인간은 이타적利他的이기보다는 이기적利己的이라는 것이다. 이런 관점에서 우주/자연/인간의 세계에서는 당연히 剋이 우선한다. 그러므로 탐극망생(貪剋忘生: 剋을 탐하여 生을 망각한다.)이란 간명성어로 수정되어야 할 것이고, 이러한 이기적인 사고思考로 我는 아생자我生者보다는 생아자生我者를 선호한다. 즉 자신이 도움을 주기보다는 도움을 받기를 좋아한다. 이 또한 인간 본연의 욕구이다. 결국 아신我神은 동일한 조건이면, 아극자我剋者와 생아자生我者를 우선 취取한다. 만약 아생자我生者가 우선이라면, 아마도 예수/석가모니와 같이 이타적인 삶을 실천해야 할 것이다.

그런데 생아자生我者와 생아자生我者가 연결이 되면, 이격離隔된 剋은 해구解救가 가능하다. 예를 들면 水剋火로 火가 피상被傷되는 상태에서 중간에 木이 있으면, 水生木生火로 유통流通되어 해구가 된다. 木의 입장에서는 아생자生我者인 水의 도움으로 강해졌고, 火의 입장에서도 강해진 木의 도움으로 한층 더 강해져서, 水는 火를 剋하지 못한다. 하지만 水의 입장에서는 木을 원願해서 生하는 것이 아니라, 剋하고 싶은 오행이 없어서 차선으로 木을 生하는 것이고, 木도 마찬가지로 剋하고 싶은 오행이 없어서 火를 生하는 것이다. 그래서 흉신凶神에게 피극被剋되는 경우에, 그 흉신을 剋하는 것이 최선最善이고, 유통시키는 것은 차선次善이다. 이를테면 식신제살(食神制殺: 식신으로 흉신인 殺을 제압)이 최선이고, 살인상생(殺印相生: 인수로 殺을 설예洩하고 일주를 생조生助하는 양상)은 차선이다.

마지막으로 비화자比和者(=비겁 및 겁재)가 있는데, 근본적으로 아신과 동일한 오행이 있다는 것은 아신을 돕는 것이 아니라, 경쟁자競爭者가 되어 이롭지 않다. 만약 신약身弱한 상태라면 약간의 도움은 된다. 상술上述한 내용을 정리하면, 천간의 작용력 순위는 합合＞극剋＞생生＞비比 순이다.

다음은 剋의 작용력에 대해 살펴보겠다. 설명에 앞서, 천간극天干剋을 지지충地支沖과 같이 천간충天干沖으로 보는 자가 있는데, 이는 잘못된 논리이다. 천간은 지지와 달리 전일專一한 기氣이므로, 쟁투爭鬪의 결과가 일방一方이 피상被傷되는 것이므로, 쌍방雙方이 피상되는 충沖의 개념으로 보면 안 된다.

천간극을 (제1장 '음양오행' 편에서 언급한) 진극眞剋과 가극假剋의 개념으로 구분하여 작용력을 적용하면, 천간극의 범위가 좁아진다. 즉 가극(假剋: 음간이 양간을 剋하는 경우)은 작용력이 미약하므로 剋으로 發하지 못한다.

그런데 천간극은 해구解救될 확률도 있어, 천간극의 성립은 더욱 협소해진다. 예를 들면 甲일주가 庚金 편관의 剋을 받고 있는 경우, 庚金과 이웃한 丙火가 庚金을 剋하거나, 庚金과 이웃한 乙木이 乙庚合으로 피합被合시키면 해구가 된다. 여기에서 丙火를 통한 극제剋制는 庚金과 이격離隔되어 있으면, 剋이 불가하다.

[천간극에 대한 해구사례]

*丙剋庚으로 해구	*乙庚合으로 해구	*丙剋庚으로 해구불가
○ 甲 庚 丙	○ 甲 庚 乙	**庚 甲 丙** ○
○ ○ ○ ○	○ ○ ○ ○	○ ○ ○ ○

다음은 生(인수와 비겁)의 작용력에 대해서 살펴보겠다. 비겁은 육친상六親上 형제자매에 해당되고, 인수는 부모에 해당되므로, 당연히 인수의 생조력生助力이 크다. 그래서 비겁을 생조자로 보지 않고, 협력자 정도로 보는 것이 맞다. 신강身强한 상태에서 비겁은 기신忌神으로 작용한다. 하지만 비겁의 경우에도 강한 우군友軍이 될 수 있다. 이를테면 陰일주가 신약身弱한데 양간인 겁재를 만나면, 인수의 생조보다 강하게 본다. 이는 등라계갑(**藤蘿繫甲: 乙木인 등나무 넝쿨이 甲木을 휘감다.**)이란 간명성어看命成語에서 알 수 있다.

하지만 인수나 비겁은 일주가 勢를 구축하는데, 별 도움이 되지 못한다. 자평진전子平眞詮 론십간득시불왕실시불약論十干得時不旺失時不弱 편에서 "세 개의 비견을 얻는 것이, 한 개의 장생長生이나 녹지祿支 또는 양인陽刃을 만난 것보다 못하다"라고 설명한다.《原文: 得三比肩, 不如得一長生祿刃》이는 비견이 많다 하여도 큰 도움이 못되고, 勢를 구축하는 것은 지지에 뿌리를 내리는 통근通根임을 알 수 있다. 인수에 대해서는 언급은 없으나, 유추類推해 보면 역시 통근에 비해 미약하다는 것은 주지周知의 사실이다.

1.3 지지간 결합 (地支間 結合)

음양오행의 생극제화生剋制化는 거역할 수 없는 자연의 순환법칙循環法則이다. 그런데 지지는 전일專一한 氣로 구성된 천간과 달리 화합물化合物이기 때문에, (두 개 이상의 氣가 있는 지장간地藏干을 의미함.) 단

순히 정기장간正氣藏干만으로 생극제화의 이치를 적용할 수 없다. 그래서 삼명통회(三命通會: 중국 명조明朝, 만육오萬育吾의 저서) 옥정오결玉井奧訣 편에서 "천간은 오로지 생극제화生剋制化로 논론하고, 지지는 오로지 형충파해刑沖破害로 취取한다."라고 하였다.《原文: 天干專論生剋制化, 地支專取刑沖破害.》

천기天氣가 순수하게 음양오행운동陰陽五行運動을 하는 반면, 지기地氣는 복잡하게 삼원사상운동三元四象運動을 한다. 즉 지기에서는 대화작용對化作用 외에 자화작용自化作用으로 인하여, 삼원운동(三元運動: 본중말本中末 작용, 방합운동과 삼합운동)을 통해서 사상운동(四象運動: 사원질四原質인 木火金水의 순환운동)을 한다. 이는 천간과 달리 지지는 木火金水가 사계토四季土인 丑辰未戌과 교류하면서, 자연스럽게 지장간이라는 체계가 정립되었고, 이러한 화합물은 화학 반응으로 動하는 것이다.

그래서 화합체 정물靜物인 지지가 動하려면 충격이 필요한데, 그 동인動因은 생극제화가 아닌 투간透干 및 회충합형會沖合刑이다. 자평진전子平眞詮 론희기간지유별論喜忌干支有別 편에서 지지는 천간과 달리 정靜이고, 대용(待用: 쓰일 때를 기다림.)이라고 하였으며, 또한 지지가 발용發用하려면 회합會合이 성립하여야 한다고 했다. 충沖/방합方合/육합六合 등에 대한 예시例示는 없었지만, 근래 다수는 지지의 발용을 세 가지 경우로 보고 있다. 1) 지장간에 있는 암장신暗藏神이 천간에 透한 경우, 2) 지지간에 회합會合(삼합三合/방합方合/육합六合/반합半合 등)이 성립한 경우, 3) 지지간에 충형沖刑이 성립한 경우이다.

2. 천간합 (天干合)

2.1 천간합의 개념 (天干合의 槪念)

천간합天干合의 구성은 십천간十天干의 배열 순에 의해 육위六位 순행順行한 천간과 합이 이루어진다. 즉 '甲己/乙庚/丙辛/丁壬/戊癸'의 조합이 된다. 이는 상극관계相剋關係이면서 음양의 배합이 이루어지는 절묘한 결합인 것이다. 제1장 '오운육기' 편에서 설명한 바, 오운五運의 대화작용對化作用은 대대관계對待關係에 있는 천간 간의 결합으로 작용하며, 이 결합을 합이라고 하였다. 배열상 양간 '甲丙戊庚壬'은 정재에 해당하는 음간 '己辛癸乙丁' 등과 합을 하고, 음간 '乙丁己辛癸'는 정관에 해당하는 양간 '庚壬甲丙戊' 등과 합을 한다. 그래서 천간합을 남녀지합男女之合/부부지합夫婦之合이라고 칭하는 것이고, 이러한 결합을 통해 새로운 오행으로의 변화變化(=합화合化)를 시도하게 된다. 하지만 합화는 그리 쉽게 성립하지 않는다.

다음은 양간과 음간을 구분하여, 천간합의 유형을 정리하였다.

[양일주의 합 (甲일주 기준)]　　　　[음일주의 합 (乙일주 기준)]

양간		음간		유형	양간		음간		유형
甲	비견	己	정재	비견합재	甲	겁재	己	편재	겁재합재
庚	편관	乙	겁재	편관합겁	庚	정관	乙	비견	정관합비
丙	식신	辛	정관	식신합관	丙	상관	辛	편관	상관합살
壬	편인	丁	상관	편인합상	壬	정인	丁	식신	정인합식
戊	편재	癸	정인	편재합인	戊	정재	癸	편인	정재합인

　　　　　　　　　　　　　　　　　　　四柱의 定石

　여기에서 편관합겁偏官合刧이란 사자성어四字成語를 독자들은 처음 접할 것이다. 흔히 양인합살陽刃合殺로 알고 있다. 하지만 이는 다소 비합리적인 표현이다. 합의 구성을 보면 편관(=살殺)이 양간이고 겁재가 음간인 바, 편관이 겁재를 취取하여 합이 성립된다. 그러므로 편관을 주어主語로 사용함이 자연스럽다. 또한 양인陽刃은 본디 천간이 아닌 지지에서 쓰는 용어用語이다, 즉 양인은 양간이 왕지旺支에 통근通根하여 막강한 勢를 구축했다는 의미로 부여된 것이다. 상기上記의 용어는 전부 이와 같은 이치로 명명命名하였다. (재=편재/정재, 겁=겁재, 관=정관, 상=상관, 인=편인/정인 비=비겁, 살=편관, 식=식신)

2.2 합이불합/합이불화 (合而不合/合而不化)

　합이불합合而不合이란 합의 형태는 갖추었으나, 합이 성립되지 않은 것을 말한다. 자평진전子平眞詮 론십간합이불합論十干合而不合 편에서 **격합(隔合: 합하려는 오행이 붙어 있지 않고, 떨어져 있는 경우)**의 예를 드는데, 중간에 剋하거나 유통流通시키는 오행이 있으면, 불합不合이라고 설명하고 있다. 이는 역逆으로 剋하거나 유통시키는 오행이 없다면, 성합成合이라는 것이다. 그래서 격합도 성합으로 보는 자도 있다. 한편 서락오(徐樂吾: 중국 근세近世의 명리학자)는 격합을 불합에 가깝게 설명한 후, 격국格局에 따라 성합도 가능하다 하였다. 하지만 성합으로 제시한 예제사주例題四柱는 불합으로 보인다.

庚 丁 甲 乙 戌 巳 申 酉	庚金이 월지에 득령得令해서 '乙庚'은 성합成合이라고 하지만, 庚 金은 이미 일주 丁火에게 피극被剋되어 득재得財가 된 상황이다.

필자는 "격합隔合은 무조건無條件 불합不合"이라고 본다. 즉 합하려는 양兩 천간이 붙어 있어야 성합이다. 이격간離隔間에 있는 오행이 어찌됐든 방해妨害를 하기 때문이다. 천간 간 작용력은 합이 우선적으로 작용되고, 다음은 剋 > 生 > 比의 순이라고 하였다. 그러나 합하려는 상대방이 붙어 있지 않으면, 이웃한 오행과 먼저 접촉을 하는데, 이 오행이 나의 재성이면 탐재욕구貪財欲求가 발현될 수밖에 없다. 왜냐하면 합이란 것도 여하간 剋의 일종一種인데, 바로 옆에 동일한 개념의 극제剋制의 대상對象이 있다면, 진극眞剋이든 가극假剋이든 탐하지 않을 수 없는 것이다. 그리고 중간에 유통되는 오행이 있으면, 원願하지는 않지만 마찬가지로 생조生助하게 된다. 결과적으로 이격 간에 어떤 천간이 놓여도 불합이다.

예를 들면 甲己합하려는 시간甲과 월간己가 이격되어 있다면, 중간에 모든 경우의 수數인 10개 천간을 모두 대입代入하면 다음과 같은 결과가 나온다. 1) 甲甲己: 일간甲은 우선 월간己와 합을 한다. 2) 甲乙己: 일간乙은 시간己를 우선 剋한다. 3) 甲丙己: 木生火生土로 유통된다. 4) 甲丁己: 木生火生土로 유통된다. 5) 甲戊己: 시간甲은 일간戊를 우선 剋한다. 6) 甲己己: 시간甲은 우선 일간己와 합을 한다. 7) 甲庚己: 일간庚은 시간甲을 우선 剋한다. 8) 甲辛己: 일간辛은 월간甲을 우선 剋한다. 9) 甲壬己: 월간己는 일간壬을 우선 剋한다. 10) 甲癸己: 월간己는 일간癸를 우선 剋한다. 상기上記의 결과에서 십천간十天干 모두를 대입해도, 이격된 甲己

합은 불합임을 알 수 있다.

다음은 일주日主의 합이불합合而不合에 대해 살펴보겠다. 일주는 사주체의 주인공으로 종속변수이기 때문에, 합화合化가 되지 않는 한, 합이 성립하지 못한다. 결국 성합成合은 일주가 포함되지 않은 년간&월간/년간&시간/월간&시간 결합에서 성립된다. 그런데 격합은 불합이라고 방금 설명했으니, 결국 천간합의 성합은 년간과 월간의 조합뿐이다.

다음은 쟁합爭合 및 투합妬合의 합이불합合而不合에 대해 살펴보겠다. 쟁합은 1개 음간에 2개 양간이 합을 하려고 다툴 때를 말하며, 투합은 1개 양간에 2개 음간이 합을 하려고 다툴 때를 말한다. 그런데 쟁합/투합의 구분은 사주추명에 있어서 유의미有意味한 차별성이 없으므로, 통일된 용어로 '쟁합'이라고 명명命名하겠다.

합이란 대립하는 음양의 일대일一對一 결합인데, 한 개의 陰이 두 개의 陽과 동시에 결합할 수 없는 것이고, 마찬가지로 한 개의 陽이 두 개의 陰과 동시에 결합할 수 없는 이치이므로 불합이다. 또한 사주 원국原局에 이미 천간합이 성립되어 있는데, 행운行運(대·세운)에서 동자同字의 간운干運이 도래해도 쟁합이 된다. 그리고 사주원국에서 쟁합爭合은 반드시 붙어 있어야 한다. 이는 격합이 불합이므로 당연한 이치이다.

그래서 쟁합은 사주 구조상, 일간의 쟁합과 월간의 쟁합만 있다. 일간의 쟁합은 일간이 이웃한 월지와 시지에 동시에 합을 하여, 쟁합으로 불합이 된다. 한편 월간의 쟁합은 이웃한 년지와 일지에 동시에 합을 하여, 쟁합으로 불합인 것으로 보이나, 그렇지 않다. 예를 들면 년월일이 '甲己甲'이라면 월일의 甲己合은 일간합日干合으로 합이불합合而不合이고, 년월의 甲己合만 남아서 성합이 된다. 결과적으로 월간의 쟁합은 불합이 아닌 것이다. 그러므로 쟁합이란 월일시에 성립되는 일간합만 불합이 된다.

그런데 일간합이 쟁합이 되면 흉조凶兆이기 십상十常이다. 일간합은 본디 합이불합合而不合이므로, 재관財官과는 유정有情한 관계이고 이를 용신用神으로 삼을 수 있는데, 쟁합이 되면 재다財多/중관重官/군겁群劫 등이 되어 격국格局이 혼탁해진다. 반면에 년월합年月合이 행운行運에서 동자同字의 쟁합운爭合運이 도래하면, 합반합거(合絆合去: 개념은 후술後述하겠다.)가 해소되어 십신十神이 제 역할을 하게 된다. 이때 해당 십신이 희신喜神이면 길吉하고, 기신忌神이면 흉凶하게 된다.

[일간의 쟁합 예시]	**[일간의 쟁합운 예시]**
(불합) 재다로 흉하다	(불합) 중관/군겁으로 흉하다
己 甲 己 ○	甲 己 ○ ○ ←甲/己
○ ○ ○ ○	○ ○ ○ ○
[월간의 쟁합 예시]	**[월간의 쟁합운 예시]**
(성합) 년월의 십신은 기반	(불합) 년월의 십신은 부활
○ 己 甲 己	○ ○ 己 甲 ←甲/己
○ ○ ○ ○	○ ○ ○ ○

한편 합이불화合而不化는 합이 성립되었으나, 합화合化가 성립되지 않는 것을 말한다. 천간에서 성립된 합의 기운은 지지의 협조가 없으면 합화로 이어지지 않는다. 즉 합신合神이 득령得令하거나 회합會合(삼합三合/방합方合/반합半合 등)이 성립하여야 하고, 합신을 剋하는 오행이 없어야 한다. 자세한 내용은 제5장 '화격化格' 편에서 후술後述하겠다.

2.3 천간합의 효과 (天干合의 效果)

천간합의 대부분은 합화合化를 이루지 못한다. 그래서 합이불화合而不化된 천간합은 합반合絆이나 합거合去가 되는 양상을 보이게 된다. 합반合絆이란, 합으로 인해 십신十神이 제 역할을 못하고 기반羈絆(≒구속拘束)이 되는 것을 말한다. 반면에 합거合去란, 합으로 인해 십신의 역할이 소멸되는 것을 말한다.

일반적으로 천간합 당사자인 양자兩者의 기세氣勢가 대등하면, 즉 양자 모두가 좌하坐下의 지지에 유근有根한 경우에는, 양자 모두가 합반이 된다. 반면에 양자가 모두 무근無根한 경우에는, 양간陽干은 합반이 되고 음간陰干은 합거가 된다. 그리고 음간이 유근하고 양간이 무근하여도. 양간은 합거가 아닌 합반이 된다. 예를 들면 음간인 己가 좌하坐下에 未土를 놓아 유근하고, 양간인 甲이 좌하에 戌土를 놓아 무근하여도, 甲은 합거가 아닌 합반이 된다. 己도 물론 합반이 된다. 이는 양강음유陽剛陰柔의 속성을 따른 것이다. 한편 행운行運에서 합운合運이 도래하여, 사주 원국原局의 일간 外 천간과 합이 성립되는 경우에도 합반합거가 된다. 예를들면 원국에 년간甲이 透하고, 행운에서 己運이 도래하면, 甲己합이 성립하고 합반합거가 된다.

하지만 일간은 합이불합合而不合이므로, 행운에서도 합반합거의 대상이 아니다. 반면에 일간과 합하는 천간은 십신의 속성을 유지하나, 일간에 대해 일편단심一片丹心이므로, 일간 外 천간을 생극生剋할 겨를이 없다. 즉 합거는 되지 않으나, 부분적으로 합반이 되어 일간 外 천간을 生하거나 剋하지 못하고, 자신은 타신他神으로부터 생극만 받는다.

합동合動은 행운行運에서 합운合運이 도래하여 해당 십신十神이 발용發用하는 경우를 말한다. 이를테면 甲일주가 己運을 만나 甲己合이 성립되면 득재得財를 논할 수 있다. 또한 세운에서 만나면, 흔히 혼사운婚事運으로 통변通辯하는 것 같다. 하지만 일간 外 천간에 도래하는 합운은 합반합거만을 논할 뿐이다.

[합거 예시]	[합반 예시]
辛金은 합거, 丙火는 합반	辛金/丙火 모두 합반
○ 甲 辛 丙	○ 甲 丙 辛
○ ○ 卯 午	○ ○ 申 酉
[합반 예시]	**[합동 예시]**
辛運 도래시, 丙火는 합반	己運도래시, 甲일주는 득재
○ 甲 ○ 丙 ←辛	○ 甲 ○ ○ ←己
○ ○ ○ ○	○ ○ ○ ○

3. 십간조합 (十干組合)

3.1 십간조합의 의미 (十干組合의 意味)

투파명리透派命理는 천간 간의 조합을 현상적現象的으로 접근하여 그 희기喜忌를 판단하였는데, 이는 음양오행의 생극제화生剋制化의 이치에 치중한 사고체계思考體系에 대한 새로운 패러다임이었다. 즉 오행은 음

四柱의 定石

양이 나누어져 차별적인 작용을 하고, 천간 간 조합을 물상적物象的 관점에서 바라보면, 생극제화의 법칙에 반反하는 이치도 있다는 것이다. 그런데 십간조합론十干組合論의 이론적 근간은 아마도 적천수滴天髓의 천간론干干論과 난강망欄江網의 십천간 대비 십이월지의 상관관계론相關關係論을 참조한 것이 아닌가 싶다.

3.2 음양별 십간조합 (陰陽別 十干組合)

처음 명리학에 입문하면 오행의 생극제화生剋制化를 철칙鐵則으로 여긴다. 이후 명리학을 어느 정도 알게 되면, 음양의 속성이 오행의 생극제화의 법칙에 반反할 수 있다는 것을 알게 되고, 더 나아가서 현상적現象的 특성을 세밀하게 분석한 십간조합十干組合을 통해, 희기喜忌 여부를 추론推論하게 된다.

적천수 천간론에서 양간과 음간의 차이를 설명한 두 개의 유명한 문구가 있다. 1) 오양五陽은 氣를 따르고 勢를 따르지 않으며, 오음五陰은 勢를 따르니 정의情義가 없다.《原文: 五陽從氣不從勢, 五陰從勢無情義》2) 오양은 모두 陽이나 丙이 으뜸이고, 오음은 모두 陰이나 癸가 가장 지극至極하다.《原文: 五陽皆陽丙為最, 五陰皆陰癸為至》이는 음양에 따라 기세氣勢를 달리 판단하여야 하고, 양간 中에서는 丙火가 최강最剛이고, 음간 中에서는 癸水가 최유最柔함을 강조하였다.

이런 맥락脈絡에서 종속변수인 일주를 陽일주와 陰일주로 구분하고, 독립변수인 일간 外 천간을 십신十神(인비식재관印比食財官)으로 구분하여, 양자兩者의 조합을 통해 희기 여부를 살펴보겠다. 여기에서 십간 조합의 희기喜忌는 格의 품격品格을 의미하는 것이지, 사주체四柱體의 용신用神이나 희신喜神/기신忌神 등으로 보아서는 안된다. 희기의 기준은 일주의 관점에서, 상대방이 지닌 음양오행의 속성으로 선호여부選好與否를 판단하고, 보조적으로 물상적物象的 논리를 원용援用하였다.

1) 陽일주와 인성印星의 조합 : 인성은 아신我身(=일주)을 생조生助하므로, 신강사주身强四柱에서는 기신忌神으로 작용한다. 하지만 신약사주身弱四柱에서의 인성은 천군만마千軍萬馬를 얻은 것이니, 희신喜神으로 작용한다. 陽일주는 대체로 음간 정인보다 강한 속성인 양간 편인을 선호하지만, 정·편인의 생조력生助力 차이는 크지 않다. 5개 陽일주의 선호 여부는 다음과 같다 ① 丙/戊/壬은 원칙대로 양간 편인 甲/丙/庚을 각각 선호하고, 정인은 차선으로 작용한다. ② 甲은 음간 정인 癸水를 선호한다. 편인 壬水의 호해湖海 象은 甲木을 부목浮木으로 전락시킬 수 있으나, 癸水의 우로雨露 象은 생명체인 木의 성장에 없어서는 안 될 자양분滋養分이기 때문이다. ③ 庚은 편인 戊土나 정인 己土의 생조를 받지 못한다. 이법상理法上 土生金이 성립하나, 土는 사원질四原質과 달리 주된 역할이 조절/중재이기 때문이다. 물론 지지의 사계토四季土와 같이 토화작용土化作用을 하는 것은 아니나, 천간의 戊土는 양도陽道를 지휘하고 己土는 음도陰道를 지휘한다는 측면에서, 庚金만 편애할 수가 없다. 그래서 庚金은 지지에서 습토濕土인 辰/丑을 통해, 생조를 받는 것이 효과적이다. 이 中에 동토凍土(丑)보다 양토壤土(辰)를 더 선호함은 두말할 나위가 없다.

2) 陰일주와 인성印星의 조합 : 陰일주는 음간의 속성상 유약하므로,

四柱의 定石

대체로 양간 정인의 생조를 선호한다. 그래서 음간 편인을 선호하지 않는다. 5개 陰일주의 선호 여부는 다음과 같다. ① 丁/己는 원칙대로 양간 정인 甲/丙을 각각 선호한다. 丁火와 편인 乙木의 조합은 초목草木인 乙木이 불에 덤비니 순식간에 잿더미가 되는 象이고, 己土와 편인 丁火의 조합은 습토濕土가 丁火의 열熱을 흡수하여 갈라지는 象이므로 이롭지 않다. ② 乙은 음간 편인 癸水를 선호한다. 양간 정인 壬水는 차선으로 작용한다. 초목인 乙木은 甲木과 달리 생명력이 강하다. 약간의 습기濕氣와 양광陽光만 있어도, 성장의 조건이 된다. 그래서 壬水이든 癸水이든 가리지 않는다. ③ 辛/癸는 인성의 생조에 거의 반응하지 않는다. 辛金은 전술前述한 庚金과 같은 이치로 土의 생조를 못 받고, 지지에서 습토인 辰/丑을 통해 생조를 받는 것이 효과적이다. 한편 癸水는 속성상 최음最陰이므로, 인성의 생조에 반응이 미흡하다.

　3) 陽일주와 비겁比劫의 조합 : 비겁은 아신我身을 방신幫身하나, 근본적으로 생조生助는 인성의 역할이다. 그러므로 비겁은 일주의 근根으로 작용할 때 파급효과가 크다. 그래서 陽일주는 대체로 지지의 녹왕지祿旺支를 선호하는데, 왕지旺支는 양인陽刃에 해당되어 극강極强하므로, 이로운 조합이 되지 못한다. 결국 건록지建祿支만 선호한다. 《本 편은 십간조합론十干組合論인데, 지지까지 범위를 확대해서 설명하는 이유는, 해당 일주가 같은 천간 내에서 이로운 조합이 없는 경우에 한해서, 지지에서 탐색하려는 것으로 이해하면 된다.》5개 陽일주의 선호 여부는 다음과 같다. ① 甲/丙/庚은 원칙대로 건록지인 寅/巳/申을 각각 선호한다. 丙火는 최양最陽으로 비겁 방신의 도움이 필요하지 않다. 그리고 양목陽木인 甲木과 양금陽金인 庚金도 본체가 견고하고 강건한 象이므로, 역시 비

겁의 도움이 필요하지 않다. ② 戊는 비겁지比劫支인 辰/丑 습토濕土를 선호한다. 未/戌 건토乾土도 戊土의 뿌리 역할을 하나, 차선으로 작용한다. ③ 壬은 음간 겁재 癸水를 선호한다. 건록지인 亥水는 차선으로 작용한다. 다른 陽일주와 달리 壬水는 음유陰柔한 수기水氣의 속성이 있으므로, 천간 내에 있는 겁재의 도움을 반긴다. 물상적으로, 壬水와 겁재 癸水의 조합은 천진지양(**天津地洋: 하늘과 땅을 잇는 나루터**)의 象이 되어 이로우나, 비견 壬水와의 조합은 망망대해(**茫茫大海: 한없이 크고 넓은 바다**)의 象이 되어 이롭지 않다.

4) 陰일주와 비겁比劫의 조합 : 陰일주는 대체로 양간인 겁재를 선호한다. 陰일주의 겁재는 인성을 능가하는 생조력을 발휘한다. 양간과 달리 음간은 태생胎生이 쇠약하므로, 인성보다는 유전자가 같은 동기同氣 오행에서 에너지를 수혈輸血받는 것이 파급효과가 크다. 등라계갑(**藤蘿繫甲: 乙木인 등나무 넝쿨이 甲木을 휘감다.**)이란 간명성어看命成語가 이를 입증한다. 5개 陰일주의 선호 여부는 다음과 같다. ① 乙/己/癸는 원칙대로 양간 겁재 甲/戊/壬을 각각 선호한다. 물상적으로, 己土와 겁재 戊土의 조합은 양토陽土와 음토陰土가 섞여 중화中和되는 경련상배(**硬軟相配: 강강함과 유유함이 잘 배합되어 있다.**)의 象이다. 乙木과 癸水는 이미 설명하였다. ② 丁은 음간 비견 丁火를 선호한다. 겁재 丙火와의 조합이 탈료정광(**奪了丁光: 병화의 빛이 丁火의 빛을 빼앗다.**)의 象이므로 이롭지 않다. 반면 비견 丁火와의 조합은 양화위염(**兩火爲炎: 불꽃의 열기熱氣가 세차진다.**)의 象으로 이롭다. ③ 辛은 지지의 녹왕지祿旺支인 酉/申를 선호한다. 辛金은 음간이지만 양간의 甲木이나 庚金과 같이 견고한 象이므로, 비겁의 도움이 필요하지 않다. 그래서 록왕지인 申/酉에

유근有根하는 것이 최상이다. 이 中에 왕지旺支인 酉金을 당연히 더 선호한다.

5) 陽일주와 식상食傷의 조합 : 식상食傷은 아신我身을 설기洩氣하므로, 신약사주에서는 기신忌神으로 작용한다. 하지만 신강사주에서는 희신喜神으로 작용한다. 陽일주는 대체로 피극被剋되는 것을 선호하나, 관살이 없다면 양간 식신으로 洩할 수 있다. 음간 상관의 설기는 미약하여 의미가 없다. 5개 陽일주의 선호 여부는 다음과 같다. ① 甲/丙/庚/壬은 원칙대로 양간 식신 丙/戊/壬/甲을 각각 선호한다. ② 戊는 庚金 식신이나 辛金 상관을 선호하지 않는다. 土오행의 속성상 조절/중재가 主된 역할이므로, 특정 오행을 편애하지 않는다.

6) 陰일주와 식상食傷의 조합 : 陰일주는 대체로 양간인 상관만을 선호하며, 음간인 식신을 선호하지 않는다. 강건한 陽일주가 신강하다면 강하게 극제剋制하는 것이 원칙이나, 유약한 陰일주가 신강하다면 양간 상관으로 洩하는 것이 합리적이다. 陰일주의 속성상 剋하는 것은 과過하고, 음간 식신으로 洩하는 것은 부족하기 때문이다. 5개 陰일주의 선호 여부는 다음과 같다. ① 乙/丁/辛/癸는 원칙대로 양간 상관 丙/戊/壬/甲을 각각 선호한다. 다만 최음最陰인 癸水는 양간 식신 乙木의 설기洩氣에 차선으로 작용한다. ② 己는 庚金 상관이나 辛金 식신을 선호하지 않는다. 土오행의 속성상 조절/중재가 主된 역할이므로, 특정 오행을 편애하지 않는다.

7) 陽일주와 재성의 조합 : 재성은 일주가 신강하면 득재得財가 보장되나, 재다신약財多身弱이면 빈곤한 삶을 면하기 어렵다. 전술前述한 바와 같이 아극자我剋者인 재성은 인간 본연의 욕구이므로, 음양을 가리지 않

고 剋하는 것이 원칙인데, 특별히 음간 정재를 선호하는 이유는 양자兩者의 관계가 合이기 때문이다. 만약 일주와 정재가 붙어 있으면 득재가 배가倍加가 된다. 5개 陽일주의 선호 여부는 다음과 같다. ① 甲/丙/庚/壬은 원칙대로 음간 정재 己/辛/乙/丁을 각각 선호하고, 편재는 차선으로 작용한다. 특히 壬水와 편재 丙火의 조합은 강휘상영(江輝相映: 강에 밝은 빛이 비친다.)의 象으로, 천지의 교감을 의미한다. ② 戊는 합의 관계인 음간 정재 癸水를 선호하나, 土오행의 속성상 양간 편재 壬水를 선호하지 않는다.

8) 陰일주와 재성財星의 조합 : 陽일주가 음양의 교감으로 유정有情한 관계인 정재를 선호하므로, 이를 陰일주에도 적용한다면 역시 정재를 선호하게 된다. 그리고 편재는 차선으로 작용한다. 5개 陰일주의 선호 여부는 다음과 같다. ① 乙/丁/辛/癸는 원칙대로 양간 정재 戊/庚/甲/丙을 각각 선호하고, 편재는 차선으로 작용한다. ② 己는 양간 정재 壬水나 음간 편재 癸水를 선호하지 않는다. 土오행의 속성상 조절/중재가 主된 역할이므로, 특정 오행을 편애하지 않는다. 특히 己土와 정재 壬水의 조합은 기토탁임(己土濁壬: 전답田畓인 己土가 강물인 壬水를 만나 흙탕물이 되다.)의 象이다.

9) 陽일주와 관살官殺의 조합 : 관살은 아신我身을 극제剋制하는 것이니, 일주는 신강해야 한다. 그래서 신강한 陽일주는 억부抑扶의 이치상 강하게 피극被剋되어, 중화中和를 이루어야 한다. 그래서 陽일주는 대체로 양간 편관의 극제를 선호한다. 5개 陽일주의 선호 여부는 다음과 같다. ① 甲/丙/戊는 원칙대로 양간 편관 庚/壬/甲을 각각 선호한다. ② 庚은 편관 丙火와 정관 丁火를 모두 선호한다. 물상적으로, 庚金과 丁火의

四柱의 定石

조합은 득화이예(得火而銳: 火를 얻어 예리해지다.)의 象이다. 이는 金이 火의 담금질로 가치가 상승하는 상생관계相生關係로 전환되는 바, 편관 丙火의 조합에 견줄 만하다. ③ 壬은 편관 戊土나 정관 己土를 선호하지 않는다. 이는 土오행의 속성상 조절/중재가 主된 역할이므로, 특정 오행을 편애하지 않는다. 또한 음유陰柔한 수기水氣의 속성상, 피극被剋되는 것을 반기지 않는다.

10) 陰일주와 관살官殺의 조합 : 양간은 관살의 극제剋制를 기뻐하고, 음간은 상관의 설기洩氣를 기뻐한다고 하지만, 신강한 陰일주는 정관의 剋도 기뻐한다. 이는 正官이 아신我身과 合의 관계로 유정有情하므로, 당연히 선호한다. 5개 陰일주의 선호 여부는 다음과 같다. ① 乙/丁/己/辛/癸는 원칙대로 양간 정관 庚/壬/甲/丙/戊를 각각 선호한다. 물상적으로, 乙木과 정관 庚金의 조합은 백호창광(白虎猖狂: 백호가 난폭하게 날뛰다.)의 象이라 하고, 己土와 정관 甲木의 조합은 목강토산(木强土散: 나무가 강하면 土가 흩어진다.)의 象이라 하여 흉하게 보나, 이는 물상론物象論에 치우쳐, 음양합陰陽合의 돈독敦篤한 관계를 망각하는 것이 아닌가 한다. 필자가 보기에는 庚金 백호가 乙木 초원과 하나가 되어 (실제는 밀림에 살지만) 잘 뛰어 노는 것으로 보이고, 己土의 기름진 땅이 甲木에 충분히 영양분을 공급하여 나무가 잘 자라는 것으로 보인다. 상술上述한 내용을 정리한 陽/陰 일주별 선호 십신은 아래와 같다.

[음양별 선호 십신]

구분		신약적용 십신		신강적용 십신		
		인성	비겁	식상	재성	관살
양일주 선호		편인	녹지	식신	정재	편관
음일주 선호		정인	겁재	상관	정재	정관
양일주	甲	癸	寅	丙	己＞戊	庚
	丙	甲＞乙	巳	戊	辛＞庚	壬
	戊	丙＞丁	辰丑戌未		癸	甲
	庚	辰＞丑	申	壬	乙＞甲	丙＝丁
	壬	庚＞辛	癸＞亥	甲	丁＝丙	
음일주	乙	癸＞壬	甲	丙	戊＞己	庚
	丁	甲	丁	戊	庚＞辛	壬
	己	丙	戊			甲
	辛	辰＞丑	酉＞申	壬	甲＞乙	丙
	癸		壬	甲＞乙	丙＞丁	戊

4. 통근 (通根)

4.1 통근, 투간의 개념 (通根, 透干의 概念)

통근通根은 천간이 지지에 뿌리를 내렸는지를 파악하는 간명법看命法
이다. 그러므로 통근은 지장간支藏干에 동일한 오행이 있으면 된다. 예를
들면 천간의 木은 지지의 '亥寅卯辰未'에 유근有根한데, 이들 지장간에는

                                                    四柱의 定石

甲/乙 木이 들어 있다. 즉 亥中甲/寅中甲/卯中乙/辰中乙/未中乙 등이다.

반면에 투간透干은 지지의 입장에서 해당 지장간이 천간에 드러났는지를 파악하는 간명법이다. 그러므로 통근과 유사한 것이다. 그런데 어떤 자는 지장간의 음양까지 동일해야 투간透干이라고 한다. 하지만 일반적으로 격국格局에서 동일한 오행이 透하면 이를 格으로 삼고 있으니, 동일한 오행이 透하면 족足하다. 예를 들면 지지의 寅木은 천간에 乙木이 透해도 투간이 성립한 것이다.

한편 사주 원국四柱에서 무근無根인 천간이 행운行運에서 뿌리가 되는 근운根運이 도래하면 통근이 되고, 불투不透한 지지가 행운에서 동기同氣의 투운透運이 도래하면 투간이 된다. 예를 들면 원국의 甲천간은 무근인데, '寅/卯' 運이 도래하면 통근이 되고, 원국의 寅지지는 불투인데, '甲/乙' 運이 도래하면 투간이 된다.

4.2 오행의 통근처 (五行의 通根處)

통근은 해당 천간이 지지의 지장간에서 동기同氣 오행을 얻은 것이라고 하였다. 이를 적용하면, 사원질四原質인 木火金水는 십이운성상十二運星上 '생록왕쇠묘生祿旺衰墓'에 해당되는 5개 지지에 뿌리를 둔다. 반면에 土(戊/己)는 묘지墓支인 丑辰未戌, 생지生支인 寅巳申亥, 왕지旺支인 午火 등 무려 9개 지지에 뿌리를 둔다. 이는 土오행이 전술前述한 바와 같이, 사원질 모두에 관여하는 중개자仲介者 역할을 하기 때문이다.

만약에 이와 같은 통근 논리를 적용하면, 土(戊/己) 일주는 他 오행에 비해 신강사주身强四柱가 될 확률이 높을 수밖에 없는 바, 오행의 불균형적인 상황은 자명自明하다. 그래서 土오행의 통근처通根處를 조정해야 할 필요성이 있다. 제1장 '지장간支藏干' 편에서 언급된 내용이지만, 다시 한번 자세히 설명하겠다.

우선 土(戊/己)가 정기장간正氣藏干에 있는 丑辰未戌에는 이론異論의 여지없이 통근한다. 그러나 土가 초기장간初氣藏干에 있는 생지生支인 寅巳申亥는, 지지를 대표하는 지장간이 아닌 허부虛浮한 지장간이므로, 통근처에서 배제할 수 있다. 한편 土가 중기장간中氣藏干에 있는 午火는 여전히 土오행의 통근처이다. 그런데 투파명리透派命理에서는 이를 통근처에서 배제한다.

그래서 왕지 午火가 어떤 이유로 土(戊/己)오행에 통근하는지를 설명하겠다. 왕지인 子/卯/酉는 전일專一한 기氣로 구성되어서, 木(甲/乙)오행은 子水에, 火(丙/丁)오행은 卯木에, 水(壬/癸)오행은 酉金에 각각 통근할 수 없다. 이는 지생천地生天 관계임에도 불구하고, 지장간 내內에 암장暗藏된 해당 오행이 없기 때문이다. 그런데 유독 午火만이 중기장간에 己土가 암장된 바. 토(戊/己) 오행은 午火에 통근할 수 있다. 이는 그만큼 己土의 역할이 중요해서 포함시킨 것이다. 午中己의 역할은 다음과 같다. 지구의 천기天氣에서는 음양운동陰陽運動을 하는데, 양도陽道에서 음도陰道로 넘어가는 시기에 무엇보다도 중재仲裁 역할이 중요한데, 그 시기가 일음시생一陰始生하는 午月 하지夏至이고 중재자가 己土이다. 戊土는 건토乾土이므로 陽의 확산을 저지沮止할 수 없고, 습토濕土인 己土가 陰의 수렴과정收斂過程을 주도하는 것이다. 이로써 土오행도 사원질과 같이 5개 지지에 통근하게 된다.

한편 金의 통근처에 대한 조정調整도 필요하다. 다수는 金의 통근처를 삼합방합지三合方合支인 '巳申酉戌丑'으로 보고 있다. 그런데 戌土가 건토乾土인 관계로 통근력이 있을지 의문이다. 적천수滴天髓 천간론天干論에서 "庚金은 습토濕土를 보면 生하지만, 건토乾土를 보면 취약脆弱해진다."라고 하였다.《原文: 土潤則生, 土乾則脆.》이는 庚金이 건토인 戌/未에 통근이 불가함을 시사示唆하는 것이다. 戌土는 숙살지토(**肅殺之土: 생명을 죽이다.**)이므로, 金을 생조生助할 수 없다. 그러므로 戌土 대신에 양생지토(**養生之土: 생명을 살리다.**)인 辰土가 통근처로 되어야 한다. 다만 戌土가 申酉와 결합하여 申酉戌 방합方合이 성립하면 통근처가 된다. 이는 방합으로 금국金局이 성립하여 지지가 발용發用한 것이므로, 당연히 통근처이다.

마지막으로 묘고지墓庫支(丑辰未戌)의 통근처에 대한 조정이다. 묘고지는 자의字義 그대로 묘지墓地나 창고倉庫이다. 즉 저장하는 공간으로 인식되므로 활동이 불가하다. 오행의 생멸生滅 과정을 보면 더욱 명확해진다. 이를테면 木오행은 亥月에 태어나서, 寅卯月에 전성기를 누리고, 辰月부터 퇴기退氣가 되어 未月(묘고지)에 生을 마감하고, 3개월간의 휴식기를 거쳐 다시 亥月에 재탄생한다. 그러므로 묘고지에서 生을 마감한 상태인 木오행이, 어찌 활동을 할 수 있겠는가? 이러한 관점에서 묘고지에서는 통근이 불가하며, 그저 유근有根할 뿐이다. 특히 개고설(**開庫說: 묘고지는 평소에 用할 수 없으나, 충형沖刑이 성립하면 지장간의 기물器物이 열려 用할 수 있다는 이론**)을 주장하는 자는, 반드시 이러한 입장을 고수固守하여야, 논리적 일관성이 유지될 것이다. 그럼에도 불구하고 다수가 묘고지를 통근처로 정의定義한 것은 계절적 순환의 관점에서 볼 때, 차후의 탄생을 위한 교두보橋頭堡 역할을 하기 때문인 것 같다. 하지만 무덤에 묻힌 자가 움직일 수 없음은 명백한 이치이다. 다만 묘고지가 지지의 동인기류動因氣類인 삼합三合/방합方合/반합半合/형刑 등의 구성인자構成因子가 되면, 당연히 묘고지의 통근력을 인정한다. 예를 들면, 亥卯未 삼합三合의 未土는 통근한 것이다. 상술上述한 내용을 정리한 오행의 통근처는 아래와 같다.

[오행의 통근처]

오행	장생	건록	제왕	쇠衰	묘墓	기타
木	亥	寅	卯	辰	未	
火	寅	巳	午	未	戌	
金	巳	申	酉		丑	辰
水	申	亥	子	丑	辰	
土	丑辰戌未					午

4.3 통근력 상실 (通根力 喪失)

통근은 지지 발용發用의 핵심적인 동인動因이나, 지지의 회충합형會沖合刑과 상충上衝되면 통근력通根力이 제한을 받게 된다. 다음과 같은 경우이다.

1) 지지에서 삼합三合이 성립하고 해당 오행의 원신元神이 투간透干하면, 他 천간의 통근력은 상실된다. 예를 들면 월일시에 寅午戌 화국火局이 성립하고 천간에 丙火가 透하면, 他 천간에 있는 甲木이 월지 寅木에 유근하여도, 甲木의 통근력은 상실된다. 이는 삼합이 천간의 도움을 받

四柱의 定石

아 합화合化가 성립되므로, 寅中甲은 목기木氣를 잃는다. 하지만 상기上記의 예例에서 甲木이 일주日主이면, 寅木이 어떤 지지에 있던 간에 통근력은 유지된다. 일주는 간합干合이 되면 합반합거合絆合去가 되지 않고, 합이불합合而不合이 되듯이, 일주 外 천간이 삼합으로 합화가 성립하여도 일주의 통근력은 유지된다. 구체적인 내용은 제2장 '삼합三合과 방합方合' 편에서 후술後述하겠다.

2) 통근된 지지가 충沖이 성립하면, 통근력을 상실한다. 다만 고지충庫支沖(辰戌/丑未)에서 정기장간正氣藏干인 土(戊/己)는 통근력이 유지된다. 예를 들면 甲木이 일지 寅木에 유근한데, 시지에서 申金을 만나면 인신충寅申沖으로 통근력을 상실한다. 충으로 인한 통근력 상실은 다수가 의견일치를 보고 있다. 한편 戊土가 일지 辰土에 유근한데, 시지에서 戌土를 만나 진술충辰戌沖이 성립해도 통근력은 유지된다. 이는 兩 지지의 본기本氣가 동기同氣 오행이고, 土오행은 속성상 쟁투爭鬪가 아닌 중재仲裁 역할을 하기 때문이다.

3) 통근된 지지는 육합六合이 성립해도, 통근력을 상실하지 않는다. 예를 들면 甲木이 일지 寅木에 유근한데, 시지에 亥水가 있어 寅亥 육합이 성립하여도 통근력은 유지된다. 한편 육합을 성립하게 하는 兩 지지 정기장간의 원신元神이 모두 투간透干하면, 육합 자체가 성립하지 않는다. 육합은 천간합天干合과 같이 결속력이 강한 음양합陰陽合이 아니기 때문이다. 구체적인 내용은 제2장 '육합六合' 편에서 후술後述하겠다.

4) 통근通根된 지지는 형刑/해害가 성립해도 통근력을 상실하지 않는다. 예를 들면 甲木이 일지 寅木에 유근한데, 시지에 巳火가 있어 인사형寅巳刑이 성립하여도 통근력은 유지된다. 한편 형刑을 성립하게 하는 과

세過勢 오행의 원신이 투간하면, 형刑 자체가 성립하지 않는다. 구체적인 내용은 제2장 '형刑' 편에서 후술後述하겠다.

5. 십이운성 (十二運星)

5.1 십이운성의 의미 (十二運星의 意味)

십이운성十二運星은 인간의 생로병사生老病死와 만물의 생멸과정生滅過程을 십이단계 (장생長生, 목욕沐浴, 관대冠帶, 건록建祿, 제왕帝旺, 쇠衰, 병病, 사死, 묘墓, 절絶, 태胎, 양養) 로 세분화하여, 천간 대비對比 지지의 왕쇠화旺衰化를 세세하게 들여다보는 간명법看命法이다.

그런데 오행의 생멸과정은 계절별로 상이相異한데, 이를 반영한 간명법이 '왕상휴수사旺相休囚死'법이다. 이를테면 춘절春節의 木은 왕기旺氣이고, 火는 휴기休氣이고, 金은 사기死氣이고, 水는 상기相氣에 해당된다. 이를 월별로 좀 더 세분화한 간명법이 '십이운성'법이다. 이를테면 寅月의 甲木은 건록建祿에 해당되고, 丙火는 장생長生에 해당되고, 庚金은 절絶에 해당되고, 壬水는 병病에 해당되어, 시기별로 오행의 기세氣勢를 판단할 수 있다. 그리고 오행을 음양으로 구분하여, 음간陰干은 양간陽干의 역방향으로 십이운성이 진행된다. 이른바 논란이 많은 음포태론陰胞胎論이다. 하여간 즉금卽今의 다수가 음포태론을 찬성하므로, 음양을 구분한 십이운성 조견표早見表는 아래와 같다.

 四柱의 定石

[십이운성 조견표]

구분	甲	乙	丙戊	丁己	庚	辛	壬	癸
장생	亥	午	寅	酉	巳	子	申	卯
목욕	子	巳	卯	申	午	亥	酉	寅
관대	丑	辰	辰	未	未	戌	戌	丑
건록	寅	卯	巳	午	申	酉	亥	子
제왕	卯	寅	午	巳	酉	申	子	亥
쇠	辰	丑	未	辰	戌	未	丑	戌
병	巳	子	申	卯	亥	午	寅	酉
사	午	亥	酉	寅	子	巳	卯	申
묘	未	戌	戌	丑	丑	辰	辰	未
절	申	酉	亥	子	寅	卯	巳	午
태	酉	申	子	亥	卯	寅	午	巳
양	戌	未	丑	戌	辰	丑	未	辰

5.2 십이운성의 적용 (十二運星의 適用)

다수는 주로 일주日主와 사지지四地支 전부를 대비對備하여. 십이운성을 들여다본다. 자평명리학이 아신我身(=일주)을 중심으로 간명看命하기 때문에 그런 것 같다. 하지만 십이운성법은 (왕상휴수사법旺相休囚死法이 오행별 기세氣勢의 강약을 계절별로 바라본 것과 달리) 오행별 기세가 지지에서 어느 정도 왕쇠화旺衰化가 됐는가를, 미시적微視的인 관점에서 바라본 간명법이다. 그러므로 십이운성을 통한 간명은 일주 대비 사지지가 아닌, 일신동체一身同體인 동주同柱에서 들여다보는 것이

효과적이다.

예를 들면 명조命組가 己卯년/壬申월/甲寅일/庚午시라면, 일주 대비 사지지로 십이운성을 보면, '왕절록사旺絶祿死'에 해당되어, 일주는 일희일비一喜一悲의 양상이 된다. 반면에 동주 내에서 십이운성을 보면, 년간 己土 정재는 병病, 월간 壬水 편인은 장생長生, 일간 甲木은 건록建祿, 시간 庚金 편관은 욕浴에 해당된다. 이는 십신별十神別로 간명이 가능하므로, 통변通辯이 수월하다. 이러한 관점에서 간여지동干與支同/동주사同柱死/동주묘同柱墓/동주절同柱絶/동주욕同柱浴 등은 유의미有意味한 간명을 할 수 있는 도구가 된다.

그리고 동주 내에서만 적용되는 십이운성법을 통근通根/왕상휴수사법旺相休囚死法 등과 비교해 보면, 간지간干支間의 결합력을 심도 있게 파악할 수 있다. 아래의 표는 甲木에 배속된 6개 지지와의 관계를 표시한 것으로, 이를 통해 왕쇠화旺衰化 순위를 파악할 수 있다.

[甲육주의 왕쇠화 비교]

甲柱	통근	진기/퇴기	십이운성	왕상휴수사	생극관계	왕쇠순위
甲子	X	진기	목욕沐浴	상相	化	3
甲寅	○	진기	건록建祿	왕旺	比和	1
甲辰	△	퇴기	쇠衰	수囚	剋	2
甲午	X	퇴기	사死	휴休	生	5
甲申	X	퇴기	절絶	사死	制	6
甲戌	X	진기	양養	수囚	剋	4

→ 십이운성에서 진기進氣는 '양생욕대록왕養生浴帶祿旺'에 해당되고, 퇴기退氣는 '쇠병사묘절태衰病死墓絶胎'에 해당된다.

상기上記의 비교표에서 甲 육주六柱의 왕쇠화旺衰化 순위를 매긴다면, 1) 甲寅柱 〉 2) 甲辰柱 〉 3) 甲子柱 〉 4) 甲戌柱 〉 5) 甲午柱 〉 6) 甲申柱 순이다. 무엇보다도 통근 여부가 순위를 판단하는데, 당연히 우선적인 기준이 된다. 통근이 된 것은 甲寅柱와 甲辰柱인데, 십이운성상 甲寅柱가 건록建祿에 해당되고, 갑진주는 쇠衰에 해당하므로 甲寅柱가 우위優位이다. 이와 같이 세부적으로 십이운성법을 활용하면, 정확히 통근의 강약을 판단할 수 있다. 반면에 무근無根인 것은 甲子柱/甲戌柱/甲午柱/甲申柱인데, 십이운성상 진기進氣에 해당되는 것은 甲子柱와 甲戌柱이고, 퇴기退氣에 해당되는 것은 甲午柱와 甲申柱가 되므로. 목욕沐浴에 해당하는 甲子柱가 3순위, 양양養에 해당되는 甲戌柱가 4순위, 사死에 해당되는 甲午柱가 5순위, 절絶에 해당되는 甲申柱가 6순위에 해당된다.

그런데 왕쇠화 비교표에서, 오행의 생극제화生剋制化를 계절에 대비한 왕상휴수사법이나 생극관계生剋關係는 큰 의미가 없다. 천간과 지지 간에는 본디 생극生剋이 불가하기 때문이다. 이는 장남(張楠: 중국 명대 明代의 명리학자)의 동정론動靜論에 의거한 것으로, 천간은 지지를 공격하지 못하고, 지지는 천간을 공격하지 못한다고 하였다. 만약 생극관계나 왕상휴수사법으로 기세를 판단하면, 甲子柱가 생극관계상 水生木이고 왕상휴수사상 상기相氣에 해당되므로, 木剋土이고 수기囚氣에 해당되는 甲辰柱보다 왕旺해야 한다. 하지만 甲辰柱가 비록 퇴기이지만, 왕지旺支의 바로 다음에 위치하여 여전히 氣가 유여有餘하여 유근有根한 관계라는 점이고, 반면에 甲子柱는 비록 진기이고 상생관계이지만, 거짓 상생相生이고 무근한 관계라는 점에서 甲辰柱보다 왕旺할 수가 없는 것이다. 여기에서 거짓상생이라고 한 이유는, 子水는 陰이 극極에 달한 위

位에 있으므로, 다른 오행을 生할 겨를이 없는 지지이다. 이는 子水의 지장간이 壬·癸로만 구성되어 있고, 木이 보이지 않는 것으로 알 수 있다.

그럼에도 불구하고 간지 간에 생극을 논하는 자가 간혹 있다. 지지 간에 생극제화의 이치를 적용할 수 없듯이, 연계하여 지지와 천간과의 생극도 불가한 것이다. 천간과 지지의 생극작용은 정물靜物인 지지가 발용發用(투간透干 및 회충합형會沖合刑의 성립)하였을 때만 가능한 것이다. 결국 간지간 작용력은 우선 통근법에 의해 기세를 파악하고, 진기進氣와 퇴기退氣를 살핀 후, 십이운성법으로 세밀하게 왕쇠화旺衰化를 판단하면, 결합력의 강도强度를 알 수 있다.

그러므로 십이운성법은 통근법과 같이 천간의 기세를 판단하는 간명법으로 통근법을 보조하는 것이다. 그리고 십이운성법의 이면裏面에는 천간과 지지와의 관계에 있어서, 세부적인 상태를 파악하는 데 유용하다. 예를 들면 甲子柱는 십이운성상 목욕沐浴에 해당되어 애정문제, 甲申柱는 십이운성상 절絶에 해당되어 단절의 문제를 통변通辯할 수 있다.

5.3 양생음사론/음양동생동사론 (陽生陰死論/陰陽同生同死論)

음포태론陰胞胎論을 주장하는 자들은 양생음사陽生陰死/음생양사陰生陽死의 논리에 입각한다. 이를테면 甲木에서의 생지生支 亥水 및 사지死支 午火는, 乙木에서는 역逆으로 사지 및 생지가 된다. 陽이 극極하면 陰이 태동胎動한다는 이치는 이론異論의 여지가 없다. 하루 中에서 陽의 極인 정오正午에서 一陰이 시작되고, 陰의 極인 자정子正에서 一陽이 시작된다. 또한 년중年中에서는 양극陽極인 하지夏至에서 一陰이 시작되고, 음극陰極인 동지冬至에서 一陽이 시작된다. 이는 주야와 계절을 시간의 경과에 따른 음양의 변화를 설명하는 것이지, 오행이 음양으로 구분되어 각각 순행順行 및 역행逆行을 하고 있다는 것이 아니다. 십이운성법도 우주/만물/인간의 생멸과정生滅過程을 시간적 흐름에 따른 변화를 의미하는 것이지, 음양이 구분되어 각각 다른 방향으로 작동한다는 논리가 아닌 것이다.

木은 춘절春節에 왕旺하고, 火는 하절夏節에 왕하고, 金은 추절秋節에 왕하고, 水는 동절冬節에 왕하다는 이치는 누구든지 부인否認하지 않는 사실이다. 사계四季마다 왕한 오행이 있는데, 이는 음양의 노소老少로 인한 변화에 따른 것이다. 즉 동지冬至가 되면 일양시생一陽始生하여, 양기陽氣가 상승하고 음질陰質이 분리되는 양도陽道의 시기이므로 木火가 왕旺한 것이고, 하지夏至가 되면 일음시생一陰始生하여, 양기가 하강하고 음질이 수렴되는 음도陰道의 시기이므로 金水가 왕한 것이다. 여기에서 사원질四原質인 木火金水는 모두 양간과 음간으로 구분되는데, 陽은 氣이고 陰은 質이라고 하였다. 그래서 甲木/丙火/庚金/壬水는 양기陽氣의 역할을 하고, 乙木/丁火/辛金/癸水는 음질陰質의 역할을 하여 상호 협력하는 관계이지. 각각 상반相反된 방향으로 각자도생各自圖生하는 것이 아니다.

음양의 방향성에 따른 순행역행順行逆行 논리는 역학분야易學分野 곳곳에 있다. 명리학에서는 "대운大運 세우는 방법"에서 년주를 기준으로, 양남음녀陽男陰女는 순행하고 음남양녀陰男陽女는 역행한다. 육임六壬/자미두수紫微斗數 등에서도 남자는 순행, 여자는 역행한다. 기문둔갑奇門

遁甲/태을수太乙數 등에서도 양둔陽遁은 순행하고 음둔陰遁은 역행한다. 이러한 이치는 오로지 음양이 상반相反되는 방향으로 작동한다는 의미이지, 오행의 양간/음간이 상반되는 방향으로 작동한다는 의미가 아니다.

한편 오행의 통근을 보면 음포태론陰胞胎論의 모순矛盾이 드러난다. 음포태론에 따르면 乙亥/辛巳는 사지死支에 있으니 통근이 불가한 것이며, 또한 丁酉/癸卯는 장생지長生支에 있으니 유근해야 한다. 하지만 음포태론자도 乙亥/辛巳는 통근한 것이고, 丁酉/癸卯는 무근한 것으로 본다. 이에 대한 적확的確한 이론적 설명도 없다. 음포태론의 논리에 따라 예를 들면, 양간陽干 甲木에 통근되는 지지는 '亥(生)/寅(祿)/卯(旺)/辰(衰)/未(墓)'인데, '亥寅卯辰未'는 음간陰干 乙木에서 '亥(死)/寅(旺)/卯(祿)/辰(帶)/未(養)'에 해당된다. 여기에서 양간의 녹왕쇠묘祿旺衰墓에 대비되는 음간의 왕록대왕旺祿帶養을 비교하면, 왕쇠화旺衰化의 차이가 크지 않으나, 양간의 생지生支는 음간에서 사지死支에 해당되어 정반대이다. 그러므로 음간인 乙亥/辛巳가 사지死支에 있음에도 불구하고 양간의 생지生支여서 통근을 인정하는 것은, 이중적인 잣대이고 결국 자신들의 이론을 부정하는 것이다.

자평진전子平眞詮 론십간득시불왕실시불약論十干得時不旺失時不弱 편에서 "음장생陰長生은 (통근으로) 논하지 않는다. 이를테면 乙이 午를 만나거나 丁이 酉를 만나는 유형이다."라고 하였다.《原文: 陰長生不作此論, 如乙逢午丁逢酉之類.》심효첨(沈孝瞻: 자평진전의 저자)은 음포태론자이지만, 통근에 있어서는 음포태를 부인否認하는 이중성을 보이고 있다. 이는 아마도 午/酉의 지장간에 木(甲/乙)이나 火(丙/丁)가 없기 때문에, 논리적으로 음포태론을 주장하기 곤란하였을 것이다. 진소암(陳素

庵: 중국 청대清代의 명리학자, 명리약언命理約言의 저자), 임철초(任鐵
樵: 중국 청대清代의 명리학자, 적천수천미滴天髓闡微의 저자), 서락오
(徐樂吾: 중국 근세의 명리학자) 등 명리학 대가大家들이 음포태를 부인
否認했다. 하지만 지금까지도 양생음사陽生陰死에 대한 논란이 여전하
다. 서락오의 논지論旨대로 "생왕묘절生旺墓絶은 오행의 생왕묘절이지,
십천간의 생왕묘절이 아니다."

5.4 십이운성의 수정 (十二運星의 修正)

    필자는 음포태론을 부인否認하므로, 음양 공公히 동일한 생멸과정生
滅過程으로 분류하고 있다. 이에 더하여 土(戊/己)를 火오행과 동일시한
화토동법(火土同法: 火와 土의 기운을 동일하게 간주하여, 십이운성의
진행이 같다.)은, 합리적인지 의문이 든다. 土는 사원질四原質인 木火金
水의 조절자調節者로서 총괄하는 위치에 있다. 즉 戊土는 양도陽道를 주
관하고 최종 목적지는 오위午位이므로 火에 해당되는 것이고, 己土는 음
도陰道를 주관하고 최종 목적지는 자위子位이므로 水에 해당되는 것이
다. 그래서 戊는 화토동법火土同法을 따르고, 己는 수토동법水土同法에
따르는 것이 합리적이다. 우주/만물/인간의 변화는 수화운동(水火運動
=음양운동陰陽運動, 양도의 분열과정에서 水(=陰)가 火(=陽)로, 음도의
수렴과정에서 火가 水로 변화, 순환하는 운동)에서 비롯된 것이다. 상술
上述한 내용을 반영한 십이운성표十二運星表는 아래와 같다.

구분	甲乙	丙丁戊	庚辛	壬癸己
장생	亥	寅	巳	申
목욕	子	卯	午	酉
관대	丑	辰	未	戌
건록	寅	巳	申	亥
제왕	卯	午	酉	子
쇠	辰	未	戌	丑
병	巳	申	亥	寅
사	午	酉	子	卯
묘	未	戌	丑	辰
절	申	亥	寅	巳
태	酉	子	卯	午
양	戌	丑	辰	未

6. 천합지 (天合地)

6.1 천합지의 의미 (天合地의 意味)

천합지天合地는 천간합天干合의 원리를 확장하여, 동기動氣인 천간과 정물靜物인 지지의 장간藏干과의 결합을 의미한다. 예를 들면 정해합丁亥合은 丁火와 亥中壬이 만나, '丁壬合'으로 결합되어 천합지가 된다. 천간합의 속성이 대대관계對待關係에서 이루어진 음양의 결합인 바, 천합지도 유정有情한 관계로 전환된 것이다. 그런데 천간합과 달리 전일專一한 천간이 지지의 암장暗藏된 장간과 결합한 것이므로, 외부로 표출되지 않는 은밀한 합으로 보고, 이를 명암합明暗合이라고 칭칭稱한다.

6.2 천합지의 적용 (天合地의 適用)

천합지는 그 적용 기준을 어떻게 하느냐에 따라, 그 범위가 크게 확장된다. 즉 동주同柱 내에서의 간지 결합을 넘어서 그 外의 모든 간지와의 결합도 인정하거나, 천간과 정기장간正氣藏干과의 결합뿐만 아니라 초기나 중기장간과의 결합도 인정하게 되면, 무수히 많은 경우의 수數가 나온다. 이 모든 경우를 인정한다면 사주체四柱體에서 천합지가 3~4개가 있는 것은 기본이다. 천간합에 비해 합력合力이 현저히 떨어지는 천합지를 이렇게 적용한다면, 간명看命의 혼란만 가중될 것이고 실효성이 없다.

동주同柱가 아닌 간지 결합은 합이 아니거나, 합이라 해도 그 합력은 미미하다. 무릇 사주四柱(년주/월주/일주/시주)에서 각각의 주柱는 동일한 음양으로 배합되어 한 몸을 이루고 있다. 십이운성에서 주장한 바와 같이, 일신동체적一身同體的 결합에서 그 의미를 부여함이 타당하다고 본다. 동주 내에서 천합지의 모든 경우의 수를 열거하면, '甲午/乙巳/丙戌/丁亥/戊子/戊辰/己亥/庚辰/辛巳/壬午/壬戌/癸巳' 등 12개의 조합이다. 이 중에 초기나 중기장간과 결합한 것을 제외하고, 정기장간과 결합한 천합지인 '丁亥/戊子/辛巳/壬午' 등 4개의 조합만이 진정한 천합지이다.

그런데 천합지는 합의 작용력이 있는지 의문이다. 지지는 속성상 정물

靜物이므로 발용發用의 조건이 있어야 동요하는데, 이는 일반적으로 통근通根/삼합三合/방합方合/충형沖刑 등이 성립해야 하는데, 천합지가 이들 기류氣類와 대등하게 작용할 수 있는가의 문제이다. 만약 천합지를 지지의 동인動因으로 인정한다면, 천간합과 같이 합반합거(**合絆合去: 合으로 인해 기반羈絆되거나 제거됨을 말함.**)의 이치를 적용해야 하는데, 이러면 성합成合으로 무슨 득得이 있겠는가? 다만 일주합日柱合은 일간과 일지가 일신동체一身同體인 바, 합반합거의 대상이 아니므로 득이 된다. 예를 들면 임오일주壬午日柱라면 일간壬과 일지의 午中丁과 결합하여, 壬일주는 처궁妻宮과의 合으로 부부금슬夫婦琴瑟을 논할 수 있다. 반면에 일주외합日柱外合(년/월/시에 성립하는 천합지)이라면, 합반합거로 십신十神/육친六親의 역할이 상실되는 것이다. 예를 들면 乙일주에 임오시주壬午時柱가 놓이면, 壬(정관)은 합반이 되고 午中丁(식상)은 합거가 된다. 하지만 일주의 개입介入이 없는 년/월/시의 천합지는 독립변수 간의 결합이므로, 종속변수인 일주에 주는 영향은 미미하다. 결과적으로 천합지는 일주 外에는 그 효용성이 거의 없다. 그러므로 일주 外의 천합지는 간명看命의 대상에서 제외한다.

다음은 사주 원국原局에서 이미 성립된 천합지가 행운行運에서 동일한 글자가 도래到來하여, 쟁합爭合이 되는 경우이다. 원국과 마찬가지로 일주합과 일주외합의 작용이 상이하다. 일주합이 쟁합으로 불합不合이 되면, 원국에서 득한 것을 상실하니 불리한 국면에 든다. 예를 들면 원국의 壬午日柱가 행운에서 壬/午 運이 도래하면, 쟁합이 되어 부부사별夫婦死別이나 이혼離婚을 논론할 수 있다. 반면에 일주외합이 쟁합으로 불합이 되면, 기반羈絆으로 묶였던 십신/육친의 역할이 부활하여 유리한 국면에 든다. 예를 들면 乙일주 壬午時柱에 壬/午 運이 도래하면, 자손궁 子孫宮의 간지결합이므로 자녀의 명리名利나 결혼婚姻을 논할 수 있다. 여기에서 지지에 도래하는 동자운同字運이 천간에 도래하는 동자운보다 작용력이 크다. 한편 행운에 의해서 성립되는 천합지는 논하지 않는다. 천합지는 '회충합형會沖合刑'과 같은 수준의 동인기류(動因氣類: 천간합 **이나 지지간 결합으로 動하여 발용發用하는 기류)**가 아니므로, 지지에서 발용하기 어렵다. 그리고 원국에서 이미 성립한 천합지에 중첩되는 회충 합형 運이 도래하면, 천합지의 기능이 상실되고 대신 회충합형 등이 성립 한다. 육합六合이나 반합半合이 충운沖運을 만나면 그 기능을 상실하듯 이, 결속력이 미약한 천합지의 기능 상실은 당연하다.

7. 지지간 결합 (地支間 結合)

7.1 지지간 결합의 의미 (地支間 結合의 意味)

　전술前述한 바와 같이 지지는 화합물化合物이기 때문에, 생극제화生 剋制化의 원리를 적용하기 어렵다. 그 대신에 지지는 회충합형파해會沖 合刑破害 그리고 수많은 신살神殺 등의 다양한 결합이 있다. 이러한 결 합 중 다수가 지지의 동인기류動因氣類인 회충합會沖合을 重하게 여기 나, 그 外의 결합들은 크게 활용되지 못한다. 그런데 이러한 지지의 결합 들 中에는 중복적인 개념도 있다. 이를테면 寅亥 조합은 육합六合이면서

파살破殺에 해당되고, 巳申 조합은 육합六合/형刑/파살破殺 등으로 분류
된다. 바로 이러한 점이 사주추명四柱推命을 난해하게 하고, 다양한 해
석을 하게 만든다. 그래서 다의적多義的 판단을 해소할 수 있는 기준이
있어야 한다고 본다.

이런 맥락脈絡에서 지지의 결합 형태를 정리하여, 새롭게 분류하고자
한다. 우선 지지간 결합은 크게 두 부류部類로 나눌 수 있다. 하나는 화합
적和合的 결합 유형으로 회會/합슴이 있고, 또 하나는 대립적對立的 결
합 유형으로 충沖/형刑/해害가 있다. 이러한 구분하에 다음과 같은 기준
으로 분석하겠다.

1) 화합적 결합 유형에서 삼합三合/방합方合/반합半合 등은, 동기지지
간同氣地支間의 결합을 의미한다. 그래서 동기同氣의 범위를 확장하여,
동기지지간의 결합을 새롭게 분류하고자 한다. 즉 십이지지十二地支에서
배합할 수 있는 모든 동기지지간 결합의 합체성合體性 여부를 파악한다.

2) 대립적 결합 유형에서 충沖/형刑 등은, 십이지지가 생왕고生旺庫별
로 쟁투爭鬪하는 것이다. 이를테면 沖에서 생지간生支間의 쟁투가 寅申
沖/巳亥沖이고, 왕지간旺支間의 쟁투가 子午沖/卯酉沖이고, 고지간庫支
間의 쟁투가 辰戌沖/丑未沖이다. 한편 刑에서는 생지형生支刑이 寅巳刑
/巳申刑/寅巳申刑이고, 고지형庫支刑이 丑戌刑/戌未刑/丑戌未刑이 된
다. 이는 생지生支(寅巳申亥), 왕지旺支(子卯午酉), 고지庫支(丑辰未戌)
가 각각 고유의 특성이 있는 바, 생왕고별生旺庫別 충돌작용을 일으키는
것이다. 그리고 여기에서 도출導出된 기류氣類를 충沖/형刑/해害 등으로
분류한다.

3) 화합적 결합력이 약한 기존의 육합六合 개념을 재정립하고, 자묘형

 　　　　　　　　　　　　　　　　　　　　四柱의 定石

子卯刑이나 자형自刑은 형刑이 아닌 하위 수준의 개념인 해害로 재분류한다.

4) 분석 방법으로, 동기지지간 결합 유형에서는 십이운성법十二運星法을 활용하여, 지지에 내재된 기세氣勢를 확인한 후, 합체성合體性 여부를 판단하고, 생왕고별 결합 유형에서는 지장간支藏干 간의 공방攻防을 파악하여, 피상被傷의 정도와 이를 "해구(解救: **피상의 상태에서 벗어남.**)할 수 있는가?"의 여부로 판단한다.

5) 상기上記의 분석 결과를 통해 지지의 결합 유형을, 기존과 다른 '회충합형해會沖合形害'로 구분하며, 중복된 분류는 최소화한다. 여기에서 해害는 기존의 해살害殺과 다른 개념이다.

[전통명리傳統命理에서의 지지간 결합]

결합유형	결합원리	결합지지
삼합	십이운성상 생왕고生旺庫의 결합	亥卯未/寅午戌/巳酉丑/申子辰
방합	십이운성상 록왕쇠祿旺衰의 결합	寅卯辰/巳午未/申酉戌/亥子丑
반합	십이운성상 생왕/왕고의 결합	木(亥卯,卯未)/火(寅午,午戌) 金(巳酉,酉丑)/水(申子,子辰)
충沖	대대관계간對待關係間 결합	子午/丑未/寅申/卯酉/辰戌/巳亥
육합	지구와 달의 궤도가 동일선상에 만나는 결합	子丑/寅亥/卯戌/辰酉/巳申/午未
형刑	木삼합+木방합 결합 火삼합+火방합 결합 金삼합+水방합 결합 水삼합+木방합 결합	寅巳/巳申/寅申/寅巳申 丑戌/戌未/丑未/丑戌未 子卯/辰辰/午午/酉酉/亥亥
파破	木삼합+火삼합 결합 金삼합+水삼합 결합	子酉/丑辰/寅亥/卯午/巳申/未戌
해害	육합의 배우자를 沖하는 글자와 결합	子未/丑午/寅巳/卯辰/申亥/酉戌
원진살	직후나 직전 지지를 沖하는 글자와 결합	子未/丑午/寅酉/卯申/辰亥/巳戌
귀문관살	원리는 알 수 없으나 원진살과 유사	子酉/丑午/寅未/卯申/辰亥/巳戌

四柱의 定石

7.2 동기 지지간 결합 (同氣 地支間 結合)

　지지간의 결합에서 兩 지장간에서 동일한 오행이 있으면, 특정 오행의 勢가 공고鞏固해지는데, 이러한 경우의 수數를 모두 열거하면 다음과 같다. 이를 십이운성상으로 보면, "생왕生旺/왕고旺庫/생고生庫/생록生祿/녹왕祿旺/왕쇠旺衰/녹쇠祿衰/녹고祿庫/생쇠生衰/쇠고衰庫"의 결합이다. 이들 10개의 결합은 결국 오행의 통근처通根處인 생록왕쇠고生祿旺衰庫 간의 조합이 된다.

　그러면 10개의 동기 지지간 결합체의 기세氣勢를 비교해 보겠다. 전통명리傳統命理에서는 다수가 반합半合을 삼합三合의 생왕生旺 및 왕고旺庫 결합으로 정의한다. 반합은 어찌 보면 양형兩刑(寅巳/巳申/丑戌/戌未 조합)과 같이 특정 오행의 과세過勢로 보이나, 실제는 제왕帝旺인 리더가 있어 위로는 부모인 생지生支를 봉양할 수 있고, 아래로는 자식인 庫支를 양육할 수 있는 것이다. 반면에 양형은 제왕帝旺이 없는 생록生祿 결합이어서, 오행의 불균형을 초래하는 것이다. 그래서 왕지旺支가 빠진 생고生庫 결합을 반합으로 보지 않는다. 이는 조부祖父가 손자孫子를 양육하는 형상이기 때문에 타당하다고 본다. 그런데 맹파명리盲派命理에서는 이를 공합拱合 또는 공국拱局이라 칭稱하며 합체合體로 보고 있다.

　하지만 생고 결합이 비록 勢가 약하지만, 원신元神이 투간透干하면 勢가 강해진다. 이를테면 이격 없이 붙어 있는 亥未 조합이 천간에 원신인 木(甲/乙)이 透하면, 강한 勢가 형성된다. 이를 '천간의 유인誘引'이라고 표현하는 것 같은데, 필자는 준삼합準三合이라고 칭하겠다. 준삼합은 천간에 원신이 불투不透한 생왕生旺 반합보다 당연히 勢가 강하다. 이 점은 생고 결합뿐만 아니라, 다른 동기同氣 지지간의 결합도 勢가 강해질 수 있음을 추측推測하게 한다.

이런 관점에서 방합의 녹왕祿旺/왕쇠旺衰/녹쇠祿衰 결합도 천간에 원신이 透하면, 준방합準方合이 성립하는 것이고, 더 나아가서 생록生祿 결합(계승권繼乘權없는 자식과 부모의 관계)인 '寅巳/寅亥/巳申/申亥' 조합도, 천간에 원신이 透하면 준삼합이 성립하는 것이다. 여기에서 寅巳/巳申 조합은 본디 양형兩刑인데, 원신이 투간하면 형刑 자체가 성립되지 않고 준삼합이 성립하는 것이다. 이에 대한 세세한 설명은 '생지간 결합(生支間 結合)' 편에서 후술後述하겠다.

지금까지 7개 동기 지지간의 결합을 설명하였는데, 나머지는 녹고祿庫/생쇠生衰/쇠고衰庫결합이다. 이 유형들은 兩 지장간에 내재된 오행의 기세를 비교하여, 해당 오행의 勢가 가장 강하다면, 이를 합체로 볼 수 있다. 1) 녹고祿庫의 결합은 (녹지祿支는 왕지旺支의 형兄이므로) 백부伯父와 질(姪: 조카)의 관계이다. 木오행을 기준으로 하면, 寅未 조합으로 寅中甲은 녹지이고 未中乙은 묘고墓庫에 해당된다. 이 조합에 대한 월령용사月令用事 지장간의 사령일수司令日數를 비교해 보면, 土25日＞木19日로 토세土勢가 더 강하므로, 이를 합체로 볼 수는 없다. 2) 생쇠生衰의 결합은 (녹왕지祿旺支는 쇠지衰支와 이복형제異腹兄弟이므로) 부夫와 서자庶子의 관계가 된다. 木오행을 기준으로 하면, 亥辰 조합으로 亥中甲은 생지生支이고 辰中乙은 쇠지衰支에 해당된다. (水오행을 기준으로 하면 녹고祿庫 결합이 된다.) 이 조합에 대한 월령용사 지장간의 사령일수를 비교해 보면, 土25日＞水19日＞木16日이다. 토세土勢나 수세水勢가 더 강하므로, 이를 합체로 볼 수는 없다. 3) 쇠고衰庫의 결합은 木오행

四柱의 定石

을 기준으로 하면 辰未 조합으로, 당연히 토세土勢가 더 강하므로, 이를 합체로 볼 수는 없다.

상술上述한 내용을 정리하면, 삼합/방합에서 반합이 성립되지 않은 생고生庫/녹왕祿旺/왕쇠旺衰/녹쇠祿衰 결합과 생록生祿 결합이 유의미有意味한 합체가 된다. 이를 준반합準半合이라고 칭칭稱하겠다.

그리고 합체合體의 개념에서 주의할 점은, 준반합은 지지의 동인動因이 아니므로, 사주 원국原局의 천간에 원신元神이 透하거나, 행운行運에서 원신 및 삼합三合이나 방합方合 등이 성립되는 글자가 도래해야 비로서 動한다는 것이다. 그러므로 원국이나 행운에 의하여 준반합이 성립하는 것은 動하지 않는다. 여기에서 준반합이 발용發用하려면 원신의 투간透干을 요要한다는 것은, 모든 지지가 원신이 투간하면 발용發用하는 것과 다를 바가 없는데, 이를 굳이 구분한 것은 준반합이 천간을 득得하면, 기세가 삼합/방합에 버금간다는 것을 의미한다. 한편 원국에 있는 준반합이 행운行運에서 삼합이나 방합을 완성시키는 운運이 도래하면, 삼합/방합이 성립한다. 예를 들면 '亥未' 준반합이 행운에서 卯運이 도래하면, 목국木局이 성립한다. 상술上述한 내용을 정리한 동기지지지간의 합체성合體性 순위는 아래와 같다.

[동기 지지간의 합체성合體性 순위]

순위	결합	*관계	木기준	명칭	원신透
1	生旺	父子	亥卯	반합	준삼합
2	旺庫	父子	卯未	반합	준삼합
3	生庫	祖孫	亥未	준반합	준삼합
4	生祿	假父子	亥寅	*준합/형	준삼합
5	祿旺	兄弟	寅卯	준반합	준방합
6	旺衰	假兄弟	卯辰	준반합	준방합
7	祿衰	假兄弟	寅辰	준반합	준방합
8	祿庫	姪	寅未		
9	生衰	庶子	亥辰		
10	衰庫		辰未		

* 관계 : 왕지旺支를 아我로 보면 생지生支는 부父, 녹지祿支는 형兄, 고지庫支는 자子가 된다. 생록生祿 관계를 가부자假父子라고 정의한 것은, 왕위/가계를 계승받는 것은 제왕지帝旺支 이지, 장남인 녹지가 아니기 때문이다. 그러면 녹고祿庫 관계는 백부伯父와 조카(질姪)의 관계가 된다. 왕쇠旺衰나 녹쇠祿衰 관계를 가형제假兄弟라고 정의한 것은, 진기進氣인 록왕祿旺은 정실正室의 자식이고, 퇴기退氣인 쇠지衰支는 후실後室의 자식이기 때문이다. 그러면 생쇠生衰 관계는 부父와 서자庶子의 관계가 된다.

* 준합/형 : 4개의 생록生祿 결합 中 亥寅/申亥 조합은 준반합準半合으로 분류되고, 寅巳/巳申 조합은 형刑으로 분류된다. 이에 대한 근거는 '생지 간 결합(生支間 結合)' 편에서 설명하겠다.

7.3 생지간 결합 (生支間 結合→ 沖 OR 刑 OR 준반합)

생지生支는 계절의 시작을 의미하는 바, 많은 에너지가 필요하므로 역동적이다. 그래서 지장간 모두가 양간으로만 구성되어 있다. 이 점은 생지간의 결합이 우호적이라기보다는 호전적인 양상임을 알 수 있다. 생지

四柱의 定石

간 결합의 경우의 수는 '寅巳/寅申/寅亥/巳申/巳亥/申亥' 등 모두 6개 조합이다. 이들 조합의 인원용사人員用事 지장간간 대립구도代立構圖는 아래와 같다.

[생지간 결합의 지장간간 대립구도]

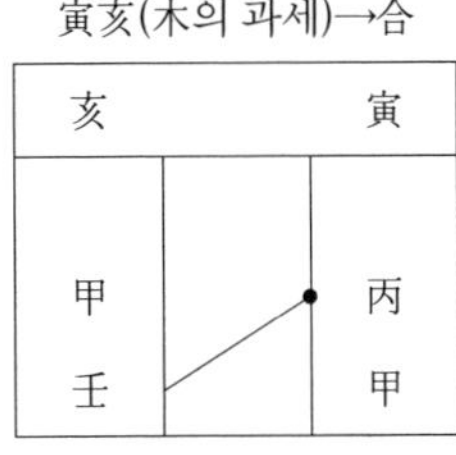

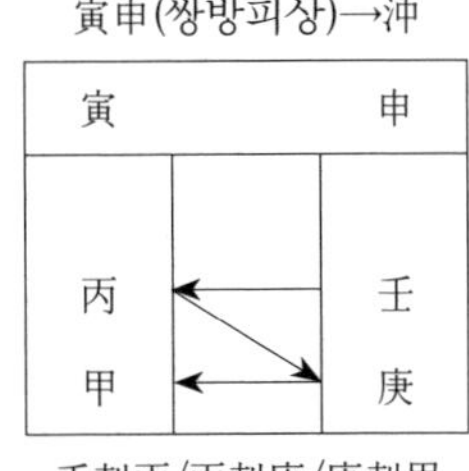

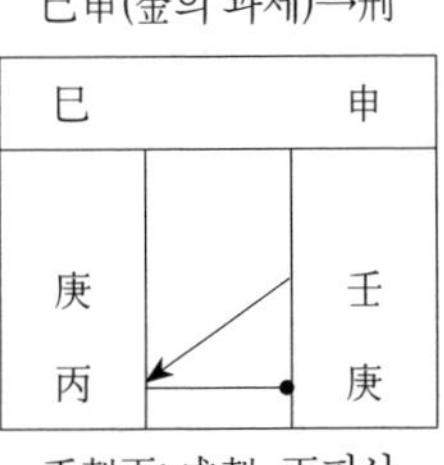

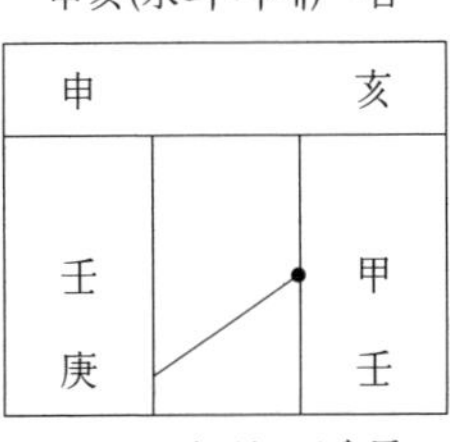

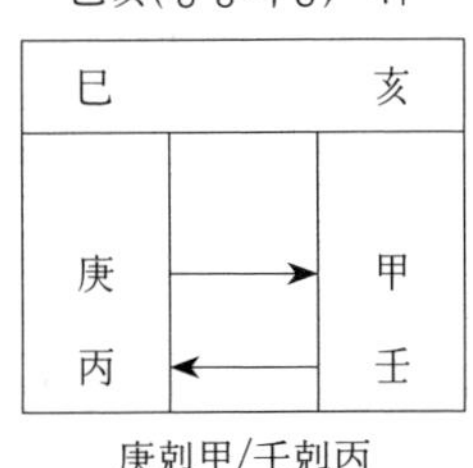

6개 생지간 결합 中 '寅申/巳亥' 조합은 대칭점에 있는 오행간의 충돌이므로, 이론異論의 여지없이 쌍방피상雙方被傷의 관계인 충沖이 된다. 하지만 사주팔자 전체에서 일방一方의 기세氣勢가 너무 강하면, 일방피상一方被傷의 양상도 나타난다.

나머지 네 생지간 결합인 '寅巳/巳申/寅亥/申亥' 조합은 십이운성상 특정 오행의 생록生祿 결합이 되어, 과세현상過勢現象이 나타난다. 그런데 네 개의 조합 中 한 부류部類는 과세로 인한 피상被傷을 해구解救하고, 다른 한 부류는 해구하지 못한다. 그래서 해구 여부에 따라 준반합準半合과 형刑으로 구분된다.

1) 寅巳 조합은 火의 과세過勢인데, 지장간간支藏干間 공방攻防에서 寅中丙이 巳中庚을, 巳中庚은 寅中甲을 각각 공격(=剋)한다. 여기에서 寅中甲은 자신을 공격하는 巳中庚이 寅中丙에게 피극被剋되어 해구가 되나, 巳中庚은 해구가 불가하다. 2) 巳申 조합은 金의 과세인데, 지장간간 공방에서 申中壬이 巳中丙을, 巳中丙은 申中庚을 각각 공격한다. 여기에서 申中庚은 자신을 공격하는 巳中丙이 壬剋丙에게 피극되어 해구가 되나, 巳中丙은 해구가 불가하다.

위 두 조합은 완전한 해구가 이루어지지 않으므로, 십신十神의 피상被傷을 피할 수 없다. 그래서 기존의 개념과 같이 형刑으로 분류한다.

3) 寅亥 조합은 木의 과세인데, 지장간간 공방에서 亥中壬이 寅中丙을 공격한다. 하지만 兩 지지에 甲木이 있어 水生木生火로 유통되어 해구가 된다. 4) 辛亥 조합은 水의 과세인데, 지장간간 공방에서 申中庚이 亥中甲을 공격한다. 하지만 兩 지지에 壬水가 있어 金生水生木으로 유통되어 해구가 된다.

위 두 조합은 해구가 된 생록生祿 결합이므로 勢의 결속結束이 실현되는데, 전술前述한 바와 같이 동기오행간同氣五行間의 합체合體로서 준반합이 된다.

그런데 寅巳 조합이나 巳申 조합도 해구가 가능하다. 이를테면 지지에 寅巳가 있고 천간에 과세過勢 오행인 火(丙/丁)가 透하면, 화세火勢가 강해져 준삼합準三合이 성립하고, 형刑은 성립 자체가 안된다. 이는 뿌리가 엉켜 있는 寅巳 조합이 지지 내에서 과세를 해소할 수 없었는데, 천간에 透한 원신元神이 이를 흡수하므로 안정된 勢로 전환된 것이다. 동일한 이치로 巳申 조합도 과세 오행의 원신이 투간透干하면, 준삼합이 성립한다. 여기에서 천간의 원신과 결합한 寅巳/巳申 조합은 형刑이 아닌 준반합으로 작용한다. 물론 寅亥/申亥 조합도 과세 오행의 투간으로 준삼합이 성립한다. 준삼합은 투간을 통해 기본적으로 발용發用한 것 외에도, 勢의 결집까지 이루어지는 기류氣類인 것이다.

기존 전통명리에서는 寅巳 조합은 형刑/해害, 巳申 조합은 형刑/파破, 寅亥 조합은 파破, 申亥 조합은 해害로 분류하고, 심지어 寅申 조합도 충沖/형刑으로 분류하였다. 이 모두를 적용한다면, 이현령비현령식耳懸鈴鼻懸鈴式의 사주추명이 될 수밖에 없다. 그래서 기존의 파살破殺이나 해살害殺에 대해서는 간명看命의 도구道具에서 제외한다. 한편 寅亥/巳申 조합은 파破 外에도 육합六合이 성립하는데, 육합六合의 생성원리는 형파해刑破害와는 근간根幹이 다른 차원이므로, 중복적인 기류가 된다. 구체적인 설명은 '육합(六合)' 편에서 후술後述하겠다.

7.4 왕지간 결합 (旺支間 結合→ 沖 or 害)

왕지旺支는 계절의 중심을 의미하는 바, 독립성이 강하여 자신의 길만 가려고 한다. 그래서 지장간이 '하나의 오행'으로 구성되어 있다. 이 점은 왕지간의 결합이 상호 의존적依存的이라기보다는 배타적排他的인 양상임을 알 수 있다. 왕지간 결합의 경우의 수는 '子卯/子午/子酉/卯午/卯酉/午酉' 등 모두 6개 조합이다. 이들 조합의 인원용사人元用事 지장간간 대립구도代立構圖는 아래와 같다. 여기에서 '午中己'는 왕지의 순일성純一性과 土오행의 중립성中立性을 고려하여, 지장간간 대립구도에서 제외한다.

[왕지간 결합의 지장간간 대립구도]

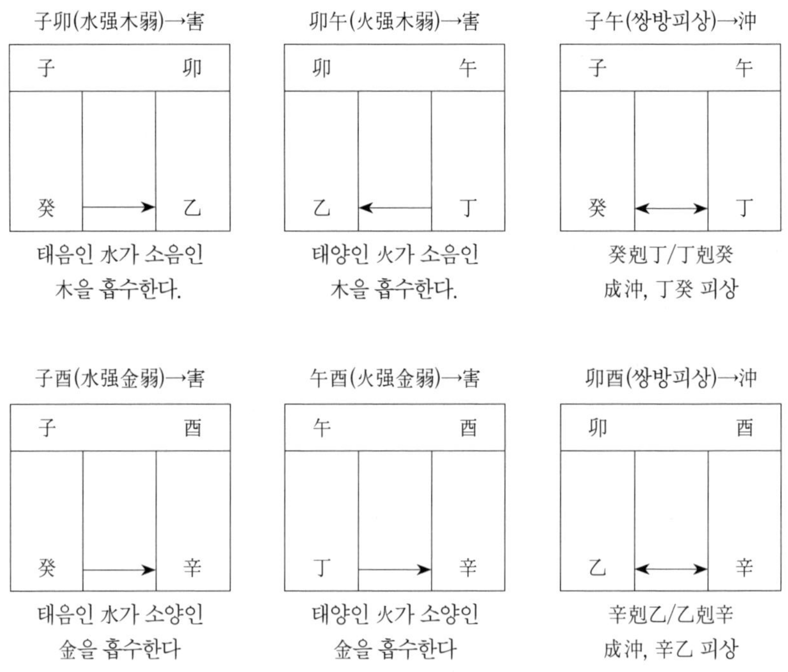

6개 왕지간 결합 中 '子午/卯酉' 조합은 대칭점에 있는 오행간의 충돌이므로, 이론異論의 여지없이 쌍방피상雙方被傷의 관계인 충沖이 된다. 하지만 사주팔자 전체에서 일방一方의 기세氣勢가 너무 강하면, 일방피상一方被傷의 양상도 나타난다.

   四柱의 定石

나머지 네 왕지간 결합인 '子卯/子酉/卯午/午酉' 조합도 왕지의 독자성으로 인하여, 결코 협력관계가 아닌 대립관계이다. 하지만 이들은 충沖과 같이 쌍방피상이 아닌 일방피상의 관계이다. 피상의 대상對象은 사상四象의 관점에서 보면 알 수 있다.

1) 子卯 조합은 이법상理法上 水生木이나, 사상적四象的으로 음도陰道가 절정인 태음太陰 子水가 소음少陰 卯木을 흡수한다. 즉 수강목약水强木弱의 象이 되어 木이 피상된다. 2) 子酉 조합은 이법상 金生水이나, 사상적으로 음도가 절정인 태음 子水가 소양少陽 酉金을 흡수한다. 즉 수강금약水强金弱의 象이 되어 金이 피상된다. 3) 卯午 조합은 이법상 木生火이나, 사상적으로 양도陽道가 절정인 태양太陽 午火가 소음 卯木을 흡수한다. 즉 화강목약火强木弱의 象이 되어 木이 피상된다. 4) 午酉 조합은 이법상 火剋金이고, 사상적으로 양도가 절정인 태양 午火가 소양 酉金을 흡수한다. 즉 화강금약火强金弱의 象이 되어 金은 흔적도 없이 사라진다.

위 4개 조합은 작용력이 충형沖刑보다 크지 않지만, 어느 정도 피상被傷이 있으므로 충형보다 하위 수준의 개념인 왕지해旺支害라고 명칭을 부여附與하겠다. 그런데 왕지해는 작용력이 미약하여 천간에 피상 오행이 透하면, 해害 자체가 성립되지 않는다. 예를 들면 지지에서 이격 없이 붙어 있는 子卯 조합이 천간에 木(甲/乙)오행이 透하면, 子水가 卯木을 흡수할 수 없다. 모든 지지의 기류氣類(會沖合刑害)는 특정 오행의 투간透干 여부에 영향을 받는다. 특히 낮은 수준의 기류가 더욱 심하다.

그리고 왕지해는 (모든 해害가 그러하듯이) 원국原局에서 動하지 않는다. 그러므로 천간 오행의 통근력에 영향을 미치지 않고, 실질적인 피해도 발생하지 않는다. 행운行運에서 동일한 글자가 도래하면, 해당 왕지해가 비로서 성립하여(動하여) 發할 수도 있고, 그렇지 않을 수도 있다. 예를 들면 원국에 이미 子卯 조합이 성립하였는데, 子運이 도래하면 動하여 卯木에 해당되는 십신十神의 피상이 예상된다. 하지만 卯運이 도래하면 動하지 않는다. 이는 卯運이 원국의 卯木과 협력하여 子水의 공격을 완충緩衝시키는 역할을 하기 때문이다. 한편 행운行運에서 도래한 글자에 의해 왕지해가 성립해도 發한다. 예를 들면 원국에 卯木을 놓고 행운에서 子水가 도래하면, 자묘해子卯害가 發한다.

기존 전통명리傳統命理에서는 子酉/卯午 조합을 파破, 子卯 조합을 형刑으로 분류하였다. 한편 맹파명리盲派命理에서는 子卯/卯午/午酉 조합을 상파相破라고 하여, 쌍방雙方의 손실로 보고 있다. 유독 子酉 조합만 상파相破가 아니다.

7.5 고지간 결합 (庫支間 結合 → 沖 or 刑 or 害)

고지庫支는 계절의 끝자락에서, 다음 계절을 연결해 주는 조절調節/중재仲裁의 역할을 한다. 그래서 지장간이 다수의 오행으로 구성되어 있다. 이 점은 고지간의 결합이 오행간의 충돌을 피할 수 없음을 알 수 있다. 그런데 고지간 결합의 지장간간 대립구도代立構圖에서, 정기장간正氣藏干인 土오행의 속성은 조절/중재이므로, 대립구도에서 제외되어야 한다. 그래서 음간의 초기初氣 및 중기中氣 장간藏干만이 대립하여, 작용력이 미약한 것처럼 보인다. 하지만 사계토四季土의 계절성인 동凍/습濕/열熱/조燥의 속성은 간접적으로 반영되므로, 미약하지 않다. 고지간

                                          四柱의 定石

결합의 경우의 수는 '丑辰/丑未/丑戌/辰未/辰戌/未戌' 등 모두 6개 조합이다. 이들 조합의 인원용사人員用事 지장간간 대립구도는 아래와 같다.

[고지간 결합의 지장간간 대립구도]

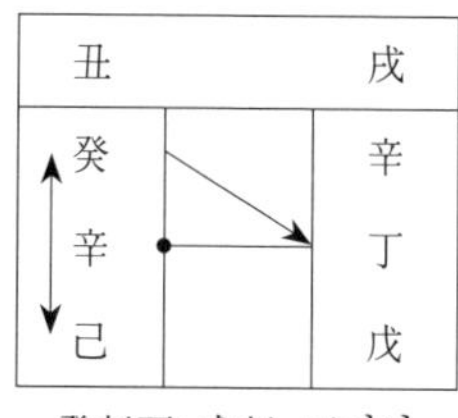

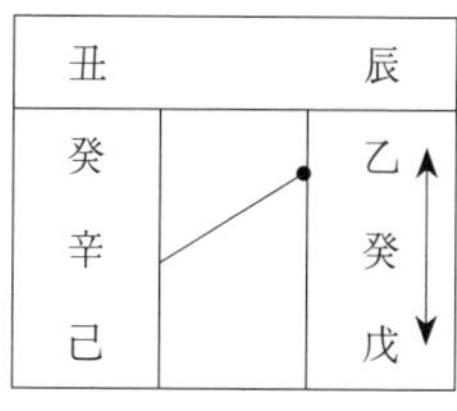

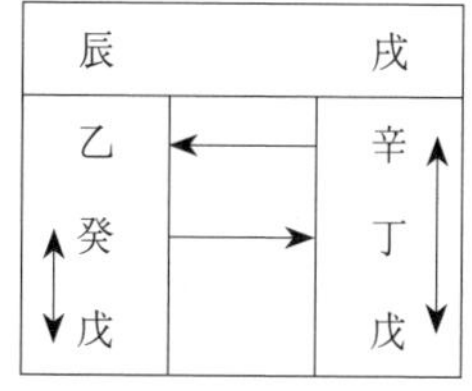

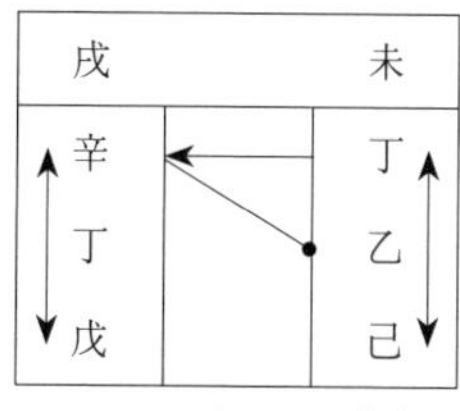

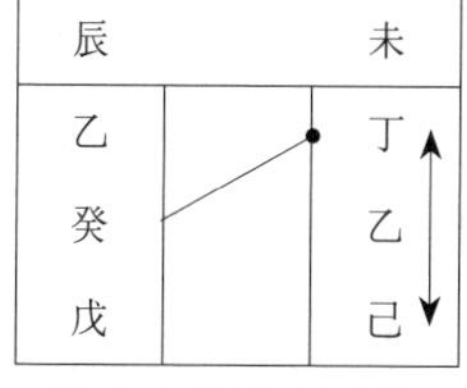

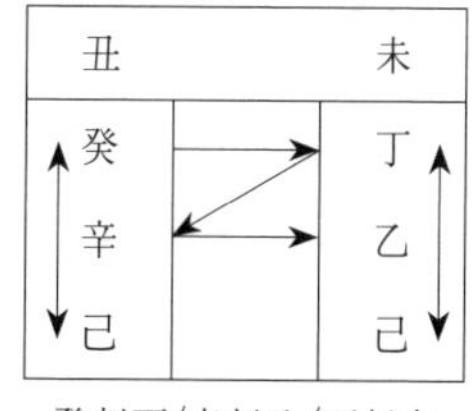

6개 고지간 결합 中 '辰戌/丑未' 조합은 대칭점에 있는 오행간의 충돌이므로, 이론異論의 여지없이 쌍방피상雙方被傷의 관계인 충沖이 된다.

나머지 네 고지간 결합인 '丑戌/戌未/丑辰/辰未' 조합은 십이운성상 특정 오행의 쇠묘衰墓 결합이 되어 약해 보이나, 정기장간正氣藏干인 土오행의 간접적인 관여로 과세현상過勢現象이 나타난다. 그리고 (생지간 결합과 같이) 한 부류部類는 과세로 인한 피상被傷을 해구解救하고, 다른 한 부류는 해구하지 못한다. 그래서 해구 여부에 따라 형刑과 해害로 구분된다.

1) 丑戌 조합은 金의 과세過勢인데, 지장간간支藏干間 공방攻防에서 丑中癸는 대수지토帶水之土인 丑中己와 연계하여 戌中丁을 공격한다. 한편 戌中丁은 戌中辛을 剋할 수 없다. 戌은 火의 묘고지墓庫支이므로, 동動할 수 없기 때문이다. 더욱이 丑中癸에게 피극被剋되어 공격은 고사하고, 자신이 먼저 피상된다, 2) 戌未 조합은 火의 과세인데, 지장간간 공방에서 未中丁은 대화지토帶火之土인 未中己와 연계하여 戌中辛을 공격한다. 한편 戌中辛은 대조지토帶燥之土인 戌中戊와 연계하여 未中乙을 공격하나, 未中丁에게 자신이 먼저 피극被剋되어, 해구가 불가하며, 당연히 未中乙을 剋할수 없다.

위 두 조합은 생지형生支刑과 마찬가지로 완전한 해구가 이루어지지 않으므로, 십신十神의 피상被傷을 피할 수 없다. 그래서 기존의 개념과 같이 형刑으로 분류한다. 그러나 과세오행過勢五行의 원신元神이 투간透干하면, 해구가 되어 형刑 자체가 성립되지 않는다. 하지만 생지형과 같이 준삼합準三合에 이르지는 못한다. 고지형庫支刑(丑戌/戌未)은 쇠묘衰墓 결합이므로, 그 기세가 합체合體의 수준인 준반합準半合이 아니기 때문이다.

3) 丑辰 조합은 水의 과세인데, 지장간간 공방에서 생극의 이치상 丑中辛이 辰中乙을 공격할 수 있다. 하지만, 丑中辛은 金의 묘고墓庫이므로 辰中乙을 剋할 수 없다. 한 발 물러서서 공격할 수 있다 하여도, 兩 지지에 癸水가 있어 金生水生木으로 유통되어 해구가 된다. 4) 辰未 조합은 木의 과세인데, 지장간간 공방에서 생극의 이치상 辰中癸가 未中丁을 공격할 수 있다. 하지만 辰中癸는 水의 묘고墓庫이므로 未中丁을 剋할 수

四柱의 定石

없다. 또한 (丑辰 조합과 같이) 兩 지지에 乙木이 있어 水生木生火로 유통되어 해구가 된다. 그러므로 위 두 조합은 동인기류動因氣類로 분류되지 않을 것 같으나, 그렇지 않다.

丑辰/辰未 조합은 왕지간 결합의 자묘해子卯害와 묘오해卯午害와 닮은꼴이다. 선기후질(先氣後質: 양기陽氣에서 시작되어, 음질陰質로 완성된다.)의 이치로 보면, 子月보다 丑月(1월 초~2월 초)이 더욱 춥고 卯月보다 辰月(4월 초~5월 초)이 더욱 춘절春節에 가깝다. 그러므로 子卯害가 기氣의 차원에서의 결합이라면, 丑辰 組合은 질質의 차원에서의 결합이 된다. 체용상體用上의 관점에서 보면, 용用의 결합이다. 그래서 음도陰道가 절정인 태음太陰 丑土가 소음少陰인 辰土를 흡수해 버린다. 辰未 조합도 동일한 이치를 적용하면 된다. 丑辰 조합과 辰未 조합은 (왕지해旺支害와 마찬가지로) 작용력이 충형沖刑에 미치지 않지만, 어느 정도 피해가 있으므로, 하위 수준의 개념으로 보아 고지해庫支害라고 명칭을 부여附與하겠다.

그런데 고지해는 피상오행被傷五行이 透하면, 해害 자체가 성립되지 않는다. 예를 들면 지지에서 丑辰害가 성립하고, 천간에 피상오행인 木(甲/乙)이 透하면, 丑土가 辰土를 흡수할 수 없다.

그리고 고지해는 (모든 해害가 그러하듯이) 원국原局에서 動하지 않는다. 그러므로 천간 오행의 통근력에 영향을 미치지 않고, 실질적인 피해도 발생하지 않는다. 행운行運에서 동일한 글자가 도래하면, 해당 고지해가 비로서 성립하여(動하여) 發할 수도 있고, 그렇지 않을 수도 있다. 예를 들면 원국에서 이미 丑辰害가 성립하였는데, 丑運이 도래하면 動하여 辰中乙에 해당되는 십신十神의 피상被傷이 예상된다. 하지만 辰運이 도래하면 動하지 않는다. 이는 辰運이 원국의 辰土와 협력하여 丑土의 공격을 완충緩衝시키는 역할을 하기 때문이다. 한편 행운에서 도래한 글자에 의해 해害가 성립해도 發한다. 예를 들면 원국에 辰土를 놓고 행운에서 丑土가 도래하면, 丑辰害가 성립한다.

7.6 병존해/지지암합/우합 (竝存害/地支暗合/偶合)

7.6.1 병존해 (竝存害)

[개념槪念] 기존 전통명리傳統命理에서 辰辰/午午/酉酉/亥亥 등의 조합組合을 자형自刑이라 부르고 있다. 자형은 동자同字 지지가 나란히 있어 기세氣勢가 강할 것 같지만, 실상은 그리 강하지 못하다. 무릇 오행의 기세는 동자의 결합이 아닌 간지간의 결합으로 勢를 구축하는 것이고, 오행의 편고偏枯없이 균형을 이루어야 좋은 사주이다. 자형은 특정 오행의 에너지를 낭비하는 꼴이다. 즉 외형은 강건하나, 내부는 허약한 것이다.

그러므로 형형을 특정 오행의 과세過勢로 개념화한다면, 자형은 형형의 수준에 이르지 못하며, 기력氣力 소모消耗로 인한 폐해를 주는 지지 결합이다. 왕지해나 고지해와 같이 비교적 가벼운 피상被傷이므로, 충형沖刑보다는 하위 수준인 해害로 개념화되어야 한다. 그리고 '辰午酉亥' 네 지지에 국한된 자형은 의미가 없고, 동자同字 지지간 결합은 십이지지十二地支 모두에 적용해야 한다. 다수의 명리가命理家들이 이를 지지병존地支竝存이라고 하니, 자연스럽게 병존해竝存害라는 명칭을 부여附與하겠다.

　　　　　　　　　　　　　　　　　　　　　　　四柱의 定石

[작용作用] 병존해는 (모든 해害가 그러하듯이) 원국原局에서 動하지 않는다. 그러므로 천간 오행의 통근력에 영향을 미치지 않고, 실질적인 피해도 발생하지 않는다. 행운行運에서 동일한 글자가 도래하거나, 행운에서 도래한 글자에 의해 해害가 성립하면 發한다. 예를 들면 원국에서 이미 子子 조합이 있는데, 子運이 도래하면 삼병존三並存이 되어 강하게 發한다. 한편 원국에 하나의 子水가 있는데, 행운에서 子水가 도래하여도 병존해가 성립한다.

7.6.2 지지암합 (地支暗合)

[개념槪念] 지지암합地支暗合은 천간합天干合의 원리를 확장하여, 암장暗藏된 지장간地藏干 간에도 적용하는 合이다. 그래서 천합지天合地와 같이 은밀한 合으로 보고 있다. 예를 들면 子戌 암합은 '子中癸'와 '戌中戊'가 만나서 戊癸合으로 성합成合이 된다.

그런데 지지암합은 적용 기준을 어떻게 하느냐에 따라, 그 범위가 크게 확장될 수 있다. 그러므로 이를 최소화하여, 정기장간正氣藏干의 결합만을 지지암합으로 보는 것이 타당하다. 정기장간의 결합은 '子辰/子戌/丑寅/寅未/卯申/巳酉/午亥' 등 모두 7개 조합이다. 子辰/巳酉 조합은 반합半合이기도 하여 일반적으로 지지암합에 포함시키지 않으나, 삼합운동三合運動과 지지암합의 작용은 생성원리生成原理가 다르므로, 이를 포함시키는 것이 옳다.

[작용作用] 지지암합은 일지합日支合과 일지외합日支外合으로 구분하

여 판단하여야 한다. '천합지(天合地)' 편에서 언급한 일주합日柱合과 일주외합日柱外合으로 구분한 것과 동일한 이치이다. 일지는 사주체의 주인공인 일간과 일신一身을 구성하는 또 하나의 종속변수이므로, 일지합(일지&시지/일지&월지)이 독립변수간의 결합인 일지외합(년지&월지)보다 작용력이 크기 때문이다. 더 나아가서 천간합의 합반합거合絆合去의 이치를 원용援用하면, 일지외합은 성합成合으로 실失만 있을 뿐이다. 예를 들면 일·시지가 '子戌'이라면 배우자궁配偶者宮의 암합이므로, 해당 십신十神/육친六親과의 은밀한 관계를 논론할 수 있다. 반면에 년·월지가 '子戌'이라면 합반합거로 십신의 역할을 수행할 수가 없다.

　다음은 원국原局에서 성립된 지지암합이 행운行運에서 동일한 글자가 도래하여, 쟁합爭合이 되는 경우이다. 원국과 마찬가지로 일지합과 일지외합으로 구분하여 판단한다. 일지합은 쟁합으로 불합不合이 되면, 원국에서 득得한 것을 상실하니 불리한 국면에 든다. 일지외합은 합반합거로 묶였던 십신의 역할이 부활하니, 유리한 국면에 든다.

　한편 행운에 의해서 지지암합은 성립할 수 없다. 지지의 동인기류動因氣類가 아니기 때문이다. **비동인기류(非動因氣類: 동인기류動因氣類인 회충합형해會沖合刑害 外의 모든 기류를 말한다. 이를테면 준반합準半合/천합지天合支/지지암합地支暗合/각종신살各種神殺 등)**가 행운에 의해 動하지 않는 이유를 설명하겠다. 예를 들면 원국의 지지가 子丑卯辰으로 짜여 있는데, '戌'運이 도래하여 子戌 암합이 성립한다 하여도, 辰戌沖/卯戌合/丑戌刑 등 상위 수준 기류들에 대한 간명看命과 경쟁하면, 당연히 하위 수준인 지지암합은 설 자리가 없다. 그래서 행운에서 비중이 떨어지는 비동인기류를 적용하는 것은 무의미無意味한 간명이 된다.

7.6.3 우합 (隅合)

[개념槪念] 우합隅合은 사전적辭典的 의미로 모퉁이의 합이다. 모퉁이는 방위상으로 북동北東에 있는 간궁艮宮인 丑寅 조합, 남동南東에 있는 손궁巽宮인 辰巳 조합, 남서南西에 있는 곤궁坤宮인 未申 조합, 북서北西에 있는 건궁乾宮인 戌亥 조합 등이다. 정방正方(감진리태坎震離兌)이 아닌 간방間方(간손곤건艮巽坤乾)이므로, 계절의 중심이 아닌 말미末尾와 초두初頭에 위치한다.

[작용作用] 우합은 삼합三合/방합方合 등과 달리, 하나의 특정 오행으로 기운氣運이 수렴收斂하는 것도 아니고, 천간합天干合과 같이 대대對待하거나 육합六合과 같이 동일 위도상에 있는 음양합陰陽合도 아니다. 우합은 계절의 말초末初에 있고 이웃한 지지의 결합으로, 전혀 다른 차원의 합이다. 우합은 구조적으로 고지庫支와 생지生支의 결합인데, 이는 한 계절을 마무리하고 새로운 계절을 시작한다는 의미이다. 이를테면 丑寅 조합에서 '丑'은 동절冬節을 마무리하고, 추절秋節을 고庫에 가둬 두는 역할을 하고, '寅'은 이를 받아들여 춘절春節의 문을 여는 역할을 하는 것이다. 丑土의 초·중기 장간에 癸/辛이 있고, 寅木의 정기장간正氣藏干에 甲이 있음이 이를 입증하는 것이다. 그래서 다수의 명리가命理家는 우합을 "이전以前에 수행한 유업遺業을 발전적으로 계승한다."는 좋은 의미로 간명看命한다. 하지만 신살이론神殺理論에서는 戌亥 조합은 천라살天羅殺, 辰巳 조합은 지망살地網殺이라고 하여 흉살凶煞로 보고 있다.

그리고 우합은 지지의 동인動因이 아니므로 합력合力이 미미하나, 사주 원국原局의 월·일지에 놓이면 효용성이 있다. 이는 우합이 계절성과 관련이 있으므로 월지에 놓이면 정위正位이고, 이웃한 종속변수인 일지에 영향을 주니, 이로운 것이다. 한편 원국에서 성립한 우합이 행운에서 재차 동일한 글자가 도래하면, 쟁합爭合이 되어 불합不合이 된다. 이는 계승의 불균형이 이루어져 이롭지 않다. 예를 들면 원국에서 丑寅 우합이 성립하였는데, '丑'運이 도래하면 과過한 유업을 감당하기 어렵고, '寅'運이 도래하면 유업에 대한 과욕으로 모두가 흉하다. 한편 (모든 비동인기류非動因氣類가 그러하듯이) 행운에 의해 우합은 성립하지 않는다.

7.7 파살/해살에 대한 입장 (破殺/害殺에 대한 立場)

7.7.1 파의 구성원리와 재분류 (破의 構成原理와 再分類)

木金삼합	亥	卯	未	巳	酉	丑
火水삼합	寅	午	戌	申	子	辰
육파六破	**寅亥**	**卯午**	**未戌**	**巳申**	**子酉**	**丑辰**
재분류	준반합	해害	형刑	형刑	해害	해害

파살破殺의 구성원리는 亥卯未 목국木局과 寅午戌 화국火局 및 巳酉丑 금국金局과 申子辰 수국水局을 결합시키면, 생지간生支間(寅亥/巳申), 왕지간旺支間(卯午/子酉), 고지간庫支間(未戌/丑辰) 조합이 도출導出된다. 지지 배열상으로는 양지陽支가 역행사위逆行四位 지지와, 음지

四柱의 定石

陰支가 순행사위順行四位 지지와 각각 짝을 이룬다.

형刑의 구성원리는 삼합과 방합의 결합이고, 파破는 삼합과 삼합의 결합이고, 후술後述할 해害는 육합六合을 방해하는 충沖과의 결합이다. 이는 마치 신제품을 만들기 위해, 기존 제품을 이리저리 혼합해 놓은 느낌이 든다. 한편 寅亥는 육합, 未戌은 형刑, 巳申은 육합/형刑, 子酉는 귀문관살鬼門關殺 등과 중복된다. 이를 어찌 간명看命해야 할지 난감難堪하다.

무릇 명리학의 근본은 음양오행의 생극제화生剋制化의 이치에 있다. 그런데 지지는 화합물化合物이기 때문에, 생극의 이치가 지장간에 뒤섞여 있다. 그러므로 지장간地藏干 간의 생극관계生剋關係를 세세하게 파악해야 하는데, 형파해刑破害의 구성원리는 생극의 이치와 동떨어져 있다. 그래서 기존 전통명리傳統命理의 육파六破를 소제掃除하고, 생왕고별生旺庫別 결합에서 분석한 결과로 대체代替하여 재분류한다. 즉 寅亥 조합은 준반합準半合, 卯午/子酉/丑辰 조합은 해害, 戌未/巳申 조합은 형刑으로 분류한다.

7.7.2 해의 구성원리와 재분류 (害의 構成原理와 再分類)

육합六合	子丑	寅亥	卯戌
충沖	午未	申巳	酉辰
육해六害	**子未/丑午**	**寅巳/申亥**	**卯辰/酉戌**
재분류	원진/원진	형刑/준반합	준반합/준반합

해살害殺의 구성원리는 육합六合을 이루고자 하는데, 이를 충沖으로

방해하는 지지와의 결합이다. 이를테면 子丑 육합에서 충이 되는 지지인 午/未와 결합하면 子未害/丑午害가 된다. 이를 全 지지에 적용하면, '子未/丑午/寅巳/卯辰/申亥/酉戌' 등의 조합이 도출된다. 지지 배열상으로는 파살破殺과 같은 규칙성이 없다.

子未 조합은 원진살怨嗔殺, 丑午 조합은 원진살/귀문관살, 寅巳 조합은 형刑과 중복된다. (파살과 마찬가지로) 기존 전통명리의 육해六害를 소제掃除하고, 동기지지간同氣地支間 결합 및 생왕고별生旺庫別 결합에서 분석한 결과로 재분류한다. 즉 申亥/卯辰/酉戌 조합은 준반합準半合, 寅巳 조합은 형刑으로 분류한다. 그리고 子未/丑午 조합은 후술後述할 원진살로 분류한다.

그런데 子未/丑午 조합은 왕지旺支와 고지庫支간의 결합이므로, 설명이 없었다. 이를 생극관계生剋關係와 물상적物象的인 차원에서 지금 설명하겠다. ① 子未 조합은 水왕지旺支와 木고지庫支간의 결합으로 정기장간이 土剋水로 상극관계相剋關係이나, 계토季土의 생극은 무의미하고, 물상적인 관점에서 열토熱土가 빙수氷水를 만났고, 水왕지에서 未土는 십이운성상 양지養地에 해당되므로, 결과적으로 이로운 조합이 된다. ② 丑午 조합은 火왕지旺支와 金고지庫支의 결합으로 정기장간이 火生土로 상생관계相生關係이나, 계토季土의 생극은 무의미하고, 물상적인 관점에서 동토凍土가 열화熱火를 만났고, 火왕지에서 丑土는 십이운성상 양지養地에 해당되므로, 역시 이로운 조합이 된다. 그러므로 子未/丑午 조합을 흉살凶煞의 개념으로만 판단해서는 안 된다.

7.8 원진살/귀문관살에 대한 입장 (怨嗔殺/鬼門關煞에 대한 立場)

7.8.1 원진살의 구성원리 및 적용 (怨嗔殺의 構成原理 및 適用)

지지	子	丑	寅	卯	辰	巳
충沖	丑→未	子→午	卯→酉	寅→申	巳→亥	辰→戌
원진	**子未**	**丑午**	**寅酉**	**卯申**	**辰亥**	**巳戌**
배열	역행육위	순행육위	역행육위	순행육위	역행육위	순행육위

원진살怨嗔殺의 구성원리는, 양지陽支이면 바로 다음 음지陰支와 충沖이 되는 글자, 음지이면 바로 직전 양지와 충이 되는 글자와의 결합이다. 이를테면 子水라면 丑土를 충하는 未土와 결합하여 子未 원진이 되고, 丑土라면 子水를 충하는 午火와 결합하여 丑午 원진이 된다. 이를 全지지에 적용하면, '子未/丑午/寅酉/卯申/辰亥/巳戌' 등의 조합이 도출된다. 지지 배열상으로는 양지가 역행육위逆行六位 지지, 음지가 순행육위順行六位 지지와 결합한다.

그리고 원진살은 같은 부류部類간에 결합하지 않는 규칙성이 있다. 즉 子未/丑午는 왕고旺庫결합이고, 寅酉/卯申 조합은 생왕生旺 결합이고, 辰亥/巳戌 조합은 생고生庫 조합이 된다. 이는 왕지旺支가 자식뻘인 고지庫支나 부모뻘인 생지生支와 다투거나, 생지生支가 손자뻘인 고지庫支와 다투는 양상이므로, 격한 쟁투爭鬪가 야기惹起되지 않는다. 즉 상이相異한 부류간의 조합은 대립의 정도가 심각하지 않다. 반면에 동일한 부류간의 조합인 생왕고별生旺庫別 조합은, 대립으로 인해 늘 피상被傷

의 위험이 있다. 그러므로 원진살로 인하여 심각한 피해가 있다고 간명看命하면, 오산誤算이다.

다음은 6개 원진살에 대하여 생극관계生剋關係와 물상적物象的인 차원에서 설명하겠다. 子未/丑午 조합은 이미 설명하였고, 寅酉/卯申/辰亥/巳戌 원진에 대해 설명하겠다.

① 寅酉 원진은 金왕지와 木록지의 결합으로 정기장간이 金剋木으로 상극관계이고, 물상적인 관점에서 눈목嫩木이 연금軟金을 만나 둘 다 부숴지는 象이고, 金왕지에서 寅木은 십이운성상 절지絶支에 해당되어, 이롭지 않다. ② 卯申 원진은 木왕지와 金록지의 결합으로 정기장간이 乙庚合으로 유정有情한 관계이고, 물상적인 관점에서 성목成木이 경금硬金을 만나 좋은 목재가 되는 象이므로 이롭다. 다만 木왕지에서 申金은 십이운성상 절지絶支에 해당되어, 때를 기다려야 한다. ③ 辰亥 원진은 水록지와 水고지의 결합으로 정기장간이 土剋水로 상극관계이나, 계토季土의 생극은 무의미하고, 물상적인 관점에서 한수寒水가 습토濕土를 만나 흙탕물이 되는 象이고, 水록지에서 辰土는 십이운성상 묘지墓支에 해당되어, 이롭지 않다. ④ 巳戌 원진은 火록지와 火고지의 결합으로 정기장간이 火生土로 상생관계이나, 계토季土의 생극은 무의미하고, 물상적인 관점에서 온화溫火가 조토燥土를 만나 더욱 건조乾燥해지는 象이고, 火록지에서 戌土는 십이운성상 묘지墓支에 해당되어, 이롭지 않다.

원진살은 음양을 엇갈리게 하여, 상충되는相衝되는 충沖과 결합을 한다는 측면에서 부정적인 의미가 강하다. 원진살은 대개 인간관계에서 발생하는 심리적 요인을 간명看命하는데 유효하다. 그래서 부부夫婦의 연緣을 들여다보는데 유의미有意味하게 활용되고 있다. 他 역학분야인 기문둔갑奇門遁甲/육임六壬/자미두수紫微斗數 등에서도 원진살을 가볍게 여기지 않는 듯하다. 수많은 신살이론神殺理論을 모두 섭렵涉獵하여 간명하는 것은 우매愚昧한 짓이겠지만, 보충적 차원에서 몇 가지 유용한 신살이론神殺理論을 선택하는 것은 간명의 효율성을 제고提高할 수 있다.

7.8.2 귀문관살의 구성원리 및 적용 (鬼門關殺의 構成原理 및 適用)

지지	子	丑	寅	卯	辰	巳
?	酉	午	未	申	亥	戌
귀문	子酉	丑午	寅未	卯申	辰亥	巳戌

귀문관살鬼門關殺의 구성원리는 알 수가 없다. 여하간 귀문관살의 6개 조합은 '子酉/丑午/寅未/卯申/辰亥/巳戌' 이다. 이 중에 '丑午/卯申/辰亥/巳戌' 귀문은 원진살怨嗔殺과 동일하고, 子酉 귀문은 기존의 파살破殺과 동일하고, 丑午 귀문은 해살害殺과도 동일하다. 그래서 丑午 조합은 무려 해살/원진살/귀문관살 등 세 기류氣類가 중복된다. 寅未 귀문만 중복되는 기류가 없는 듯하나, 寅未 암합이 있다.

다음은 6개 귀문관살에 대하여 생극관계生剋關係와 물상적物象的인 차원에서 설명하겠다. 子酉 등 5개 조합의 희기喜忌는 이미 설명하였고, 寅未 귀문에 대해 설명하겠다. 寅未 귀문은 木록지와 木고지의 결합으로 정기장간이 甲己合으로 유정有情한 관계이나, 물상적인 관점에서 눈목嫩木이 열토熱土를 만나 성장하기 어려운 象이고, 木록지에서 未土는 십이운성상 묘지墓支에 해당되어, 이롭지 않다.

귀문관살은 일반적으로 원진살과 짝을 이루어 간명看命이 행해지는
데, 원진살이 대인관계對人關係에서 비롯된 심리적 작용이라면, 귀문관
살은 본인 스스로의 정신적 작용을 말한다. 예를 들면 丑午 조합이 사주
원국元局의 일·시지에 있다면, 원진살의 관점에서는 배우자와 자식과의
인연이 박복薄福하고, 귀문관살의 관점에서는 본인이 신경과민神經過敏
으로 갑자기 폭발적이 된다.

7.9 십이지지간 결합도 (十二地支間 結合圖)

십이지지간에서 이격離隔 없이 붙어 있는 兩 지지의 결합은 총 78개 조
합이다. 이 中 지지의 동인動因이 되는 충합형해沖合刑害 조합은 41개
(巳申 중복)이고, 지지의 동인은 아니지만 천간에 원신元神이 透하면 動
하는 준반합準半合은 15개(子丑/寅亥/午未 중복)이고, 기타 지지암합地
支暗合/우합隅合/원진살怨嗔殺/귀문관살鬼門關殺 등의 조합은 13개(子
辰/子酉/丑寅/丑午/寅未/卯申2/辰亥/巳酉/巳戌 중복)이다. 위 지지간 조
합에서 제외된 결합은 '子寅/子巳/丑卯/丑申/卯巳/辰午/午申/未酉/酉亥'
등 9개 조합이다. 물론 이들 조합은 지지의 동인이 아니며, 상대적으로
작용력이 거의 없는 결합이다. 하지만 이론적으로 조합의 희기喜忌 여부
는 파악할 수 있다. 이를테면 子寅 조합은 水왕지와 木록지의 결합으로
정기장간이 水生木으로 상생관계相生關係이나, 물상적인 관점에서 눈목
嫩木이 왕수旺水를 만나 성장하기 어려운 수다목부水多木浮의 象이고,
水왕지에서 寅木은 십이운성상 병지病支에 해당되어, 이롭지 않다. 상술

 四柱의 定石

上述한 내용을 정리한 십이지지간 결합도는 아래와 같다.

[십이지지간 결합도]

지지결합	子	丑	寅	卯	辰	巳
子	병존해	육합/ 준반합	X	왕지해	반합/ 암합	X
丑	육합/ 준반합	병존해	암합/ 우합	X	고지해	준반합
寅	X	암합/ 우합	병존해	준반합	준반합	생지형
卯	왕지해	X	준반합	병존해	준반합	X
辰	반합/ 암합	고지해	준반합	준반합	병존해	우합
巳	X	준반합	생지형	X	우합	병존해
午	왕지충	원진/ 귀문	반합	왕지해	X	준반합
未	원진	고지충	암합/ 귀문	반합	고지해	준반합
申	반합	X	생지충	암합/ 怨/鬼	준반합	육합/ 생지형
酉	왕지해/ 귀문	반합	원진	왕지충	육합	반합/ 암합
戌	암합	고지형	준반합	육합	고지충	원진/ 귀문
亥	준반합	준반합	육합/ 준반합	반합	원진/ 귀문	생지충

지지결합	午	未	申	酉	戌	亥
子	왕지충	원진	반합	왕지해/귀문	암합	준반합
丑	원진/귀문	고지충	X	반합	고지형	준반합
寅	반합	암합/귀문	생지충	원진	준반합	육합/준반합
卯	왕지해	반합	암합/怨/鬼	왕지충	육합	반합
辰		고지해	준반합	육합	고지충	원진/귀문
巳	준반합	준반합	육합/생지형	반합/암합	원진/귀문	생지충
午	**병존해**	육합/준반합	X	왕지해	반합	암합
未	**육합/준반합**	**병존해**	우합	X	고지형	준반합
申	X	**우합**	**병존해**	준반합	준반합	준반합
酉	**왕지해**	X	**준반합**	**병존해**	준반합	X
戌	**반합**	**고지형**	**준반합**	**준반합**	**병존해**	우합
亥	**암합**	**준반합**	**준반합**	X	**우합**	**병존해**

8. 삼합과 방합 (三合과 方合)

8.1 삼합의 개념 (三合의 槪念)

삼합운동三合運動은 천간의 기운氣運이 지지에서 물질로 전환하게 하려는 일련의 과정이다. 이를테면 亥卯未 삼합운동은 생지生支 亥月에 생성된 양기陽氣(甲木)를 왕지旺支 卯月에 정점을 찍고, 음질陰質(乙木)로 전환하여 고지庫支 未月에 저장하고, 3개월간의 휴식기를 거친 후 다시 순환하는 과정이다. 그래서 삼합은 십이운성상 생왕고生旺庫의 결합이다. 즉 '亥卯未'는 목국木局, '寅午戌'은 화국火局, '巳酉丑'은 금국金局, '申子辰'은 수국水局으로 결집된다. 이러한 구조적 특징은 정물靜物인 지지를 발용發用하게 하는 가장 대표적이고 강력한 동인기류動因氣類가 된다.

8.2 삼합의 성합요건 (三合의 成合要件)

어떤 자는 "삼합은 월지를 포함하여 세 지지가 연결되어 있어야 성립한다"라고 주장한다. 물론 월지가 포함되지 않거나 세 지지가 연결되지 않은 결합보다 작용력이 강한 것은 당연하나, 불연不連된 결합도 무시할 수 없는 작용력이 있다. 사지四支에서 세 글자의 결합은 논리적으로 두 지지는 필히 붙어 있는 것이므로, 반합半合 이상以上의 勢를 형성하게 된다. 그리고 삼합은 부자손父子孫의 결합인 바, 부자손이 이격離隔되어 있어도, 혈연관계血緣關係가 단절되지는 않을 것이다.

또한 삼합은 반드시 월지를 포함해야 할 필요도 없다. 자평명리학에서 월지가 중요하다는 것은 누구나 아는 사실이다. 하지만 이를 지나치게 강조하면, 모든 지지의 기류氣類(회충합형해)가 월지를 포함해야 한다고 주장할 수 있다. 월지의 가장 핵심적인 역할은 격국格局을 정하는 기준일 것이다. 그래서 삼합 성립의 필수조건으로 굳이 월지를 고려할 필요는 없다. 삼합은 그저 사지四支 어느 곳이든 삼합인자三合因子가 있으면 족足하다. 물론 이격離隔 여부에 따른 작용력의 차이는 있다. 그리고 이격간에 沖이 성립되는 글자가 놓이면 불합不合이다. 沖은 지지 변화에서 가장 근본적인 동인動因이기 때문이다. 하지만 이격간에 육합六合/刑 등이 성립되는 글자가 놓인 것은 방해 대상이 아니다.

[삼합의 성립여부 예시]

(成合) 세 지지 불연	(成合) 월지 불포함	(不合) 丑未沖 방해
○ ○ ○ ○	○ ○ ○ ○	○ ○ ○ ○
亥 ○ 卯 未	卯 亥 ○ 未	卯 亥 丑 未

8.3 삼합의 합화요건 및 통근력 상실 (三合의 合化要件 및 通根力 喪失)

천간합天干合의 합화合化는 지지의 협조(득령得令, 회합會合 등)가 없으면, 합이불화合而不化가 된다고 하였다. 동일한 이치로 지지에서 성립한 삼합은 천간의 협조가 없으면, 합화로 이어지지 않는 것이다. 이는 천부지재(天覆地載: 하늘(=천간)은 땅(=지지)을 덮어 주어야 하고, 땅은 하

四柱의 定石

늘을 받쳐 주어야 한다.)의 논리와도 부합하는 것이다. 그래서 지지 삼합은 천간에 원신元神이 透하여야 합화가 성립한다.

합화가 성립하면 통근通根에 영향을 주는 요인이 된다. 예를 들면 亥卯未 목국木局이 천간에 원신인 木(甲/乙)을 포함하여 己/丁/癸 등이 透하면, 합화로 인하여 己土는 未中己에, 丁火는 未中丁에, 癸水는 亥中壬에 통근력을 상실한다. 그러나 己/丁/癸 中 어느 하나가 일주日主라면, 통근력이 유지된다. 종속변수인 일주가 간합干合이 되면, 기반羈絆이 되지 않고 합이불합合而不合이 되듯이, 일주는 통근한 지지에 대한 지배력을 상실하지 않는다.

한편 반합半合/준반합準半合은 원신의 투간透干으로 준삼합準三合이 성립하여도, 합화를 논할 수 없다. 예를 들면 卯未 반합이 천간에 木(甲/乙)과 己/丁이 같이 透하면, 己土는 未中己에, 丁火는 未中丁에 통근력이 각각 유지된다. 반합은 삼합 작용력의 절반 이하로 冲보다 작용력이 작기 때문에, 원신이 透한다 해도 합화에 이를 수는 없다.

[삼합의 합화여부 예시]

(合化) 삼합의 원신이 투하면, 己土/丁火는 통근력을 상실하나, 癸水일주는 통근력이 유지된다.	(不化) 삼합의 원신이 불투하면, 己土는 未中己, 丁火는 未中丁, 癸水는 亥中壬에 통근력이 유지
甲 癸 丁 己 寅 未 卯 亥	○ 癸 丁 己 ○ 未 卯 亥
(不化) 반합의 원신이 투하면, 己土는 未中己, 丁火는 未中丁에 통근력이 유지된다.	(不化) 준반합의 원신이 투하면, 丁火는 未中丁, 癸水는 亥中壬에 통근력이 유지된다.
甲 癸 丁 己 寅 未 卯 巳	甲 癸 丁 ○ 寅 亥 未 ○

8.4 방합의 개념 (方合의 槪念)

방합운동方合運動은 특정 오행의 기운氣運을 집중시켜서 직전 계절의 삼합운동三合運動을 약화시키고, 도래하는 계절의 삼합운동을 강화시키게 하는 일련의 과정이다. 이를테면 寅卯辰 목방木方은 寅午戌 삼합운동의 선두先頭에 위치한 '寅'에서, 다음 도래하는 하절夏節의 火를 生하고, 申子辰 삼합운동의 후미後尾에 위치한 '辰'에서 직전에 있었던 동절冬節의 水를 입고入庫시킨다.

방합은 십이운성상 특정 오행의 녹왕쇠祿旺衰 결합結合으로 동기同氣 오행이 모여 있는 합이다. 즉 '寅卯辰'은 목방木方, '巳午未'는 화방火方, '申酉戌'은 금방金方, '亥子丑'은 수방水方으로 결집된다. 이러한 구조적 특징으로 방합을 흔히 계절합季節合/형제합兄弟合이라고 부른다. 그런데 부자손父子孫의 결합인 삼합이 위계질서位階秩序 있게 움직이는 것과 달리 방합은 동기간의 결합이므로 결속력이 떨어지며, 이로 인해 리더인 왕지旺支의 지휘를 어렵게 한다. 그러므로 방합은 합화合化를 논론論하면 안 되며, 원신元神이 천간에 透하여도 지휘체계指揮體系가 확고하지 않은 동료간의 결합일 뿐이다.

8.5 방합의 성합요건 (方合의 成合要件)

방합도 삼합과 같이 세 글자의 결합이나, 성합成合 요건은 다소 차이가 있다. 방합은 삼합과 달리 반드시 월지를 포함해야 한다. 이는 방합이 계절합

四柱의 定石

季節合이기 때문에 계절의 성지聖地인 월지는 필수조건이다. 그러므로 월지가 빠진 세 지지의 결합은 勢는 있으나, 방합에 이르지는 못한다. 월지 포함 조건 외에는 방합의 성합요건은 삼합과 같다. 세 지지가 연결되어 있을 필요도 없고, 이격간離隔間에 沖이 되는 글자가 방해하면 불합不合인 것도 같다.

[방합의 성립여부 예시]

(成合)세지지 불연	(不合)월지 불포함	(不合)卯酉沖 방해
○ ○ ○ ○	○ ○ ○ ○	○ ○ ○ ○
辰 ○ 卯 寅	辰 卯 ○ 寅	辰 酉 卯 寅

9. 육합 (六合)

9.1 육합의 생성원리 (六合의 生成原理)

육합은 지구와 달의 공전운동公轉運動과 관련이 있다. 지구의 공전궤도公轉軌道인 황도(黃道: **지구에서 보는 기준으로 태양이 이동하는 경로**)와 달의 공전궤도인 백도(白道: **달이 지구 주위를 선회旋回하는 경로**)는 상반相反된 방향으로 선회하는데, 이때 합삭(合朔: 달이 태양과 지구 사이에 들어가 일직선을 이루는 때)이 되면, 이를 선인先人들은 천지상합天地相合, 즉 육합이라고 하였다. 한편 황도와 백도의 조우遭遇를 위도緯度의 결합으로 바라보면, '지地'를 의미하는 자축선子丑線을 기점으로 寅亥

/卯戌/辰酉/巳申을 거쳐 '천天'을 의미하는 오미선午未線이 배치된다.

9.2 육합의 구성원리 (六合의 構成原理)

천간합天干合은 대대관계對待關係의 음양합이라는 절묘한 구성원리가 있다. 하지만 육합의 생성원리는 그럴 듯하나, 음양합이라는 구성원리가 있는지 애매하다. 몇 가지 관점에서 육합은 음양합의 개념이 결여缺如되어 있다.

1) 육합은 체용상體用上 '용用의 영역'에서 음양합이 아니다. 이를테면 子丑合에서 子는 체양용음體陽用陰이고, 丑은 음토陰土이므로 陰과 陰의 결합이다. 한편 寅亥合에서 寅은 양목陽木이고, 亥는 체음용양體陰用陽이므로 陽과 陽의 결합이다. 이러한 논리하에 巳申合/辰酉合 등도 음양의 결합이 아닌 동성간同性間의 결합이다. 결국 卯戌合/午未合만이 용用의 영역에서 陰陽合이다. 이는 육합이 단지 '체體의 영역'에서만 음양합임을 알 수 있다. 2) 육합은 오행의 상극관계相剋關係와 상생관계相生關係가 혼재混在되어 있다. 즉 규칙성이 결여되어 있다. 子丑合/卯戌合/巳申合은 상극관계이나 寅亥合/辰酉合/午未合은 상생관계이므로 음양대대陰陽對待의 관계가 아니다 3) 양강음유陽剛陰柔의 속성상 양극음陽剋陰의 이치가 정도正道인데, 卯戌合은 음극양陰剋陽의 구조이다. 이러한 이치하에 子丑合/巳申合 등도 음극양의 구조이다. 결과적으로 육합 모두가 대대관계상對待關係上의 음양합이 아닌 것이다. 지지의 화합물化合物 속성을 고려해도, 음양합이란 정체성正體性이 있는지 의문이다.

                                    四柱의 定石

9.3 육합의 성립조건 (六合의 成立條件)

육합은 구성원리에서 설명했듯이, 음양합의 개념이 애매모호曖昧模糊하므로, 결속력이 미흡할 수밖에 없다. 이 점은 육합 兩 지지의 정기장간正氣藏干의 원신元神이 천간에 透하면, 합을 버리고 천간의 뿌리 역할에 매진邁進하게 된다. 예를 들면 지지에서 성립된 卯戌合이 천간에 木土오행 모두가 투간透干하면 불합不合이고, 木오행만 투간하면 戌土만 구속拘束되고, 土오행만 투간하면 卯木만 구속된다. 또한 육합은 兩 지지가 붙어있지 않으면 불합이다. 육합뿐만 아니라 지지간의 모든 두 자 결합은 지지의 정물靜物 속성상, 이격離隔되면 動하지 않는다.

그런데 육합 中에 子丑合/寅亥合/午未合 등은 준반합準半合과 중복이 되고, 巳申合은 생지형生支刑과 중복이 된다. 子丑/寅亥/午未 조합에서의 준반합은 지지의 동인動因이 아닌 하위 수준의 기류氣類인 바, 응당 육합으로 우선 간명看命해야 할 것이다. 하지만 (전술前述한 바와 같이) 준반합의 원신元神이 천간에 透하면, 준방합準方合이나 준삼합準三合이 성립하여 육합 자체가 성립하지 않는다. 한편 巳申 조합은 지지의 동인으로 육합과 刑 모두를 간명할 수 있는데, 일반적으로 합이 刑보다 상위 수준의 개념이므로, 육합을 우선 간명하여야 한다. 하지만 사주 원국原局에서 이미 巳申合이 성립하였는데, 행운行運에서 동자운同字運(巳/申)이 도래하면 巳申刑이 된다. 이는 巳申合으로 간명하면 쟁합이불합**(爭合而不合: 쟁합으로 인하여 합의 기능이 상실)** 이므로, 巳申刑으로 간명할 수밖에 없다.

9.4 육합의 기반 (六合의 羈絆)

천간합天干合에서 기반羈絆이란, 합이불화合而不化**(合이 성립하였으나, 합화合化에 이르지 못한 상태)**되어 해당 십신十神/육친六親이 그 역할을 못하는 경우를 말한다. 즉 陰과 陽이 결합하여 (애정에 눈이 멀어) 자신을 돌보지 않는다는 의미이다. 천간합은 대대관계對待關係의 음양합으로, 陽이 陰을 제압하고 陰은 陽에 순종한다. 그런데 육합이 이와 같은 개념으로 기반이 될 수 있겠는가? 이런 관점에서 육합을 음양의 조화調和로 여기는 것은 과過한 발상으로 보인다.

육합은 불완전한 음양합이다. 그러므로 자신의 속성을 버리는 기반의 수준에 이르지 못한다. 그렇다고 자유롭지도 못한 상태이다. 이를 포괄적인 개념으로 구속拘束이라고 정의定義하겠다. 구조적으로 지지의 육합은 천간합과 달리 전일專一하지 않은 화합물化合物 간의 결합이므로, 명확한 음양합으로의 결합이 불가능하다. 그래서 기반이나 통근력의 상실을 논해서는 안 된다. 더 나아가서 (육합의 정체성正體性도 모호模糊한데) 근거없이 합화合化를 논하는 것도 불가하다.

9.5 육합의 효과 (六合의 效果)

전술前述한 바와 같이, 육합은 천간합과 같은 음양합이 아니라고 강조했다. 그러므로 육합은 합반합거合絆合去의 대상對象이 아니다. 그러면 '삼합三合/방합方合/충형沖刑'과 같이 지지의 동인動因이 될 수 있는지

의문이다. 삼합은 동기간同氣間의 결합으로 勢를 구축하는 데 목적이 있고, 충沖은 대립하는 오행의 충돌로, 지장간을 파괴하는 데 목적이 있고, 형刑은 특정 오행의 과세過勢에 의한 충격으로, 특정 오행의 피상被傷에 목적이 있다. 반면에 육합은 체용상體用上 '체體의 음양합'에 불과하고, 위도緯度의 合이란 관점에서 보면, 이질적인 개체가 비슷한 기후대氣候帶에 놓여 있다는 유사성에 의미를 부여할 수 있는 정도이다. 즉 쌍방雙方이 서로 원해서 合을 이루려는 목적성이 미약하다. 이 점은 육합이 천간합과 같이 결속력이 강한 合이 아님을 의미하므로, 해당 십신十神의 역할이 미흡하다는 정도로 간명看命해야 할 것이다.

그래서 육합은 合이라는 형식적인 개념하에서 충沖을 묶어 두는 역할에 더 매진邁進한다. 바로 이 점이 지지의 동인動因이 되는 이유가 된다. 천간에서 천간극天干剋을 무력화無力化시키는 것이 천간합이라면, 지지에서는 지지충地支沖을 와해瓦解시키는 것이 육합이다. 예를 들면 지지가 '子丑未'로 연결되어 있다면, 子丑 육합이 丑未沖을 완화緩和시킨다. 탐합망충(貪合忘沖: 合을 탐하여 沖을 망각한다.)이라는 간명성어看命成語가 이를 입증한다. 육합은 비록 합력合力이 약하지만, 沖은 合을 두려워한다.

한편 사주 원국原局에서 성립된 육합이 행운行運에서 동일한 글자가 도래하면, 쟁합爭合으로 불합不合이 되어 십신十神의 역할이 부활한다. 득得의 국면이 된다. 예를 들면 사주 원국原局에서 子丑合이 이미 성립하였는데, 행운에서 동자운同字運(子/丑)이 도래하면 쟁합이 된다. 반면 행운에 의하여 육합이 성립되면, 십신의 역할이 미약해진다. 실失의 국면이 된다. 예를 들면 원국에 子水를 놓고 행운에서 '丑'運이 도래하면, 해당 십신은 구속拘束이 된다.

10. 충 (沖)

10.1 충의 개념 (沖의 槪念)

십천간十天干은 대대관계對待關係에 있는 兩 천간이 合이 되고, 십이지지十二地支는 대대관계에 있는 兩 지지가 沖이 된다. 즉 천간의 변화는 合에서, 지지의 변화는 沖에서 비롯된다. 이는 沖이 지지 변화의 핵심임을 의미한다. 그런데 천간합天干合이 쌍방간 음양을 달리하여 긴밀하게 合으로 묶이는 구도라면, 지지충地支沖은 쌍방간 음양이 동일하여 극렬하게 대립하는 구도이다.

충돌의 속성屬性을 지닌 沖을 구조적으로 보면, 생왕고별生旺庫別로 분류할 수 있다. 즉 생지충生支沖(寅申/巳亥), 왕지충旺支沖(子午/卯酉), 고지충庫支沖(丑未/辰戌) 등으로 구분된다. 이는 생왕고의 속성이 상이相異하므로, 생왕고별로 沖의 작용과 효과 등이 다소 차이가 있음을 의미한다.

10.2 생왕고별 지지충 특성 (生旺庫別 地支沖 特性)

10.2.1 왕지충의 지장간 대립구도 (旺支沖의 支藏干 對立構圖)

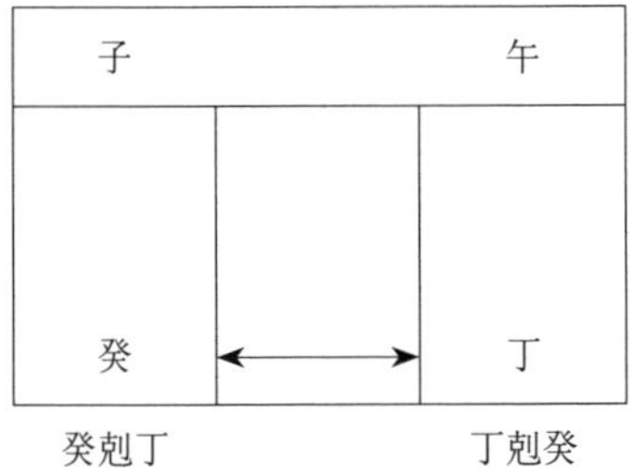

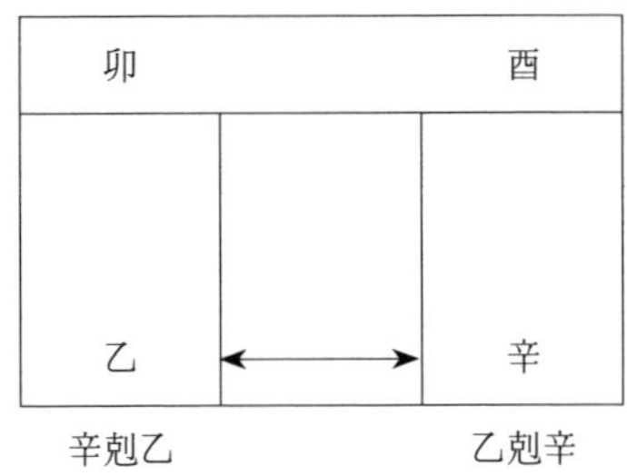

왕지충旺支沖은 子午/卯酉 조합인데, 兩 지장간이 하나의 오행으로 구성되어 있다. 《午火의 중기장간 '己'는 토화작용土化作用(조절/중화)이 主된 역할인 바, 예외적으로 판단한다.》천간이 전일專一한 오행으로 구성된 것과 같이, (천간에는 못 미치지만) 왕지旺支는 순일純一한 정물靜物이다.

이러한 관점에서 왕지충은 剋에 가까운 沖이라는 것을 암시하고 있다. 그래서 왕지충의 동요動搖는 특정 오행의 득령得令 및 투간透干 여부에 의해, 일방피상一方被傷과 쌍방피상雙方被傷으로 구분되어야 한다. 이를테면 子午沖이 성립하고 水오행이 득령 또는 투간하면 午火만의 충거沖去이고, 火오행이 득령 또는 투간하면 子水만의 충거이고, 水火오행 모두가 실령失令 또는 불투不透하면 子午 쌍방의 충거이고, 水火오행 모두가 투간하면 子午 쌍방의 충거이나 火오행의 피상이 더 클 것이다. 卯酉

沖도 동일한 논리로 유추해서 적용하면 된다.

10.2.2 생지충의 지장간 대립구도 (生支沖의 支藏干 對立構圖)

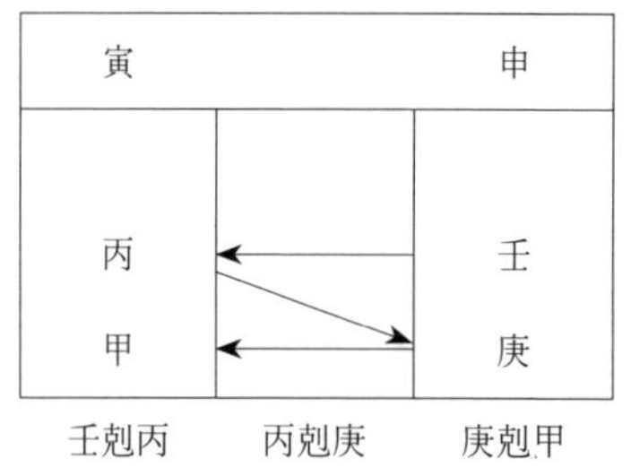

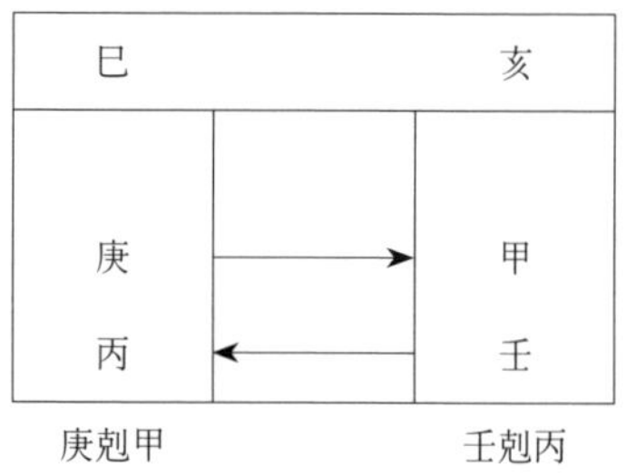

생지충生支沖은 寅申/巳亥 조합인데, 지장간에 사원질四原質인 木火金水가 전부 들어 있다. 이는 오행간의 치열한 공방전攻防戰을 암시하는 것이다. 그래서 쌍방雙方이 충거沖去되는 가장 강력한 沖이 된다. 이를테면 寅申沖은 申中壬이 寅中丙을 공격하고, 寅中丙은 申中庚을 공격하고, 申中庚은 寅中甲을 공격하는 공방전이 펼쳐지는 것이다. 한편 巳亥沖은 亥中壬이 巳中丙을 공격하고, 巳中庚이 亥中甲을 공격한다. 하지만 일방의 勢가 극강한 경우, 일방피상의 양상도 나타난다

四柱의 定石

10.2.3 고지충의 지장간 대립구도 (庫支沖의 支藏干 對立構圖)

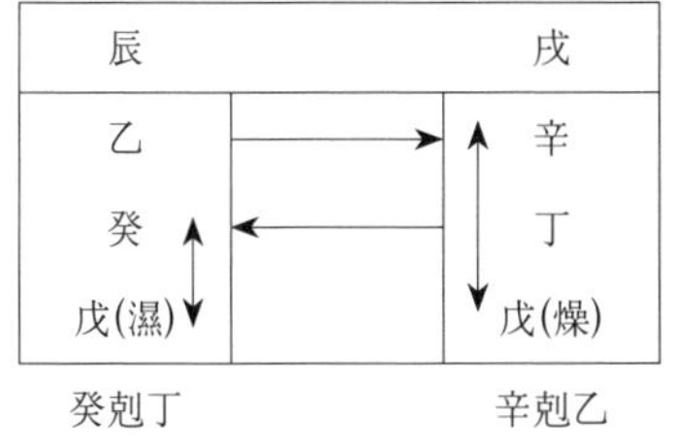

辰戌沖(쌍방피상)

辰	戌
乙	辛
癸	丁
戊(濕)	戊(燥)

癸剋丁	辛剋乙

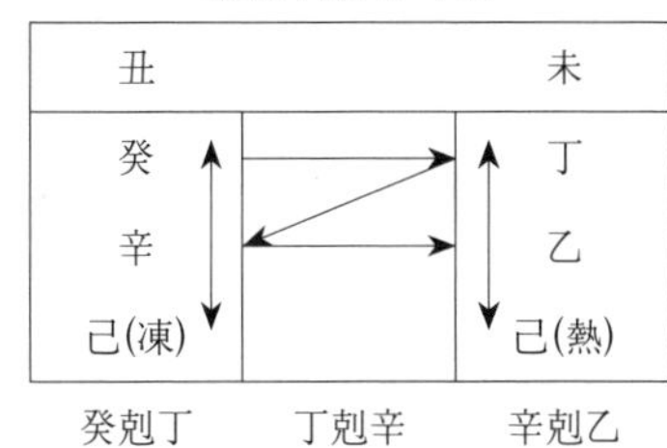

丑未沖(쌍방피상)

丑	未
癸	丁
辛	乙
己(凍)	己(熱)

癸剋丁	丁剋辛	辛剋乙

고지충庫支沖은 辰戌/丑未 조합인데, (생지충과 같이) 지장간에 사원질四原質인 木火金水가 전부 들어 있다. 하지만 생지충보다는 다소 파급력波及力이 약하다. 이는 생지충이 양간陽干인 정기장간 및 중기장간 간의 공방攻防인 반면에, 고지충은 음간陰干인 초기初氣 및 중기中氣 장간藏干 간의 공방이기 때문이다.

하지만 정기장간인 土오행도 본연의 조절/중재 역할 外에도 간접적으로 관여關與하고 있다. 이를테면 辰戌沖에서 戌中辛은 대조지토帶燥之土인 戌中戊와 연계하여 辰中乙을 공격하고, 辰中癸는 대습지토帶濕之土인 辰中戊와 연계하여 戌中丁을 공격한다. 여기에서 辰中癸는 묘고墓庫이므로 본디 剋을 할 수 없는데, 극제剋制가 가능한 이유는 고지충이 개고開庫로 인하여 십신十神의 역할이 부활하기 때문이다. 자세한 사항은 바로 다음 편篇에서 후술하겠다. 한편 丑未沖에서 丑中癸는 대수지토帶水之土인 丑中己와 연계하여 未中丁을 공격하고, 未中丁은 대화지토帶火之土인 未中己와 연계하여 丑中辛을 공격하고, 丑中辛은 未中乙을 공격하는 공방전을 펼친다.

10.3 충출/개고 (沖出/開庫)

　명리정종命理正宗의 저자 장남張楠은 "묘고墓庫는 형충刑沖으로 개고
開庫되어야 재관財官이 발현된다."고 하였다. 반면에 심효첨沈孝瞻이나
임철초任鐵樵 등의 명리학자는 개고설開庫說을 부정否定하고 있다. 즉
금卽今에도 개고설의 찬반여부는 십이운성의 양생음사론陽生陰死論과
같이 첨예하게 대립하고 있다.

　그런데 개고설은 본디 고지충庫支沖에 국한되는 것인데, 생지충生地
沖이나 왕지충旺支沖에서의 개고開庫를 주장하는 학파도 있다. 그러므
로 개고 여부는 沖의 생왕고별生旺庫別 특징을 고려하여 판단해야 하는
데, 왕지충旺支沖은 剋에 가까운 것이니 개고開庫를 논할 필요가 없어 보
이고, 오행이 지장간에 전부 내재되어 공방攻防이 심화된 생지충生支沖
과 고지충庫支沖이 개고가 된다고 볼 수 있다.

　《개고開庫는 자의상字義上으로 고庫가 열린다는 의미이므로, 원래 고지
충에만 해당되는 것이다. 그래서 고지를 포함하여 지장간의 어떤 기물器
物이든 분리되면, 포괄적인 개념으로 충출沖出이란 용어를 사용하겠다.》

　그러면 먼저 생지충의 충출沖出 작용을 설명하겠다. 충발沖發이 되면
해당 지장간의 모든 기물器物이 쏟아진다고 하는데, 이는 옳은 말이다.
지지는 화합물化合物이기 때문에 원래 분리하기가 어려운데, 분리된다
면 (핵분열 원자폭탄이 폭발하듯이) 당연히 모든 구성물이 흩어진다. 그
런데 沖을 포함하여 모든 지지의 결합은 인원용사人元用事 지장간으로
작용력을 들여다보는 것이 원칙이다. 인원용사人元用事는 자의字義 그
대로 인원人元을 써서(用) 일을 처리한다는 것이니, 계절성을 의미하는

월령용사月令用事 지장간으로 작용력을 들여다보면 안 된다. 그러므로 생지충의 충출沖出의 대상對象은 해당 지장간의 정기正氣 및 중기中氣 장간藏干이 된다. 초기장간初氣藏干은 인원용사 지장간에서 제외됐으므로, 응당 충출의 대상이 아니다. 이는 사생지四生支(寅巳申亥)의 초기장간인 戊土는 토화작용(**土化作用: 사계토四季土가 사원질四原質인 木火金水를 조절/중화시키는 작용**)에 매진邁進하는 바, 사원질四原質의 충돌을 오히려 중재仲裁하고 있다. 생지충의 兩 지장간은 모두 양간陽干으로만 구성되어 있다. 그래서 이들이 치열한 공방전攻防戰을 치르면, 살아남을 수 없다. 결국 충출된 해당 기물 모두가 상실된다. 단 충돌하는 兩 지지의 기세氣勢를 비교했을 때, 일방의 기세가 월등히 강하면 왕지충과 같이 쇠약한 지지만 충거沖去될 수도 있다.

다음은 고지충의 충출沖出 작용을 설명하겠다. 사원질四原質이 묘고지墓庫支에 뿌리를 둔 것은 통근通根된 것이 아니라고 하였다. 그런데 다수가 묘고지가 비록 미근微根이지만 통근처通根處라고 한다. 만약 묘고지의 통근을 인정한다면 개고설開庫說을 주장할 수 없다. 이미 통근通根되어 십신十神의 역할을 하고 있기 때문이다. 하여간 묘고지에 있는 중기장간中氣藏干은 원래 통근처로서의 역할을 할 수 없는데, 어떤 조건이 주어지면 동요動搖한다. 그 하나는 이웃한 지지와 결합이 되어 회합會合(삼합/방합/준삼합/준방합/반합 등)이 성립하거나, 또 하나는 충격을 주어 沖이 성립하는 것이다. 성충成沖이 되면, 지장간 암신暗神이 갇혀 있던 곳간에서 나오기 때문에, 이를 개고開庫라고 한다. 그런데 생지충이 양간陽干의 정기正氣 및 중기中氣 장간藏干 간의 충돌인 반면에, 고지충은 음간陰干의 초기初氣 및 중기中氣 장간藏干 간의 충돌이다. 이는 생지충이 남자들의 전쟁이라면, 고지충은 여자들의 말다툼이다. 이러한 관계로 고지충으로 충출沖出된 기물器物은 바로 소멸되지 않고, 생존을 위해 아래와 같이 작용한다.

1) 충출된 기물은 우선 천간의 유인誘引으로 合을 하게 된다. 예를 들면 辰戌沖으로 충출되는 辰中癸는 천간의 戊土와 合을 한다. 이 합은 음양합이므로 천간합天干合과 같이 합반합거合絆合去가 된다. 그런데 戊土는 지지의 일부인 辰中癸와 合한 것이므로 부분적으로 합반合絆이 된다. 즉 戊土는 산술적으로 辰中癸의 장간藏干 배속비율配屬比率인 '30분의 3' 만큼만 합반이 되고, (비교적 가벼운 구속이다.) 辰中癸는 합거合去가 된다. 그러므로 충출된 기물은 천간과 合이 되면 실체實體를 상실하며, 천간에게 민폐民弊만 끼친다. 그런데 충출된 기물이 일주日主와 合이 되면 합반합거의 양상으로 작용하지 않고, 오히려 일주의 득재得財가 된다. 이는 일주와의 천간합이 합이불합合而不合이듯이, 일주와 장간 암신暗神과의 合도 응당 합이불합이기 때문이다.

2) 천간에서 合할 대상이 없으면, 충출된 기물과 같은 민족인 동기同氣 오행에 흡수된다. 예를 들면 辰戌沖으로 충출되는 辰中癸와 같은 오행인 水(壬/癸)가 천간에 透하면, 辰中癸는 水(壬/癸)의 나라에서 피난살이 하는 것이다. 그러므로 천간에 있는 水의 입장에서 비록 미근微根이지만 근根을 잃는 것이고, 지지에서 충출된 辰中癸는 실체實體를 상실하게 된다. 그런데 흔히 이 상황을 실자입고實者入庫라고 한다. 즉 실자實字(壬/癸)가 辰土에 입고入庫가 되어 십신十神의 역할을 할 수 없다고 한다. 하지만 이는 주객主客이 전도顚倒된 것이다. 시급한 것은 지지에서 충출된 기물이므로, 기물(客)이 실자實字(主)의 거처로 입간入干하는 것이다. 이

四柱의 定石

른바 암신입간暗神入干이다.

3) 1),2)의 양상이 아니라면, 충출된 기물은 개고開庫하여 비로서 십신의 역할을 할 수 있다. 이를 흔히 암신개고暗神開庫라고 한다. 결국 충출된 기물과 같은 오행이 천간에 드러나지 말아야, 득得의 국면이 된다. 반면에 생지충의 경우에는 투간透干 여부와 상관없이 모든 기물이 상실되어, 득의 국면이 없다.

그런데 충격을 받고 개고하려는 것은 묘고지墓庫地의 중기장간中氣藏干인데, 초기初氣 및 정기正氣 장간藏干까지 충출되는 것으로 봐야 하는 문제가 있다. 이는 전술前述한 바와 같이 지장간이 혼합물**(混合物: 소금물에서 소금과 설탕으로 분리된다.)**이 아닌 화합물**(化合物: 소금은 분리가 안 되며 화학적 결합의 순물질純物質이다.)**이기 때문이다. 쉽게 분리되지 않는 화합물이 충격을 받으면, 폭발하여 흩어질 수밖에 없기 때문에, 나머지 기물器物도 흩어지게 된다. 그래서 생지충과 같이 모든 기물이 충출되어야 하나, 정기장간인 土오행은 충출되지 않는다. 충발沖發하여 충출되면, 투간透干한 원신元神은 통근력을 상실하는 것이 원칙인데, 투간한 土(戊/己)오행은 고지충으로 충발하여도, 정기장간은 통근력이 유지되므로, 土오행은 충출되지 않는 것이다. 더 중요한 이유는, 사계토四季土(丑辰未戌)의 역할이 계절말末에 기탁寄託되어 춘하추동春夏秋冬의 흐름을 주관하는 것이다. 이로써 사계四季가 순환되는 것이고, 순환이 지속되려면 土오행이 충출되어 사라지면 안 되는 것이다.

10.4 충발여부의 판단 (沖發與否의 判斷)

　사주 원국原局에서 성충成沖이 되면 해당 오행은 통근력通根力을 상실할 뿐이지, 실질적으로 충발작용沖發作用을 하지 않는다. 즉 해당 오행의 십신十神/육친六親의 피상被傷은 발생하지 않는다.

　충발은 원국에서 성충成沖인 상황에서 재차 행운行運에서 동일한 글자가 도래하거나, 원국에서 沖이 성립하지 않았으나, 행운에 의해 성충成沖이 되면 發한다. 전자前者의 작용력은 당연히 후자後者보다 강하다. 예를 들면 원국에서 子午沖이 이미 성립하였는데, 행운에서 동자운同字運인 子/午가 도래하면 충발한다. 또한 원국에서 子水를 놓고, 행운에서 午火가 도래해도 충발한다.

　그리고 충발작용이 전부 흉하고 해로운 것은 아니다. 피충被沖된 오행이 기신忌神이면 흉변위길凶變爲吉이 되고, 개고된 기물은 십신十神의 기능을 부활시키고, 충출된 기물이 일주日主와 합이 되면 득재得財가 된다. 예를 들면 원국에서 丑未沖이 성립하고 행운에서 ‘丑’運이 도래하면, 丑/未의 기물이 충출한다. 이때 충출한 丑中癸가 천간에 합할 대상인 戊土나 동기同氣인 水오행이 불투不透하면, 개고하여 丑中癸의 역할이 부활하고, 戊일주가 透하면 戊癸合으로 득재得財한다.

10.5 적천수이론과 충출논리 (滴天髓理論과 沖出論理)

　적천수滴天髓 지지론地支論에 있는 문구입니다. ”旺者沖衰衰者拔, 衰

 　　　　　　　　　　　　　　四柱의 定石

者冲旺旺者發."(왕자충쇠쇠자발, 쇠자충왕왕자발: 왕자가 쇠자를 冲하면 쇠자는 뽑혀 나가고, 쇠자가 왕자를 冲하면 왕자는 發하게 된다.) 이는 冲이 쌍방의 피상被傷이어도, 兩 지지의 기세를 가늠하여 판단해야 한다는 의미인데, 왕지충의 경우에는 적확한 논리이나, 생지충의 경우에는 특정 오행의 득령得令이나 투간透干 여부를 세심하게 살펴 판단해야 하고, 고지충의 경우에는 쇠묘지衰墓支에 해당되어 의미가 없다.

예를 들면 '寅'運이 도래하여 寅申冲으로 충발沖發하면, 충출沖出 논리에 입각하여 모든 지장간의 기물이 쏟아져서, 사원질四原質(木火金水) 모두가 피상되는 것이 원칙인데, 천간에 木火(甲/乙/丙/丁)오행이 불투不透하고 金水(庚/辛/壬/癸) 오행만 투간透干하면, 寅木은 쇠자衰者가 되어 쇠자충왕衰者沖旺 왕자발旺者發의 국면이 될 수 있다. 하지만 金水 오행 外에도 木이나 火가 투간하면, 원칙대로 사원질 모두가 피상된다. 이는 왕지충이 상극相剋하는 두 오행만의 충돌이지만, 생지충이 사원질 간의 물고 물리는 공방전攻防戰이므로, 왕자旺者의 기세가 쇠자衰者에 비해 압도적壓倒的 이어야 한다. 冲의 개념을 쌍방피상雙方被傷으로 본다면, 생지충과 고지충은 기본적으로 충출 논리에 의거하여 판단하는 것이 옳은 듯하다.

11. 형 (刑)

11.1 형의 개념과 재정립 (刑의 槪念과 再定立)

[형刑의 생성원리生成原理]

오행	木	火	金	水
삼합	亥卯未	寅午戌	巳酉丑	申子辰
방합	亥子丑	巳午未	申酉戌	寅卯辰
형刑	**亥亥, 子卯, 丑未**	**寅巳, 午午, 戌未**	**巳申, 酉酉, 丑戌**	**寅申, 子卯, 辰辰**

서락오(徐樂吾: 중국 근세의 명리학자)는 자평진전평주子平眞詮評柱 논형충회합해법論刑沖會合解法에서 "刑은 수數가 극極에 이른 것이니, 가득 차면 오히려 손해가 되는 것이다."라고 하였다. 《原文: 刑者, 數之極 也, 爲滿招損之意》 그리고 음부경(陰符經: 도교의 대표적인 경전 중의 하나)을 참조하여, 刑의 원리를 삼합三合의 글자와 방합方合의 글자를 배합한 것이라고 하였다. 현재 다수는 이러한 刑의 원리를 비판 없이 수용하는 듯하다.

상기上記의 도표에서 보면, 삼합과 방합의 글자를 배합시켜 총 11개의 刑을 도출導出하였다. 산술적으로 12개가 도출導出되어야 하는데, 子卯 조합이 중복되어 11개이다. 수리상數理上의 오류誤謬이다. 그리고 火金 오행은 동기간同氣間의 조합으로 배합시켰는데, 水木 오행은 상호교차相互交叉된 조합으로 배합시켰다. 즉 火삼합 + 火방합, 金삼합 + 金방합

四柱의 定石

그리고 水삼합 + 木방합, 木삼합 + 水방합으로 짜여 있다. 한마디로 논리적 일관성一貫性이 없다.

필자가 생각하기에, 수數가 극極에 이른다는 것은, 특정 오행의 과세현상過勢現象으로 인한 충격을 말하는 것이며, 이것이 바로 刑의 개념概念이다. 그런데 11개의 조합 中 寅申/丑未 조합은 대립하는 오행의 충돌로 이미 沖으로 정의定義했는데, 또 형살刑殺이라 하고, 子卯 조합은 특정 오행의 과세현상과 전혀 거리가 멀고, 또한 자형自刑(辰辰/午午/酉酉/亥亥)은 동일한 지지의 결합인데, 나머지 8개 지지의 동자同字 결합은 형살이라고 하지 않는다. 필자가 보기에는 태음太陰과 태음太陰이 결합한 子子 조합이 '辰辰/酉酉/亥亥' 조합보다 더 형살에 가까워 보인다. 이쯤 되면 상기上記의 생성원리生成原理는 논리성/목적성이 결여된 허구적虛構的인 원리이다.

'지지간 결합(地支間 結合)' 편에서 설명했듯이, 특정 오행의 과세현상 개념에 부합되는 결합이 刑으로 대우받아야 한다. 그것이 바로 火의 과세인 寅巳/戌未 조합, 金의 과세인 巳申/丑戌 조합이다. 그리고 火金이 대립하는 寅巳申/丑戌未 삼형三刑이 있다. 이 外는 과세에 이르지 못하므로, 하위 수준의 '해害'로 분류한다. 전술前述한 바와 같이 子卯 조합은 子卯害, 십이지지의 동자 결합은 병존해竝存害로 분류한다.

11.2 삼형의 의미 및 대립구도 (三刑의 意味 및 對立構圖)

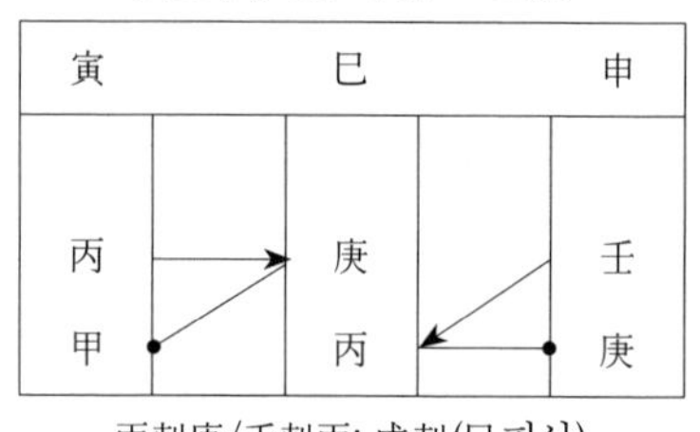

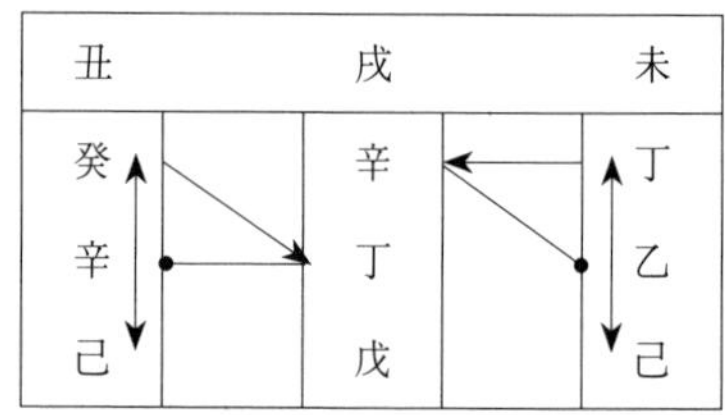

삼형三刑은 구조적으로 양형兩刑과 양형의 결합이다. 즉 寅巳(火의 생록지生祿支)와 巳申(金의 생록지)이 합쳐 寅巳申 삼형이 되고, 丑戌(金의 쇠묘지衰墓支)과 戌未(火의 쇠묘지)가 합쳐 丑戌未 삼형이 된다. 이러한 결합은 삼형이 왕지충旺支沖과 같이 대립하는 兩(火/金) 오행간의 대립임을 알 수 있다. 그래서 그런지 他 역학분야(기문둔갑奇門遁甲/자미두수紫微斗數 등)에서는 삼형을 重하게 보고 있다.

寅巳申 삼형은 생지生支만으로 구성되어 있는데, 대립구도를 보면 화기태과火氣太過한 寅巳刑과 금기태과金氣太過한 巳申刑이 결합한다. 여기에서 지장간 간에 丙剋庚/庚剋甲/壬剋丙/丙剋庚 등의 공방전攻防戰이 펼쳐지는데, 결과적으로 寅中甲/申中庚은 해구解救가 되고, 巳中庚/巳中丙은 해구가 불가하여 巳火만 피상被傷된다.

한편 丑戌未 삼형은 고지庫支만으로 구성되어 있는데, 대립구도를 보면 화기태과火氣太過한 戌未刑과 금기태과金氣太過한 丑戌刑이 결합한다. 여기에서 지장간간에 癸剋丁/丁剋辛/辛剋乙/丁剋辛 등의 공방전이

四柱의 定石

펼쳐지는데, 결과적으로 丑中辛/未中乙은 해구가 되고, 戌中辛/戌中丁은 해구가 불가하여 戌土만 피상된다.

11.3 양형과 삼형의 성립조건 (兩刑과 三刑의 成立條件)

양형兩刑은 동기同氣 오행간의 지지 결합으로, 가열된 勢에 의해서 오행간의 불균형이 발생하여, 지장간을 동요動搖시키는 지지간 결합이다. 그리고 결합된 지지는 이격離隔 없이 붙어 있어야 성형成刑이 된다. 즉 寅巳刑은 화기火氣의 생록결합生祿結合, 巳申刑은 금기金氣의 생록결합, 丑戌刑은 금기金氣의 쇠묘결합衰墓結合, 戌未刑은 화기火氣의 쇠묘결합으로 결집하여 양형이 성립한다.

하지만 천간에 과세오행過勢五行過勢의 원신元神이 천간에 透하면, 과세를 천간이 흡수할 뿐만 아니라 유근有根하여, 생지형生支刑(寅巳/巳申)의 경우에는 刑 자체가 성립하지 않고 준삼합準三合의 형태로 변화된다. 반면 고지형庫支刑(丑戌/戌未)의 경우에는 역시 불형不刑이지만 쇠묘지衰墓支가 미근微根에 불과하기 때문에, 준삼합으로 변화될 수 없다.

이를 소상히 설명하자면, 정물靜物인 지지는 투간透干이나 회충합형會沖合刑 등을 통해 발용發用하는데, 이로 인한 파급효과波及效果는 차이가 있다. 투간을 통한 지지의 발용은 지지(=육체)와 천간(=정신)의 결합으로 완전체完全體가 성립되어서, 천간의 입장에서는 뿌리가 생겨 勢가 강해지는 것이다. 반면 양형兩刑으로 인한 발용은 동기同氣 지지간의 결합으로, 싹은 없고 뿌리만 있는 결합이어서, 정신계精神界(=천간)가 없는 불완전체不完全體이다. 이로 인해 오행간의 불균형을 초래하여, 특정 오행이 피상被傷되는 것이다. 하지만 양형은 과세오행의 원신이 천간에 透하면, 가열된 勢를 흡수할 수 있는 구세주救世主가 출현하여 완전체完全體가 되고 刑이 성립하지 않는다. 또한 피상된 지장간의 원신이 천간에 透하면, 피상의 정도가 약화弱化된다. 예를 들면 지지에서 이격 없이 붙어 있는 寅巳 조합이 천간에 과세오행의 원신인 火(丙/丁)가 透하면, 원신은 지지에서 가열된 화기火氣의 흡수처吸收處가 되며, 아울러 통근通根으로 勢가 결집되어, 준삼합準三合이 성립하고 刑은 성립하지 않는다. 또한 피상된 巳中庚은 천간에 원신인 金(庚/辛)이 透하면, 상처가 깊지 않다.

한편 삼형三刑은 삼합三合/방합方合과 같이 세 자의 결합이므로, 세 지지가 붙어 있지 않아도 성립한다. 하지만 이격간離隔間에 沖/合 등이 성립하여 방해하면, 불형不刑이 된다. 예를 들면 년월시에 '寅巳申'을 놓고 일지에 '子/寅/巳/申/酉/亥'를 만나면, 충합沖合으로 방해되어 불형不刑이 된다.

또한 삼형에서 두 자인 寅申이나 丑未가 붙어 있으면 沖으로 해석하지, 삼형으로 보지 않는다. 천간운동天干運動의 핵심인 대대관계對待關係가 합이라면, 지지운동地支運動의 핵심은 沖이라고 하였다. 즉 지지충이 삼형보다 상위 수준의 기류氣類이므로, 寅申刑/丑未刑이라는 용어用語는 사라져야 할 것이다. 이를테면 寅巳申 삼형의 세 지지가 연결되어 있는 유형은 寅巳申/寅申巳/巳寅申/巳申寅/申寅巳/申巳寅 등 모두 6개 결합인데, 이 중에 寅申巳/巳申寅/巳寅申/申寅巳 조합은 우선 寅申沖이 성립되어서 삼형이 성립할 수 없다. 결과적으로 세 지지가 연결되어 있는 삼

四柱의 定石

형은 寅巳申/申巳寅 두 조합만이 성형成刑이 된다. 한편 세 지지가 연결되지 않는 유형은 寅巳○申/寅○巳申/申巳○寅/申○巳寅 등 4개의 조합이 성형成刑이 되어, 총 6개 조합이 성형이다. 丑戌未 삼형도 상기上記의 논리를 유추하여 적용하면, 丑戌未/未戌丑/丑戌○未/丑○戌未/未戌○丑/未○戌丑 등 6개의 조합이 성형成刑이다.

[불형不刑 사례]

*寅巳조합이 이격	*寅巳조합에서 원신 투간	*寅巳申조합에서 寅申沖 우선	*寅巳申조합에서 火/金 투간
○ ○ ○ ○	○ ○ 火 ○	○ ○ ○ ○	金 ○ 火 ○
巳 ○ 寅 ○	○ 巳 寅 ○	巳 申 寅 ○	申 巳 ○ 寅

[성형成刑 사례]

*寅巳조합에서 원신 불투	*寅巳申조합에서 세지지 불연	*寅巳申조합에서 火오행만 투간	*寅巳申조합에서 金오행만 투간
木 ○ 土 水	○ ○ ○ ○	火 ○ ○ ○	○ ○ 金 ○
○ 巳 寅 ○	申 ○ 巳 寅	寅 ○ 巳 申	申 巳 ○ 寅

그런데 근래 명리가命理家는 刑을 부각浮刻시켜 간명看命하는 자는 소수이다. 아예 刑을 간명 도구에서 제외하기도 한다. 이는 아마도 적천수滴天髓나 자평진전子平眞詮에서 刑에 대해 부정적으로 언급하여 그런 것 같다. 적천수에서 "지지신地支神은 단지 沖을 중시하고, 刑과 천穿(=해害)은 動할 때도 있고 不動할 때도 있다."라고 설명한다. 《原文: 支神只以沖爲重, 刑與穿兮動不動.》 자평진전에서는 "刑을 취한 이유는 잘 모르겠지만, 모른다고 해도 명리命理의 판단에는 문제가 없다."라고 설명한

다.《原文: 至於三刑取廉, 姑且闕疑, 雖不知其所以然, 於命理亦無害也.》

이런 관점에서 刑의 성립조건은 엄격해야 하며, 보충적으로 쓰이는 것이 타당하나, 일단 성형成刑이 되면 沖에 버금가는 작용력이 있다.

11.4 형거 대상 (刑去 對象)

자평진전子平眞詮이나 적천수천미滴天髓闡微에서는 모두 刑에 대해서 유보적留保的인 입장이다. 그래서 그런지 刑의 개고설開庫說을 주장하는 자는 소수인 것으로 알고 있다. 생지충生支沖이나 고지충庫支沖은 사원질四原質인 木火金水가 모두 내재되어 있어, 공방전攻防戰이 치열하다는 공통점이 있어 충출沖出/개고開庫를 논했는데, 양형兩刑은 공방의 의미가 아닌 특정 오행의 과세過勢이므로 형출刑出과는 거리가 있다. 반면에 삼형은 양형과 달리 지장간에 오행 모두를 구족具足하여 형출작용刑出作用을 논할 수 있으나, 결과적으로 火金 간의 쟁투爭鬪이므로 왕지충旺支沖과 같은 개념으로 판단해야 한다. 즉 생지충生支沖이나 고지충庫支沖과 같이 충출/개고 작용을 하지 못하고 왕지충과 같이 일방피상一方被傷의 작용을 한다.

그러므로 삼형이 發하면, 어떤 지장간이 피상被傷되는지를 판단해야 할 것이다. 이는 삼형이 왕지충과 같이 왕자旺者와 쇠자衰者의 다툼이므로, 火金간 기세의 우열優劣로 판단하면 된다. 즉 火金간의 쟁투에서 왕자旺者가 강하면 쇠자衰者의 인원용사人元用事 지장간支藏干 모두가 형거刑去된다. 왕쇠旺衰의 기준은 火金오행의 투간透干 여부로 판단한다.

寅巳申 삼형에서 1) 火오행(丙/丁)이 천간에 透하면, 왕자인 火오행은 火의 과세過勢인 寅巳 조합을 흡수하여 火寅巳 준삼합準三合이 성립하고, 쇠자衰者인 申金의 지장간 기물器物이 상실된다. 2) 金오행(庚/辛)이 천간에 透하면, 왕자인 金오행은 金의 과세인 巳申 조합을 흡수하여 金巳申 준삼합이 성립하고, 쇠자인 寅木의 지장간 기물이 상실된다. 3) 火金이 모두 천간에 透하면, 火는 火寅巳 준삼합, 金은 金巳申 준삼합이 되어 寅巳申 삼형 자체가 성립하지 않는다. 4) 火金이 모두 천간에 불투不透하면, 전술前述한 바와 같이 巳火의 지장간 기물이 상실된다.

한편 丑戌未 삼형에서 1) 火오행(丙/丁)이 천간에 透하면, 왕자인 火의 과세인 戌未 조합이 승勝하여 쇠자인 丑土의 지장간 기물器物이 상실된다. 2) 金오행(庚/辛)이 천간에 透하면, 金의 과세인 丑戌 조합이 勝하여 쇠자인 未土의 지장간 기물이 상실된다. 3) 火金이 모두 천간에 透하면, 戌未 조합이나 丑戌 조합이 모두 강하여, 丑戌未 삼형 자체가 성립하지 않는다. 4) 火金이 모두 천간에 불투不透하면, 전술前述한 바와 같이 戌土의 지장간 기물이 상실된다.

11.5 형발여부의 판단 (刑發與否의 判斷)

사주 원국原局에서 성형成刑이 되면 해당 오행은 통근력通根力이 약화弱化될 뿐이지, 실질적인 형발작용刑發作用을 하지 않는다. 즉 해당 오행의 십신十神/육친六親의 피상被傷은 발생하지 않는다. 형발은 원국에서 이미 성형成刑인 상황에서 재차 행운行運에서 동일한 글자가 도래하거나, 원국에서 刑이 성립하지 않았으나, 행운에 의해 성형成刑이 되면 發한다. 예를 들면 원국에서 寅巳刑이 이미 성립하였는데, 행운에서 동자운同字運(寅/巳)이 도래하면 형발한다. 또한 원국에서 寅木을 놓고, 행운에서 巳火가 도래해도 형발한다.

그런데 원국에서 이미 성형成刑인 상황에서 어떤 동자운同字運이 도래하느냐에 따라 피상의 강도가 다르다. 예를 들면 원국의 寅巳刑에 寅運이나 巳運이 도래하면 巳中庚이 피상되는 것은 동일하나, 寅運에는 피상의 정도가 크고 巳運에는 상대적으로 피상의 정도가 약하다. 이는 寅運에는 두 개의 寅中丙이 하나의 申中庚을 공격하는데, 巳運에는 하나의 寅中丙이 두 개의 巳中庚을 공격하기 때문이다. 아래의 도표를 보면 쉽게 알 수 있다. 나머지 巳申刑, 丑戌刑, 戌未刑도 이와 같은 논리를 적용하면 된다.

[寅巳刑의 동자운(寅/巳) 도래시, 피상 비교]

寅運이 도래한 경우   巳運이 도래한 경우

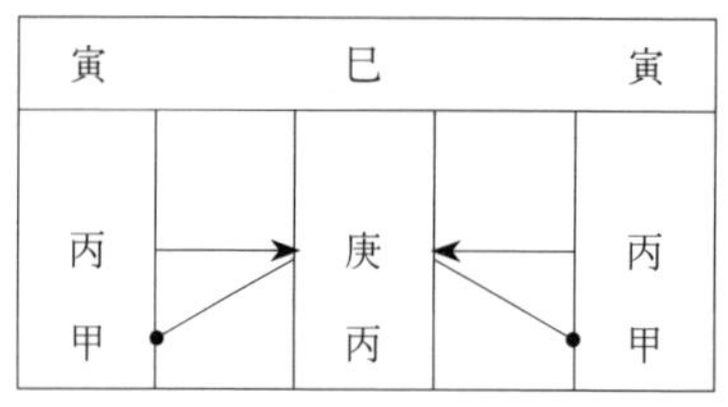
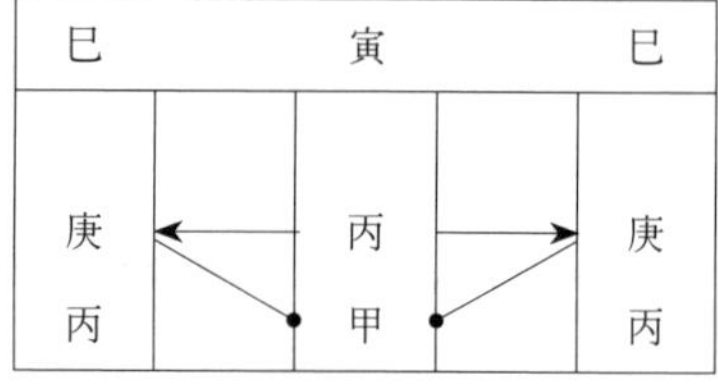

12. 지지의 작용력 (地支의 作用力)

12.1 동인기류별 작용력 우열 (動因氣類別 作用力 優劣)

사주를 간명看命하다 보면, 생극제화生剋制化나 회충합형會沖合刑이 얽히고설켜 있어서 교통정리가 필요하다. 즉 동인기류별動因氣類別로 작용력의 크기를 가늠한 후, 우선순위優先順位를 정해서 간명하여야 올바른 통변通辯이 나올 것이다. 천간의 생극제화의 우열은 이미 '간지의 배합(干支의 配合)' 편에서 설명하였고, 本 篇에서는 지지의 동인기류인 회충합형의 작용력을 비교하여, 그 순위를 정해 보겠다. 회충합형會沖合刑의 회會는 삼합三合/방합方合, 충沖은 육충六沖, 합合은 육합六合/반합半合, 형刑은 삼형三刑/양형兩刑으로 분류가 된다.

회會(=삼회三會)가 동인기류 中에 작용력이 가장 강한 것은 다수가 공감하고 있다. 삼회는 지구의 순환운동循環運動인 삼합과 방합을 말하고, 양자兩者 모두 사지四支 中 세 자가 결합하므로 강력한 결합이 아닐 수 없다. 그리고 삼합과 방합에서 작용력의 우열優劣을 가린다면, 삼합이 우위優位이다. 삼합은 생왕고生旺庫의 결합이 제왕지帝旺支를 중심으로 결집하는 合이므로, 위계질서位階秩序가 확고한 合이 된다. 반면에 방합方合은 녹왕쇠祿旺衰의 결합으로 동기同氣 오행이 결집하는 合이므로, 에너지는 삼합보다 강하나, 동기간의 결합이어서 상명하복上命下服의 질서가 무너질 수 있다. 이러한 관점에서 삼합이 방합보다 勢가 공고鞏固하다고 볼 수 있다. 이는 삼합의 원신元神이 투간透干하면 합화合化

를 논하나, 방합의 원신이 투간하면 합화를 논하지 않는다는 점에서도 알 수 있다.

다음의 동인기류는 沖이다. 십이지지는 대대관계(對待關係: 상반된 속성이지만 서로가 기대하고 원願하는 관계)에 있는 兩 지지가 육충六沖이 되는데, 이는 지지 변화의 핵심이라고 제1장 '오운육기(五運六氣)' 편에서 강조하였다. 沖은 剋과 달리 쌍방雙方의 피상被傷이고, 통근력通根力도 상실시키는 작용을 한다는 점에서, 가장 강력한 두 자 결합이 된다. 그래서 세 지지가 연결되지 않은 삼합/방합/삼형의 경우, 이격간離隔間에 沖이 성립하면 불회불형不會不刑이 된다. 그리고 생왕고별生旺庫別로 작용력의 우열을 가린다면, 생지충生支沖〉왕지충旺支沖〉고지충庫支沖 순이다. 당연히 지장간간支藏干間의 공방전攻防戰이 치열한 생지충의 작용력이 가장 우위優位에 있다.

다음의 동인기류는 合(육합六合/반합半合)이다. 육합은 일전(日纏: 지구의 공전궤도)과 월리(月離: 달의 공전궤도)가 동일선상에 위치하게 되면, 천지상합天地相合이 된다는 개념에서 음양합이나, 지지는 화합물化合物이므로 순수한 음양합이 될 수는 없다. 그럼에도 불구하고 육합이 지지의 동인動因이 될 수 있는 이유는, 전술前述한 바와 같이 육합에 의해 沖이 해구解救가 된다는 점이다. 한편 반합은 삼합의 생왕生旺/왕고旺庫 결합으로, 삼합국三合局의 기초가 되니 이 또한 勢의 결집이라 볼 수 있고, 육합과 같은 합체合體이므로 역시 반합에 의해 沖이 해구가 된다. 그리고 육합과 반합의 작용력의 우열을 가린다면, 육합이 다소 우위優位에 있다. 여하간 육합은 체용상體用上 체體의 음양합이고, 沖을 제어하는 역할이 반합보다 강하기 때문이다.

다음의 동인기류는 刑(삼형三刑/양형兩刑)이다. 刑은 특정 오행의 과세過勢로 오행의 불균형을 초래하나, 沖과 같이 직접적인 충돌도 아니고 통근력도 유지된다는 점에서 형력刑力이 충력沖力보다 우위優位에 있을 수는 없다. 반면 삼형과 合을 비교하면 삼형이 우위優位이다. 삼형은 세 글자의 결합이고, 상극관계相剋關係인 오행이 쟁투爭鬪하는 왕지충과 같이, 火金 오행이 쟁투하는 양상이기 때문이다. 合(육합/반합)과 양형의 작용력 우열을 가린다면, 合이 다소 우위優位에 있다. 刑은 合과 같이 원願해서 결합하는 양상이 아니기 때문이다, 刑은 극剋과 같이 일방一方에 피상被傷을 주는 기류氣類이므로, 탐합망극(貪合忘剋: 合을 탐하여 剋을 망각한다.)의 이치를 적용할 수 있다.

다음의 동인기류는 害(왕지해旺支害/고지해庫支害/병존해竝存害)이다. 害는 會/沖/合/刑과 달리 사주 원국原局에서 動하지 않는 가장 낮은 수준의 기류이다. 그래서 행운行運에서 상위 수준의 기류들이 發하지 않는 경우에 작용한다. 그리고 害 부류의 작용력의 우열을 가린다면, 왕지해＞고지해＞병존해 순이다.

상술上述한 내용을 정리하면, 지지의 동인기류별動因氣類別 작용력 순위는 會(삼합＞방합)＞沖(생지충＞왕지충＞고지충)＞三刑＞合(육합＞반합)＞兩刑＞害의 순이다.

12.2 지지간 배합별 작용력 우열 (地支間 配合別 作用力 優劣)

지지는 천간의 자유스러운 동적動的 속성과 달리 정물靜物이므로 본

디 움직임이 없으나, 회충합형會沖合刑 등의 결합이 성립하면 동요動搖
하게 된다. 하지만 지지는 천간과 달리 느리게 작용하고 결속력이 약하
여, 언제 다시 변할지 모른다. 그래서 지지간의 결합은 이격離隔 없이 붙
어 있어야 動한다. 그래서 사지四支에서 이를 충족하는 결합은 총 6개 배
합配合(일&시/일&월/년&월/년&일/월&시/년&시) 中 3개 배합인 '일&
시/일&월/년&월'이 해당된다.

　그러면 3개의 배합 中 어떤 지지간 배합이 가장 강한 작용력을 발현하
는가는 제1장 '사주의 변수(四柱의 變數)' 편에서 설명한 종속변수從屬變
數와 독립변수獨立變數와의 관계를 그대로 적용하면 된다. 사주체四柱
體의 주인공인 일주日主와 일신동체一身同體를 이루고 있는 또 하나의
종속변수는 일지日支라고 하였다. 그러므로 일지가 포함된 배합이, 일지
가 포함되지 않은 년과 월의 배합보다 강할 것이다. 그리고 일지와의 배
합은 일&시 및 일&월 조합이 있는데, 일&시의 조합이 일&월의 조합보다
작용력이 더 강하다. 그런데 어떤 자는 일&월의 조합이 더 강하다고 한
다. 이는 아마도 일간과 월지의 관계를 그대로 원용援用한 것 같다. 격국
格局에서는 당연히 월지가 핵심이겠지만, 지지간의 관계에서는 그렇지
않다. 일&시의 조합은 근묘화실根苗花實의 관점에서 현재의 위치에 있
는 일지가 미래의 위치에 있는 시지時支와 맞닿아 있다. 반면에 일&월의
조합은 일지가 과거의 위치에 있는 월지와 맞닿아 있다. 당연히 현재와
미래를 잇는 일&시의 조합이 더 강하다.

　상술上述한 내용을 정리하면, 지지간 배합별 작용력 순위는 일지&시
지 > 일지&월지 > 년지&월지 순이다. 천간간 배합별 작용력 순위도 동일
한 이치로 일간&시간 > 일간&월간 > 년간&월간 순이다. 그리고 이격離

隔으로 결합한 지지는 작용력이 없어 불충불합不沖不合이지만, 이론상 일지&년지 > 월지&시지 > 시지&년지 순이다.

12.3 회충합형 혼재시의 작용력 우열 (會沖合刑 混在時의 作用力 優劣)

지금까지 동인기류(회충합형會沖合刑) 및 지지배합에 따른 작용력 순위를 설명하였는데, 만약 두 개의 기류氣類가 중첩重疊되는 지지에 걸쳐 있다면, 해당 동인기류 및 지지배치의 비중을 보고 작용력의 우열을 판단해야 할 것이다. 예시例示를 들어 설명하겠다.

[예시1]

王 辛 乙 ○	동인기류의 작용력 : 卯酉沖 > 辰酉合 = 卯戌合
辰 酉 卯 戌	지지배합의 작용력 : 辰酉合 > 卯酉沖 > 卯戌合

동인기류가 얽혀 있는 사주는 중첩되는 글자가 어떤 기류에게 유인誘引되는가의 문제이다. 卯戌合과 卯酉沖에서 '卯'가 중첩된다. 동인기류상 卯酉沖이 우위優位이고, 지지배합상에서도 日月조합의 卯酉沖이 우위優位이므로, 卯戌合의 작용은 거의 없다. 한편 卯酉沖과 辰酉合에서 '酉'가 중첩된다. 동인기류상 卯酉沖이 우위優位이나, 지지배합상 일시조합의 辰酉合이 우위優位이므로, 酉가 어디에 유인되는지의 판단이 쉽지 않다. 그런데 종속변수인 일지와 결합한 日時조합과 日月조합은 작용력의 차이가 크지 않다. 그러므로 卯酉沖으로 주로 작용한다.

어떤 자는 이를 근묘화실根苗花實의 관점하에 초기 卯戌合, 중기 卯酉沖, 말기 辰酉合이 작용한다고 하는데, 합충합충合沖의 작용을 마치 롤러코스터처럼 보는 것이 아닌가 한다. 분명히 이 사주는 辰酉合이나 卯戌合의 작용력이 미미하고, 卯酉沖의 작용력이 크다. 사주배합이 이롭지 않으나, 길흉吉凶은 행운行運에 의해 좌우되는 것이다. 즉 대운大運이나 세운歲運에서 도래到來하는 운運의 향방에 따라, 십신十神의 역할이 달라진다.

[행운行運] 충운沖運(酉/卯)이 도래하면, 충발沖發하여 재성의 피상被傷이 예상된다. 하지만 육합운六合運(辰/戌)이 도래하면 卯酉沖은 사라지고, 辰酉合은 쟁합爭合으로 불합不合이 되어 재성이 부활하여 십신의 역할을 하게 된다.

[예시1-1] 자평진전子平眞詮 론형충회합해법論刑沖會合解法 편에 있는 예제이다.

○ 甲 ○ ○	동인기류의 작용력 : 卯酉沖 > 辰酉合 = 卯戌合
戌 卯 酉 辰	지지배합의 작용력 : 卯戌合 > 卯酉沖 > 辰酉合

卯酉沖이 중심에 있으나, 卯戌合이나 辰酉合도 있어서 沖을 해소할 수 있다고 한다. 만약 戌 대신 亥나 未가 있어도 반합半合이 되어서 沖을 해소할 수 있고, 辰 대신 巳나 丑이 있어도 반합이 되어서 沖을 해소할 수도 있다고 설명하고 있다. 이는 그저 沖은 합을 통해 해구解救가 된다 하였을 뿐, 沖의 영향력이 사라진다는 의미는 아닐 것이다. 해구신解救神도 6개 지지(辰戌亥未巳丑)가 해당되니, 확률이 50%나 된다. 지지동인地支動因의 핵심은 대대관계對待關係인 沖이다. 하위 수준의 육합/반합으로

쉽게 해구가 된다면, 沖과 合은 동등同等한 위치에 있어야 할 것이다.

[예시2]

壬　庚　○　○	동인기류의 작용력 : 巳亥沖 ＞ 寅午合 ＞ 寅巳刑
午　寅　巳　亥	지지배합의 작용력 : 寅午合 ＞ 寅巳刑 ＞ 巳亥沖

巳亥沖과 寅巳刑에서 '巳'가 중첩된다. 동인기류상 巳亥沖이 우위이나, 지지배합상 日月조합의 寅巳刑이 우위이므로, 巳가 어디에 유인되는지 판단이 쉽지 않다. 그런데 沖은 合에 의해 해구가 되지만, 刑에 의해 해구 되지 않는다. 그러므로 巳亥沖으로 주로 작용한다. 만약에 일지가 申金 이라면 주로 육합으로 작용한다. 한편 寅巳刑과 寅午合에서 '寅'이 중첩 된다. 동인기류상 寅午合이 우위이고, 지지배합상에서도 日時조합인 寅 午合이 우위이므로, 寅巳刑의 작용은 거의 없어 보인다. 하지만 巳寅午 세 자의 결합 구조를 보면, 화기火氣로 결속(寅午合의 주도하에 巳火가 종속된다. 巳寅午는 火의 녹생왕祿生旺이다.)되어 寅巳刑도 작용한다.

[행운行運] 충운沖運(巳/亥)이 도래하면 충발沖發하나, 일지외충日支 外沖으로 파급력이 약하다. 형운刑運(寅)이 도래하면 巳亥沖은 사라지지 않고 오히려 가열된다. 이는 하위 수준의 刑이 沖을 대체代替할 수 없기 때문이다. 申運이 도래하면 寅巳申 三刑이 성립하여 巳亥沖은 사라지고, 庚金이 투간透干하여 寅木이 형거刑去된다. 삼합운三合運(戌)이 도래하 면 寅午戌 관살국官殺局이 성립한다.

[예시3]

乙 乙 ○ ○	동인기류의 작용력 : 寅亥合 ＞ 巳酉合 ＞ 寅巳刑
酉 巳 寅 亥	지지배합의 작용력 : 巳酉合 ＞ 寅巳刑 ＞ 寅亥合

寅亥合과 寅巳刑에서 '寅'이 중첩된다. 동인기류상 寅亥合이 우위이나, 지지배합상 日月조합의 寅巳刑이 우위이므로, 寅이 어디에 유인되는지 판단이 쉽지 않다. 그런데 육합은 沖을 방해하는 기류氣類이지만, 刑과의 관계는 서로 방해하지 않으므로, 合과刑은 대등하게 작용한다. 결국 지지배합상으로 우열優劣을 가려야 하는데, 寅巳刑이 일지를 점占했으므로 우위優位인 것으로 보인다. 하지만 천간의 乙木과 결합, 乙寅亥 준삼합準三合이 성립하므로, 寅亥 준반합準半合으로 작용한다. 한편 寅巳刑과 巳酉合에서 '巳'가 중첩된다. 동인기류상 巳酉合이 우위이고, 지지배합상에서도 日時조합의 巳酉合이 우위이므로, 寅巳刑의 작용은 거의 없다. 만약에 천간에 火(丙/丁)가 透하면, 火寅巳 준삼합準三合으로 작용한다.

[행운行運] 형운刑運(寅/巳)이 도래하면, 寅亥合은 사라지고 형발刑發하여 해당 십신十神이 피상被傷된다. 삼합운三合運(丑)이 도래하면 巳酉丑 삼합이 성립한다. 충운沖運(亥)이 도래하면, 巳亥沖이 發하여 巳酉合은 사라지고 해당 십신이 충거沖去된다. 또 다른 충운인 申運이 도래하면, 寅申沖이 發하여 乙寅亥 준비겁국準比劫局이 소멸된다.

[예시4]

己 甲 ○ ○	동인기류의 작용력 : 寅亥合 ＞ 亥卯合 ＞ 寅巳刑
巳 寅 亥 卯	지지배합의 작용력 : 寅巳刑 ＞ 寅亥合 ＞ 亥卯合

亥卯合과 寅亥合에서 '亥'가 중첩된다. 동인기류상 寅亥合이 우위이고, 지지배합상에서도 日月조합의 寅亥合이 우위이므로, 亥卯合의 작용은 거의 없어 보인다. 하지만 卯亥寅 세 자의 결합 구조를 보면, 목기木氣로 결속(亥卯合의 주도하에 寅木이 종속된다. 卯亥寅은 木의 왕생록旺生祿이다.)되어 亥卯合으로 작용한다. 더욱이 甲일주이므로 卯亥寅은 모두 일주에 통근하고 있다. 한편 寅亥合과 寅巳刑에서 '寅'이 중첩된다. 동인기류상 寅亥合이 우위이나. 지지배합상 日時조합의 寅巳刑이 우위이므로, 寅이 어디에 유인되는지 판단이 쉽지 않다. 寅亥合이나 寅巳刑 모두 일지와 결합하여 작용력의 차이가 크지 않으나, 寅亥合은 천간의 甲일주와 결합, 甲寅亥 준삼합準三合이 성립하므로 주로 寅亥合으로 작용한다.

[행운行運] 삼합운三合運(未)이 도래하면, 寅亥合은 사라지고 亥卯未 삼합이 성립하여, 목세木勢가 지속적으로 유지된다. 삼형운三刑運(申)이 도래하면, 寅巳申刑이 성립하여 寅亥合은 사라지고, 火/金 오행이 모두 불투不透했으므로 巳火가 형거刑去된다.

[예시5]

丙 丙 ○ ○	동인기류의 작용력 : 寅午戌三合 ＞ 寅申沖
申 寅 午 戌	지지배합의 작용력 : 寅申沖 ＞ 寅午戌三合

寅午戌 삼회三會와 寅申沖에서 '寅'이 중첩된다. 동인기류상 寅午戌 삼회가 우위이나, 지지배합상 日時조합의 寅申沖이 우위여서, 寅이 어디에 유인되는지 판단이 쉽지 않다. 寅午戌 삼회나 寅申沖 모두 일지와 결합하여 작용력 차이가 크지 않으므로, 동인기류상 상위 수준인 삼회가 우위

이다. 두 자 결합이 세 자 결합인 삼합이나 방합의 작용력을 능가凌駕하는 것은 쉽지 않다. 위 예시에서 寅과 申이 바뀌어 위치하면 寅申沖만 작용한다. 이는 삼합이나 방합의 세 지지가 연결되지 않고, 이격간離隔間에 沖이 성립하면 불합不合이라고 이미 설명하였다.

[행운行運] 충운沖運(子/寅/辰/申)이 도래하면, 寅午戌 삼회는 사라지고 子午沖/寅申沖/辰戌沖 등이 發하여 해당 십신十神이 피상被傷된다. 여기에서 寅運이나 申運이 도래해도 여전히 午戌 반합은 잔존殘存하며, 辰運에는 寅午 반합이 잔존한다. 하지만 子運이 도래하면, 반합마저도 사라진다. 한편 원국의 삼회(삼합/방합)는 육합운六合運(卯/未/亥)/형운刑運(丑/巳/未)이 도래하여도, 삼회의 결속을 깨뜨릴 수 없다. 삼회는 오로지 沖으로만 깨뜨릴 수 있다.

회충합형會沖合刑의 혼재混在에 따른 작용력의 우열을 정리하면, 다음과 같다.

1) 沖과 合은 서로 방해하는 관계이므로 沖과 合이 중첩되면, 일지와의 결합 여부로 판단한다. 즉 일지와 결합한 기류氣類가 주로 작용한다. 만약 양자兩者 모두가 일지와 결합하고 있다면, 상위 수준인 沖이 작용한다. 2) 合과 刑은 서로 대등對等한 관계이므로 合과 刑이 중첩되면, 일지와의 결합 여부로 판단한다, 즉 일지와 결합한 기류가 주로 작용한다. 만약 양자兩者 모두가 일지와 결합하고 있다면, 상위 수준인 合이 작용한다. 3) 沖과 刑은 작용력의 격차가 있고, 刑은 沖을 가중加重시키는 요인이 있으므로, 沖과 刑이 중첩되면 지지간 배합과 상관없이 沖이 작용한다. 다만 행운行運에서 삼형운三刑運이 도래하면 沖은 사라지고 삼형이 작용한다. 4) 會와 沖合刑과의 관계는 작용력의 격차가 있다. 다만 세 지

지가 연결되지 않고, 이격간離隔間에 沖이 성립하면 불회不會가 된다. 또한 행운에서 沖하는 運이 도래하거나, 원국原局에서 이미 성립한 沖과 동일한 글자가 도래하여도, 불회不會가 되면서 沖이 작용한다. 한편 사주 원국原局과 행운行運의 배합에 따른 회충합형의 작용은 제3장 '행운(行運)' 편에서 후술後術하겠다.

격국과 용신
(格局과 用神)

1. 월령 (月令)

격국格局과 용신用神을 설명하기에 앞서, 기본적으로 격국과 관련되어 사용되는 명리학 용어用語에 대한 개념이 먼저 정립되어야, 적확的確한 논리를 전개할 수 있다고 본다. 그래서 本 篇의 월령月令을 포함하여 생시生時, 십신十神, 육친六親 등의 개념에 대하여 살펴보겠다.

1.1 월령의 의미 (月令의 意味)

월령月令은 '월기月氣의 령令'의 약칭으로, 각각의 오행(木火金水土)이 계절별로 주관함을 말한다. 즉 목기木氣는 봄, 화기火氣는 여름, 금기金氣는 가을, 수기水氣는 겨울, 토기土氣는 사계말四季末을 관장하는 것이다. 월지의 또 다른 명칭인 제강提綱은 사주팔자에서 가장 중요한 글자임을 강조한 표현이다. 결국 사주추명四柱推命은 월지를 중심으로 판단하여야 한다는 것이다. 그런데 월지는 계절을 의미하는 것이니, 명리학은 계절학季節學이요, 절기학節氣學인 것이다.

1.2 득령의 의미 (得令의 意味)

득령得令은 득월령得月令의 준말이다. 월령을 득得했다는 것은 일주

 四柱의 定石

日主 오행이 주관하는 계절에 태어난 것을 말한다. 이를테면 木(甲/乙) 일주는 목왕절木旺節(寅卯月경)에 출생하면 득령한 것이고, 목왕절이 아닌 계절에 출생하면 실령失令한 것이다. 그런데 다수는 왕상휴수사旺相休囚死의 '왕상旺相'인 비겁比劫이나 인성印星이 월지에 놓이면 이를 득령했다고 한다. 이를테면 甲일주가 子月에 출생하면, 무근無根임에도 불구하고 인성이므로 득령한 것이라고 한다. 산천초목山川草木이 동면冬眠하는 이 시기에 오행 中 유일한 생명체인 木이 어찌 활개를 칠 수 있겠는가? 득령을 生하는 오행까지 범위를 확대한 것은 이법적理法的 논리를 수용한 것에 불과할 뿐이다. 득령을 사전적辭典的 의미로 해석한다면, 인성이 계절을 득得했다고 볼 수 없는 것이다.

1.3 월령기준에 대한 고찰 (月令基準에 대한 考察)

아부태산(阿部泰山: 일본 근세의 명리학자)은 월령月令을 분일용사법 分日用事法에 의거하여, 格을 정하였다. 즉 출생일이 월률분야月律分野 지장간의 초기初氣/중기中氣/정기正氣 장간藏干 中에, 어느 장간에 배속配屬되어 있는가를 파악하여 格을 정하는 것이다. 배속된 해당 장간에 태어나면, 이를 사령司令이라고 한다. 이를테면 甲日 巳月生은 지장간에 의해 초기 7일간은 戊, 중기 7일간은 庚, 정기 16일간은 丙이 각각 사령하므로, 格은 편재격偏財格/편관격偏官格/식신격食神格으로 구분된다. 만약 甲일주가 巳月 14日에 출생하면 庚金이 사령하고, 15日에 출생하면 丙火가 사령한다. 이는 巳月의 한가운데서 단 하루 차이로, 편관격과 식신격으로 나뉜다는 것이다. 물론 현재 이 이론을 따르는 자는 없는 것으로 알고 있다.

현재 가장 보편적인 월령 기준은 위천리(韋千里: 중국 근세의 명리학자) 방식이다. 월지장간月支藏干의 글자가 투간透干한 오행을 기준으로 格을 삼는 것이다. 이를테면 甲日 巳月生은 투간 여부에 따라 편재격偏財格/편관격偏官格/식신격食神格 中 하나가 될 것이다. 전술前述한 분일용사법分日用事法에 비해 합리적이지만, 같은 계절에 출생했는데 여전히 세 개의 格으로 구분되는 것은 동일한 결과이다. 이 또한 월령의 계절성季節性에 부합符合되지 않는 이론이다.

다음은 투파명리透派命理의 월령론月令論이다. 투파는 월지의 계절성季節性을 고려하여, 각 오행이 가장 강왕康旺한 시기를 득령得令의 기준으로 삼았다. 이를테면 木일주는 목왕절木王節(寅卯月+辰月 절입일節入日 이후 12일 내)에 출생해야 득령得令한 것으로 보았다. 그런데 간절기間節氣인 丑/辰/未/戌 月의 중간쯤이 월령의 종점終点이 된 것은, 아마도 각 오행의 월령일수月令日數를 72일로 동일하게 배분하려는 계산법에 의해 그런 것 같다. 투파의 오행별 월령배속기간月令配屬期間은 아래와 같다.

1) 木月令 : 寅月 + 卯月 + 辰月 절입일 이후 12일 내 = 72일 2) 火月令 : 巳月 + 午月 + 未月 절입일 이후 12일 내 = 72일 3) 金月令 : 申月 + 酉月 + 戌月 절입일 이후 12일 내 = 72일 4) 水月令 : 亥月 + 子月 + 丑月 절입일 이후 12일 내 = 72일 5) 土月令 : 丑/辰/未/戌月 절입일 이후 13일~말일末日 = 72일

   四柱의 定石

1.4 지장간을 활용한 월령기준 (支藏干을 活用한 月令基準)

위천리韋千里의 월령 기준은 월지장간月支藏干의 투간透干 여부에 따른, 기세氣勢의 우열優劣에 중점을 두었다. 이는 '월령은 계절성을 반영한다'는 명제에 부합되지 않는 것이다. 반면에 투파의 월령론月令論은 계절성 논리에 부응하고 있다. 그런데 각 오행의 월령일수月令日數를 공共히 72일로 정한 것은, 정률성定率性의 이치 外에 어떤 이론적 근거가 있는 것인지? 잘 모르겠다. 지지는 천간과 달리 계절과 계절 사이에 사계토四季土(丑辰未戌)가 있어서 사원질四元質인 木火金水의 변화를 완성시킬 수 있는 것이다. 제1장 '오운육기五運六氣' 편에서 설명한 육기六氣의 자화작용自化作用을 말한다. 만약 지지의 土가 천간(戊/己)과 같이 2개이면, 아마도 각 오행을 동일한 비율로, 월령月令의 배속기간을 정할 수 있을지는 모르겠다. 하지만 지지에는 엄연히 土가 4개이므로 사원질四元質과 비교하여 배속기간이 많은 것은 당연한 이치이다. 이는 월령용사月令用事 지장간의 오행별 배속일수가 입증하고 있다. 현재 다수가 공감하는 월령용사 지장간표支藏干表의 기준으로 (아래의 표表 참조) 보면, 각 오행별 배속일수는 木 65일, 火 56일, 金 65일, 水 65일, 土는 무려 109일이다.

그러므로 월령용사 지장간표를 들여다보면, 월령의 배속기간을 정할 수 있는 모범답안模範答案임을 알 수 있다. 이를 설명하자면, 정기장간正氣藏干은 지지를 대표하는 장간이므로, 당연히 자신의 월령에 배속되고, 초기장간初氣藏干은 직전 지지의 기운氣運이 여전히 남아 있는 여기餘氣이므로, 직전 지지 정기장간과 같은 월령으로 배속시키고, 중기장간

中氣藏干은 계절성과 관련이 없으므로, 생지生支 및 午火의 중기장간은 자기가 속한 지지의 정기장간과 같은 월령으로 배속시키고, 묘고지墓庫支의 중기장간은 직전 지지의 정기장간과 같은 월령으로 배속시키면, 계절성季節性에 부합하는 오행별 월령 기준이 된다.

상술上述한 기준을 세세하게 설명하면 다음과 같다.

1) 사생지四生支(寅巳申亥)의 초기장간은 자기가 속한 정기장간과 다른 土오행이므로, 계절성과는 관련이 없다. 시기상 2월초순/5월초순/8월초순/11월초순에 해당되어, 본격적으로 춘하추동春夏秋冬이 시작되지 못하고, 土오행이 주관하는 간절기간 節氣 말末의 시점이다. 그러므로 직전 지지의 정기장간과 같은 土월령으로 배속시킨다. 2) 사왕지四旺支(子卯午酉)의 초기장간은 자기가 속한 정기장간과 같은 오행이므로, 계절성이 유지된다. 그러므로 직전 지지의 정기장간과 같은 월령을 그대로 배속시킨다. 3) 사고지四庫支(丑辰未戌)의 초기장간은 자기가 속한 정기장간과 다른 직전 오행이므로, 계절성과는 관련이 없다. 시기상으로도 1월초·중순/4월초·중순/7월초·중순/10월 초·중순에 해당되어, 실질적으로 춘하추동이 왕旺한 시점이므로, 직전 지지의 정기장간과 같은 월령으로 배속시킨다. 4) 사생지(寅巳申亥)의 중기장간은 다음 계절의 준비단계를 의미하므로, 계절성과는 아무런 관련이 없다. 시기상 2월중순/5월중순/8월중순/11월중순에 해당되며, 절기상節氣上으로 입춘立春/입하立夏/입추立秋/입동立冬 이후 7일이 경과經過한 시점이므로, 자기가 속한 지지의 정기장간과 같은 월령으로 배속시킨다. 5) 午火의 중기장간인 己土는 토화작용土火作用을 의미하므로, 계절성과는 관련이 없다. 시기상 6월 중순에 해당되어 실질적으로 화왕절火旺節의 시점이므로, 자기

가 속한 지지의 정기장간과 같은 월령으로 배속시킨다. 6) 사고지(丑辰
未戌)의 중기장간은 직전 계절의 기운氣運을 갈무리하는 묘고지墓庫支
를 의미하므로, 계절성과는 동떨어져 있다. 시기상 1월중순/4월중순/7월
중순/10월중순에 해당되어, 실질적으로 사계四季가 가장 강왕康旺한 시
점이므로, 직전 지지의 정기장간과 같은 월령으로 배속시킨다. 예를 들
면 丑土의 중기장간 辛은 金의 묘고지에 해당되나, 실질적으로 수왕절水
旺節에 해당되므로 水 월령에 배속시키다. 나머지 辰/未/戌도 동일한 이
치를 적용하면 된다.

　　상술上述한 월령 기준을 월률분야 지장간표에서 도식화圖式化하면 아
래와 같다.

[오행별 월령 배속지장간配屬地藏干]

장간	寅	卯	辰	巳	午	未	申	酉	戌	亥	子	丑
초기	戊 7	甲 10	乙 9	戊7	丙 10	丁 9	戊 7	庚 10	辛 9	戊 7	壬 10	癸 9
중기	丙 7		癸 3	庚 7	己 9	乙 3	壬 7		丁 3	甲 7		辛 3
정기	甲 16	乙 20	戊 18	丙 16	丁 11	己 18	庚 16	辛 20	戊 18	壬 16	癸 20	己 18

▲　　　　▲　　　　▲　　　　▲
木배속지장간　　火배속지장간　　金배속지장간　　水배속지장간

굵게 친 영역領域 내에 포함되지 않은 것은 土월령이 된다. 즉 丑月정

기~寅月초기, 辰月정기~巳月초기, 未月정기~申月초기, 戌月정기~亥月초기가 土의 배속 지장간이 된다. 이는 계절과 계절 사이를 연결하는 간절기間節氣에 해당된다.

다음은 오행별 월령 배속기간配屬期間을 음양으로 나누자면, 선기후질(先氣後質: 양기陽氣에서 시작되어, 음질陰質로 완성된다.)의 원칙하에, 전반부는 陽의 월령이 배속되고 후반부는 陰의 월령이 배속된다. 이를테면 木월령을 음양으로 나누면, 甲월령은 寅月의 중기장간(丙)/정기장간(甲)과 卯月의 초기장간(甲)이 배속되어, 세 지장간 모두가 양간陽干에 해당된다. 乙월령은 卯月의 정기장간(乙)과 辰月의 초기장간(乙)/중기장간(癸)이 배속되어. 세 지장간 모두가 음간陰干에 해당된다. 火/金/水 오행의 월령도 이와 같은 이치로 구분하면 된다. 그리고 土월령은 木/火/金/水 월령과 같이 체용상體用上 용용의 개념하에 분류한다. 즉 戊월령은 조토燥土인 未/戌 月의 정기장간과 申/亥 月의 초기장간이 배속되고, 己월령은 습토濕土인 丑/辰 月의 정기장간과 寅/巳 月의 초기장간이 배속된다. 상술上述한 내용을 정리한 오행별 음양별 배속기간은 아래와 같다.

[오행별 음양별 월령 배속기간]

오행	월령	배속지장간			배속일수	
木	甲	寅中丙	寅中甲	卯中甲	33일	65일
	乙	卯中乙	辰中乙	辰中癸	32일	
火	丙	巳中庚	巳中丙	午中丙	33일	65일
	丁	午中己丁	未中丁	未中乙	32일	
金	庚	申中壬	申中庚	酉中庚	33일	65일
	辛	酉中辛	戌中辛	戌中丁	32일	
水	壬	亥中甲	亥中壬	子中壬	33일	65일
	癸	子中癸	丑中癸	丑中辛	32일	
土	戊	未中己	申中戊		25일	100일
		戌中戊	亥中戊		25일	
	己	丑中己	寅中戊		25일	
		辰中戊	巳中戊		25일	

상기上記의 월령 기준은 득·실령得·失令 여부를 판단하기 위한 기준이다. 이를 확대해석擴大解釋하여 합화合化/삼합三合/방합方合 등의 성립에 영향을 주는 요인으로 파악하면 안 된다. 예를 들면 천간의 甲己合이 합화하려면 월지는 필히 土오행이어야 하는데, 辰月 초기初氣나 중기中氣에 사령司令하면 木월령이므로, 합화가 불가한 것으로 판단할 수 있다. 또한 未月生이 他 지지의 '巳午'와 방합하려 하는데, 未月 정기에 사령하면, 土월령이므로 화방火方이 성립하지 않았다고 판단할 수 있다. 하지만 합화/삼합/방합 등은 합화나 합이 되는 기운氣運에 초점을 두는 것이지, 세세하게 지장간의 사령 시점時点까지 파악하여, 합화나 합의 성립여부를 판단하는 것은 아니다.

모든 기준은 경계점境界點에서 오는 불합리성이 있다. 예를 들면 辰月 12日生과 辰月 13日生은 단 하루 차이로 木월령과 土월령으로 구분된다. 이는 감수感受할 수밖에 없다. 하지만 이러한 기준을 모든 지지간 결합에 적용하는 것은, 대세大勢를 읽지 못하는 우愚를 범犯하는 것이다.

2. 생시 (生時)

2.1 생시의 의미 (生時의 意味)

지구의 공전公轉과 지축의 기울기로 인하여 계절季節이란 단어가 생겼고, 지구의 자전自轉으로 인하여 주야晝夜란 단어가 생겼다. 그래서 계절이 월지이고 주야가 시지이다. 적천수滴天髓 생시론生時論에서는 월지를 가택家宅, 시지를 분묘墳墓에 비유하여 월령 다음으로 생시生時가 중요함을 서술하였다. 하지만 다수는 생시를 사주추명에 있어서, 그 비중을 크게 보지 않는 것 같다. 당연히 월령과는 비교가 안 되겠지만, 일지나 년지에 비해 비중이 자못 크다.

월령은 계절, 생시는 주야를 의미하므로, 양자兩者 모두 기온과 밀접한 관련이 있다. 보통 하루 기온의 일교차日較差는 10도 이상 차이가 난다. 만약 子月 午時에 출생했다면, 한겨울이라도 한낮에 태어났으니 조후調候가 된 것이다. 한편 午月 子時에 출생했다면, 한여름이라도 한밤중에 태어났으니 역시 조후가 된 것이다, 하지만 일지나 년지에 午火나 子水를

　　　　　　　　　　　　　　　　　　　四柱의 定石

놓는다 하여도, 일·년지는 기온성氣溫性이 없으므로 조후가 완성됐다고 보기 어렵다. 그리고 제1장 '사주의 변수(四柱의 變數)' 편에서 설명한 바와 같이, 시지는 일지나 년지와 비교하여 작용력이 우위優位에 있는 독립변수라고 하였다. 그러므로 일지나 년지에 유근有根하면, 시지에 비해 勢가 미약하고, 조후調候도 완벽하게 해소된 것이 아니다.

2.2 시령 기준에 대한 고찰 (時令 基準에 대한 考察)

시령時令이란 월령月令이 '월기月氣의 령令'로 정의定義한 것과 같이 '시기時氣의 령令'을 의미한다. 《시령時令은 본디 월령月令을 달리 부르는 용어이지만, 필자는 편하게 이 단어로 정의하겠다.》 그러므로 득시得時란 시령을 얻은 경우이고, 실시失時란 시령을 얻지 못한 경우이다. 예를 들면 水(壬/癸) 오행이 子時에 통근하면 득시한 것이 된다.

종전에 일부 명리학자들이 분각용사법分刻用事法 논리를 주장한 적이 있었다. 이는 전술前述한 분일용사법分日用事法과 같이 출생시간에 따라 시지장간時支藏干에 사령司令하는 글자가 주관主管한다는 이론이다. 이를테면 寅時生은 월률분야月律分野 지장간 기준을 원용援用하여, 초기初氣 30分의 7은 戊, 중기中氣 30분의 7은 丙, 정기正氣 30분의 16은 甲이 각각 사령한다는 논리이다. 분일용사법은 허구성虛構性으로 거의 사라진 이론인데, 그 아류亞流인 분각용사법이 유의미有意味한 이론일까? 싶다. 일찍이 진소암(陳素菴: 중국 청대靑代의 명리학자, 명리약언命理約言의 저자)은 이 이론을 강하게 비판하였다.

다음 방식은 시지장간의 글자가 투간透干한 것으로 당령當令을 삼는 것이다. 서락오(徐樂吾: 중국 근세의 명리학자)는 그의 저서 적천수보주滴天髓補註에서 "月은 年의 순서요, 時는 日의 순서가 되니, 인원용사지신人元用事之神은 지지 중에 암장暗藏된 干이 천간에 투출透出함에 따라, 택宅과 묘墓의 방향이 정해지므로 월령론月令論의 당령과 다를 바 없다. 이를테면 丙日 亥時에 출생한 자가 천간에 甲木이 透하면, 인원용사지신人元用事之神이 甲木이 되는 식이다."라고 하였다. 시지장간이 투간한 글자는 천간의 입장에서 통근通根이므로 오행의 강약판단시強弱判斷時 응당 고려되는 부분인데, 이를 특별히 墓(=시지時支)의 혈방穴方으로 설명한 것은 生時의 중요성을 강조한 것으로 보인다. 하지만 이 또한 월령론에서 계절성을 고려하지 않은 것처럼, 시령時令도 마찬가지로 기온성氣溫性에 대해서는 언급이 없다. 투파透派에서는 특별한 견해가 없는 것으로 알고 있다.

필자가 생각하기에 월령론에서 주장한 지장간 배속의 이치를 원용援用하면, 시령時令 기준을 정할 수 있다고 본다. 즉 월령론에서 월령=계절을 공식화公式化한 것처럼, 시령=기온으로 공식화하여 배속시간을 도출導出하는 것이다. 이는 시령이 월령과 닮은 꼴이기 때문이다. 이를테면 午月이 더운 계절이면 午時도 따스하고 밝은 낮이며, 子月이 추운 계절이면 子時도 싸늘하고 어두운 밤이다.

이를 오행별로 보면 목기木氣는 아침, 화기火氣는 낮, 금기金氣는 저녁, 수기水氣는 밤을 관장하게 된다. 그리고 토기土氣는 시점과 시점간에 조절자調節者의 역할을 한다. 이를테면 금기金氣(=저녁)와 수기水氣(=밤) 사이에 있는 토기土氣는 오후 8시 18분 ~ 오후 9시 57분에 해당되

 　　　　　　　　　　　　　　　　　　　四柱의 定石

어, 저녁과 밤을 이어 주는 가교架橋의 역할을 한다. 마찬가지로 수기와 목기간, 목기와 화기간, 화기와 금기간의 토기土氣도 동일한 역할을 수행한다. 월령 기준과 동일한 방법으로 도출한 시령 기준은 아래와 같다.

[오행별 시령 배속지장간配屬支藏干]

장간	寅	卯	辰	巳	午	未	申	酉	戌	亥	子	丑
초기	戊7	甲10	乙9	戊7	丙10	丁9	戊7	庚10	辛9	戊7	壬10	癸9
중기	丙7		癸3	庚7	己9	乙3	壬7		丁3	甲7		辛3
정기	甲16	乙20	戊18	丙16	丁11	己18	庚16	辛20	戊18	壬16	癸20	己18

▲ 木배속지장간　　▲ 火배속지장간　　▲ 金배속지장간　　▲ 水배속지장간

굵게 친 영역領域 내에 포함되지 않은 것은 土오행이 된다. 즉 丑時정기~寅時초기는 밤과 아침 사이, 辰時정기~巳月초기는 아침과 낮 사이, 未月정기~申月초기는 낮과 저녁 사이, 戌月 정기~亥月초기는 저녁과 밤 사이를 연결하는 시간대에 해당된다.

다음은 오행별 시령 배속기간配屬期間을 음양으로 나누자면, 월령의 기준과 동일한 이치를 적용하면 된다. 즉 선기후질先氣後質의 원칙하에, 전반부는 陽의 시령이 배속되고 후반부는 陰의 시령이 배속된다. 이를테면 木시령을 음양으로 나누면, 甲시령은 寅時의 중기장간(丙)/정기장간(甲)과 卯月의 초기장간(甲)이 배속되어, 세 지장간 모두가 양간陽干에

해당된다. 乙시령은 卯時의 정기장간(乙)과 辰時의 초기장간(乙)/중기장간(癸)이 배속되어. 세 지장간 모두가 음간陰干에 해당된다. 상술上述한 내용을 정리한 오행별 음양별 배속시간은 아래와 같다.

[오행별 음양별 시령 배속시간]

오행	시령	배속지장간			배속시간
木	甲	寅中丙	寅中甲	卯中甲	3시58분~6시9분
	乙	卯中乙	辰中乙	辰中癸	6시10분~8시17분
火	丙	巳中庚	巳中丙	午中丙	9시58분~12시9분
	丁	午中己丁	未中丁	未中乙	12시10분~14시17분
金	庚	申中壬	申中庚	酉中庚	15시58분~18시9분
	辛	酉中辛	戌中辛	戌中丁	18시10분~20시17분
水	壬	亥中甲	亥中壬	子中壬	21시58분~24시9분
	癸	子中癸	丑中癸	丑中辛	24시10분~2시17분
土	戊	未中己	申中戊		14시18분~15시57분
		戌中戊	亥中戊		20시18분~21시57분
	己	丑中己	寅中戊		2시18분~3시57분
		辰中戊	巳中戊		8시18분~9시57분

→ 동경東經 127도 30분을 기준으로 하면, 대한민국의 子時는 23시 30분 ~ 01시 29분이다. 이를 기준으로 각 시령의 배속시간을 계산하였다.

　상기上記의 시령 기준을 적용하면, 좀 더 세세하게 천간의 통근력通根力 및 조후調候 여부 관찰할 수 있다. 예를 들면 火(丙/丁)일주가 巳·午時에 출생하면, 녹왕지祿旺支를 얻어 勢가 강해지고, 亥/子 時에 출생하면 조후調候가 해소한다. 그런데 未時에 출생하면 대개 화기火氣가 강하다고 보지 않고, 일주가 설기洩氣되는 것으로 본다. 하지만 상기上記의

四柱의 定石

기준으로 보면, 화왕시火旺時를 未中丁乙의 시간대까지 정했으므로, 13시 30분부터 14시 17분 사이에 출생하여도 득시(**得時: 시령時令을 득함.**)하여 일주의 勢는 강왕康旺하다. 실제 未時(14시경)가 午時(12시경)보다 기온이 높은 시점이다.

　한편 火일주가 丑時에 출생하면 대개 수기水氣가 강하다고 보지 않고, 일주가 설기洩氣되는 것으로 본다. 하지만 수왕시水旺時를 丑中癸辛의 시간대까지 정했으므로, 01시 30분부터 02시 17분 사이에 출생하여도 수왕水旺한 시점인 바, 조후를 해소한다. 실제 丑時(02시경)가 子時(24시경)보다 기온이 낮은 시점이다.

3. 십신 (十神)

3.1 십신의 의미 (十神의 意味)

사주추명四柱推命은 십신十神/육친六親(십신을 인류관계人倫關係로 표시)에 대한 성패成敗와 득실得失을 판단하여 길흉화복吉凶禍福을 논하는 것이므로, 십신의 개념을 정확히 인식하여야 한다. 사주체四柱體의 유일한 종속변수인 일주日主(=아我)와의 생극관계生剋關係를 표시한 것이 십신이다. 즉 생아자生我者는 인수印綬(=인성印星), 비화자比和者는 비겁比劫, 아생자我生者는 식상食傷, 아극자我剋者는 재성財星, 극아자剋我者는 관살官殺(=관성官星)에 해당된다. 이를 음양별로 다시 구분하면 편인偏印/정인正印/비견比肩/겁재劫財/식신食神/상관傷官/편재偏財/정재正財/편관偏官/정관正官 등의 십신으로 분류된다.

3.2 십신별 특징 (十神別 特徵)

다수가 공감하는 십신의 일반적 특징은 아래와 같다.

[십신의 특징]

십신	기氣	상징	긍정 의미	부정 의미	직업유형
비견	독기獨氣	자아 독립	자부심 정체성	고집 독선적	프리랜서
겁재	탐기貪氣	강탈 투지	경쟁심 추진력	집착 이해타산	운동선수
식신	누기漏氣	복록 수명	창의성 표현력	낙천적 본능적	연구직
상관	도기盜氣	정열 재능	적극성 사회성	즉흥적 호전적	영업직
편재	유동적득기 流動的得氣	운영 투자	순발력 재주꾼	투기적 다혈질	경영직
정재	고정적득기 固定的得氣	저축 성실	안정성 알뜰맨	인색 계산적	샐러리맨
편관	살기殺氣	위해 폭력	원칙 사명감	극단적 만용	군경법조인
정관	귀기貴氣	관리 이성	공정 절제력	융통성부족 무사안일	행정공무원
편인	잠재적학기 潛在的學氣	사유 편향	직관력 전문성	고독 폐쇄적	전문가
정인	현재적학기 顯在的學氣	학문 명예	향학열 헌신적	의존 보수적	학자

3.2.1 비견 (比肩)

비견은 일주日主와 음양도 동일하고 오행도 동일한 십신이다. 비견의 자의字義는 어깨를 나란히 하는 것을 의미하므로, 나와 똑 같은 기운으로 자아自我를 상징한다. 긍정적으로는 독립심이 강하나 부정적으로는 고집이 세다. 이러한 속성 때문에, 비견을 氣로 표현하면, 유아독존상唯我獨尊象인 독기獨氣이다.

他 십신과 달리 비견은 길·흉신吉·凶神으로 구분되지 않는다. 길신인 정관을 剋하는 상관이 흉신인 것처럼, 길신인 편재를 剋하니 흉신에 가까워 보이나, 편재가 선善한 길신은 아니므로, 흉신으로 분류할 이유는 없다. 결국 비견은 희·기신喜·忌神의 작용에 따라 길흉을 달리한다는 의미로 보인다. 예를 들면 희신으로 작용하면 동료의 도움이나 형제 간의 우애심이 강한 것으로 통변通辯하나, 기신으로 작용하면 역逆으로 동료로 인한 피해, 형제간의 불화로 보는 것이다. 물론 他 십신도 이와 같이 작용하지만, 사흉신(四凶神: **살상겁효殺傷劫梟, 편관/상관/겁재/편인**)이 기신으로 작용하면, 피상被傷의 정도가 심하다는 관점에서 비견과 비교되는 것이다.

한편 비견은 방신(**幇身: 일주와 동일한 오행인 비겁比劫으로 도우는 것을 의미**)이므로, 인수와 같이 일주를 생조生助하는 십신으로 보면 안 된다. 사주체四柱體에서 일주를 보필輔弼하는 역할은 인수이다. 인수는 육친상六親上 부모이고 비겁은 형제라는 점에서, 쉽게 이해가 될 것이다. 그러므로 비겁의 도우미 역할은 제한적이다. 신강사주身强四柱나 陽일주의 입장에서는 비겁은 오히려 경쟁대상競爭對象이 된다.

四柱의 定石

그리고 비견은 이법상理法上 식상을 생조할 수 있는데, 이 또한 미흡하다. 인수나 비겁은 일차적으로 방조幇助하는 대상對象이 당연히 일주이기 때문에, 비겁이 식상을 생조하는 것이 제한적이다. 이 점은 통관신通關神으로서의 역할도 미흡하다는 것을 의미한다. 설명하자면, 오행의 상극관계相剋關係에 있어서 흔히 이격간離隔間에 통관신이 있으면 화해和解가 된다. 하지만 인수가 식상을 剋할때, 통관신 비겁으로 화해和解가 되지 않는다. 왜냐하면 비겁은 식상을 生하기 보다는 일주를 방신하는 것이 우선이고, 인수도 비겁을 生하기보다는 일주를 생조하는 것이 우선이므로, 인생비생식印生比生食은 성립하지 않는다.

그래서 비견의 일주 外 천간과의 관계에서 主된 역할은 재성을 剋하는 데 있다. 이는 선인先人들이 군비쟁재(**群比爭財: 비겁의 무리가 財를 차지하기 위해 다투는 양상**)의 폐해弊害를 강조한 점에서 알 수 있다.

3.2.2 겁재 (劫財)

겁재는 일주와 반대의 음양이면서 오행은 동일한 십신이다. 겁재의 자의字義는 길신인 정재(=재물)를 겁탈한다는 의미이므로, 선인들은 흉신으로 분류하였다. 이러한 속성 때문에 겁재를 氣로 표현하면, 탐욕무예상貪欲無藝象인 탐기貪氣이다.

겁재는 비견과 달리 방신幇身의 역할을 충실히 수행한다. 이는 등라계갑(**藤蘿繫甲: 등나무 넝쿨(乙木)이 甲木에 의지해서 살아간다.**)이라는 간명성어看命成語에서 알 수 있다. 음간陰干의 겁재는 생조신生助神인 인수의 역할 이상을 한다는 의미이다. 이 점은 긍정적인 의미에서 추진력이 강하고 경쟁력이 탁월한 장점이 있다. 한편 양간陽干의 겁재는 천간에서 별 의미가 없고 지지에 있으면, 양인陽刃이라 칭하여 편관偏官 못지않은 氣가 센 흉신으로 변모한다. 즉 양인이란 양간의 강건함이 순일純一한 氣인 왕지旺支에 유근한 것이므로, 그 기세氣勢가 강할 수밖에 없다.

겁재의 또 하나의 역할은 비견과 같이 재성을 剋하는 데 있다. 그런데 선善한 길신인 정재를 극하니, 처재妻財의 피상被傷이 크다. 그래서 겁재 흉신은 반드시 제어制御되어야 한다. 즉 관살로 剋하거나 합거合去시켜야 한다. 陽일주의 경우에는 편관합겁(偏官合劫: 편관과 겁재의 合)으로, 陰일주의 경우에는 겁재합재(劫財合財: 겁재와 편재의 合)로 합거시킨다. 한편 식상으로 설기洩氣하는 것은 효험效驗이 거의 없다.

3.2.3 식신 (食神)

식신은 아생자我生者로 일주와 음양이 동일한 십신이다. 아생자는 내가 설기洩氣되는 것인데, 과過하게 설기하는 상관에 비해 에너지가 적당히 소모消耗되니, 아신我神은 안정적이다. 더욱이 식신은 흉신의 대명사代名詞인 칠살七殺(=편관)을 제압하니, 선인들은 길신으로 분류하였다. 이러한 속성 때문에 복록福祿(=의식주衣食住)/수명壽命을 상징하며, 식신을 氣로 표현하면 누기漏氣이다.

식신은 길신이므로 같은 길신인 재성과의 결합이 호사好事이다. 이른바 식신생재食神生財를 말하는데, 특히 음양을 달리하는 정재와의 결합이 더욱 좋다. 역逆으로 식신은 피극被剋되는 것을 싫어하는데, 식신은 편인에게 공격을 당한다. 그래서 편인을 흉신으로 본다.

四柱의 定石

한편 식신이 편중偏重되면 길신도 흉신으로 변한다. 식신뿐만 아니라, 모든 길신이 다자흉화(多者凶化: 특정 오행이 편중되면, 길신이라도 흉신화가 된다.)가 되면 이롭지 않다. 이러한 경우에는 인성으로 제압하여야 한다.

3.2.4 상관 (傷官)

상관은 아생자我生者이면서 일주와 음양을 달리하니, 나의 에너지가 심히 소모된다. 더욱이 길신의 대명사代名詞인 정관을 剋하니, 선인들은 흉신으로 분류하였다. 이러한 속성 때문에 상관을 氣로 표현하면, 도기盜氣이다.

상관은 흉신이므로 길신인 재성과의 결합이 이롭지 않아 보이나, 실제는 상관생재傷官生財가 식신생재食神生財보다 더 강한 결합이다. 이는 재성을 돕는 상관의 속성이 정열의 화신化身이니 식신을 능가하는 것이다. 재성을 생조生助하는 식상은 음양이 중요한 것이 아니라, 생조하는 에너지가 중요한 것이다. 또한 상관은 칠살을 제압하는 공功도 있다. 비록 식신제살食神制殺에 못 미치겠지만, 상관가살(傷官駕殺: 상관으로 살을 제어)도 차선책으로 유효하다. 이와 같이 상관은 흉신이지만, 순기능順機能의 역할도 하고 있는 것이다. 그럼에도 불구하고 상관은 흉신이므로, 상관상진(傷官傷盡: 상관을 剋하여 기진맥진氣盡脈盡하게 만들다.)이 원칙이다. 이를테면 상관패인(傷官佩印: 상관격傷官格에서 인성을 용신으로 삼는 유형)의 격국格局에서, 인수로 상관을 剋하는 것이다. 하지만 일주가 신강身强한 경우에는 상진傷盡은 불가하고, 오히려 존치存置

시켜서 재성과 결합해야 상격上格이 된다.

한편 상관과 合의 관계를 보면, 陽일주는 편인합상(偏印合傷: 편인과 상관의 合)으로, 陰일주는 상관합살(傷官合殺: 상관과 편관의 合)로 작용한다. 양자兩者 모두 흉신과의 合으로 좋아 보이나, 편인합상의 경우에는 기반羈絆된 상관이 재성을, 편인은 일주를 각각 生하지 못하여 오히려 이롭지 않다. 반면에 상관합살의 경우에는 기신忌神인 칠살을 합거合去시키는 작용을 한다.

3.2.5 편재와 정재 (偏財와 正財)

재성財星은 아극자我剋者로 재물을 획득하는 것이니 기분 좋은 일이다. 그래서 재성은 편재든 정재든 길신으로 분류된다. 재성은 상생관계上生關係에 있어서 식상의 생조生助를 받고, 관살을 生한다. 식신생재食神生財나 상관생재傷官生財는 이로운 결합이라고 이미 설명하였고, 최고 길신인 정관을 生하는 재생관財生官은 최상의 조합이 되지만, 역逆으로 최고 흉신인 편관을 生하는 재생살財生殺은 최악의 조합이 된다.

그리고 재성은 他 십신에 비해, 태과太過하거나 부족不足하면 부負의 파급효과波及效果가 크다. 즉 재성이 태과하면, 감당 못 할 탐재貪財로 거렁뱅이의 운명을 맞이할 것이다. 그래서 재성이 重하면, 득비리재(得比理財: 비겁을 用하여 財를 다스린다.)의 유형이 되어야 한다. 역逆으로 재성이 경미輕微한데 비겁의 剋을 받으면, 이른바 군겁쟁재群劫爭財가 되어 역시 불우한 삶을 영위한다.

편재는 일주와 음양이 동일하니 무정無情한 관계에 해당되므로, 타인

他人의 財를 획득하는 것이 된다. 이러한 속성 때문에 편재를 氣로 표현하면, 유동적流動的 득기得氣이다. 그래서 편재성偏財性이 있는 자는 순발력이 뛰어나나, 부정적으로는 무모하게 도전하여, 투기적인 행위도 서슴지 않는다. 그러므로 유통의 財를 잘 운용하면, 거부巨富가 될 수 있다. 하지만 부富를 축적하는 과정이 부도덕한 수단으로 획득할 수 있기 때문에, 선善한 길신은 아니다.

정재는 일주와 음양을 달리하니 유정有情한 관계에 해당되므로, 자신의 財를 획득하는 것이 된다. 이러한 속성 때문에 정재를 氣로 표현하면, 고정적固定的 득기得氣이다. 그래서 정재성正財性이 있는 자는 안정적이고 근검절약勤儉節約이 몸에 뱄으나, 부정적으로는 계산적이고 인색한 자로 비난받을 수 있다.

3.2.6 편관 (偏官)

편관은 극아자剋我者이면서 음양이 동일하니 무정無情한 관계에 해당되므로, 아신我神을 위해危害하는 존재로 인식되어 최고의 흉신으로 분류하고 있다. 동일한 오행인 정관이 최고의 길신인 점과 대조적이다. 이러한 속성 때문에 편관을 氣로 표현하면, 살기殺氣이다.

편관은 흉신이므로 剋하는 것이 우선이다. 즉 식신제살食神制殺이 최선의 방법이고, 차선次善으로 洩하는 살인상생殺印相生의 방법도 있다. 한편 편관과 合의 관계를 보면, 陽일주는 편관합겁(**偏官合劫: 편관과 겁재의 合**)으로, 陰일주는 상관합살(**傷官合殺: 상관과 편관의 合**)로 작용한다. 양자兩者 모두 흉신간의 合이고, 기신忌神인 칠살을 기반羈絆시키는 작용을 한다.

3.2.7 정관 (正官)

정관은 극아자剋我者이면서 음양을 달리하니 유정有情한 관계에 해당
되므로, 아신我神을 제어하지만 正의 방향(=정도正道)으로 이끄니, 최고
의 길신으로 분류하고 있다. 이러한 속성 때문에 정관을 존귀신尊貴神/
귀기貴氣라고 하여 매우 중시하였다.

정관은 財와 印의 보좌를 중요시하는데, 보편적으로 신강사주身强四
柱에서는 재성을, 신약사주身弱四柱에서는 인수를 용신으로 삼는 것이
원칙이다. 재성과 인수가 모두 보필輔弼하면 신강치삼기身强置三奇라고
하여 최고의 귀격貴格이 된다. 단 財와 印이 상호간에 붙어 있지 않고 이
격離隔되어 있어야 한다. 역逆으로 재인財印이 사주에 없으면, 고관무보
(孤官無補: 정관이 財印의 보필輔弼을 받지 못하는 상태)라고 하여 하격
下格으로 분류된다. 한편 정관은 특히 중첩重疊되거나 피극被剋되는 것
을 심히 꺼린다. 그래서 관살혼잡(官殺混雜: 천간에 官과 殺이 모두 透한
상태)이나 중관(重官: 천간에 官이 두 개 이상 透한 상태)이 되거나, 상관
견관(傷官見官: 상관이 정관을 만남.)이 이루어지면 파격破格에 이른다.

3.2.8 편인과 정인 (偏印과 正印)

인성印星은 생아자生我者로 아신我神을 생조生助하는 것이니 이로운 일
이다. 그래서 인성은 편인이든 정인이든 길신으로 분류되어야 하는데, 그
렇지 않다. 이는 편인이 길신인 식신을 공격한다 하여, 도식(倒食: 밥그릇을
엎다.)이라고 하며, 또한 효신(梟神: =올빼미, 불효자를 상징)이라 부르며

四柱의 定石

흉신으로 분류하였다. 자평진전子平眞詮 론사흉신능성격論四凶神能成格 편에서는 사흉신四凶神을 살상효인煞傷梟刃으로 언급하여, 편인(=효신)이 포함되었는데, 론용신論用神 편에서는 사흉신을 살상겁인煞傷刧刃으로 언급하여 편인이 빠져 있다. 그래서 格의 분류에서도 길신인 정인과 구분하지 않고, 인수격印綬格 하나로 명칭을 부여했고, 편인이 월령인 인수격에서도 길신으로 적용, 순용順用의 이치에 따라 관살을 용신으로 삼은 예제사주例題四柱가 보인다. 이런 관점에서 편인은 진정한 흉신은 아닌 듯하다.

여하간 정·편인正·偏印을 모두 포함하는 인성은 길신이므로, 재성에게 피극被剋되는 것을 싫어한다. 이른바 탐재괴인(**貪財壞印: 財를 탐하여 인성이 파괴된다.**)이 되면 흉凶하다. 하지만 財와 印이 붙어 있지 않으면 오히려 길吉하다. 이른바 재인불애(**財印不礙: 財와 印이 이격되어, 서로 장애가 되지 않는다.**)의 양상이 된다.

한편 他 길신인 식食/재財/관官과 같이 인성도 편중偏重되면 다자흉화多者凶化가 된다. 이러한 경우에는 재성으로 剋하여야 한다. 인다용재(**印多用財: 인수격印綬格에서 인수가 태과太過하여 재성을 용신으로 삼는 유형**)의 격국이 이에 해당된다.

편인은 일주와 음양이 동일하니 무정無情한 관계에 해당되므로, 이기적利己的인 생조生助가 된다. 그래서 편인성偏印性이 있는 자는 두뇌회전이 빨라 임기응변臨機應變에 능하나, 부정적으로는 고독하고 편향적이고 폐쇄적이다. 이러한 속성 때문에 편인을 氣로 표현하면, 잠재적潛在的 학기學氣이다.

정인은 일주와 음양을 달리하니 유정有情한 관계에 해당되므로, 이타적利他的인 생조가 된다. 그래서 정인성正印性이 있는 자는 학구열이 강

하고 헌신적이나, 부정적으로는 보수적이고 의타적依他的이다. 이러한
속성으로 정인을 氣로 표현하면, 현재적顯在的 학기學氣이다.

3.3 십신간 조합에 따른 희기 (十神間 組合에 따른 喜氣)

십신간 조합의 희기喜忌는 특정 십신의 길·흉신吉·凶神 여부에 따라
판단된다. 즉 길신이면 生하는 십신과, 흉신이면 剋하는 십신과의 조합
이 최상最上이다. 이와는 반대로 가면 최악의 조합이 된다. 이는 길신과
흉신에 대한 순역順逆의 이치에 따른 것이다. 한편 십신과 合이 되는 결
합은 흉신과 흉신의 조합이 비교적 길吉하다고 볼 수 있다. 즉 겁재와 편
관, 상관과 편관 조합이 이에 해당된다.

[십신간 조합의 희기喜忌]

십신	최상의 조합	최악의 조합	양일주의 합	음일주의 합
비견	비견&정관	비견&편재	비견&정재	비견&정관
겁재	겁재&편관	겁재&정재	겁재&편관	겁재&편재
식신	식신&정재	식신&편인	식신&정관	식신&정인
상관	상관&편재	상관&정관	상관&편인	상관&편관
편재	편재&정관	편재&비견	편재&정인	편재&겁재
정재	정재&정관	정재&겁재	정재&비견	정재&편인
편관	편관&식신	편관&정재	편관&겁재	편관&상관
정관	정관&정재	정관&상관	정관&식신	정관&비견
편인	편인&정관	편인&편재	편인&상관	편인&정재
정인	정인&정관	정인&정재	정인&편재	정인&식신

                                        四柱의 定石

4. 육친 (六親)

4.1 육친의 의미 (六親의 意味)

십신十神을 인륜관계人倫關係에 대비하여 재구성하면, 인성은 생아자生我者이니 부모父母, 식상은 아생자我生者이니 자녀子女, 재성은 아극자我剋者이니 처妻, 관살은 극아자剋我者이니 남편男便, 비겁比劫은 비화자比和者이니 형제兄弟에 해당된다. 상술上述한 개념에 대해 기문둔갑奇門遁甲, 육효六爻 등 대부분의 역학분야에서 이와 같이 분류하는 것으로 알고 있다.

하지만 유독 명리학계에서는 부모를 구분하여 부父는 재성, 모母는 인성이 된다. 또한 건명(乾命=남명男命)/곤명(坤命=여명女命)에 따라, 자식의 십신이 상이하다. 즉 건명은 관살이 자녀이고, 곤명은 식상이 자녀이다. 이는 아마도 육친관계를 모계중심母系中心으로 해석했기 때문인 것 같다. 이를테면 부친은 모친(정인)의 남편이니 정인을 剋하는 편재가 되는 것이고, 자녀는 처(정재)가 낳은 것이니 정재가 生하는 관살이 된다.

그런데 남녀 구별에 의한 이중적二重的인 육친 논리가 과연 합리적인가 하는 점이다. 즉 편재는 아극자我剋者이므로, 내가 剋하는 상대방이 부친이 되고, 관살은 극아자剋我者이므로, 나를 극하는 상대방이 자녀가 된다. 그래서 나는 부친을 해害하고, 대代물림으로 자녀는 아버지인 나를 해害하는 이치이다. 이는 윤리적倫理的인 관점에서뿐만 아니라, 보편적인 사고체계에서도 불편한 논리이다.

4.2 육친에 대한 재해석 (六親에 대한 再解釋)

　진소암(陳素庵: 중국 청조淸朝의 명리학자)은 종래의 육친관계를 세세하게 비판하였다. 그의 저서인 명리약언命理約言에서 육친관계에 대해 다음과 같이 주장하였다. 1) 사람은 부모 모두로부터 生해지는데 정인正印만이 어머니에 속하니, 어찌 어머니 혼자 나를 낳을 수 있겠는가? 2) 편재는 정인의 배우자配偶子라고 하나, 財는 내가 剋하는 것인데, 어찌 나를 生하는 것이 가능하겠는가? 3) 무릇 처를 制하는 도리는 있어도, 자식이 아버지를 制하는 이치는 없다. 편재는 내가 剋하는 것에 속한다. 4) 財는 처첩妻妾이 되는데, 또 아버지가 될 수 있단 말인가? 이것은 시아버지와 며느리가 같게 되는 것이다. 5) 자식은 부처夫妻가 공유共有하는 것인데 재생관財生官으로 취하니, 처 혼자 자식을 낳는다는 말인가? 6) 관살은 나를 剋하는 신神인데, 어찌 내 자식이 그럴 수 있단 말인가? …

　이러한 비판에도 불구하고, 오늘날까지 다수는 기존의 육친법六親法을 따르고 있다. 근래 반자단(潘子端: 중국 근세의 명리학자)은 그의 저서인 "명학신의命學新義"에서 진소암陳素庵의 육친론六親論을 반박하며 다음과 같이 주장하였다. "돈을 벌어 나를 길러 주는 부친이 편재인 이유는 편재는 내가 힘을 써서 얻은 재물이 아니기 때문이다. 반면에 내가 노력하여 얻은 재물은 정재인데, 이것은 내가 처리하고 지배할 수 있으므로 처가 정재에 속하는 것이다. 그리고 자녀가 출생하면 비용이 필요한 바, 일을 해야 하고 근검절약勤儉節約해야만 한다. 이는 결국 자녀로 인해서 내가 속박束縛되기 때문에, 자녀는 관성이다."라고 설명한다.

　이는 경제적 관점에서 부친을 편재, 처를 정재, 자녀를 관성으로 구분하였는데, 그 부당不當함은 아래와 같다. 1) 우선 육친을 경제적 관점에서만 개념화하는 것이 맞는가 싶다. 2) 재성의 속성은 본디 강한 오행이 약한 오행을 剋하는 것인데, 부모의 도움으로 살아가는 내가 강해서 허약한 부친을 剋하는 이치가 되므로, 모순矛盾된 논리이다. 3) 예나 지금이나 자녀에 대한 양육養育 의무는 당연하나, 그로 인해 부친만 속박束縛당하고, 모친은 그 의무로부터 자유롭다는 것인지? 오늘날 법률상 부양의무자扶養義務者는 양친(兩親: 부친과 모친) 모두에 해당된다. 4) 재성을 편재와 정재로 나누어 부친과 처로 구분하는데, 현재 다수의 명리가命理家는 편재든 정재든 재성 모두를 처첩妻妾이나 부친으로 간명看命하는 것으로 알고 있다.

이런 맥락에서 부친을 편재로, 건명乾命의 자녀를 관성으로 해석하는 것은 수정修正되어야 한다. 태생적胎生的으로 부친과 모친의 결합으로 내가 출생한 것이고, 양친 모두가 자녀를 위해 헌신적으로 양육한다. 그러므로 자녀의 입장에서는 부모 모두가 나를 돕는 생아자生我者이다. 종래의 육친론은 인간의 출생을 모친으로만 연결시키는 데서 오류誤謬가 있다. 부친과 모친의 결합으로 나를 낳아 준 것인데, 부친을 모친(정인)의 배우자(편재)로 판단한다. 또한 자녀도 남녀 결합의 산물인데, 처(재성)의 자녀(관살)로만 판단한다. 그래서 재성은 처와 부친으로 중복되고, 관살은 남편과 자녀로 중복된다. 이와 같은 이중성二重性으로 사주추명에 있어서 재성이 투출透出한 경우, 年月에 透하면 부친, 日時에 투하면 처, 또는 정재가 透하면 처, 편재가 透하면 부친으로 판단하는 것 같다. 과연 이것이 올바른 간명인가? 싶다.

한편 관살은 남명과 여명이 구분되어 별 문제 없을 것 같지만, 문제가 더 심각하다. 여명에서 관살은 남편이니 남편운男便運만 논하고, 관살에서 제일 중요한 직업운職業運은 도외시度外視한다. 역逆으로 남명에서는 직업운 위주로 통변通辯한다. 오늘날 유럽 국가에서는 여성 총리總理가 지속적으로 선임되고, 미국에서도 대통령 당선자는 아직 없지만 후보자가 선임되고, 대한민국도 권위 있는 여성 지도자가 늘어나는 추세인 점을 감안했을 때, 남녀를 구분하는 간명법看命法은 구시대로 퇴행하는 것이다. 그러므로 부친은 인성, 자녀는 남명/여명과 상관없이 식상이 되어야 한다.

그리고 육친법은 양남음녀陽男陰女의 속성을 고려하여, 양간陽干이면 남자, 음간陰干이면 여자로 판단하여야 한다. 종전의 육친법으로 '甲'男의 모친은 정인인 癸水이고, 처는 정재인 己土이다. 한편 '乙'男의 모친은 壬水이고 처는 戊土가 된다. '乙'男의 경우에 모친이나 처는 여자인데, 양간이 되는 것은 양남음녀의 이치에 배치背馳되는 바, 陰일주도 모친이 癸水, 처는 己土가 되어야 한다. 동일한 논리로 자녀는 丙火가 아들, 丁火가 딸이 되고, 부모는 壬水가 부친, 癸水가 모친이 된다. 여명(甲女/乙女)의 경우에도 배우자(남자이므로 庚金)만 다를 뿐, 동일한 논리를 적용한다.

논리적으로 甲男/乙男/甲女/乙女는 모두 같은 木일주이므로, 동일한 가계도家系圖가 성립되어야 한다. 즉 부친이 壬水, 모친이 癸水, 처가 己土, 남편이 庚金, 아들이 丙火, 딸이 丁火가 된다. 종래의 육친법은 모친=정인, 처=정재, 남편=정관 등으로 고정해 놓고 바라보므로, 음양의 속성을 간과看過하게 된 것이다. 그러므로 부친은 양간 인수, 모친은 음간 인수, 처는 음간 재성, 남편은 양간 관성, 아들은 양간 식상, 딸은 음간 식상, 남자형제는 양간 비겁, 여자형제는 음간 비겁으로 수정修正되어야 한다. 상술上述한 내용을 도식화圖式化한 육친관계도六親關係圖는 아래와 같다.

四柱의 定石

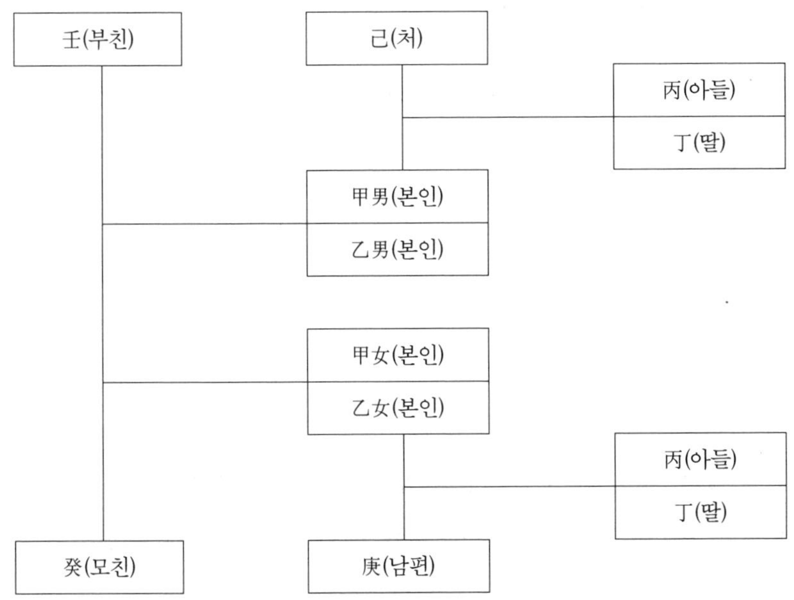

5. 격국의 정립 (格局의 定立)

5.1 격국논리의 문제점 (格局論理의 問題點)

격국이론格局理論의 교과서인 자평진전子平眞詮은 명리학계에 큰 획을 그은 보서寶書이다. 그러나 위대한 저서도 수정修正할 것이 있다면, 보완하여 발전적인 계승이 이루어져야 하는데, 후학後學들은 심효첨沈孝瞻(자평진전의 저자)의 격국론格局論을 절대개념絶對概念으로 보고 있는 듯하다. 하지만 자평진전도 유교적 이념에 치우쳐, 즉금卽今의 시대 상황에 맞지 않는 몇가지의 문제점을 갖고 있다. 그 문제점은 아래와 같다.

첫째, 격국을 사길신四吉神(재관인식財官印食)과 사흉신四凶神(살상겁인殺傷劫刃)으로 구분하여, 사길신은 순용順用이 원칙이므로 생조生助하고, 사흉신은 역용逆用이 원칙이므로 극剋/설洩해야 한다고 주장하지만, 실제 적용은 그러하지 않았다.

이를테면 재성격財星格에서 정관을 용신用神으로 삼는 것은 재성을 설기洩氣하는 것이니 엄격히 말하면 역용逆用인데, 정관이 재성을 剋하는 비겁을 剋하는 것이니, 재성을 보호한다는 논리로 순용順用이라고 설명한다. 어느 정도 수긍은 할 수 있겠다. 한편 재격투인(財格透印: 재성격에서 인수를 용신으로 삼는 유형)은 순용도 역용도 아닌 것이다. 이러한 유형은 재격투인을 포함하여 인용식상印用食傷/식신대살食神帶殺/살격봉인殺格逢刃/상관대살傷官帶殺/록겁용재祿劫用財 등 무려 6개 유형이다. 이는 格이 剋하는 십신을 용신으로 삼는 것은 아극자我剋者 유형이어서 큰 문제로 삼지 않을 수도 있겠지만, 어떤 근거로 이러한 유형이 만들어졌는지 원칙과 설명이 없다. 다만 예제사주例題四柱에서 간접적으로 신강신약身强身弱에 대해 언급했을 뿐이다

또 한편 인다용재(印多用財: 인수격印綬格에서 재성을 용신으로 삼는 유형)는 엄연히 역용逆用이다. 인수가 태과太過하여 재성을 용신으로 삼는다는 것은 억부논리抑扶論理이다. 자평진전 론용신성패구응論用神成敗救應 편에서는 더 이상의 역용 유형에 대한 언급이 없지만, 오늘날 득비리재(得比理財: 재성이 重하여 비겁을 용신으로 삼는 유형)나 식상용

인(食傷用印: 식상이 重하여 인성을 용신으로 삼는 유형) 등의 역용 유형
은 일반적으로 통용되고 있다. 한편 정관격正官格도 신약하고 관살이 重
하면, 최고의 길신이라도 기신忌神이므로, 식상으로 제거하여야 한다.

그리고 현대 사주추명에 있어서, 흉신인 편관은 정관에 비해 권력과 명
예의 성취도가 더욱 강하며, 흉신인 상관도 탤런트 기질을 발휘하여 식
신에 비해 성공 확률이 더 높다. 순용역용의 원칙은 유교사상儒敎思想이
지배하는 시대의 유물遺物인 것이다.

둘째, 순용역용의 원칙을 강조하다 보니, 성격成格되는 사주가 많지 않
게 된다. 이를테면 양인격陽刃格은 관살이 없으면 파격破格이니 거의 대
부분 파격이다. 한편 정관격正官格은 상관견관傷官見官, 월지의 충형沖
刑, 관살혼잡官殺混雜 등이 파격이라고 설명하고 있는데, 근래에는 고관
무보(孤官無補: 정관이 재인財印의 보필輔弼을 받지 못하는 상태), 인다
관설(印多官洩: 인성이 重하여 정관이 설기洩氣되는 상태), 정관의 간합
干合, 신약身弱 등도 파격의 요인으로 보니, 성격成格의 확률은 더욱 좁
아진다.

전술前述한 제1장 '체용론(體用論)' 편에서 언급했듯이 자평진전의 격국
논리는 格을 성격시키는 상신相神의 존재 여부가 핵심이었는데, 성격보
다 파격의 확률이 높다 보니 간명看命의 한계에 봉착逢着하여, 원국原局
에서 파격된 格도 대운大運을 통해 성격이 가능하게 한 것이 아닌가 싶다.

셋째, 일주日主의 신강신약身强身弱에 대한 언급은 있으나 체계적이
고 구체적인 설명이 없는 바, 격국을 정하는 기준으로 일주의 기세氣勢를
고려하지 않는다. 이로 인하여 사주의 중화中和를 크게 벗어나도 성격成
格이 가능하다.

이를테면 재성격財星格은 신약의 확률이 높은 사주이므로, 인수나 비겁을 용신으로 삼는 것이 중화적中和的 측면에서 합리적인 선택인데, 최고 길신으로 추앙推仰받는 정관을 용신으로 삼는 것을 품위 있는 격국으로 보았다.

넷째, 일주와 월령이 동일한 오행이라면 용신을 정함이 불가하나, 사주에 재財/관官/식食 등이 천간에 透하거나 지지에서 회국會局이 성립하면, 별도로 용신을 취取한다고 하여, 록겁격祿劫格이나 양인격陽刃格 등을 정격正格의 범주에 포함시키는 이중적인 논리를 펼쳤다. 이는 자평진전子平眞詮 론월령論月令 편에 언급된 내용이다. 《原文: 日與月同, 本身不可爲用, 必看四柱有無財官煞食透干會支, 另取用神. 然終以月令爲主, 然後尋用, 是建祿月劫之格, 非用而卽用神也.》

그래서 록겁격/양인격은 사주 내에서 식재관食財官 등을 격국상의 용신으로 정했으나, 실질적으로 록겁격은 재관財官을 상신相神으로, 양인격은 관살을 상신으로 정한 것과 마찬가지이다. 결국 일주와 월령이 동일한 오행인 경우에 록겁격/양인격을 두어, 십신十神 모두가 정격이 된 것이다. 정합성(**整合性: 데이터가 모순矛盾 없이 일관되게 일치해야 한다.**)의 개념으로 보아도 십신十神이 있으면 십격十格이 있는 것이지, 비견/겁재는 동일한 오행이라 하여 格에서 제외하는 것은 자기모순自己矛盾이 아닌가 한다.

다섯째, 월령에서 격국을 정하는 방식이 변질變質되었다. 자평진전子平眞詮에서 강조하는 표현이 있다. 이는 "팔자용신八字用神, 전구월령專求月令"(용신은 반드시 월령에서 격국을 정해야 한다.)이란 문구이다. 한편 자평진전 론용신변화論用神變化 편에서 월지의 본기本氣가 투출透出

하지 않으면, 지장간의 초기初氣나 중기中氣가 透하거나 지지에서 회국會局이 성립하면 이를 格으로 삼는다고 하였다. 그런데 록겁격/양인격을 제외한 자평진전 예제사주例題四柱 62개의 명조命組는 잡기재관격(**雜氣財官格: 월지가 丑辰未戌인 잡기격의 월지장간에 재관財官이 透한 유형)** 3개를 제외하고, 월지장간月支藏干의 투간透干 여부와 상관없이 본기장간本氣藏干을 그대로 월령으로 삼았다.

자평진전 정관격正官格에 나오는 설상공薛相公의 명조命組이다.

| 戊乙壬甲
寅巳申申 | 이 사주는 용신변화의 이치에 따라, 본기인
申中庚이 아닌 申中壬戊가 투간透干했으므로,
인수격印綬格이나 재성격財星格이 되어야 한다. |

이와 같이 본기장간이 아닌 초기나 중기 장간에 투간한 명조는 무려 13개나 된다. 예제사주에서 자신이 주장한 용신변화의 이치를 따르지 않은 이유를 모르겠다. 하여간 투간 여부에 따라 格을 취하는 방식은 서락오徐樂吾를 거쳐 명학강의命學講義의 저자 위천리韋千里에 의해 확립이 되어, 오늘날 다수가 이 방식을 따르고 있다.

이는 사주체四柱體에서 기세氣勢가 강한 오행을 格으로 삼는다는 의미이므로, 일주 대비 월령의 관계가 아닌 사천간四天干 대비 월지의 관계가 되는 셈이고, 오행의 강약 여부는 곧 일주의 신강신약 여부를 의미하는 것이니, 억부抑扶의 논리로 격국을 정한다는 것이다.

전술한前述한 제1장 '체용론(體用論)' 편에서 일간이 체體라면 월지가 용用이라고 하였다. 이는 계절성에 주안점主眼點을 두고 격국을 정한다는 이치인데, 일대일一對一이 아닌 다대일多對一 관계인 억부의 개념으로 격국을 정한다는 것은 근원적인 이치가 아닌 듯하다.

여섯째, 격국格局은 자의상字義上 格과 局이 합친 용어인데, 格에 대해서는 언급이 많지만, 局에 대한 운용은 종래의 이론을 답습踏襲하는 것 같다. 즉 월지를 중심으로 삼합三合/방합方合/반합半合이 성립하면, 局이라고 하는 정도인 것으로 알고 있다. 이는 아마도 적천수滴天髓 방국론方局論에서 "방方(=방합)과 국局(=삼합)이 섞이는 것을" 이롭지 않게 본 영향인 것 같다. 하지만 적천수천미滴天髓闡微의 저자 임철초任鐵樵는 방혼국方混局은 아무런 문제가 없다고 예제사주例題四柱를 통해 진단하였다. 그럼에도 불구하고 즉금卽今에도 이에 대한 운용이 아쉽다.

格은 형상적形象的인 개념이다. 즉 타고난 틀을 의미하는데, '그 틀의 생김새가 어떠하고, 어떤 특징을 갖고 있는지?'를 월지를 보고 정하는 것이다. 반면에 局은 운용적運用的인 개념이다. 局은 지지를 중심으로 짜이는데, 해당 局이 성립하면 사주팔자의 판세를 좌우하게 된다. 그래서 格은 체용상體用上 체體의 영역이고, 국局은 용用의 영역이다. 만약 格은 좋은데 局이 어긋나면, 헛된 이상理想으로 잃는 것이 많을 것이고, 格은 별로인데 局이 받쳐 주면, 뜻밖에 얻는 것이 많을 것이다.

5.2 격국에 대한 새로운 인식 (格局에 대한 새로운 認識)

격국 이론의 문제점에 대한 대안代案으로, 새롭게 정립한 이론을 제시하겠다.

첫째, 격국은 변하지 않는다. 격국은 종속변수인 아我를 의미하는 일주와 사주체四柱體의 가장 강력한 독립변수인 월지와의 관계를 들여다보는 것이다. 월지는 계절을 의미하니 더운 계절에 출생한 자는 온기溫氣를 품은 것이고, 추운 계절에 출생한 자는 한기寒氣를 품은 것이다. 이는 인간이 천부적天賦的으로 부여받은 속성으로 바꿀 수 없는 것이다. 그러므로 전술前述한 계절성에 부합하는 월령 기준에 따라 格을 정하면 될 일이다.

예를 들면 乙일주가 寅月 중기초일中氣初日부터 辰月 초기말일初期末日 사이에 출생하면 비겁격이고, 巳月 중기초일부터 未月 초기말일 사이에 출생하면 식신격이나 상관격이고 申月 중기초일부터 戌月 초기말일 사이에 출생하면 정관격이나 편관격이 된다.

둘째, 격국은 십신十神을 근간으로 格을 취取한 것이니, 비겁을 포함하여 십격十格으로 분류하여야 한다. 비견/겁재도 종속변수인 일주의 독립변수이지, 일주와 동일한 것이 아니다. 육친상六親上으로도 비겁은 형제자매이지 아我와 동일시하지는 않는다. 잘못된 논리를 견지堅持한다면 육친六親이 아니라 오친五親이란 용어를 사용해야 할 것이다.

셋째, 일주의 왕쇠강약旺衰强弱 여부를 파악한 후, 억부抑扶의 이치로 용신을 정한다. 격국논리가 아닌 억부논리에 따라 용신을 정하게 되면, 당연히 성격成格의 범위가 확대된다. 예를 들면 신약정관격身弱正官格이라면 종래의 정관패인(**正官佩印: 정관격에서 인수를 용신으로 삼는 유형**) 外에 비겁을 용신으로 삼을 수 있고, 신강정관격身强正官格이라면 종래의 정관용재(**正官用財: 정관격에서 재성을 용신으로 삼는 유형**) 外에 식상이나 관살을 용신으로 삼을 수 있다.

여기에서 신왕身旺이란 일주가 득령得令한 경우이고, 신쇠身衰란 일주가 실령失令한 경우를 경우를 말한다. 한편 천간의 어떤 오행도 득령하지 못한 경우에는, 인비印比 對 식재관食財官의 기세氣勢를 비교하여, 인비세印比勢가 강하면 신강身强이고, 식재관세食財官勢가 강하면 신약身弱이 된다. 그런데 이 비교가 그리 쉽지 않다. 해당 오행이 어느 간지干支에 위치하고 있는지, 회충합형會沖合刑으로 勢가 어떻게 변하는지를 세세하게 살펴야 하기 때문이다. 하여간 왕쇠강약 여부가 확인되면, 억부의 이치를 적용하여 용신을 정한다. 즉 신왕신강身旺身强하면 '식재관食財官'을 용처用處로 삼고, 신쇠신약身衰身弱하면 '인비印比'를 용처로 삼는 것이다.

넷째, 종래 격국상의 파격破格의 범위를 축소하고, 성격成格의 범위를 확대하는 방향으로 기준을 정한다.

억부의 이치로 성격成格의 범위를 확대한다 하여도, 명리학은 엄연히 생극제화生剋制化/회충합형會沖合刑이 근본 이치이므로, 격국상의 파격破格은 있을 수밖에 없다. 그래서 우선 팔정격八定格 모두에 적용되는 공통적인 파격조건을 정하고, 특정 格의 파격조건은 최소화最小化해야 한다. 이를테면 정관격에서 고관무보孤官無補나 신약사주라고 하여 파격으로 보면 안 된다. 세부 사항은 다음 '성격과 파격(成格과 破格)' 편에서 후술後述하겠다.

격국상의 파격은 格의 품위를 떨어뜨리는 요인이지만, 억부상으로는 행운行運에서 반드시 용신이 도래한다. 역逆으로 격국상 상격上格이라도 행운에서 도와주지 않으면 부귀영화富貴榮華는 요원遙遠한 것이다. 그리고 용신이 잘 보이지 않는다면, 우선 외격外格(종격從格 등)인지 확

 四柱의 定石

인하고, 그래도 없으면 천간 外의 지지에서도 구求할 수 있다.

다섯째, 격국에서 局의 운용 범위를 확대한다. 局은 일반적으로 지지에서 세 자가 모이는 삼회三回(삼합/방합)나 삼합의 두 자 결합인 생왕生旺/왕고旺庫 반합半合을 局으로 보고 있다. 하지만 생고生庫 결합은 반합국半合局이 못된다. 그런데 천간에 원신元神이 불투不透한 생왕生旺 결합과 원신이 투간透干한 생고生庫 결합의 작용력을 비교하면, 당연히 세 자 결합인, 원신이 투간한 생고生庫 결합이 우위優位이다. 아마도 삼합과 반합의 중간 정도쯤 작용력이 있을 것이다.

이와 같은 이치를 확대하면, 기존의 반합半合을 포함하여 동기지지간同氣地支間 결합인 생왕生旺/왕고旺庫/생고生庫/생록生祿/녹왕祿旺/왕쇠旺衰/녹쇠祿衰 등의 두 자 결합이 천간에서 원신元神을 만나면, 기세氣勢가 강해지고 발용發用하는 것이다. 예를 들면 지지에서 생록生祿 결합인 寅亥 조합이 천간에 원신인 木(甲/乙)오행이 透하면 삼합에 버금가는 局이 성립한다. 이를 준회국準會局이라고 칭하겠다. 상술上述한 내용은 제2장 '지지간 결합(地支間 結合)' 편에서 언급한 것을 局의 차원에서 다시 되풀이한 것이다.

5.3 격국의 분류 (格局의 分類)

자평진전子平眞詮에서는 외격外格에 대한 체계적인 설명이 거의 없다. 외격은 "월령에서 용신이 없을 때 취取하는 것인데, 춘목春木이나 동수冬水가 사주 천간에 재財/관官/살殺이 있으면 외격을 취할 필요가 없다."라고 서술하고 있다.《原文: 外格者, 蓋因月令無用, 權而用之, 故曰外格也. … 又或春木冬水, 干頭已有財官七煞, 而棄之以就外格, 亦太謬矣.》 이는 록겁격祿劫格이나 양인격陽刃格은 재관살財官殺 등을 취용取用하는데, 용신으로 정할 재관살이 없는 경우에 외격으로 분류하라는 취지로 보인다. 그래서 일주와 월령이 동일한 오행인 록겁격과 양인격은 내격內格이 아니지만, 정격正格의 범주範疇에 포함되는 것이다.

한편 적천수滴天髓에는 정격正格에 대한 체계적인 설명이 거의 없다. 비겁을 제외한 십신을 팔격八格으로 정한다고 간단히 서술하고 있다. 정격에 대해 이미 자평진전에서 소상昭詳히 설명되어 있으니, 후대後代 적천수천미滴天髓闡微의 저자인 임철초任鐵樵는 별도로 서술할 필요성을 못 느꼈던 것 같다. 반면에 외격의 형상形象으로 양기합이성상兩氣合而成象(=양신성상격兩神成象格)/독상獨象(=일행득기격一行得氣格)/종상從象(=종격從格)/화상化象(=화격化格) 등을 열거하였다. 더 나아가서 종화론從化論에서는 기세의 진가眞假 여부에 따라 진종眞從/가종假從/진화眞化/가화假化로 세분화하였다. 적천수에서의 외격 개념은 특정 오행의 기세가 너무 강해서, 억부용신抑扶用神으로 도저히 해결할 수 없을 때, 특정 오행에 순응하라는 개념으로 보인다. 이는 월령과의 관계에서 정正의 이치를 벗어난 것이니, 변격變格이 된다.

이와 같이 자평진전과 적천수에서의 格의 분류는 정격正格과 변격變格에서 각각 결실을 맺은 분류 체계이다. 그럼에도 불구하고 비합리적인 문제점이 있다. 우선 정격을 체계화한 자평진전에서는 비겁을 格으로 삼지 않는다고 했으나, 다소 애매曖昧한 논리를 펼쳐 록겁격祿劫格/양인격陽刃格을 정격화正格化하였다. 그런데 오늘날 다수의 명리가命理家는 록겁격이나 양인격을 정격으로 분류하지 않고 있다. 필자는 십신 모두가 格에 포함되어야 한다고 생각하므로, 록겁격/양인격을 정격으로 본 것이다. 한편 변격을 체계화한 적천수에서는 가종假從/가화假化의 개념을 도입하였는데, 가종/가화는 정격과 변격의 경계선에 있어서 간명看命의 혼란을 야기할 수 있으므로, 엄격한 기준이 요구된다. 아울러 일행득기격一行得氣格과 유사한 종왕격從旺格과의 구분도 명확해야 한다.

다음은 정편正偏의 구분에 따른 정격의 분류이다. 자평진전에서는 인성과 재성을 정편正偏의 구분 없이 각각 인수격/재성격으로 분류하고 있다. 반면에 적천수, 명학강의命學講義(중국 근세 위천리韋千里의 저서) 등에서는 비겁을 제외한 십신 모두를, 정편正偏으로 구분하여 분류하고 있다.

편인은 길신인 식신을 진극眞剋한다 하여 흉신으로 보는데, 일주의 입장에서 정인이든 편인이든 나의 생조신生助神이다. 그리고 식신봉효(**食神逢梟: 식신격에서 효신梟神을 만남.**)의 경우에만 도식倒食이 성립하는 것이지, 편인투식(**偏印透食: 편인격에서 식신이 透한 상태**)의 경우에는 도식이 아니며, 신강사주身强四柱라면 용신으로 정할 수 있다. 그러므로 마땅히 정편의 구분 없이 인수격으로 분류한다.

한편 재성은 내가 剋하는 것이니 소유所有하는 것이요, 이로운 것이다. 정재와 편재는 득재得財의 과정에서 차이는 있으나, 근본적으로 양자兩者 모두가 나의 재산이다. 인성과 마찬가지로 정편의 구분 없이 재성격으로 분류한다. 그리고 록겁격祿劫格은 비견과 陰일주의 겁재를 의미하므로, 다른 정격과 같이 마찬가지로, 십신의 명칭을 부여하여 비겁격比劫格이라고 칭하겠다. 상술上述한 내용을 정리한 격국 분류는 아래와 같다.

구분	기준	격	비고
정격正格	일주대비 월령과의 생극관계	인수격	일주가 속한 오행을 기준으로, 월령과의 생극관계를 格으로 정한다. 예를 들면 甲일주 水월령생은 인수격, 火월령생은 식신격이나 상관격이 된다.
		비겁격	
		양인격	
		식신격	
		상관격	
		재성격	
		편관격	
		정관격	
변격變格	해당 오행의 편중	양신성상격	가종가화假從假化의 개념을 명확히 하고, 일행득기격과 종왕격의 개념도 명확하게 구분한다.
		일행득기격	
		종격	
		화격	

6. 성격과 파격 (成格과 破格)

6.1 성격과 파격의 의미 (成格과 破格의 意味)

　자평진전子平眞詮에서는 성격成格과 파격破格을 설명하면서, 팔정격八正格 모두에 적용되는 통일된 기준을 제시하지 않고, 각각의 格에서 그 기준을 설명하고 있다. 이를테면 정관격에서 형충刑沖으로 파격이 된다고 하지만, 그 外의 다른 格에서는 언급이 없다. 또한 인수격에서 인다용재(印多用財: 인수가 태과太過하여 재성을 용신으로 삼는 유형)로 성격이 된다고 했지만, 재성격에서 재다용비財多用比, 식신격에서 식다용인食多用印, 정관격에서 관다용식官多用食이란 용어를 사용하지 않았고, 성격이 된다고 하지도 않았다. 반면에 순용順用의 격국에서 格을 공격하는 기신忌神 및 역용逆用의 격국에서 格을 돕는 기신에 대해서는 각각의 格을 설명할 때마다 되풀이하고 있다.

그래서 후대後代의 명리가命理家들은 자평진전에 없는 내용을 보충하여 성격과 파격을 설명한 것으로 보인다. 하지만 그 내용은 자평진전에서 설명된 이치를 크게 벗어나지 않는다. 이러한 점을 고려하여, 자평진전에서 설명된 성격/파격을 통일된 시각으로 정리하고자 하며, 아울러 즉금의 명리학 흐름에 맞지 않는 내용은 삭제削除하고 보완補完하고자 한다.

6.2 공통적인 파격 조건 (共通的인 破格 條件)

전술前述한 '격국의 정립(格局의 定立)' 편에서 格이 정해지면, 일주의 왕쇠강약旺衰强弱 여부에 따라 용신을 정한다고 하였다. 이는 억부抑扶의 이치로 성격成格과 파격破格을 결정하므로, 성격의 범위가 확장되는 효과가 있다. 용신의 勢가 미약하더라도, 여하간 사주 여덟 자 中에서 가장 적합한 글자를 선택하기 때문이다. 하지만 격국의 논리로 보면, 파격이 무성茂盛하다. 격국은 格의 품위를 들여다보기 위해서, 우선 성격과 파격을 엄격히 구분 짓기 때문이다. 그래서 격국상의 파격 조건을 완화

緩和하기 위해, 팔정격八正格 모두에 적용되는 최소한의 공통적인 파격 조건을 제시하고자 한다.

파격을 크게 보면, 형식적形式的인 파격과 내용적內容的인 파격으로 구분할 수 있다. 형식적인 파격이란, 용신을 정할 수 있는데, 일정한 하자瑕疵가 있어 파격이 되는 경우를 말한다. 이는 다음과 같다.

1) 월지충月支沖으로 格의 뿌리가 손상되거나, 2) 순용順用의 격국(정관격/재성격/인수격/식신격)에서 투간透干한 格의 원신元神이 이웃한 천간에 피극被剋(진극眞剋을 의미함) 또는 피합被合되거나, 3) 역용逆用의 격국인 편관격에서 투간한 格의 원신이 이웃한 천간에 피생被生되면 파격이다.

이를 보충 설명하면 아래와 같다. 1) 자평진전子平眞詮에는 충沖/형刑을 파격으로, 명학강의命學講義에서는 파破/해害 등도 파격으로 보고 있다. 양형兩刑(寅巳/巳申/丑戌/戌未)은 동기同氣 오행의 과세過勢로 인한 일방一方의 피상被傷이나, 뿌리가 흔들려서 통근력을 상실하는 것이 아니며, 또한 과세 오행이 투간하면 형刑 자체가 성립하지 않는 바, 파격에 까지 이른다고 할 수 없다. 그리고 오늘날 명리가命理家 中에서 파破/해害 등으로 파격이 된다고 주장하는 자를 본 적이 없다. 2) 순용의 격국에서 格의 원신이 피극되거나 피합이 되는 것은, 사길신四吉神인 재관인식財官印食을 공격하는 것이므로 파격이 된다. 이를테면 정관격에서 상관견관(傷官見官: **상관이 정관을 만남.**)이 되면 파격이다. 3) 역용의 격국(편관격/상관격/비겁격/양인격)에서 格의 원신을 생조生助하면, 흉凶이 배가倍加되어 파격이 된다. 하지만 상관격의 원신을 生하는 비겁은 일주를 우선 방신幫身하는게 主된 역할이므로, 비생상比生傷은 의미가 없다.

또한 비겁격이나 양인격의 원신을 生하는 인수도 일주를 우선 생조하므로 역시 의미가 없다. 결국 편관격의 원신을 생조하는 재생살財生殺의 경우에만 파격이 된다.

내용적인 파격이란, 용신을 정할 수 없는 양상으로서, 용신이 피상被傷되거나 格의 원신元神이 태과太過한 경우를 말한다. 이는 다음과 같다.

1) 용신이 이웃한 천간에 피극被剋(진극眞剋을 의미함) 또는 피합被合되거나, 2) 지지에서 회·합국會·合局(삼합/방합/준삼합/준방합/반합 등)이 성립하여 용신을 극제剋制하거나, 3) 格의 원신이 천간에 2개 이상 透하여 혼잡한 경우이다.

이를 보충 설명하면 아래와 같다. 1) 순용의 격국이든 역용의 격국이든 용신은 가장 중요한 글자인데, 용신이 이웃한 천간에 피극되거나 피합되면 용신의 기능이 상실되므로 파격이 된다. 예를 들면 甲일주 정관용재격正官用財格에서 천간에 透한 己土 용신이 乙/甲을 만나면 피극 또는 피합되어 파격이 된다. 2) 회합會合으로 정물靜物인 지지가 動하여, 용신을 剋하면 파격이 된다. 예를 들면 甲日 申月生 편관격이 천간에 透한 丙火 식신을 용신으로 삼는데, 지지에서 월지를 포함하여 申子辰 인수국印綬局이 성립하면, 丙火 용신을 剋하여 파격이 된다. 3) 다수의 원신으로 인한 파격은 格마다 차이가 있다. 예로부터 재관財官이 두 개 이상 천간에 透하면 흉하게 여겼다. 정관격이나 편관격은 관살혼잡官殺混雜/중관重官/중살重殺로 파격이고, 재성격은 재다신약財多身弱(**재성이 태과太過하여 신약해진 사주**)으로 파격이다. 이 싸의 격格은 천간에 3개가 透하면 파격이다. 인수격은 식상의 결핍缺乏으로 의식주 해결이 난망難望하고, 식신격/상관격은 노동력의 과투입過投入으로 심신 유지가 난망하고,

비겁격/양인격은 도덕성의 문제와 재물의 손괴損壞로 파격이 된다. 그런데 삼천간三天干이 동기同氣 오행이라면 종격從格의 확률이 높으므로, 파격을 모면하기 십상十常이다.

　한편 성격成格도 格과 용신의 관계에 따라, 두 부류部類로 구분할 수 있다. 이를 설명하자면, 格과 용신을 정하는 데 있어서, 格은 지지인 월지를 기준으로 한 것이고 용신은 대개 천간에 있으므로, 格과 용신간에 유기적有機的인 결합이 필요하다. 그 결합이란 해당 格의 원신이 투간하거나, 월지가 이웃한 동기同氣 지지와 회합會合(삼합/방합/준삼합/준방합/반합 등)을 하면, 용신과 접목接木되는 것이다. 이는 格이 動하여 용신과 연결된 것이므로, 격용통연格用通連이 된다. 이를 진격眞格이라고 칭하겠다. 격용통연이 이루어지면, 格의 기세氣勢가 한층 강해진다. 예를 들면 丙日 子月 정관격이 格의 원신인 水(壬/癸)가 透하거나, 월지 子水가 이웃한 申/辰과 합하여 관살국官殺局이 성립하면 강한 정관격이 된다. 반면에 위 조건이 성립하지 않으면, 성격이 되었어도 格이 용신에 닿지 않으므로, 반쪽짜리 용신인 것이다. 이른바 격용불연格用不連이 된다. 이를 가격假格이라고 칭하겠다. 종래 가상관격假傷官格의 가격과는 다른 개념이다.

7. 용신의 적용 (用神의 適用)

7.1 용신의 개념 (用神의 概念)

격국格局에서는 일주를 체體로 보고 월령을 용用으로 보기 때문에, 월령이 바로 용신이다. 이를테면 甲일주가 酉月에 출생하면 월령이 용신이 되므로, 정관격이 된다. 현대적 의미의 용신(用神: 사주체四柱體에서 가장 필요한 글자)과는 그 개념이 다르다. 아마도 격국에서 현대적 의미의 용신과 유사한 것은 상신相神일 것이다.

격국을 성격成格시키는 천간의 글자가 바로 상신이다. 이를테면 정관용재격正官用財格이면, 정관격에 재성이 상신이 되어 성격成格이 되는 것이다. 그런데 전술前述한 '격국의 정립(格局의 定立)' 편에서 언급한 바와 같이, 격국은 순용역용順用逆用의 이치에 따르다 보니, 신약身弱의 확률이 높은 정관격이 재성을 상신으로 정하면, 억부抑扶의 이치에 배치背馳되는 상황이 전개될 수 있는 것이다. 사주는 오행이 편중偏重되지 않고 중화中和를 이루어야 좋은 명조命組라고 한다. 이는 억부의 이치가 무엇보다도 용신 취용取用의 기본임을 시사示唆하는 것이다.

7.2 정격과 변격의 용신 (正格과 變格의 用神)

명리학의 삼대보서三大寶書는 자평진전子平眞詮/적천수滴天髓/난강망란江網이다. 각각의 저서는 격국론格局論/억부론抑扶論/조후론調候論을 체계화하였다. 즉 격국용신格局用神은 일주와 월령의 관계에서 길신과 흉신으로 분류, 순용역용順用逆用의 원칙을 적용하여 상신을 구求하는 이론이고, 억부용신抑扶用神은 일주가 신강身强하면 억抑하고 신약身弱하면 부扶해야 한다는 이치로, 사주의 중화中和를 중시한 이론이고, 조후용신調候用神은 십간 일주를 십이월지에 대비하여, 계절성에 부합하는 용신을 교과서적으로 정定한 이론이다.

그런데 세 용신은 이와 같이 이론적 기반이 상이相異하므로, 상신=억부용신=조후용신이 성립하기가 어렵다. 그래서 세 용신에 대한 우선적용優先適用 기준이 필요하다. 무엇보다도 상신과 억부용신이 일치하지 않는다. 그러므로 하나를 배제排除하여야 하는데, 그 하나는 상신이 되어야 한다. (전술前述한 바와 같이) 격국의 이치로 보면, 성격成格보다는 파격破格이 난무亂舞하기 때문이다. 그래서 格이 정해지면 신강신약身强神弱 여부를 판단하여 용신을 정하고, 격국용신과 상신은 格의 품격을 가늠하는데, 초점을 맞추어야 할 것이다.

다음은 조후용신에 대한 적용의 문제이다. 자평진전 론용신배기후득실論用神配氣候得失 편에서 동목冬木/하목夏木(=목화상관木火傷官)/동금冬金(=금수상관金水傷官) 등은 조후調候가 시급하다고 강조하였다. 동절冬節이나 하절夏節은 순용역용의 원칙보다 조후가 더 중요한 것이다. 즉 수왕절水旺節에는 화기火氣가 필요하고 화왕절火旺節에는 수기水氣가 필요하므로, 동절(亥·子·丑月)에는 동화冬火를 제외한 동목冬木/동토冬土/동금冬金/동수冬水는 火오행이, 하절(巳·午·未月)에는 하수夏水를 제외한 하목夏木/하화夏火/하토夏土/하금夏金은 水오행이 각각 있어야 한다. 그러므로 동절이나 하절에 출생한 자는 억부용신과 조후용신을 겸하여 간명看命하되, 조후調候가 더 중요하다.

이 외에도 병약용신病藥用神도 있으나, 기신忌神(병病)을 제거하는 용신(약藥)은 결국 억부의 이치와 별반 차이가 없으므로 별도로 분류하지 않겠다.

상술上述한 정격正格에 적용되는 세 용신 外에, 변격變格에 적용되는 용신은 전왕용신專旺用神과 통관용신通關用神이 있다. 전왕용신은 변격 中 종격從格/화격化格/일행득기격一行得氣格과 같이 특정 오행의 기세氣勢가 집중된 경우, 중화中和를 중시하는 억부논리과 반대로 왕신旺神을 용신으로 취취取한다. 적천수 형상론形象論에서 "오행의 기운氣運이 모두 모여 있는 사주는, 그 형상形象이 손상되지 않아야 한다."고 설명하고 있다.《原文: 五氣聚而成形, 形不可害也.》

한편, 통관용신은 사주체四柱體에서 상극相剋하는 兩 오행을 유통시키는 오행을 용신으로 취한다. 이를테면 일주와 관성이 균형을 이룬 양신성상격兩神成象格이라면, 인수로 유통시키면 양신兩神의 대립이 해소되는 것이다.

상술上述한 두 용신 外에 외격外格으로 구분되는 잡격雜格은, 별도의 용신을 정하지 않겠다. 즉 정격 아니면 변격(종격/화격/일행득기격/양신성상격)의 개념만으로 용신을 정하면 족足하다.

잡격 中에 동일한 간지가 중첩重疊되는 간지동체격干支同體格/천원일기격天元一氣格/지원일기격支元一氣格 등은, 오행의 불균형으로 사주의 중화를 잃어 염려되는 상황인데도, 귀격貴格으로 보는 자가 있다. 예를 들면 사천간四天干에 '丙'이 투간透干하고 사지지四地支에 '申'이 놓여있다면, 사천간 모두가 무근無根하므로, 그저 안타까운 사주이다. 행운行運에서 호운好運이 도래하기를 기대해야 한다. 차라리 특정 오행이 완전히 편중偏重된 종격이 된다면, 특출特出나게 볼 수 있을 것이다.

한편 잡격 中에 사주팔자에 재관財官이 없어서 있지도 않은 글자를 불러들인다는, 이른바 허자이론虛字理論에서 비롯된 암합격暗合格/자요사격子遙巳格 등은 논리의 비약飛躍이다. 이런 식으로 판단한다면, 이현령 비현령耳懸鈴鼻懸鈴 식式의 사주추명四柱推命이 될 수밖에 없다. 사주 원국原局에 없는 재관은 행운行運에서 반드시 도래하므로, 조급하게 없던 글자를 만들 필요는 없는 것이다.

8. 행운 (行運)

8.1 행운의 의미 (行運의 意味)

체용상體用上 사주 원국原局이 체體라면 행운行運(대·세운大·歲運)은 용用이라 할 수 있다. 원국이 추상적인 기운氣運이라면, 대운/세운은 구체적인 기운에 해당되는 것이다. 그래서 원국은 격국의 고저高低를 의미하며, 행운은 격국의 향방向方을 의미한다. 선천적先天的으로 부귀富貴한 명명으로 태어났어도 운運이 따라 주지 않는다면, 출세는 요원遙遠한 것이다. 역역으로 빈천貧賤한 명명으로 태어났어도 운運이 따라 준다면, 입신양명立身揚名의 기회가 되는 것이다. 命도 좋고 運도 좋으면 더

四柱의 定石

할 나위 없지만, 이런 명조命造는 거의 없다.

적천수滴天髓에 명호불여운호(**命好不如運好: 명命 좋은 것이 운運 좋은 것만 못하다.**)라는 문구가 있다. 命은 내 의지가 아닌 천부성天賦性에 기인한 것이고, 運은 삶을 영위하면서 겪게 되는 변화로 후천성後天性에 기인한 것이니, 무엇이 중요한지는 명약관화明若觀火한 것이다.

행운에는 10년을 주관하는 대운大運과 1년을 주관하는 세운歲運이 있다. 대운이든 세운이든 선천적先天的으로 성립된 사주원국에 변화를 주는 기운氣運이다. 그래서 원국이 체용상體用上 체體가 되고 대운/세운은 용用이 된다. 그런데 체용은 상대적인 개념이므로, 대운을 체體로 보면, 세운은 용用이 될 수도 있다. 적천수에서는 이들의 관계를 전충화호(**戰沖和好: 대운과 세운과의 관계에 있어서, 전戰은 천간극天干剋, 충沖은 지지충地支沖, 화和는 간합이나 육합, 호好는 동기同氣 오행의 간지결합 등을 말한다.**)라는 표현을 써서 세세하게 설명하였다.

하지만 사주추명四柱推命의 목적은 원국에 있는 일주의 부귀빈천富貴貧賤과 길흉수요吉凶壽夭를 판단하는 것이므로, 원국 대비對比 대운이나 원국 대비 세운의 배합配合에 주안점主眼點을 두어야 한다. 대운과 세운이 모두 길吉하면, 길함이 보장되는 것이기 때문에, 굳이 대운 대비 세운의 배합이 흉凶하다고 하여, 이를 흉조凶造로 판단하는 것은 크나큰 오류誤謬이다.

8.2 기대운법 (起大運法 : 대운 세우는 법)

오늘날 다수는 대운 세우는 법으로 연해자평(淵海子平: 중국 남송南宋

시대, 서승徐升의 저서)에 서술된 기대운법起大運法을 따르고 있다. 즉 남자의 경우 년간이 양년陽年(甲/丙/戊/庚/壬)이면, 월주의 다음 육갑六甲이 첫 번째 대운이 되어, 이를 순방향順方向으로 진행시키고, 년간이 음년陰年(乙/丁/己/辛/癸)이면, 첫 번째 대운을 역방향逆方向으로 진행시킨다. 여자의 경우에는 반대이다. 그리고 출생일에서 절입일(節入日: **절기가 시작되는 날**)까지의 일수日數를 3으로 나누어 大運歲數(**대운세수: 대운이 시작되는 시점을 정하는 기준**)를 정하였다.

그런데 위 방식의 기대운법에서 동년동월同年同月에 태어나면, 대운의 진행 순서는 동일하지만, 출생일出生日에 따라 대운의 출발점이 크게 차이가 날 수 있다. 예를 들면 1961년 2월 5일 午時에 출생한 건명乾命의 명조命組는 辛丑年/庚寅月/己巳日/庚午時이고, 대운세수가 0.356이므로 1961년 6월경에 첫 대운이 시작된다. 반면에 1961년 3월 5일 午時에 출생한 건명의 명조는 辛丑年/庚寅月/丁酉日/丙午時이고, 대운세수가 9.689이므로 1970년 11월경에 첫 대운이 시작된다. 양자兩者는 동년동월인 1961年 寅月에 출생했는데, 첫 대운의 시작점의 차이는 무려 9년 5개월이다. 반면에 양자의 대운 진행 순서는 동일하게 己丑, 戊子, 丁亥 순순順이다.

양자兩者는 동년동월에 출생했으므로, 인간으로서의 성장과정(영유아기嬰幼兒期로부터 노년기老年期까지의 단계)을 동시대同時代에 겪는다. 이러한 과정에서 인류가 구축해 놓은 문화와 문명을 통해, 정보를 습득하고 지식을 축적하는 것도 역시 동시대에 이루어진다. 결국 양자는 (완전히 동일할 수 없지만) 동시대에서 비슷한 삶을 영위하고 있는 것이다. 그러므로 1년을 주관하는 세운이 모든 자에게 동일한 運으로 적용하

                                    四柱의 定石

듯이, 대운도 동년동월생이면 동일한 시기에 運이 적용되어야 한다. 이는 대운이 월주에서 시작되는 것이니, 이치상으로도 맞다.

따라서 대운세수는 불필요한 논리가 되고, 출생과 동시에 대운이 시작되어야 된다. 이는 출생직후부터 후천적後天的인 삶이 시작되기 때문이다. 그런데 출생직후의 소아小兒는 문제가 있다. 인간의 성장과정에서 영유아기嬰幼兒期에는 인지인식능력認知認識能力이 아직 완성되지 않는 시기이므로, 부모나 지인 등에 의존하여 삶을 영위하여야 한다. 무릇 運이란 것이 변화의 기운氣運을 의미하는데, 영유아기에는 변화에 대한 수용인식受容認識이 부족하기 때문에 실질적인 작용이 어렵다. 그러므로 출생 이후 5세歲까지는(영유아기, 초등학교 입학 전) 사주원국으로만 추명推命하되, 대운/세운은 참조할 수 있겠다. 결국 첫 대운의 시작은 출생과 동시에 정해지지만, 실질적인 적용은 5年 경과후經過後의 시점이 된다.

예를 들면 甲辰年 寅月(2024년 2월 4일 ~ 3월 5일)에 출생한 모든 건명乾命은, 출생 이후 5년이 경과한 시점인 庚戌年 초일初日(2030년 2월 4일경)부터 첫 대운인 정묘대운丁卯大運이 시작되고, 두 번째 대운은 출생 이후 10년이 경과한 乙卯年 초일(2035년 2월 4일경)부터 무진대운戊辰大運이 시작한다. 여기에서 대운의 시작점을 해당년도 입춘일立春日로 정한 이유는, 인간이나 자연은 寅月에 태동胎動하여 동절冬節에 휴식기를 갖고, 다시 다음 년도 寅月에 태동하기 때문에, 굳이 출생일에 따라 대운의 시작점을 세세하게 구분한다는 것은 무의미하다.

[기대운법 예시] 건명/2024年 寅月生(2월 4일 ~ 3월 5일) 기준

시주		일주		월주		년주	
○		○		丙		甲	
○		○		寅		辰	
70	60	50	40	30	20	10	5
2095	2085	2075	2065	2055	2045	2035	2030
甲	癸	壬	辛	庚	己	戊	丁
戌	酉	申	未	午	巳	辰	卯

8.3 간행운법 (看行運法 : 大·歲運 보는법)

장남(張楠: 중국 명조明朝 시대의 명리학자)은 그의 저서 명리정종命理正宗에서 동정설動靜說을 제시하였다. 즉 運에서 도래하는 천간은 원국原局의 지지를 剋할 수 없고, 運에서 도래하는 지지는 원국의 천간을 剋할 수 없다는 이론이다. 따라서 運을 볼 때, 천간은 천간끼리 보고 지지는 지지끼리 보아야 한다는 것이다. 이 이론은 다수가 공감하고 있다. 그런데 이러한 이치는 원국의 간지간干支間에도 적용해야 된다. 다만 통근通根이나 삼합/방합/반합 등으로 국국이 성립하여 지지가 발용發用하면, 간지간에 생극관계生剋關係가 작용한다.

한편 심효첨(深涍瞻: 중국 청조淸朝 시대의 명리학자)은 그의 저서 자평진전子平眞詮 론행운論行運에서 "運을 보는 법은 運의 간지를 팔자의 희기喜忌와 배합配合하는 것이다."라고 정의하고, 희기의 작용에 대해 설명하였다. 하지만 "행운이 원국의 팔자 中 어떤 간지에 배합되는가?"에

따른 작용력의 차이나, 원국에서 이미 회충합형會沖合刑 등이 성립하였
는데, 동자운同字運이나 중첩되는 다른 기류氣類의 運이 도래한 경우의
변화에 대한 구체적인 언급이 없다. 이러한 맥락에서 행운 간명看命의
接近方法접근방법을 아래와 같이 제시하겠다.

첫째, 도래하는 행운의 간지간干支間 생극관계生剋關係를 파악한다.

대운이나 세운은 원국의 사주(年柱/月柱/日柱/時柱)와 같이 간지로 결
합되어 있어서, 간지를 구분해서 간명看命할 수 있다. 하지만 원국과 마
찬가지로 대운이나 세운도 일신동체적一身同體的 속성이 있는 바, 간지
를 구분해서 판단하면 안 된다.

그래서 진소암(陳素庵: 중국 청조淸朝 시대의 명리학자)은 그의 저서
명리약언命理約言에서 종전 대운의 간지를 구분해서 간명하는 것을 비
판하면서, 대운 간지의 생극관계生剋關係에 따라 간지의 비중을 판단해
야 한다고 주장하고 있다. 이를테면 간지가 비화比和(=비겁)나 상생관계
相生關係이면 간지의 비중이 같고, 상극관계相剋關係이면 剋을 하는 쪽
이 勢가 강한 것이라고 하였다. 그런데 구체적으로 육십갑자六十甲子의
상생상극相生相剋 관계가 무엇인지에 대한 설명이 없다.

그래서 필자는 아래와 같이 육십갑자의 생극관계를 정리하였다. 다만
여기서 설명하는 내용은 행운 간지의 상생상극 관계를 들여다보는 것이
지, 원국과 행운의 배합配合에 따른 희기喜忌를 결정하는 요인은 아니라
는 점에 주의注意하기 바란다.

천간과 지지의 상생관계相生關係는, 천간이 지지를 生하는 천생지天
生地와 지지가 천간을 生하는 지생천地生天으로 구분할 수 있다.

천생지天生地는 지지를 生하여 이로울 것 같으나, 천간의 입장에서는 설기洩氣되어 이롭지 않다. 예를 들면 '甲午'運에서 午火는 甲의 사지死支에 해당되고 역량이 강한 왕지旺支이므로, 甲의 설기가 심하여 상생관계가 무의미無意味하고 오히려 해로운 결합이다.

반면에 지생천地生天은 상생관계이나 결속력이 미약하다. 지지는 천간이 2~3개 섞여 있는 화합물化合物이다. 화합물(소금/설탕)은 혼합물混合物(소금물/설탕물)과 달리 분리될 수가 없다. 그래서 충출沖出 시 장간藏干 기물器物이 모두 흩어지게 된다. 이러한 논리하에서 통근한 지지가 아니라면, 어떤 지지의 장간도 천간을 생조生助할 수 없다. 예를 들면 '己巳'運에서 巳中丙은 己土를 生하려 하나, 같은 장간에 있는 巳中庚과 상극관계이므로 방해를 받는다. 한편 '甲子'運에서 子의 지장간은 壬/癸로만 구성되어 있어서 생조가 가능할 듯 하나, 왕지旺支는 자신의 勢를 구축하는 데만 매진邁進하므로 생조의 역할을 하지 못한다. 그래서 子水의 지장간에 木이 없고 水만 가득 찬 것이다. 결과적으로 천생지나 지생천 모두 (우리가 알고 있는) 우호적友好的인 관계가 아니다.

한편 천간과 지지의 상극관계相剋關係는, 천간이 지지를 剋하는 천극지天剋地나 지지가 천간을 剋하는 지극천地剋天으로 구분할 수 있다.

천극지는 흔히 개두(蓋頭: 예를 들면 木이 희신인데, 행운에서 庚寅/辛卯 運이 도래하면, 천간운이 지지운를 剋하는 양상이 된다. 이를 비유적으로 표현한 것이다.)라고 칭하고, 지극천은 절각(截脚: 이를테면 木이 희신인데, 행운에서 甲申/乙酉 運이 도래하면, 지지운이 천간운을 剋하는 양상이 된다. 이를 비유적으로 표현한 것이다.)이라고 칭한다. 《광의적廣義的으로 피극被剋되는 대상의 희·기신喜·忌神 여부와 상관없이 개두/절각이라고 한다.》천극지는 천생지와 달리 지지의 손상이므로, 피해의 정도가 크다. 지극천은 지생천의 이치와 같이 지장간이 분리될 수 없으므로, 지극천은 상극관계이나 작용력이 미약하다. 하지만 지지가 절태지絶胎支에 해당되면, 천극지 못지 않은 손상이 있다. 이를테면 甲申/乙酉/丙子/丁亥 運이 이에 해당된다.

상술上述한 바와 같이, 상생운相生運은 우호적인 결합이 아니라고 하였다. 그래서 결국 상호협력적相互協力的인 관계는, 간지가 같은 오행이거나 통근通根이 되는 동기간同氣間의 배합만 해당된다. 즉 간지동운(干支同運: 천간과 지지가 동일한 오행으로 배합)이나 간지통운(干支通運: 천간이 지지에 통근한 배합)을 말한다. 그러므로 육십갑자六十甲子는 동기간同氣間/상생간相生間/상극간相剋間 배합 등으로 구분할 수 있으며, 각 배합별로 육십갑자를 아래와 같이 배속시킬 수 있다.

[육십갑자의 동기간/상생간/상극간 배합]

오행	동기간 배합	상생간 배합	상극간 배합
木	甲寅/乙卯/甲辰/乙亥	甲子/甲午/乙巳	甲申/甲戌/乙丑/乙未/乙酉
火	丙午/丁巳/丙寅/丁未	丙辰/丙戌/丁丑/丁卯	丙子/丙申/丁酉/丁亥
金	庚申/辛酉/庚辰/辛巳	庚子/庚戌/辛丑/辛未/辛亥	庚寅/庚午/辛卯
水	壬子/癸亥/壬申/癸丑	壬寅/癸卯/癸酉	壬辰/癸丑/癸未/壬午/癸巳
土	戊辰/戊戌/己丑/己未/戊午	戊申/己巳/己酉	戊子/戊寅/己卯/己亥

위 표表에서 세 배합을 다시 세세하게 구분하여 친밀도親密度 순위를 정한다면, 간지동운〉간지통운〉지생천운〉천생지운〉지극천운〉천극 지운 순이다. 하지만 실질적으로 상생간 배합이나 상극간 배합은 별 차이가 없다. 또한 두 배합은 십이운성상 동주절同柱絶(甲申/丁亥/庚寅/癸巳/己巳), 동주사同柱死(甲午/丁酉/庚子/癸卯/己卯), 동주묘同柱墓(乙未/丙戌/辛丑/壬辰/戊戌), 동주욕同柱浴(甲子/丁卯/庚午/癸酉/己酉) 등에 해당되는 조합이 많고, 역사적으로는 동기간 배합에 비해 불미스러운 사건이 적지 않았다.

예를 들면 갑자사화甲子士禍, 갑오동학운동甲午東學運動, 갑오청일전쟁淸日戰爭, 갑신정변甲申政變, 갑술사화甲戌士禍, 을사늑약乙巳勒約, 을미사변乙未事變, 병자호란丙子胡亂, 병술발해멸망丙戌渤海滅亡, 정묘호란丁卯胡亂, 정유재란丁酉再亂, 정해박해丁亥迫害, 무인정사戊寅定社, 기묘사화己卯士禍, 기사사화己巳士禍, 기유각서己酉覺書, 기해박해己亥迫害, 경인동란庚寅動亂, 경인무신정변庚寅武臣政變, 경오왜란庚午倭亂, 경술국치庚戌國恥, 신축정변辛丑政變, 신해박해辛亥迫害, 임인사화壬寅士禍, 임진왜란壬辰倭亂, 임오군란壬午軍亂, 계축사화癸丑士禍, 계유정난癸酉靖難 등의 사건들이 있었다.

둘째, 용신에 도움이 되는 길운吉運과 해害가 되는 흉운凶運이 무엇인가를 파악한다.

1) 원국에서 용신이 지지에 유근有根한 상황이라면, 천간에서는 용신을 생조生助하는 運이나 지지에서는 유근한 運이 도래하면 이롭다. 이로인해 용신은 기세氣勢가 더욱 강하게 發한다. 한편 용신이 무근無根한

상황이라면, 뿌리가 되는 근운根運이 이롭고, 용신이 지지에 있으면 원신이 투간하는 투운透運이 이롭다.

2) 용신을 剋하는 運은 흉운이 되는데, 진극眞剋만 흉운이고 가극假剋은 흉운이 아니다. 제1장 '음양오행' 편에서 가극은 작용력이 거의 없다고 이미 설명하였다. 한편 용신을 설기洩氣하는 運도 흉운이 될 수 있는데, 이는 극설교가(剋洩交加: **일주를 剋하는 관살과 洩하는 식상의 기운이 강한 양상)**의 경우에만 해당되고, 단순히 설기하는 것은 흉운이 아니다.

3) 용신과 같은 동기同氣의 運이 도래하면 대체로 흉하다. 특히 재관財官이 용신인 경우에는 재다財多/관살혼잡官殺混雜/중관重官/중살重殺 등이 되어 이롭지 않다. 한편 인비식印比食이 용신인 경우에는 흉하지는 않지만, 길하지도 않다.

4) 원국에서는 천간합天干合이나 회충합형會沖合刑이 성립하지 않았으나, 행운에서 도래하는 글자와 배합이 되어 천간합이나 회충합형이 성립할 수 있다. 여기에서 해당 運이 희신喜神으로 작용하면 길운이고, 기신忌神으로 작용하면 흉운이 된다. 예를 들면 신약身弱한 甲子일주가 申運을 만나면, 申子합으로 수기水氣가 動하여 일주의 勢가 강화되어, 희신으로 작용한다. 한편 신강身强한 乙卯일주가 亥運을 만나면, 亥卯합으로 목세木勢가 더욱 강해져서, 기신으로 작용한다.

셋째, 원국에 이미 천간합天干合이나 회충합형會沖合刑 등이 성립하였는데, 행운에서 이와 중첩重疊되는 다른 기류氣類의 運이 도래하면, 어떤 기류로 작용하는가를 파악한다.

전술前述한 '동인기류별動因氣類別 작용력 우열'에서 그 우열 기준을 삼회三會 > 충沖 > 삼형三刑 > 합合 > 양형兩刑 순으로 정의하였다. 하지만 행운에서는 하위 수준의 동인기류가 도래하면, 원국에서 성립된 상위 수준의 동인기류도 소멸될 수 있다. 행운이란 일정한 기준에 의해 천간합/회충합형 등이 성립되는 원국과 달리, 원국의 여덟 자 모두에 일대일 一對一로 대응하는 바, 그 파급력波及力이 대단한 것이다. 구체적인 내용은 다음과 같다.

1) 삼회 對 沖 : 원국에서 삼회가 성립하였는데 행운에서 충운沖運이 도래하면 삼회 대신에 沖이 작용한다. 이는 삼회도 合의 일종이므로, 묶으려는 자와 깨뜨리는 자의 대결로 보면 된다. 예를 들면 원국에서 亥卯未 목국木局이 성립하였는데, 행운에서 巳/酉/丑 運이 도래하는 경우이다. ① 酉運이 도래하면 亥卯未 삼회가 회소(會消: 삼회가 소멸)되며 卯酉沖이 성립한다. 원국의 亥未가 붙어 있어도 준반합에 불과하다. ② 巳運이 도래하면 역시 회소되며 巳亥沖이 성립한다. 원국의 卯未가 붙어 있으면 반합은 유지된다. ③ 丑運이 도래하면 역시 회소되며 丑未沖이 성립한다. 원국의 亥卯가 붙어 있으면 반합은 유지된다.

2) 삼회 對 合 : 이는 육합/반합 運이 도래해도 삼회가 소멸될 수 있는가?'의 문제이다. 예를 들면 원국에서 亥卯未 목국木局이 성립하였는데, 행운에서 寅/戌/午 運이 도래하면 삼회가 회소되고 육합이 작용한다는 것인데, 결론은 불가하다. 삼회나 육합이나 그 속성이 동일하게 合으로 묶이는 것인데, 결속력이 미약한 하위 수준의 육합이나 반합이 국局을 성립시키는 삼회를 대체代替할 수는 없다.

3) 沖 대 양형 : 원국의 沖은 양형운兩刑運이 도래해도 충소(沖消: 충沖이 소멸)되지 않는다. 沖이나 刑이나 그 속성이 파괴를 의미하는데, 하위

수준의 양형이 지지변화의 핵심인 沖을 대체할 수는 없다.

4) 沖 對 삼형 : 원국에서 沖이 성립하였는데 행운에서 삼형운三刑運이 도래하면, 沖 대신에 삼형이 작용한다. 기류氣類의 속성(파괴/충격)이 유사하고, 沖이 상위 수준의 기류이나, 삼형은 火金간의 쟁투로 沖과 거의 동등하여, 행운에서 세 자 결합인 삼형은 두 자 결합인 沖을 밀어낸다. 이는 삼회운이 모든 기류를 밀어내는 것과 같은 이치이다. 예를 들면 원국에서 寅申沖이 성립하였는데, 巳運이 도래하면 寅巳申 삼형이 작용한다.

5) 沖 對 合 : 원국에서 沖이 성립하였는데 행운에서 합운合運(육합/반합)이 도래하면 합이 작용한다. 가장 보편화된 이치이다. 자평진전子平眞詮 론형충회합論刑沖會合 편에서 합은 충형沖刑을 해소한다고 했으니, 행운에서는 더욱 그러할 것이다. 沖은 흩어지는 것이고 合은 묶어 두는 것이니, 양자兩者가 상반된 속성이므로 서로가 두려워하는 것이다. 역逆으로 원국에서의 合은 당연히 상위 수준인 충운沖運에 의해 합소(**合消: 합이 소멸**)가 된다.

상술上述한 내용을 정리하면, 동인기류動因氣類의 속성은 두 부류로 나눌 수 있는데, 하나는 합기合氣의 속성인 회합會合(삼합/방합/육합/반합)의 기류가 있고, 다른 하나는 충기衝氣의 속성인 충형해沖刑害의 기류가 있다. 이들이 원국과 행운에서 교차되는 기류가 동일한 속성이면, 상위 수준이 하위 수준의 기류를 흡수하고, 양자兩者가 동등한 수준이라면 행운의 기류가 우선한다. 예를 들면 원국에서의 亥卯 반합이 행운에서 戌運이 도래하면, 卯戌合으로 전환된다. 다만 삼형운은 沖과 같은 충기의 속성이고 沖보다 하위 수준의 기류이지만, 세 자 결합의 기세氣勢로 충소沖消가 가능하다.

한편 원국과 행운에서 교차되는 기류가 상반相反된 속성이면 행운의 기류로 대체代替되나, 작용력의 차이가 두 단계 이상이면 원국의 기류가 유지된다. 이를테면 원국에서 성립한 삼회를 직전 하위 수준인 충운沖運이 회소會消시킬 수 있지만, 형운刑運에 의해서는 회소되지 않는다.

그리고 천간에서는 원국에 간합干合이 성립하였는데, 간합을 진극眞剋하는 運이 도래하면 합소合消가 된다. 원국에서는 剋이 合보다 우선할 수 없지만, 행운에서는 진극운眞剋運으로 대체代替가 된다.

넷째, 원국에서 이미 천간합天干合이나 회충합형會沖合刑 등이 성립하였는데, 동자운同字運이 도래하면 제반諸般 기류氣類들이 어떻게 작용하는지를 파악한다.

1) 천간합天干合 : 동자운이 도래하면, 일간합日干合과 일간외합日干外合으로 구분하여 판단한다. 일간외합(년&월 결합)은 쟁합爭合으로 불합不合이 되어 기반羈絆이 해소, 십신/육친이 부활하여 이롭다. 반면에 일간합(일&월 또는 일&시 결합)은 유정有情한 관계가 깨져 이롭지 않고, 일간합의 대상인 재성이나 관살이 두 개 이상 되는 점도 좋지 않다.

2) 삼회(삼합/방합)/반합 : 동자운이 도래해도 그 기세氣勢가 더욱 강해지는 것이 아니다. 삼합이나 방합은 세 글자로 이미 기세가 완성된 것이므로, 행운에서 도래하는 동자운은 남아도는 勢가 된다. 반합도 마찬가지이다.

3) 沖 : 원국에서 沖이 성립하면 해당 지지는 통근력을 상실하나, 실제로 흉화凶禍가 발생하지는 않는다. 동자운이 도래하여 충발沖發하면, 해당 십신/육친이 피상被傷된다.

4) 삼형三刑 : 원국에서 삼형이 성립하면 해당 지지는 통근력을 유지하나, 흉화를 암시한다. 흉화는 충沖과 같이 동자운이 도래하여 형발刑發하면, 해당 십신/육친이 피상된다.

5) 육합 : 원국에서 육합이 성립하면 해당 지지는 통근력을 유지하나, 어느 정도 구속拘束된 양상이다. 동자운이 도래하면, 천간합과 같이 쟁합爭合으로 불합不合이 되어, 구속된 상황에서 벗어나 십신/육친의 역할이 부활한다. 육합이 비록 결속력이 약해도 음양합의 속성이 있는 바, 일양이음一陽二陰이나 이음일양二陽一陰이 되면 쟁투爭鬪가 되는 것이다.

6) 양형兩刑 : 원국에서 양형이 성립하면 해당 지지는 통근력을 유지하나, 흉화를 암시한다. 흉화는 충沖과 같이 동자운이 도래하여 형발刑發하면, 해당 십신/육친이 피상된다.

7) 害 : 원국에서 해害(왕지해旺支害/고지해庫支害/병존해竝存害)는 動하지 못하나, 동자운이 도래하면 발용發用한다. 다만 왕지해나 고지해는 발용이 안 되는 경우가 있다. 예를 들면 원국에 子卯 조합이 성립하였는데, 子運이 도래하면 발용하여 '卯'에 해당되는 십신/육친이 피상되나, 卯運이 도래하면 발용하지 않는다. 이는 원국의 卯木이 방신幫身 卯運을 얻어 勢가 강해지기 때문이다. 또한 원국에 丑辰 조합이 성립하였는데, 辰運이 도래하면 발용하지 않는다. 이도 원국의 辰土가 방신 辰運을 얻어 勢가 강해지기 때문이다.

8) 준반합準半合 : 지지의 동인動因이 아니므로, 동자운이 도래하여도 動하지 않는다. 하지만 준반합準半合의 원신이나 삼합/방합되는 運이 도래하면, 국局이 성립되어 발용한다. 예를 들면 원국에서 성립한 亥未 준반합은 천간에 원신인 木(甲/乙)運이 도래하면 준삼합국準三合局이 성

립하고, 卯運이 도래하면 삼합국三合局이 성립한다. 하지만 동자운인 亥/未 運이 도래하면 動하지 않는다. 삼회/반합/준반합 모두 동기간同氣間의 결합이므로, 동자운은 잉여剩餘의 勢로 도움이 되지 못한다.

다섯째, 행운의 간지干支와 배합되는 원국의 간지 여덟 자의 작용력 우선순위優先順位를 파악한다.

원국에 행운이 도래할 경우, 해당 運은 원국의 사주팔자 전체를 엄습掩襲하는 기운氣運이다. 원국에서 유일한 종속변수인 일간은 독립변수인 일곱개 간지干支 및 매개변수인 천간합이나 회충합형 등의 동인기류動因氣類에 이미 영향을 받는 상황인데, 재차 행운에서 특정 運이 도래하면, 원국의 사주팔자 전체에 영향을 주게 된다. 이때 특정 運에 배합되는 年/月/日/時의 작용력의 비중은 동일하지 않다.

그러므로 원국과 행운의 배합시, 여덟 자의 작용력 우선순위를 판단할 수 있는 기준점이 있어야 한다. 그 기준은 원국에서 적용한 이치를 원용援用하면 된다. 즉 아신我神이자 종속변수인 일주日柱의 작용력이 가장 크고, 차순위次順位는 미래를 의미하는 시주時柱, 마지막으로 과거를 의미하는 월주月柱, 년주年柱 순順이 된다.

하지만 년·월주가 일주日柱보다 상위수준의 동인기류로 배합이 된다면, 일주와의 배합만을 우선순위로 정할 수는 없을 것이다. 예를 들면 년월일시에 '子寅巳酉'를 깔고 申運이 도래하면, 년지는 申子半합, 월지는 寅申沖, 일지는 申巳合, 시지는 申酉 準半합이 된다. 지지는 沖이 핵심이므로 당연히 寅申沖을 중심으로 간명할 것이다. 그런데 상술上述한 예시는 기류의 수준이 차이가 있어 그 판단이 용이하지만, 동급同級의 동인기류가 섞여있거나, 비동인기류非動因氣類가 섞여있거나, 아에 사지四支에 동인기류가 없는 경우도 있을 것이다.

이와 같이 다양한 상황에 따라, 작용력의 우선순위를 정해야 하는데, 이도 역시 종속변수從屬變數인 일주日柱를 중심으로 판단해야 한다. 이는 행운이 근묘화실根苗花實의 관점에서 年月日時 순순으로 작용하고, 현재인 일주가 바로 중심이기 때문이다. 그래서 사천간四天干과 천간운天干運의 배합에 있어서, 생극제화합生剋制化合의 작용은, 일간과의 배합을 최우선적으로 추리하고, 나머지 세 천간의 우선순위를 정하면 된다. 한편 사지지四地支와 지지운地支運의 배합에 있어서, 형충합형해刑沖合刑害의 작용은, 일지와의 배합을 우선적으로 고려하나, 나머지 세 지지의 작용도 세심하게 살펴야 한다.

원국의 사천간과 천간운의 배합 예를 들면, 신약사주가 년월일시에 '丙庚甲戌'를 깔고 癸運이 도래하면, 년간丙은 癸運(편인)에게 가극假剋이 되고, 월간庚은 癸運을 生하고, 일간甲은 癸運으로부터 生을 받고, 시간戌는 癸運과 간합干合한다. 여기에서 신약한 甲일주의 입장에서는 인수를 득得한 것이 최선이고, 시간戌(편재)를 실失한 것이 최악이다. 하지만 미래를 의미하는 시간戌를 상실喪失한 것은, 행운의 말미末尾에 위치하여 손실損失이 거의 없으며, 손실한 것이 아닐 수도 있다. 이는 미래가 사라진다면, 현재인 아신我神도 존재할 수 없기 때문이다.

다음은 사지지와 지지운의 배합을, 아래의 예시를 통해 구체적으로 설명하면 다음과 같다.

[지지운과 배합되는 사지의 작용]

1) 壬甲○○	2) 甲己○○	3) 丙戊○○	4) 甲丙○○
申辰酉戌←寅	戌酉未戌←丑寅	辰寅巳未←寅	午戌戌戌←丑

1) 寅運은 일지辰과 결합, 甲寅辰 준비겁국이 성립한다. 반면 년지는 寅戌 조합, 월지는 寅酉 조합, 시지는 寅申沖이 성립한다. 년·월지가 비동인기류이므로 일지 위주로 간명하면 된다. 그리고 시지는 일지보다 상위 수준의 기류인 沖이므로 반드시 간명해야 된다. 여기에서 유추類推할 수 있는 기준이 있다. 즉 년·월지가 일지보다 동급同級 수준 이하(동급 포함)의 기류이면, 년월지에 대한 간명은 그리 重하지 않다. 한편 시지는 일지보다 동급 수준 이상의 기류이면, 運의 말미末尾로 간명하면 되고, 동급 수준 미만의 기류이면 重하지 않다.

2) 丑運은 년월의 戌未와 결합, 丑戌未삼형으로 戌(식상)이 형거刑去된다. 이후 일지酉와 결합, 酉丑 반합국이 성립하고, 이후 시지戌과 결합, 丑戌刑으로 戌中丁(인수) 희신이 피상被傷 된다. 여기에서 유추할 수 있는 기준이 있다. 즉 일지가 년·월 지 보다 하위 수준의 기류이지만, 이질적異質的인 기류이면 반드시 간명해야 된다는 것이다. (丑戌刑은 충기衝氣의 속성이고, 酉丑합은 합기合氣의 속성이다.) 이와 같은 이치로 시지도 간명해야 하는 것이다.

3) 寅運에는 사지四支에 動하는 기류가 없다. 寅運과 월지巳와 결합한 寅巳 조합은 刑이 아닌, 丙寅巳 준인수국의 구성원인 준반합이므로 비동인기류이다. 이렇다고 하여 간명할 필요가 없다는 것이 아니다. 動하는 기류가 없으면 천간 오행의 근根으로 작용한다. 그래서 시간丙의 생근生

四柱의 定石

根으로 작용한다. 이도 없으면 비동인기류非動因氣類 中에서 준반합 등이 잠재적으로 작용한다.

4) 丑運에는 사지四支에 發하는 기류가 없다. 년월일의 戌과 결합한 丑戌 조합은, 천간에 金오행이 불투不透하여 분명히 丑戌刑이 성립한다. 즉 지지가 動한다. 그런데 원국에서 종속변수인 일지가 포함된 丙午戌 준비겁국이 이미 성립하여, 丑戌刑은 상위수준의 합국合局에 승勝할 수 없다. 그래서 丑戌刑의 금기金氣는 動할 뿐이다. 만약 동급 수준인 合이나 상위 등급인 沖이 動했다면, 發한다.

여섯째, 천간운天干運과 천간의 배합시, 천간운이 원국에서 과거過去를 의미하는 년·월간에 진극眞剋되거나 피합被合되면, 해당 運은 소멸되어 다음 단계의 천간과 배합될 수 없다.

이는 묘지에 묻힌 자(피극자被剋者/피합자被合者)가 다시 부활하여, 삶을 영위할 수 없기 때문이다. 예를 들면 년간이나 월간에 甲木이 透한 원국에서 戊/己 運이 도래하면, 무극갑戊剋甲으로 피극 또는 甲己合으로 피합되어, 己運은 다음 단계인 일간으로 진행할 수 없으므로 한신운閑神運이 된다. 그런데 원국에서 피합된 자는, 상대방 피합자가 피극되는 運을 맞으면 부활한다. 예를 들면 원국에서 년월이 甲己合으로 기반羈絆된 상태인데, 庚運이 도래하면 甲木은 피극되어, 합거合去된 '己'는 십신의 역할이 부활한다.

8.4 용신유형에 따른 행운의 적용 (用神類型에 따른 行運의 適用)

　오늘날 대표적인 삼대 용신(격국格局/억부抑扶/조후調候)을 원국 대비 행운(대·세운大·歲運)에서 어떻게 적용시키냐의 문제가 있다. 이는 원국에서 세 용신 모두가 일치한다는 것은 난망難望한데, 행운에서 일치하는 것은 더욱 어려워 보인다. 한편 '격국이나 조후의 이치를 세운歲運까지 적용해야 하는가?'의 문제는 더욱 심각하다.

　격국은 십신의 속성을 그대로 반영한 틀이다. 예를 들면 상관傷官은 음양을 달리하는 아생자我生者이므로 도기盜氣라고 한다. 그래서 상관격은 진취적이고 정열적이다. 이는 인간의 성격을 의미하고, 성격은 본디 선천적先天的인 것이므로, 행운을 통해 쉽게 변하지 않는다. 반면에 억부는 사주팔자 전체에서 오행의 기세氣勢(왕쇠강약旺衰强弱 여부)를 판단하여 이를 중화中和시키는 글자를 용신으로 구求하는데, 기세는 간지의 배합(통근通根/간합干合/회충합형會沖合刑 등)에 따라 변화무쌍變化無雙하다. 그래서 사주체四柱體는 도래하는 행운에 민감하게 반응할 수밖에 없다. 이러한 관점에서 체용상體用上 격국은 체體의 영역이고, 억부는 용用의 영역이다.

　하지만 자평진전子平眞詮 론용신성패구응論用神成敗救應 편을 보면, 성격成格과 파격破格이 자유롭게 전환되고 있다. 예를 들면 식신생재食神生財로 성격된 식신격이 편인운偏印運을 만나면 파격이 되고, 역逆으로 식신봉효食神逢梟로 파격된 식신격은 재성운財星運을 만나면 성격으로 전환된다. 그리고 (세운歲運에 대한 언급은 없지만) 세운에서 비겁운比劫運이 도래해서 대운大運의 재성운財星運을 剋하면 다시 파격이 될

것이다. 물론 이와 같이 간명看命하는 술사는 없는 것으로 알고 있으나,
이론상理論上 이러한 논리가 가능하다.

한편 난강망欄江綱의 조후용신調候用神도 체용상體用上 체體의 영역
에 가깝다. 격국이 일간 대비 월지를 십신으로 개념화했다면, 조후는 월
지를 계절신季節神으로 개념화하였다. 그런데 계절신에 대한 개념이 확
고하여, 십간 일주를 십이지 월지에 연결하여 용신을 '구求'하는 것이 아
니라 공식公式과 같이 '정定'하였다. 이는 용신을 근본원리인 체體로 본
것이므로, 변화의 영역인 행운에서의 적용이 불가해 보인다. 그럼에도
불구하고 조후용신은 대운大運에서 적용될 수 있다. 이는 대운이 월주에
서 파생派生되고, 월지는 계절을 의미하므로, 대운을 통한 변화는 조후
용신의 개념에 부합된다. 세운은 계절을 의미하는 월지와 상관이 없으므
로, 적용할 소지素地가 없다.

상술上述한 내용을 정리하면, 조후용신은 대운大運에만 접목하고, 격
국용신은 행운에 접목接木시키지 않는다고 하였다. 그런데 격국용신에
서 다음 두가지 경우에는, 예외적으로 행운에 적용해야 할 것 같다.

1) 격국에서 형식적인 파격요인인 월지충月支沖이나 格의 원신元神이
간합干合되어 기반羈絆된 경우에 한限해서, 이를 해소하는 運이 도래하
면 구응救應이 된다.

예를 들면 甲일주 酉月生 정관격이 시지 卯木과 卯酉沖이 되면 파격인
데, 대운에서 丑/辰/巳/未/戌/亥 運이 도래하면 육합이나 반합으로 변화
한다. 한편 위 예시에서 정관 辛金이 상관 丙火와 간합하면 파격인데, 丙
/丁/辛/壬 運이 도래하면 쟁합爭合이나 피극制剋되어, 丙辛합은 합소合
消되어 성격이 된다. 이는 월지충이나 간합으로 파격되는 것은 용신이

부재不在하여 파격되는 것과는 달리, 용신이 있으나 병病에 걸린 것이므로, 어느 시점에 호운好運이 도래하면, 병자는 양약良藥을 얻은 것이다. 그런데 이 논리를 확대해석擴大解釋하여 세운까지 적용하면 안 된다. 세운은 일년을 관장管掌하는 신神이므로 일년 동안만 양약을 얻은 셈이다. 이는 치료가 된 것이 아니라, 병이 더 이상 악화되지 않은 정도이다.

2) 원국에서 합화격合化格이 성립되었으나, 행운에서 쟁합운爭合運이 도래하면, 합화격은 소멸되고 불합不合인 상황하에서 새로운 격격으로 변화된다. 이는 원국에서 일주가 이웃한 월간 및 시간과 쟁합爭合이 되면 합화격이 성립될 수 없으므로, 행운에서도 쟁합이 되면 합화격이 불성립되어야 하는 것이, 논리상으로 일치하는 것이다.

예를 들면 甲일주가 시지己와 합화격을 이루었는데, 행운에서 甲/己 運이 도래하면 쟁합이 되어 불합이므로, 합화격은 성립할 수 없는 것이다.

원국/대운/세운 모두에 적용하는 용신은 사주의 균형을 지향하는 억부용신이다. 비록 격국이 파격되거나 조후용신이 보이지 않아도, 억부법抑扶法에 의해 대·세운까지 추명推命하면 거의 모든 명조命組는 억부용신이 존재한다. 이는 빈천貧賤한 자도 일생에 몇 번의 기회는 온다는 것이다. 격국이 파격되면 부귀富貴의 氣보다 빈천貧賤의 氣가 강할 뿐이지, 삶이 빈천의 여정旅程으로 간다는 것이 아니다. 다만 격국의 품위가 낮으므로, 부귀富貴나 길복吉福은 한계가 있다고 보면 된다.

 四柱의 定石

정격
(正格)

1. 정관격 (正官格)

1.1 정관격의 개념과 월령기준 (正官格의 槪念과 月令基準)

정관은 사길신四吉神(재관인식財官印食) 中에서도 최고의 길신으로 추앙推仰받는다. 그런데 일주의 입장에서는 편관과 같이 아신我神을 훼剋하는 십신이므로, 그리 반갑지만은 않다. 하지만 아我를 제어制御하는 매커니즘(mechanism)이 작동되지 않는다면, 세상은 이내 혼란에 빠질 것이다. 정관의 합리적인 제어(도덕, 법률, 관습 등)는 사회질서를 안정시키고, 문화경제를 발전시키고, 궁극적窮極的으로 인류가 멸망하지 않고 지속적으로 유지되는 것이다.

정관은 길신이므로 순용順用의 원칙에 따른다. 그래서 재성의 생조生助를 좋아하고, 역逆으로 상관의 극제剋制를 싫어한다. 그러므로 기신忌神인 상관을 훼剋하는 인수도 제2의 용신이 된다. 따라서 재財와 인印 모두를 얻으면 길함이 배가倍加되는데, 단 재와 인은 상극관계相剋關係이므로 붙어 있으면 안된다. 하여간 세 길신의 조합은 삼기득위(三寄得位: **천간에 정재, 정관, 정인이 透한 사주**)라고 하여 최고의 귀격貴格이 된다.

정관격의 월령기준은 일주 대비 정관에 해당되는 월령에 출생한 자로, 해당 배속기간配屬期間은 아래와 같다.

[십간별 정관격 월령기준]

일주	월령	배속기간	일수
甲	辛	酉月正氣初日~戌月中氣末日	32일
乙	庚	申月中氣初日~酉月初氣末日	33일
丙	癸	子月正氣初日~丑月中氣末日	32일
丁	壬	亥月中氣初日~子月初氣末日	33일
戊	乙	卯月正氣初日~辰月中氣末日	32일
己	甲	寅月中氣初日~卯月初氣末日	33일
庚	丁	午月中氣初日~未月中氣末日	32일
辛	丙	巳月中氣初日~午月初氣末日	33일
壬	己	丑月正氣初日~寅月初氣末日 辰月正氣初日~巳月初氣末日	50일
癸	戊	未月正氣初日~申月初氣末日 戌月正氣初日~亥月初氣末日	50일

格은 월지장간月支藏干의 투간透干 여부와 상관없이, 태어난 계절을 기준으로 格을 정한다고 하였다. 그리고 성격成格은 두 가지 유형으로 구분된다고 하였다. 그 하나는 格과 용신이 연결되는 격용통연格用通連이고, 또 하나는 연결되지 않는 격용불연格用不連이다. 즉 格의 원신元神이 투간透干하거나, 국세局勢(회국會局/준회국準會局/반합국半合局 등의 성립)를 구축하면, 격용통연의 진격眞格이 되고, 그렇지 못하면 격용불연의 가격假格이 된다. 진격이 가격보다 대체로 상격上格이지만 반드시 그렇지 않다. 자평진전子平眞詮 정관격 예제사주를 보고 진·가격 여부와 품격品格을 설명하자면, 아래와 같다.

1) 戊乙壬甲	2) 庚丁丁乙	3) 辛壬辛己	4) 戊甲乙庚
寅巳申申	戌未亥卯	亥寅未卯	辰子酉寅

종래에 잡기정관격(雜氣正官格: 월지가 丑辰未戌인 잡기격의 월지장
간에 정관이 透한 유형)으로 분류된 것을 제외한 정관격 예제사주 5개 中
2개가 진격이고, 3개가 가격이다. 1),2)번 명조命造는 관살이 천간에 透
하지 않고 지지에서도 관살국官殺局이 성립하지 않았으므로 가격이다.
3),4)번 명조는 천간에 관살이 透하여 진격이다. 2)번 명조의 지지에서 動
한 것은 관살이 아닌 亥卯未 인수국印綬局이다. 필자는 당연히 정관격으
로 분류하지는 않겠지만, 용신변화用神變化의 논리(정기장간이 불투不
透하고 목국木局이 성립하였으므로 인수격으로 변화)를 주장한 입장에
서 왜 정관격으로 분류하였는지 알 수 없다. 3)번 명조는 상관견관傷官見
官의 양상이나 兩 辛金이 있어, 식상국食傷局 기신忌神을 제어할 수 있었
다. 진격이지만 파격破格이 될 뻔했다. 4)번 명조는 합살류관(合殺留官:
殺을 합거合去시켜 官만 남긴다.)으로 관살혼잡官殺混雜을 해소했다고
설명하나, 애초부터 관살혼잡이 아니고, 원신元神인 庚金이 피합被合되
어 파격이다. 이에 대한 근거는 "관살혼잡에 대한 견해' 편에서 후술後述
하겠다.

1.2 정관격의 성격/파격 유형 (正官格의 成格/破格 類型)

자평진전子平眞詮에서는 정관격의 성격유형成格類型으로, 1) 정관용

         四柱의 定石

재正官用財 2) 정관패인正官佩印 3) 관봉재인官逢財印 등을 열거하고 있다. 세 가지 유형에 대해 설명하자면, 다음과 같다. [해석] 1) 정관용재 유형은 길신이므로 순용順用의 이치를 따른다. 즉 재성으로부터 생조生助를 받으면 최고의 조합이 된다. 정관은 최상위의 길신이고, 재성은 차위次位의 길신이므로, 이보다 더 좋은 조합은 없다. 2) 정관패인 유형은 인성을 상신相神(≒용신)으로 삼는다. 정관은 존귀성尊貴性으로 인하여 피극被剋되는 것을 싫어하니, 상관의 공격을 인성으로 방어할 수 있으니, 인성은 제2의 상신이 된다. 3) 관봉재인 유형은 길신인 財와 印이 보좌補佐한다. 삼반귀물(三般貴物: **재관인財官印**)이 모두 모인 것이니, 최상의 격국이라 할 수 있다.

그런데 세 가지 유형 外에 식상/비겁/관살 등에 대해서는 용처用處로 언급하지 않았다. 정관격은 대체로 신약사주身弱四柱가 될 확률이 높다. 그러므로 신약정관격身弱正官格의 경우에 재성을 용신으로 삼는다면, 억부抑扶의 이치에 벗어나는 것이다. 신약사주는 응당 인수나 비겁을 용신으로 삼는 것이 원칙이다. 그래서 재성이 重하면 비겁을, 식상이나 관살이 重하면 인수를 용신으로 삼고, 반면 신강정관격身强正官格에서 비겁이 重하면, 관살을 용신으로 삼는 것이다. 한편 상관을 용신으로 삼는 것은 상관견관(傷官見官: **상관이 정관을 만남.**)이 되어 근본적으로 취용取用이 불가하나, 관살이 重하고 정관과 상관이 이격離隔되어 있다면, 용신으로 삼지 않을 이유가 없다.

상술上述한 내용을 반영하여, 다음과 같은 기준으로 정관격의 용신을 구求한다. "정관격은 일주의 왕쇠강약旺衰强弱 여부에 따라 용신을 결정한다." 즉 관살이 득령得令하면 신쇠身衰하므로 인印/비比를 用하고, 관살이 실령失令하면 일주의 신강신약身强身弱 여부를 확인하여, 인비세印比勢가 강하면 식食/재財/관官을 用하고, 식재관세食財官勢가 강하면 인印/비比를 用하면 된다. 여기에서 월지가 이웃한 지지와 沖이 성립되거나, 투간透干한 관살이 이웃한 천간에 피극被剋 또는 피합被合이 되면 실령한 것으로 본다. 단 일주와의 간합干合은 기반羈絆이 안 된다

[정관격의 성격유형]

일주의 왕쇠강약	용신 유형	특정십신의 편중
신왕身旺/신강身强	관용재성官用財星	인수重
	관용관살官用官殺	비겁重
	관용식상官用食傷	관살重
신쇠身衰/신약身弱	관용인수官用印綬	식상重/관살重
	관용비겁官用比劫	재성重

　　다음은 자평진전에서 설명하는 정관격의 파격유형破格類型이다. 1) 官이 상관을 만나 피극被剋되거나 2) 형충刑沖이 되면 파격이다.《原文: 官逢傷剋刑沖, 官格敗也.》[해석] 1) 상관의 극제剋制만 언급한 것은 "식신의 극제는 파격이 안 된다"는 것이다. 음간陰干 식신이 양간陽干 정관을 剋하거나, 양간 식신이 음간 정관을 剋하는 경우는 가극假剋이 되는데, 전자前者는 음극양陰剋陽으로 불가한 것이고, 후자後者는 剋이 아닌 간합干合이 된다. 결과적으로 진극(眞剋: 양간이 양간을 剋하거나 음간이 음간을 剋하는 경우)만이 진정한 파격이 되는 것이다. 그러므로 가극으로 인한 파격은 없다. 2) 형충刑沖으로 인한 파격인데, 이는 모든 격국에 통용通用되는 바, 예시적인 문구로 이해하여야 한다. 하지만 刑은 沖과

같이 통근력을 상실시킬 만큼 강한 파급력이 있는 것이 아니므로, 刑으로 인한 파격은 없다.

한편 정관격의 성중유패(成中有敗: 성격이 파격으로 귀결되는 경우)는 다음과 같다. 1) 정관격이 財를 만나 성격되어도 상관을 만나거나 2) 투간透干한 官이 합이 되면 결국 파격이 된다.《原文: 如正官逢財而又逢傷, 透官而又逢合.》[해석] 1) 정관용재격正官用財格이 상관을 만나면 파격이라고 설명하고 있다. 정관용재격뿐만 아니라, 정관격의 모든 유형에서 정관이 상관 기신忌神을 만나면 파격이다. 2) 천간합이 되면 해당 천간은 기반羈絆이 된다. 정관격뿐만 아니라, 모든 격국에서 格의 원신元神이 투간透干하여 피합被合되면 파격이다.

역逆으로 정관격의 패중유성(敗中有成: 파격이 성격으로 귀결되는 경우)은 다음과 같다. 1) 정관이 상관을 만났는데 인수가 透하여 해구解救되거나 2) 관살혼잡官殺混雜인데 합살合殺되어 맑아지거나 3) 형충刑沖이 회합會合으로 해구되면, 성격이 된다.《原文: 如官逢傷而透印以解之, 雜煞而合煞以淸之, 刑沖而會合以解之.》[해석] 1) 파격의 원인인 상관 기신忌神을 극제한다는 것인데, 두 가지 방법이 더 있다. 상관이 이웃한 천간과 간합하여 기반이 되거나, 상관을 설기洩氣하는 재성이 있어 상생재생관傷生財生官으로 유통시키면 된다. 2) 합살류관(合殺留官: 殺을 합거合去하여 官만 남긴다.)으로 관살혼잡官殺混雜을 해소한 것이다. 역逆으로 합관류살(合官留殺: 官을 합거하여 殺만 남긴다.)도 해소가 된다. 3) 沖이 삼회(삼합/방합) 또는 합(육합/반합)과 중첩重疊되어 있으면, 해구解救가 된다는 이치이다. 이는 예시적인 문구로 정관격뿐만 아니라, 모든 格에 통용通用된다. 그런데 합은 沖을 완전히 해구하기 어렵다. 육합이나 반합은 沖보다 하위 수준의 기류氣類이기 때문이다. 하지만 행운에서 합운合運이 도래하면 완전한 해구가 가능하다. 제3장 '행운行運' 편에서 이미 설명한 내용이다. 그리고 刑으로 인한 파격은 없으므로 논할 필요가 없으나, 이론적으로 회합會合으로 당연히 하위 수준의 刑은 사라진다.

상술上述한 내용을 반영하고 보완하여, 다음과 같은 기준으로 정관격의 파격조건破格條件을 규정規定한다.

[형식적 파격조건 (용신은 존재하나, 하자瑕疵가 있는 경우)]

1) 월지가 이웃한 지지와 沖이 되거나, 2) 정관격의 원신元神이 이웃한 천간에게 피극被剋(진극眞剋만 해당)되거나 피합被合되면 파격이다. 예를 들면 甲일주 酉月 정관격이 년지나 일지에서 卯木을 만나서 卯酉沖이 성립되거나, 천간에 透한 정관격의 원신인 辛金이 이웃한 丁火 상관에게 피극되거나, 이웃한 丙火 식신에게 피합되면 파격이다. 단 고지충庫支沖의 정기장간正氣藏干은 통근력을 상실하지 않으므로, 이를 파격으로 보면 안 된다. 또한 지지에서 식상국食傷局(삼합/방합/준삼합/준방합/반합 등 모두 포함)이 성립하여, 원신을 공격하여도 파격이다.

[내용적 파격조건 (용신이 소멸되거나, 정定할 수 없는 경우)]

3) 정관격의 용신이 피극被剋(진극眞剋만 해당)되거나 피합被合되면 파격이다. 예를 들면 甲일주 酉月生 관용재성격官用財星格에서 정재 용신 己土가 乙木에게 피극되거나, 甲木에게 피합되면 파격이다. 이때 乙木/甲木은 용신과 이격 없이 붙어 있어야 한다. 또한 지지에서 비겁국比劫局이 성립하여, 정재 용신을 공격하여도 파격이다. 4) 정관의 존귀성尊貴性으로 인해 관살혼잡官殺混雜(官과 殺이 모두 투간透干한 상태), 중관重官(官이 두 개 이상 투간한 상태), 중살重殺(殺이 두 개 이상 투간한

四柱의 定石

상태)이 성립하면 파격이다. 하지만 거살류관(去殺留官: 殺이 피합 또는 피극되어 官만 잔존하는 상태)이나 거관류살(去官留殺: 官이 피합 또는 피극되어 殺만 잔존하는 상태)이 성립한 경우에는 파격이 해소된 것이다. 5) 정관격이라도 투간한 재성이 편관을 생조生助하면 파격이다. 이를 흔히 재생살財生殺이라고 한다. 이때 財와 殺은 이격 없이 붙어 있어야 한다. 또한 지지에서 재성국財星局이 성립하여, 편관을 생조하여도 파격이다. 6) 고관무보(孤官無補: 정관이 財印의 보필補筆을 받지 못하는 상태)나 인다관설(印多官洩: 인수가 重하여 정관이 설기洩氣되는 상태), 신약身弱 등은 파격이 아니다. 이는 정관에 대한 지나친 예우禮遇로 본다.

1.3 관살혼잡/상관견관/재생살에 대한 견해 (官殺混雜/傷官見 官/財生殺에 대한 見解)

관살혼잡官殺混雜의 개념을 대체로 정관격에서 殺이 하나라도 透하거나, 편관격에서 官이 하나라도 透하면 관살혼잡으로 보는 것 같다. 格의 원신元神이 불투不透하면 가격假格이고, 透하면 진격眞格이라고 전술前述한 바가 있다. 그런데 정관격에서 음양을 달리하는 편관이 透했다고 진격으로 보지 않고, 더 나아가서 파격으로 보는 것은 비합리적이다. 정관이 월령이고 천간에 동기同氣 오행인 편관이 있음은 섞인 것이 아니라, 천지天地의 교감交感을 통한 음양의 조화調和를 이루고 있는 것이다.

무릇 식신격에 하나의 상관이 透하거나, 상관격에 하나의 식신이 透하여도 식상혼잡食傷混雜이라고 하지 않는다. 정관격/편관격을 제외한 모든 정격正格이 이런 이치인데, 유독 정관격/편관격만 파격으로 보는 것은 논리적 일관성을 깨뜨리는 것이다. 그러므로 관살혼잡은 천간에 官과 殺이 모두 透하여야 한다. 그리고 관살혼잡은 정관격뿐만 아니라 모든 정격에서 파격이다. 官은 최고의 길신이며 殺은 최악의 흉신인 바, 물과 기름의 관계이므로 양립兩立할 수가 없다.

다음은 상관견관傷官見官과 재생살財生殺의 파격破格 개념에 대하여 살펴보겠다. 길신은 순용順用의 이치가 적용되어 생조신生助神이 이롭고, 흉신은 역용逆用의 이치가 적용되어 극제신剋制神이 이롭다. 역逆으로 길신을 剋하면 해롭고, 흉신을 生하면 해롭다. 사길신四吉神 中 정관은 귀기貴氣의 상징이고, 사흉신四凶神 中 편관은 살기殺氣의 상징이다. 그래서 대표 길신인 정관을 剋하면 파격이 되고, 대표 흉신인 편관을 生하면 파격이 된다.

그러나 이러한 파격조건破格條件을 모든 정격에 적용할 필요는 없다. 이는 상관견관傷官見官이나 재생살財生殺이 일주日主에 미치는 영향을 들여다보면, 판단이 된다. 상관견관은 상관과 정관의 결합이고, 재생살은 재성과 편관의 결합이다. 그런데 兩 조합은 일주를 신강身强하게 하는 인비신印比神이 없다. 즉 상관견관이 되면, 천간에 상관과 정관이 透하고 남은 하나의 천간이 무엇이든 간에, 일주가 득령得令하지 못하면 사주의 중화中和가 어렵다. 또한 재생살이 되면, 천간에 財와 殺이 의기투합意氣投合하여 일주를 剋하는 양상이므로, 역시 일주가 득령하지 못하면 이를 방어하기 어렵다.

그런데 정격正格에서 득령한 格은 비겁격比劫格과 양인격陽刃格이 있다. 즉 兩 格은 월지충月支沖으로 파격되지 않는 한 신왕사주身旺四柱이

므로, 상관견관이나 재생살이 성립해도 파격이 아니다. 결과적으로 상관
견관이나 재생살은 정격 中에서 일주가 실령失令한 정관격正官格/재성
격財星格/인수격印綬格/식신격食神格/편관격偏官格/상관격傷官格 등
에 적용되는 것이다.

1.4 정관격 예제 (正官格 例題)

本 書에 나오는 모든 예제사주는 실제 임상臨牀을 통한 간명사례看命
事例가 아니고, 필자가 만세력萬歲曆에서 나름대로 발췌拔萃한 사주를
추리한 것이므로, 세세한 통변通辯보다는 길흉吉凶의 대요大要만 판단
한 것이다.

1) 乾命/1958. 9. 24. 申時

편인		일주		정관		편재	
壬		甲		辛		戊	
申		辰		酉		戌	
壬庚		乙癸戊		庚/辛(司令)		辛丁戊	
70	60	50	40	30	20	10	5
2029	2019	2009	1999	1989	1979	1969	1964
己	戊	丁	丙	乙	甲	癸	壬
巳	辰	卯	寅	丑	子	亥	戌

[甲일주 酉月 辛월령] 官이 득령하고, 천간에서는 재관인財官印이 모두

透하고 재인불애(財印不碍: 財와 印이 이격되어, 서로 장애가 되지 않는다.)하므로, 상격上格의 신약정관격이다. 한편 지지에서는 申酉戌 관살국이 성립하여 관살이 너무 重하다. 신약하여 壬水 편인을 용신으로 삼는다. 용신은 좌하坐下의 申中壬(장생지) 및 일지 辰中癸(묘고지)에 통근하여 壬申辰 준인수국이 성립한다.

[癸亥大運] 癸運은 년간戊와 간합하여, 戊기신은 합반合絆이 된다. 亥運은 시간壬의 녹근祿根으로 시지申과 결합, 壬申亥 준인수국(희신)이 성립하여 甲일주를 생조한다. [甲子大運] 甲運은 일간甲(신약)을 방신幫身하고, 년간戊(기신)를 剋하여 이롭다. 子運은 시간壬의 왕근旺根으로 일시의 辰申과 결합, 壬申子辰 인수국(희신)이 성립하여 壬용신의 역량이 극대화된다. [乙丑大運] 乙運은 월간辛에게 피극被剋되어, 한신운(閑神運: 원국原局과 행운行運의 배합시, 해당 運이 원국의 년·월간에게 피극被剋 또는 피합被合하면, 運의 작용이 중지되어 다음 단계로 진행할 수 없는 상태)이 된다. 丑運은 월간辛의 고근庫根으로 월지酉와 결합, 辛酉丑 준관살국(기신)이 성립하여 甲일주를 압박한다. [丙寅大運] 丙運은 월간辛과 간합하여, 辛기신은 합반이 된다. 寅運은 일간甲의 녹근으로 일지辰과 결합, 甲寅辰 준비겁국(희신)이 성립하여 甲일주의 勢가 강화된다. 이후 시지申과 결합, 寅申沖으로 쌍방피상雙方被傷의 국면이 되어, 申金이 충거沖去된다. 이로 인해 申酉戌 삼회(기신)가 회소會消되고, 壬申辰 준인수국(희신)도 소멸된다. [丁卯大運] 丁運은 일간甲을 洩하나, 월간辛(기신)을 剋하여 이롭다. 이후 시간壬(용신)과 간합한다. 卯運에는 월지酉와 결합, 卯酉沖으로 쌍방피상의 국면이 되어, 酉金이 충거된

다. 이로 인해 申酉戌 삼회(기신)가 회소된다. [戊辰大運] 戊運에는 년간
에 이미 戊편재가 透하여, 재성혼잡財星混雜이 된다. 이후 시간壬(용신)
을 剋한다. 辰運에는 년지戌과 결합, 辰戌沖으로 충출沖出한 辰中乙은
일간甲에 입간入干하여, 甲일주(신약)는 쇠근衰根을 상실하고, 辰中癸는
년간戊와 합하여 壬申辰 준인수국(희신)이 소멸된다.

　　本 명조는 인비운印比運(水木)이 희신인데, 초·청년기(소아기~30대)
에 壬癸甲乙 運이 도래한다. 한편 식상운(丙丁)도 극강한 관살운을 剋하
여, 길신으로 작용한다. 지지에서도 북·동향(亥子丑寅卯辰)으로 흘러간
다. 다만 丑運에는 관살국이 성립하여, 흉신으로 작용한다.

2) 乾命/1956. 12. 25. 午時

편인		일주		편재		비견	
甲		丙		庚		丙	
午		寅		子		申	
己丁		丙甲		壬/癸(司令)		壬庚	
70	60	50	40	30	20	10	5
2027	2017	2007	1997	1987	1977	1967	1962
戊	丁	丙	乙	甲	癸	壬	辛
申	未	午	巳	辰	卯	寅	丑

　　[丙일주 子月 癸월령] 어떤 오행도 득령하지 못하여 신강신약 여부를
판단하면, 인비세印比勢가 일시에 유근하고, 丙寅午 준비겁국이 성립하
여 신강정관격이다. 한편 지지에서는 申子 관살 반합국이 성립하여, 격

용통연격用通連이 이루어진다. 신강하여 庚金 편재를 용신으로 삼으려 하나, 이웃한 丙火 비견에게 극거剋去된 바, 차선으로 월지 子水를 용신으로 삼는다.

[壬寅大運] 壬運은 일간丙(신강)을 剋하여, 丙일주는 득관得官하고, 년간丙(기신)을 剋하여 이롭다.《신강사주身强四柱에서 일주는 진·가극眞·假剋 여부와 상관 없이 득관한다. 그러므로 편관도 정관과 같은 역할을 한다.》寅運에는 년지申과 결합, 寅申沖으로 쌍방피상雙方被傷의 국면이 되어,《원국原局에는 金/水오행이 불투不透했으나, 壬運이 도래하여 쌍방피상이 된다.》申金이 충거沖去된다. 이로 인해 壬申子 준관살국(희신)이 소멸되고, 월간庚(희신)의 녹근祿根도 상실된다. [癸卯大運] 癸運에도 일간丙(신강)을 剋하여, 丙일간은 득관한다. 卯運은 시간甲의 왕근旺根으로 일지寅과 결합, 甲寅卯 준인수국(기신)이 성립하여, 丙일주를 생조한다. [甲辰大運] 甲運에는 시간에 이미 甲편인이 透하여, 인성혼잡印星混雜이 된다.《신강사주에서 인수의 중복重複은 독약이다.》《甲運은 월간庚에게 피극되지 않는다. 庚金이 년간丙에게 이미 극거剋去 되었기 때문이다.》辰運에는 년월의 申子와 결합, 申子辰 관살국(희신)이 성립하여, 丙기신을 공격한다. [乙巳大運] 乙運은 월간庚과 간합하여, 한신운閑神運이 된다. 巳運은 일간丙의 녹근으로 일시의 寅午와 결합, 丙寅巳午 준비겁국(기신)이 성립하여, 丙일주의 勢가 강화된다. [丙午大運] 丙運에는 월간庚을 놓고, 년간丙/일간丙/丙運 등이 다투는 군겁쟁재群劫爭財의 양상이 된다. 午運에는 월지子와 결합, 子午沖으로 왕자충쇠旺者沖衰 쇠자발衰者拔의 국면이 되어, 子水(용신)가 충거된다. 이로 인해 申

子 반합국(희신)이 소멸된다. [丁未大運] 丁運에도 丙運과 같이 군겁쟁재의 양상이 된다. 未運은 년간丙/일간丙/丁運의 쇠근衰根으로 시지午와 결합, 丙午未 준비겁국(기신)이 성립하여 丙일주의 勢가 강화된다.《간지동운干支同運인 丙午大運과 간지통운干支通運인 丁未大運은, 간지의 작용력이 증가된다.》

本 명조는 식재관운食財官運(土金水)이 희신이고, 인비운印比運(木火)이 기신이다. 천간에서는 초년기(소아기~20대)에 辛壬癸 運이 도래한다. 반면 지지에서는 동·남향(寅卯辰巳午未)으로 흘러간다. 다만 辰運에는 申子辰 관살국이 성립하여, 길신으로 작용한다.

2. 재성격 (財星格)

2.1 재성격의 개념과 월령기준 (財星格의 槪念과 月令基準)

인간은 태어나서 만물을 인지인식認知認識하게 되면서 소유욕所有慾이 發한다. 그래서 사주체四柱體의 주인공인 아신我神은 아극자我剋者인 재성을 근원적으로 탐貪한다. 탐재과정貪財過程에서 유정有情한 정재이든 무정無情한 편재偏財이든 모두가 득재得財로 귀결되어 아我를 이롭게 하므로, 정편正偏의 구분 없이 하나의 格으로 분류한다.

재성은 사길신四吉神(재관인식財官印食)의 하나이므로, 순용順用의 원칙에 따른다. 그래서 식상의 생조生助를 좋아하고, 역逆으로 비겁의 극제剋制를 싫어한다. 또한 최고 길신인 정관을 생조하는 것은 최상의 조합이 된다. 그러므로 재성은 제 2의 길신이 된다. 인간은 보편적으로 부유해져야 官(권세/명예)을 추구하는 것이니, 우선적으로 財를 좇는다. 그래서 他 십신에 비해 재성의 태과太過/부족不足은 민감하게 작용한다.

재성격의 월령기준은 일주 대비 재성에 해당되는 월령에 출생한 자로, 해당 배속기간配屬期間은 아래와 같다.

[십간별 재성격 월령기준]

일주	월령	배속기간	일수
甲乙	戊己	丑月正氣初日~寅月初氣末日	100일
		辰月正氣初日~巳月初氣末日	
		未月正氣初日~申月初氣末日	
		戌月正氣初日~亥月初氣末日	
丙丁	庚辛	申月中氣初日~戌月中氣末日	65일
戊己	壬癸	亥月中氣初日~丑月中氣末日	65일
庚辛	甲乙	寅月中氣初日~辰月中氣末日	65일
壬癸	丙丁	巳月中氣初日~未月中氣末日	65일

2.2 재성격의 성격/파격 유형 (財星格의 成格/破格 類型)

자평진전子平眞詮에서는 재성격의 성격유형成格類型으로, 1) 재왕생관財旺生官 2) 재봉식상財逢食傷 3) 재격투인財格投印 등을 열거하고 있다. 세 가지 유형에 대해 설명하자면, 다음과 같다. [해석] 1) 재왕생관 유형은 제2의 길신인 재성이 최고 길신인 정관을 생조生助하여 최상의 결합이 된다. 재생관財生官 구조는 정관격의 정관용재격正官用財格과 유사하나, 이 유형은 정관을 통해 비겁으로부터의 공격을 방어할 수 있는 이점利點도 있다. 2) 재봉식상 유형은 재성이 길신이므로, 순용順用의 이치를 취하는 것이다. 식상으로부터 생조를 받으면, 길吉한 결합이 이루어진다. 흉신인 상관의 생조도 이롭다는 것은, 피생자被生者의 입장에서 길신이든 흉신이든 관계가 없음을 의미한다. 3) 재격투인 유형은 순용順用도 역용逆用도 아닌 결합이다. 이는 재성의 재성인 인수를 상신相神으로 삼는 유형이다. 財를 아신我神으로 보면 아극자我剋者 유형이 된다. 아극자는 인간 본연의 욕구이다. 이를 성격成格으로 수용하는 것은 순리順理에 적합하다고 본다. 하지만 인수가 재성격 제2의 상신인 식상을 剋하고, 또한 제1의 상신인 정관을 洩氣하여 이롭지 않다. 그래서 상위上位의 격국은 되지 못한다. 이러한 유형은 재격투인격 外에 인수격에서 인용식상印用食傷, 식신격에서 식신대살食神帶殺, 상관격에서 상관대살傷官帶殺, 록겁격에서 록겁용재祿刦用財 등이 있다. 한편 정관격/편관격/양인격은 아극자 유형이 없다. 정관격과 편관격의 아극자我剋者는 비겁인데, 비겁을 格으로 세우지 않으니 상신도 없는 것이고, 양인격의 아극자는 재성인데, 財를 겁탈劫奪해서 겁재劫財라고 불리는 무리 中 최강最强인 겁재가 양인陽刃이므로, 재성을 상신으로 삼는다는 것은 이치에 맞지 않다.

그런데 세 가지 유형 外에 편관/비겁/재성 등에 대해서는 용처用處로 언급하지 않았다. 재성격은 대체로 신약사주身弱四柱가 될 확률이 높다.

그러므로 신약재성격身弱財星格의 경우에는 식상이나 정관을 용신으로 삼는다면, 억부抑扶의 이치에 벗어나는 것이다. 신약사주는 응당 인수나 비겁을 용신으로 삼는 것이 원칙이다. 그래서 재다신약(**財多身弱: 재성이 태과太過하여 신약한 사주)**한 재성격은 비겁을 용신으로 삼는다. 역逆으로 군겁쟁재(**郡劫爭財: 비겁의 무리가 재성을 차지하려고 다투는 양상)**한 재성격은 정관을 용신으로 삼아야 한다. 한편 편관을 용신으로 삼는 것은 재생살財生殺이 되어 근본적으로 취용取用이 불가하나, 비겁이 重하고 財와 殺이 이격되어 있다면, 용신으로 삼을 수 있다.

상술上述한 내용을 반영하여, 다음과 같은 기준으로 재성격의 용신을 구求한다. "재성격은 일주의 왕쇠강약旺衰强弱 여부에 따라 용신을 결정한다." 즉 재성이 득령得令하면 신쇠身衰하므로 인印/비比를 用하고, 재성이 실령失令하면 일주의 신강신약身强身弱 여부를 확인하여, 인비세印比勢가 강하면 식食/재財/관官을 用하고, 식재관세食財官勢가 강하면 인印/비比를 用하면 된다. 여기에서 월지가 이웃한 지지와 沖이 성립되거나, 투간透干한 관살이 이웃한 천간에 피극被剋 또는 피합被合이 되면 실령한 것으로 본다. 단 일주와의 간합干合은 기반羈絆이 안 된다.

[재성격의 성격유형]

일주의 왕쇠강약	용신 유형	특정 십신의 편중
신왕身旺/신강身强	재용관살財用官殺	비겁重
	재용식상財用食傷	관살重
	재용재성財用財星	인수重
신쇠身衰/신약身弱	재용인수財用印綬	식상重/관살重
	재용비겁財用比劫	재성重

다음은 자평진전에서 설명하는 재성격의 파격유형破格類型이다. 1) 財가 輕하고 비겁이 重하거나 2) 財가 透하고 칠살七殺(=편관)이 있는 것은 파격이다.《原文: 財輕比重, 財透七殺, 財格敗也.》[해석] 1) 재경비중財輕比重은 군겁쟁재郡劫爭財를 의미한다. 이는 비겁이 格의 원신元神인 재성을 剋하는 것이므로, 당연히 파격이다. 여기에서 格의 원신이 편재이면 비견에게, 정재이면 겁재에게 피극被剋되어야 파격이 된다. 즉 정관격과 같이 진극眞剋만 가능하고 가격假剋은 파격이 아니다. (자평진전에서는 이에 대한 언급이 없다.) 2) 재생살財生殺이 되면 파격이 된다. 그런데 재생살에 의한 파격은 후술後述할 인수격 등 거의 모든 格에서 언급되고 있다.

한편 재성격의 성중유패成中有敗는 다음과 같다. 재성격에서 정관을 生하는데, 상관이 정관을 剋하거나 정관이 간합干合이 되면, 파격이 된다.《原文: 財旺生官, 而又逢傷逢合.》[해석] 정관격에서의 상관견관傷官見官 및 간합干合은 格의 원신元神에 대한 공격인데, 재성격에서는 재왕생관財旺生官 유형의 상신相神인 정관에 대한 공격이다. 이는 어떠한 格이라도 상신이 피극被剋되거나 피합被合되면, 파격이 된다는 점을 유추할 수 있다.

역逆으로 재성격의 패중유성敗中有成은 다음과 같다. 1) 財가 겁재劫財를 만났는데, 식신이 透하여 겁재를 화化하거나, 정관이 겁재를 제압하거나 2) 財가 殺을 만났는데, 식신이 제살制殺 및 생재生財하거나, 殺과 간합하여 財를 살아남게 하면, 성격成格이 된다.《原文: 財逢劫而透食以化之, 生官以制之, 逢煞而食神, 制煞以生財, 或存財而合煞.》[해석] 1) 이는 기신忌神 겁재를 제거하는 것인데, 애초에 식상이나 관살을 用하면 될 일이다. 일주의 신강약身强弱 여부에 초점을 맞추지 않고, 용신인 재성을 剋하는 비겁이 透하면 일단 기신으로 보니, 선先 파격 후後 성격의 과정으로 설명되는 것이다. 2) 기신인 殺을 식신으로 剋하거나 간합시키면, 성격成格으로 전환된다. 여기에서 진극眞剋인 식신제살食神制殺만 언급하였지만, 기신을 제거하는 것은 급선무이므로, 가극假剋인 상관가살傷官駕殺도 가능하다.

상술上述한 내용을 반영하고 보완하여, 다음과 같은 기준으로 재성격의 파격조건破格條件을 규정規定한다.

[형식적 파격조건 (용신은 존재하나, 하자瑕疵가 있는 경우)]

1) 월지가 이웃한 지지와 沖이 되거나, 2) 재성격의 원신元神이 이웃한 천간에게 피극被剋(진극眞剋만 해당)되거나 피합被合되면 파격이다. 예를 들면 甲일주 丑月 재성격이 년지나 일지에서 未土를 만나서 丑未沖이 성립되거나, 천간에 透한 재성격의 원신인 己土가 이웃한 乙木 겁재에게 피극되거나, 이웃한 甲木 비겁에게 피합되면 파격이다. 단 고지충庫支沖의 정기장간正氣藏干은 통근력을 상실하지 않으므로, 이를 파격으로 보면 안 된다. 또한 지지에서 비겁국比劫局(삼합/방합/준삼합/준방합/반합 등 모두 포함)이 성립하여, 원신을 공격하여도 파격이다.

[내용적 파격조건 (용신이 소멸되거나, 정定할 수 없는 경우)]

3) 재성격의 용신이 피극被剋(진극眞剋만 해당)되거나 피합被合되면 파격이다. 예를 들면 甲일주 丑月生 재용관살격財用官殺格에서 정관 용신 辛金이 丁火에게 피극되거나, 丙火에게 피합되면 파격이다. 이때 丁火/丙火는 용신과 이격 없이 붙어 있어야 한다. 또한 지지에서 식상국食傷局이 성립하여, 정관 용신을 공격하여도 파격이다. 4) 財는 노출露出을 꺼린다. 노출이 되면 손재損財가 발생하기 때문이다. 이러한 이유로 정관

四柱의 定石

격과 같이 재성혼잡(財星混雜: 천간에 재성이 두 개 이상 透한 상태)이 되면 파격이다. 하지만 하나의 재성이 피극되거나 피합이 되면, 하나의 재성만 남는 셈이므로 파격이 아니다. 거살류관去殺留官과 유사한 이치이다. 5) 재성격이라도 관살혼잡官殺混雜이면 파격이다. 하지만 정관격에서 파격인 중관重官이나 중살重殺은 파격이 아니다. 그리고 거살류관去殺留官이나 거관류살去官留殺이 성립하면, 파격이 해소된 것이다. 6) 재성격이라도 투간透干한 상관이 정관을 剋하면 파격이다. 이때 상관과 정관은 이격 없이 붙어 있어야 한다. 또한 지지에서 식상국食傷局이 성립하여, 정관을 공격하여도 파격이다. 7) 재성격이라도 투간한 재성이 편관을 생조生助하면 파격이다. 이때 財와 殺은 이격 없이 붙어 있어야 한다. 또한 지지에서 재성국財星局이 성립하여, 편관을 생조하여도 파격이다.

2.3 재성격 예제 (財星格 例題)

3) 乾命/1961. 5. 2. 寅時

정재		일주		정인		편관	
戊		乙		壬		辛	
寅		未		辰		丑	
丙甲		丁乙己		乙/癸/戊(司令)		癸辛己	
70	60	50	40	30	20	10	5
2032	2022	2012	2002	1992	1982	1972	1967
甲	乙	丙	丁	戊	己	庚	辛
申	酉	戌	亥	子	丑	寅	卯

[乙일주 辰月 己월령] 재성이 득령하고, 천간에서는 재살인財殺印이 透하고, 재인불애財印不碍하고, 재생살財生殺은 이격되어 파격이 아니다. 지지에서는 戊土 정재가 년월일에 유근하여 재중財重한 상황이다. 신약하여 壬水 정인을 용신으로 삼는다. 용신은 년지 丑中癸(衰支쇠지)에 통근하여, 勢가 미약하다.

[庚寅大運] 庚運에는 년간에 이미 辛편관이 透하여, 관살혼잡官殺混雜이 된다. 寅運은 일간乙의 녹근祿根으로 월지辰과 결합, 乙寅辰 준비겁국(희신) 성립하여 乙일주의 勢가 강화된다. [己丑大運] 己運에는 시간에 이미 戊정재가 透하여, 재성혼잡財星混雜이 되고, 년간辛을 生하여 재생살財生殺이 된다. 丑運에는 일지未와 결합, 丑未沖으로 충출沖出한 未中丁은 월간壬과 합하여, 壬용신을 구속시키고, 丑中癸는 시간戊와 합하여 戊기신을 구속시켜, 일희일비一喜一悲의 국면이 된다. [戊子大運] 戊運도 己運과 같이 재성혼잡이 되고 재생살이다. 子運은 월간壬의 왕근旺根으로 년월의 丑辰과 결합, 壬子丑辰 준인수국이 성립하여 乙일주를 생조한다. [丁亥大運] 丁運은 월간壬과 간합하여, 壬용신은 합반合絆이 된다. 亥運은 일간乙의 생근生根으로 일시의 未寅과 결합, 乙寅未亥 준비겁국(희신)이 성립하여 乙일주의 勢가 강화된다. [丙戌大運] 丙運은 년간辛과 간합하여, 辛희신은 합거合去가 되어 壬용신을 生하지 못한다. 戌運에는 월지辰과 결합, 辰戌沖으로 충출沖出한 辰中乙은 일간乙에 입간入干하여 乙일주(신약)는 쇠근衰根이 상실되고, 戌中丁은 월간壬과 合하여 壬용신을 구속시킨다. 이후 년일의 丑未와 결합, 丑戌未 삼형으로 戊土(재성)가 형거刑去된다. 《원국原局에서 辛金이 透했으나, 丙運과의 丙辛合

으로 합거되어, 火/金 오행이 모두 불투不透한 양상이 된다.》[乙酉大運]
乙運은 년간辛에게 피극被剋되어, 한신운閑神運이 된다. 酉運은 년간辛
의 왕근으로 년지丑과 결합, 辛酉丑 준관살국(희신)이 성립하여, 壬용신
을 생조한다.

本 명조는 재중財重한 상황이라 비겁운(木)이 호운으로 작용하나, 원
국原局에 없고 행운行運에서도 늦게(70대) 도래한다. 반면 지지에서는
북향(丑子亥) 運이 길운으로 작용한다. 다만 丑運은 수기水氣가 아닌 丑
未沖이 發하여, 이롭지 않다.

4) 乾命/1957. 12. 13. 辰時

겁재		일주		정재		편인	
戊		己		壬		丁	
辰		未		子		酉	
乙癸戊		丁乙己		壬(司令)/癸		辛	
70	60	50	40	30	20	10	5
2028	2018	2008	1998	1988	1978	1968	1963
甲	乙	丙	丁	戊	己	庚	辛
辰	巳	午	未	申	酉	戌	亥

[己일주 子月 壬월령] 재성이 득령하여 신약재성격으로 보이나, 투간한
壬水 재성이 이웃한 丁火 편인과 간합하여 파격이 된다. 그래서 어떤 오
행도 득령하지 못하여 신강신약 여부를 판단하면, 인비세印比勢가 일시
에 유근하여 약변위강弱變爲强 재성격이 된다. 신강하여 지지의 子水를

용신으로 삼는다. 《월간 壬水는 년간 丁火와의 간합으로 합반合絆이 되어, 취용取用이 불가하다.》한편 일주는 동토冬土이므로 조후상調候上 화기火氣가 필요한데, 丁火는 합거合去된 상태이므로 일지 未土에 의지한다. 丁壬合은 여러모로 불행이다.

　[庚戌大運] 庚運은 일간己를 洩하여, 己일주(신강)는 이롭다. 戌運에는 일지未와 결합, 戌未刑으로 戌中辛(식상) 희신이 피상被傷된다. 하지만 庚運이 도래하여 상처가 가볍다. 이후 시지辰과 결합, 辰戌沖으로 충출沖出한 辰中乙(관살)과 戌中辛(식상)은 개고開庫가 된다. [己酉大運] 己運에는 시간에 이미 戊겁재가 透하여, 비겁혼잡比劫混雜이 된다. 酉運에는 시지辰과 결합, 辰酉合으로 酉金(식상)이 구속된다. 《酉運과 년지酉가 결합한 酉酉害도 있으나, 년지의 害는 작용력이 미약하므로, 動하지 않는 것으로 본다.》[戊申大運] 戊運에도 己運과 같이 비겁혼잡이 된다. 그리고 월간壬을 剋하여 丁壬合이 합소合消되고, 이로 인해 년간丁이 부활하여 조후가 해결된다. 申運에는 월시의 子辰과 결합, 申子辰 재성국(희신)이 성립하여 子용신의 勢가 강화된다. [丁未大運] 丁運은 월간壬과 간합하여, 년간丁과의 쟁합爭合으로 丁壬合이 불합不合이 되고, 이로 인해 丁/壬이 부활하여, 조후가 해결된다. 未運에는 일지未와 결합, 未未害로 지지병존의 피해(느리다/고난)가 있다. 이후 시지辰과 결합, 辰未害로 소음少陰 辰土가 태양太陽 未土에 흡수된다. [丙午大運] 丙運은 일간己(신강)를 生하여 이롭지 않으나, 조후는 해결된다. 《월간壬은 합반合絆이 되어 丙運을 剋할 수 없다.》午運에는 월지子와 결합, 子午沖으로 왕자충쇠旺者沖衰 쇠자발衰者拔의 국면이 되어, 子水(용신)가 충거沖去된다. 《천간

의 丁/壬은 기반이 되어, 지지의 원신元神이 되지 못하고, 丙運이 도래하여 午火가 왕자旺者가 된다.》[乙巳大運] 乙運은 일간己를 剋하여, 己일주는 득관得官한다. 巳運에는 년지酉와 결합, 巳酉 식상 반합국이 성립하나 생조할 재성이 없다.《월간壬은 합반合絆이 되어 생조의 대상이 되지 못한다.》

本 명조는 억부용신抑扶用神 보다 조후용신調候用神이 더 중요하다. 병病의 원인인 丁壬合이 戊/丁/丙 運에 약藥을 구求하여 조후가 해결됨을 알 수 있다

3. 인수격 (印綬格)

3.1 인수격의 개념 (印綬格의 槪念)

선인先人들은 편인을 육친상六親上으로 계모繼母나 서모庶母로 여겼고, 또한 식신을 剋한다고 하여 도식盜食이라 부르며 부정적 인식을 가지고 있었다. 하지만 편인도 정인과 마찬가지로 일주를 생조生助하는 역할을 하는 것이니 이로운 것이다. 무릇 格이란 것이 일주와 월령의 관계이므로, 식신과의 문제는 이차적인 문제이다. 일주의 입장에서 보면 편인이든 정인이든 모두 생아자生我者로서 나의 우군友軍인데, 어찌 편인을 흉신으로만 볼 수 있겠는가? 그래서 재성과 마찬가지로 인성도 정편正偏

의 구분이 무의미하다.

인수(=인성)는 사길신四吉神(재관인식財官印食)의 하나이므로 순용順用의 이치를 적용하면, 관살의 생조를 좋아하고 역逆으로 재성의 剋을 싫어한다. 길신인 재관인財官印을 생조하는 신神은 정편正偏에 관계없이 모두 길吉하게 본다. 이를테면 흉신인 殺이 생조하는 살인상생殺印相生, 흉신인 상관이 생조하는 상관생재傷官生財, 선善하지 않은 길신인 편재가 생조하는 재생관財生官 등이 모두 길吉한 조합이다.

한편 財와 印 모두가 길신이나 상극관계相剋關係이므로, 이웃하면 재인상애(財印相礙: 財와 印이 서로 장애가 된다.)로 파격이나, 이격되어 있으면 길신 둘을 얻은 것이니 길함이 배가倍加된다.

인수격의 월령기준은 일주 대비 인성에 해당되는 월령에 출생한 자로, 해당 배속기간配屬期間은 아래와 같다.

[십간별 인수격 월령기준]

일주	월령	배속기간	일수
甲乙	壬癸	亥月中氣初日~丑月中氣末日	65일
丙丁	甲乙	寅月中氣初日~辰月中氣末日	65일
戊己	丙丁	巳月中氣初日~未月中氣末日	65일
庚辛	戊己	丑月正氣初日~寅月初氣末日 辰月正氣初日~巳月初氣末日 未月正氣初日~申月初氣末日 戌月正氣初日~亥月初氣末日	100일
壬癸	庚辛	申月中氣初日~戌月中氣末日	65일

四柱의 定石

3.2 인수격의 성격/파격 유형 (印綬格의 成格/破格 類型)

  자평진전子平眞詮에서는 인수격의 성격유형成格成格으로, 1) 인봉관살印逢官殺 2) 인용식상印用食傷 3) 인다용재印多用財 등을 열거하고 있다. 세 가지 유형에 대해 설명하자면, 다음과 같다. [해석] 1) 인봉관살 유형은 순용順用의 이치에 따라, 상신相神인 관살이 길신인 인성을 생조生助하는 양상이다. 생조신生助神이 길신이든 흉신이든 길한 조합이 된다. 이른바 관인상생官印相生이나 살인상생殺印相生은 작용력의 차이가 거의 없다. 2) 인용식상 유형은 순용順用도 역용逆用도 아니다. 이는 인수의 재성인 식상을 상신으로 삼는 유형이다. 하지만 식상은 인수격 제1의 상신인 관살을 훼하고, 기신忌神인 재성을 생조하는 작용을 하면 이롭지 않다. 그래서 아극자我剋者 유형인 재격투인財格透印과 같이 상격上格이 되지 못한다. 3) 인다용재 유형은 팔정격八正格에서 유일하게 특정 오행의 태과太過로 인한 억부抑扶의 이치를 적용하였다. 이는 아마도 인성의 과過함을 흉한 것으로 보아, 극제신剋制神을 상신으로 삼은 것 같다. 그런데 다자흉화(多者凶化: **특정 오행이 편중되면, 길신이라도 흉신화가 된다.**)의 이치는 모든 정격正格에 적용하는 것이 맞다. 길신도 편중偏重되면, 훼하는 것은 자연스러운 이치이다. 즉 식신격에서 식상이 태과하면, 상관과 같은 것이므로 인수를 用하고, 같은 이치로 재성격은 비겁을 用하고, 정관격은 식상을 用하면 된다. 사길신四吉神 中에 정관격/재성격은 혼잡混雜(=태과)하면 파격으로 보는데, 이는 파격이기 때문에 더욱 더 용신이 필요하므로, 극제신剋制神으로 用하는 것은 당연한 이치이다.

  그런데 세 가지 유형 外에 비겁/인수 등에 대해서는 용처用處로 언급하지 않았다. 인수격은 대체로 신강사주身强四柱가 될 확률이 높다. 하지만 인수격 전부가 신강身强한 것은 아니다. 일주가 득령得令하는 格은 비겁격/양인격 外에는 없다. 그러므로 인수격도 실령失令하여 신쇠신약身衰身弱하면, 정관격이나 재성격과 같이 비겁/인수 등을 용신으로 삼는다. 즉 재성이 重하면 비겁으로 用하고, 식상이나 관살이 重하면 인수로 用한다.

상술上述한 내용을 반영하여, 다음과 같은 기준으로 인수격의 용신을 구求한다. "인수격은 일주의 왕쇠강약旺衰强弱 여부에 따라 용신을 결정한다." 즉 인성이 득령得令하면 신왕身旺하므로 식食/재財/관官을 用하고, 인성이 실령失令하면 일주의 신강신약身强身弱 여부를 확인하여, 인비세印比勢가 강하면 식食/재財/관官을 用하고, 식재관세食財官勢가 강하면 인印/비比를 用하면 된다. 여기에서 월지가 이웃한 지지와 沖이 성립되거나, 투간透干한 인성이 이웃한 천간에 피극被剋 또는 피합被合이 되면 실령한 것으로 본다. 단 일주와의 간합干合은 기반羈絆이 안 된다.

[인수격의 성격유형]

일주의 왕쇠강약	용신 유형	특정 십신의 편중
신왕身旺/신강身强	인용관살印用官殺	비겁重
	인용식상印用食傷	관살重
	인용재성印用財星	인수重
신쇠身衰/신약身弱	인용인수印用印綬	식상重/관살重
	인용비겁印用比劫	재성重

다음은 자평진전에서 설명하는 인수격의 파격유형破格類型이다. 1) 인

 四柱의 定石

印이 輕한데 財를 보거나 2) 신강身强하고 印이 重한데 殺이 透하면 인수격이 파격이 된다.《原文: 印輕逢財, 身强印重而透煞, 印格敗也.》[해석] 1) 格의 원신元神인 인성을 剋하므로 당연히 파격이다. 여기에서 格의 원신이 편인이면 편재에게, 정인이면 정재에게 피극被剋되어야 파격이 된다. 즉 정관격과 같이 진극眞剋만 가능하고 가격假剋은 파격이 아니다. 2) 印이 重하면 억부抑扶의 이치로 재성을 用하거나, 신강하므로 식상으로 설기洩氣하여도 된다. 이 모두가 사주에 없고 殺이 透하면, 살생인생일주殺生印生日主로 극신강사주極身强四柱가 되어 格을 망가뜨린 꼴이다.

한편 인수격의 성중유패成中有敗는 다음과 같다. 1) 인수격에 식신이 透하여 설기하는 것으로 용신을 삼는데, 다시 財가 노출되거나 2) 殺이 透하여 인수를 生하고 있는데, 다시 財가 透하여 인수가 제거되고 殺만 남으면, 결국 파격이 된다.《原文: 印透食而洩氣, 而又遇財露. 透殺而生印, 而又透財, 以去印存殺.》[해석] 1) 인용식상격印用食傷格에서 재극인財剋印으로 인한 파격을 설명하는데, 모든 인수격은 財가 透하여 인수를 剋하면 파격이다. 2) 살인상생殺印相生으로 성격成格되었는데, 재성이 殺을 生하고 인수를 剋하여 파격이다. 재생살財生殺은 비겁격/양인격을 제외한 모든 정격正格에서 파격이 된다.

역逆으로 인수격의 패중유성敗中有成은 다음과 같다. 1) 인수가 財를 만나 파격인데, 겁재가 있어 이를 해소하거나 2) 財를 合하여 인수를 남기면, 결국 성격成格이 된다.《原文: 印逢財而劫財以解之, 或合財而存印.》[해석] 1) 格을 파괴한 기신忌神 재성을 겁재로 剋하면 해구解救가 된다. 2) 格을 파괴한 기신 재성이 피합被合되어 기반羈絆이 되면 해구가 된다. 모든 순용順用의 격국(정관격/재성격/인수격/식신격)에서 해당 格

의 원신元神이 피극被剋되면 파격이고, 원신을 剋한 기신을 剋하거나 간합干合으로 기반시키면 파격에서 벗어난다.

상술上述한 내용을 반영하고 보완하여, 다음과 같은 기준으로 인수격의 파격조건破格條件을 규정規定한다.

[형식적 파격조건 (용신은 존재하나, 하자瑕疵가 있는 경우)]

1) 월지가 이웃한 지지와 沖이 되거나, 2) 인수격의 원신元神이 이웃한 천간에게 피극被剋(진극眞剋만 해당)되거나 피합被合되면 파격이다. 예를 들면 甲일주 子月 인수격이 년지나 일지에서 午火를 만나서 子午沖이 성립되거나, 천간에 透한 인수격의 원신인 癸水가 이웃한 己土 정재에게 피극되거나, 이웃한 戊土 편재에게 피합되면 파격이다. 단 고지충庫支沖의 정기장간正氣藏干은 통근력을 상실하지 않으므로, 이를 파격으로 보면 안 된다. 또한 지지에서 재성국財星局(삼합/방합/준삼합/준방합/반합 등 모두 포함)이 성립하여, 원신을 공격하여도 파격이다.

[내용적 파격조건 (용신이 소멸되거나, 정定할 수 없는 경우)] 3) 인수격의 용신이 피극被剋(진극眞剋만 해당)되거나 피합被合되면 파격이다. 예를 들면 甲일주 子月生 인용관살격印用官殺格에서 정관 용신 辛金이 丁火에게 피극되거나, 丙火에게 피합되면 파격이다. 이때 丁火/丙火는 용신과 이격 없이 붙어 있어야 한다. 또한 지지에서 식상국食傷局이 성립하여, 정관 용신을 공격하여도 파격이다. 4) 인수가 천간에 3개가 透하면 파격이다. 인성 편중偏重으로 극신강사주極身强四柱가 된다. 하지만 월령이 인수이므로 종강격從强格이 될 확률이 높다 5) 인수격이라도 관살혼잡官殺混雜이면 파격이다. 하지만 정관격에서 파격인 중관重官이나 중살重殺은 파격이 아니다. 그리고 거살류관去殺留官이나 거관류살去

官留殺이 성립하면, 파격이 해소된 것이다. 6) 인수격이라도 투간透干한 상관이 정관을 剋하면 파격이다. 이때 상관과 정관은 이격 없이 붙어 있어야 한다. 또한 지지에서 식상국食傷局이 성립하여, 정관을 공격하여도 파격이다. 7) 인수격이라도 투간한 재성이 편관을 생조生助하면 파격이다. 이때 財와 殺은 이격 없이 붙어 있어야 한다. 또한 지지에서 재성국財星局이 성립하여, 편관을 생조하여도 파격이다.

3.3 인수격 예제 (印綬格 例題)

5) 乾命/1961. 11. 17. 酉時

정인		일주		정재		정관	
癸		甲		己		辛	
酉		寅		亥		丑	
辛		丙甲		戊/甲(司令)/壬		癸辛己	
70	60	50	40	30	20	10	5
2032	2022	2012	2002	1992	1982	1972	1967
辛	壬	癸	甲	乙	丙	丁	戊
卯	辰	巳	午	未	申	酉	戌

[甲일주 亥月 壬월령] 인수가 득령하고, 천간에서는 재관인財官印이 모두 透하고 재인불애財印不礙하고, 지지에서는 甲寅亥 준비겁국과 癸亥丑 준인수국이 성립하여 신강인수격이다. 소위 신강치삼기身强值三奇 사주이다. 신강하여 辛金 정관을 용신으로 삼는다. 용신은 시지 酉金(왕

지旺支)에 통근한다. 한편 일주는 동목冬木이므로 조후상調候上 화기火氣가 필요한데, 일지 寅中丙에 숨어 있어 미약하다.

[丁酉大運] 丁運에는 木火土金水 모든 오행이 구족俱足하나, 년간辛(용신)을 훼하여 상관견관傷官見官이 된다. 酉運에는 년지丑과 결합, 酉丑 관살 반합국(희신)이 성립하여, 辛용신의 勢가 강화된다. [丙申大運] 丙運은 년간辛과 간합하여, 辛용신은 합거合去되고 아울러 조후도 해결되지 못한다. 申運에는 일지寅과 결합, 寅申沖으로 쌍방피상雙方被傷의 국면이 되어, 寅木이 충거沖去된다. 이로 인해 甲寅亥 준비겁국(기신)이 소멸된다.《丁酉/丙申 運은 간극지운干剋支運으로, 지지의 작용력이 감소된다.》[乙未大運] 乙運은 년간辛에게 피극被剋되어, 한신운閑神運이 된다. 未運에는 년지丑과 결합, 丑未沖으로 충출沖出된 丑中癸는 시간癸에 입간入干하여, 癸亥丑 준인수국(기신)을 소멸시키고, 未中丁(식상)은 개고開庫가 된다. [甲午大運] 甲運은 월간己와 간합하여, 일간甲과의 쟁합爭合으로 甲己합이 불합不合이 되고, 이로 인해 쟁재爭財의 양상이 된다. 午運에는 일지寅과 결합, 寅午 식상 반합국(희신)이 성립하여 조후를 해결하고, 己희신을 생조하여 상관생재傷官生財의 흐름이 된다. [癸巳大運] 癸運에는 이미 시간에 癸정인이 투透하여, 인성혼잡印星混雜이 된다.《癸運은 본디 월간己에게 피극되어야 하나, 己정재는 일간甲과 합하여 甲일주에 매진邁進하는 바, 癸運을 剋할 수 없다.》巳運에는 월지亥와 결합, 巳亥沖으로 쌍방피상의 국면이 되어, 亥水가 충거된다. 이로 인해 癸亥丑 준인수국(기신)이 소멸되고, 甲寅亥 준비겁국(기신)도 소멸된다. 이후 시지酉와 결합, 辛巳酉 준관살국(희신)이 성립하여 甲일주를 압박한

다. [壬辰大運] 壬運에도 癸運과 같이 인성혼잡이 된다. 辰運은 일간甲의 쇠근衰根으로 일지寅과 결합, 甲寅辰 준비겁국(기신)이 성립하여 甲일주의 勢가 강화된다.

본 명조는 조후(火)가 시급한데, 억부용신(金)과 상치相馳된다. 천간에서는 丁運, 지지에서는 午運에 조후를 해소한다. 반면 억부상으로 재관財官(土金) 運이 희신인데, 천간에서는 재성혼잡財星混雜이나 중관重官 등으로 이롭지 않고, 지지에서는 酉運이 길운으로 작용한다.

6) 乾命/1955. 5. 17. 辰時

편인	일주	상관	정관
丙 辰	戊 寅	辛 巳	乙 未
乙癸戊	丙甲	戊/庚(司令)/丙	丁乙己
70	60	50	40	30	20	10	5
2026	2016	2006	1996	1986	1976	1966	1961
癸 酉	甲 戌	乙 亥	丙 子	丁 丑	戊 寅	己 卯	庚 辰

[戊일주 巳月 丙월령] 인수가 득령하고, 丙寅巳未 준인수국이 성립하여 신강인수격이다. 신강하여 乙木 정관을 용신으로 삼으려 하나, 상관견관傷官見官으로 극거剋去되어 파격이다. 차선으로 일주를 설기洩氣하는 辛金을 용신으로 삼는다. 용신은 좌하坐下의 巳中庚(장생지)에 통근한다. 한편 일주는 하토夏土이므로 조후상調候上 수기水氣가 필요한데, 水가 보이지 않는다. 무엇보다도 조후가 시급하다.

[己卯大運] 己運은 월간辛(용신)을 生하여 이롭다.《신강사주에서 비견은 식상을 생조하는 역할을 한다.》《년간乙은 이웃한 월간辛에게 극거剋去되어, 己運을 剋하지 못한다.》卯運에는 년일시의 未寅辰과 결합, 寅卯辰未 관살국(희신)이 성립하여, 戊일주를 압박한다. [戊寅大運] 戊運에도 월간辛(용신)을 生하여 이롭다. 寅運에는 사지四支에 動하는 기류가 없으나, 시간丙(기신)의 생근生根으로 작용한다.《년간乙은 극거된 상태이므로, 寅運은 목세木勢를 강화시키는 녹근祿根으로 작용하지 못한다.》《寅運과 월지巳와 결합한 寅巳 조합은 刑이 아닌, 丙寅巳 준인수국의 구성원인 준반합이다.》[丁丑大運] 丁運에는 이미 시간에 丙편인이 透하여 인성혼잡印星混雜이 되고, 월간辛(용신)을 剋하여 이롭지 않다. 丑運에는 년지未와 결합, 丑未沖으로 충출沖出한 未中丁은 시간丙에 입간入干하여, 丙巳未 준인수국(기신)이 소멸되고, 丑中癸(재성)는 일간戊와 합하여 戊일간은 득재得財한다. [丙子大運] 丙運은 월간辛과 간합하여, 辛용신은 합반合絆이 된다. 子運에는 시지辰과 결합, 子辰 재성 반합국(희신)이 성립하고, 조후도 해결된다. [乙亥大運] 乙運은 일간戊를 剋하여, 戊일주는 득관得官한다.《년간乙 정관은 월간辛에게 극거된 바, 이를 중관重官으로 보면 안 된다.》亥運에는 월지巳와 결합, 巳亥沖으로 쌍방피상雙方被傷의 국면이 되어,《원국原局에서는 木오행이 극거된 상황이나, 乙運이 도래하여 쌍방피상이 된다.》巳火가 충거沖去된다. 이로 인해 丙寅巳未 준인수국(기신)이 소멸되고, 辛용신은 생근을 상실한다. 이후 일지寅과 결합, 乙寅亥 준관살국(희신)이 성립하여 戊일주를 압박한다. [甲戌大運] 甲運에도 일간戊를 剋하여, 戊일주는 득관한다. 戌運은 시간丙의 고근庫根으로 일지寅과 결합, 丙寅戌 준인수국(기신)이 성립하여 戊일주

를 생조한다. 이후 시지辰과 결합, 辰戌沖으로 충출한 辰中乙은 년간乙에 입간하여, 寅辰 준반합이 소멸되고, 辰中癸는 일간戊와 합하여 戊일주는 득재得財하고, 戌中辛은 시간丙과 합하여 丙기신을 구속시킨다.

本 명조는 (前 명조와 달리) 조후로나 억부로나 水運(재성)이 필요한데, 천간에서는 너무 늦게(70대) 도래한다. 반면 지지에 서는 북향(丑子亥) 運이 도래할 때, 해소된다.

4. 식신격 (食神格)

4.1 식신격의 개념 (食神格의 槪念)

식신은 길신吉神이지만 일주와의 관계에서 마냥 좋은 것이 아니다. 아신我神의 에너지를 소모消耗하게 하는 설기洩氣는 그리 반가운 것이 아니기 때문이다. 그럼에도 불구하고 인간은 태어나면서부터 의식주를 해결해야 하므로 노동을 해야 하고 이를 통해 득재得財할 수 있으니 필수불가결한 것이다.

그런데 식신은 같은 아생자我生者인 상관傷官과 비교하여 노동의 강도强度가 적당하니 복록福祿이 있는 것이다. 또한 식신과 상관의 차이는 정관과 편관과의 관계에서도 비롯된다. 즉 최고의 길신인 정관을 剋하여 상관은 흉신凶神이 되고, 최악의 흉신인 편관을 剋하여 식신은 길신이 된다. 이런 관점에서 식신과 상관의 정편正偏 구분은 유의미有意味하다.

이와 같이 식신은 길신이므로 순용順用의 이치에 따르면, 비겁比劫의 생조生助를 선호해야 하나 그렇지 않다. 이는 종래 격국의 원칙이 비겁을 格으로 정하지 않으니. 용신으로도 정하지 않는 것 같다. 또한 비겁의 역할이 식신을 生하기보다는 일주를 방신幇身하는 것이 우선이기 때문으로도 보인다. 그래서 식신의 입장에서는 길신인 재성財星과의 조합이 이롭다. 이는 인수印綬의 공격을 방어하는 역할도 된다. 그리고 당연히 식신을 剋하는 편인偏印은 기신忌神이 된다.

식신격의 월령기준은 일주 대비 식신에 해당되는 월령에 출생한 자로, 해당 배속기간配屬期間은 아래와 같다.

[십간별 식신격 월령기준]

일주	월령	배속기간	일수
甲	丙	巳月中氣初日~午月初氣末日	33일
乙	丁	午月中氣初日~未月中氣末日	32일
丙	戊	未月正氣初日~申月初氣末日 戌月正氣初日~亥月初氣末日	50일
丁	己	丑月正氣初日~寅月初氣末日 辰月正氣初日~巳月初氣末日	50일
戊	庚	申月中氣初日~酉月初氣末日	33일
己	辛	酉月正氣初日~戌月中氣末日	32일
庚	壬	亥月中氣初日~子月初氣末日	33일
辛	癸	子月正氣初日~丑月中氣末日	32일
壬	甲	寅月中氣初日~卯月初氣末日	33일
癸	乙	卯月正氣初日~辰月中氣末日	32일

四柱의 定石

4.2 식신격의 성격/파격유형 (食神格의 成格/破格 類型)

자평진전子平眞詮에서는 식신격의 성격유형成格類型으로, 1) 식신생재食神生財 2) 식신대살食神帶殺 3) 기식취살棄食取殺 등을 열거하고 있다. 세 가지 유형에 대해 설명하자면, 다음과 같다. [해석] 1) 식신생재 유형은 재성격의 재봉식상財逢食傷과 유사한 것처럼 보이나, 재봉식상은 재성이 식상과 조우遭遇하여 생조生助를 받는 것이고, 식신생재는 식신이 재성에 의해 설기洩氣되는 것이므로, 재성 상신相神은 식신격의 기신忌神인 인성의 공격을 방어할 수 있는 이점도 있다. 2) 식신대살 유형은 순용順用도 역용逆用도 아니다. 이는 식신의 재성인 殺 흉신이 透한 유형이다. 여기에서 殺은 상신相神이 아니다. 상신의 역할을 하는 것이 아니기 때문이다. 이 유형에서 식신제살食神制殺의 역할은 이로우나. 식신격 제1의 상신인 재성의 생조를 받으면 재생살財生殺이 되고, 기신忌神인 인수를 생조하는 작용을 하면 이롭지 않다. 그래서 財나 印이 투간透干하면 파격이 된다. 3) 기식취살棄食取殺 유형은 殺과 印이 양투兩透하면, 식신이 인성에게 피극被剋되기 때문에 식신을 포기한다는 것인데, 이는 식신이 길신인데, 인수를 용신으로 삼는다는 것은 역용逆用에 해당되는 모순矛盾이 있는 바, 그래서 기식(棄食: 식신을 포기)이란 용어를 사용한 것 같다. 하여간 식신격에 殺이 있음은 剋洩交加**(극설교가: 관살과 식상이 모두 있어 일주를 압박하는 상태)**의 양상이므로, 인수를 용신으로 삼는 것은 당연한 이치이다. 결과적으로 신약식신격身弱食神格이 인수를 用한 것으로 보면 될 일이다.

그런데 세 가지 유형 外에 정관/비겁/식상 등에 대해서는 용처用處로 언급하지 않았다. 식신은 사길신四吉神의 하나로서 순용順用의 격국이므로, 비겁으로 생조生助받는 유형은 논리적으로 가능하다. 하지만 비겁을 格으로 정하지 않으니, 상신으로 취取하는 것도 불가한 것으로 본 것 같다. 그럼에도 불구하고 비생식比生食이란 오행의 이법체계理法體系가 존재하는 것이고, 신약식신격身弱食神格이면 인수나 비겁을 用하는 것이 이치에 맞는 것이다. 역逆으로 신강식신격身强食神格에서 관살이 重하다면, 식상을 용신으로 삼는다. 다음은 "관살을 용신으로 삼을 수 있는가?" 하는 문제이다. 식신격은 대체로 신약사주身弱四柱인데, 관살을 用한다면 극설교가剋洩交加의 사주를 용인容認하는 셈이므로 기본적으로 불가하나, 사주의 구성이 비겁이 重한 신강사주身强四柱라면 관살을 用할 수 있다.

상술上述한 내용을 반영하여, 다음과 같은 기준으로 식신격의 용신을 구求한다. "식신격은 일주의 왕쇠강약旺衰强弱 여부에 따라 용신을 결정한다." 즉 식상이 득령得令하면 신쇠身衰하므로 인印/비比를 用하고, 식상이 실령失令하면 일주의 신강신약身强身弱 여부를 확인하여, 인비세印比勢가 강하면 식食/재財/관官을 用하고, 식재관세食財官勢가 강하면 인印/비比를 用하면 된다. 여기에서 월지가 이웃한 지지와 沖이 성립하거나, 투간透干한 식상이 이웃한 천간에 피극被剋 또는 피합被合이 되면 실령한 것으로 본다. 단 일주와의 간합干合은 기반羈絆이 안 된다.

[식신격의 성격유형]

일주의 왕쇠강약	용신 유형	특정 십신의 편중
신왕身旺/신강身强	식용재성食用財星	인수重
	식용식상食用食傷	관살重
	식용관살食用官殺	비겁重
신쇠身衰/신약身弱	식용인수食用印綬	식상重/관살重
	식용비겁食用比劫	재성重

다음은 자평진전에서 설명하는 식신격의 파격유형破格類型이다. 1) 식신이 편인을 만나거나 2) 財와 殺이 모두 있으면 파격이 된다.《原文: 食神逢梟, 或生財露煞食神格敗也.》[해석] 1) 정관격과 마찬가지로 가극假剋인 정인으로부터의 피극被剋은 파격조건에서 배제되었다. 논리적 일관성을 견지堅持한 것으로 보인다. 그러므로 정편正偏의 구분이 없는 재성격이나 인수격도 진극眞剋만이 파격임을 유추할 수 있다. 2) 식신생재격食神生財格이 殺을 보면, 재생살財生殺로 파격이 된다. 재생살은 재성격/인수격에서 언급했는데, 또 설명하고 있다. 이는 재생살이 정격正格 전체를 아우르는 파격조건임을 강조하는 것이다.

한편 식신격의 성중유패成中有敗는 다음과 같다. 식신격에 殺과 인수가 있는데, 財를 만나면 결국 파격이 된다.《原文: 食神帶煞印而又逢財.》[해석] 이는 기식취살격棄食取殺格이 재성을 만나면, 용신인 인성을 剋하고 또한 재생살이 되어 일주를 압박하니 파격이 된다.

역逆으로 식신격의 패중유성敗中有成은 다음과 같다. 1) 식신이 편인을 만났는데 기식취살棄食取殺로 성격成格되거나 2) 財가 (인수를 剋하여) 식신을 보호하면, 결국 성격이 된다.《原文: 食逢梟而就煞以成格, 或生財

以護食.》[해석] 1) 기식취살격棄食取殺格의 성격成格에서 이미 설명한 내용이다. 즉 기식棄食이 되면, 인성이 透하여 성격이 된다고 하였다. 본디 편인(=효신梟神)은 식신격의 기신忌神인데, 정인이든 편인이든 용신으로 삼을 수 있다는 점을 강조한 것 같다. 2) 식신생재격食神生財格에서 상신相神 재성은 인수를 剋할 수 있으므로 格을 보호할 수 있다. 이는 정관패인격正官佩印格에서 상관 기신忌神을 剋하는 인수를, 재왕생관격財旺生官格에서 비겁 기신을 剋하는 관살을 각각 상신으로 정하는 이치와 같다.

상술上述한 내용을 반영하고 보완하여, 다음과 같은 기준으로 식신격의 파격조건破格條件을 규정規定한다.

[형식적 파격조건 (용신은 존재하나, 하자瑕疵가 있는 경우)]

1) 월지가 이웃한 지지와 沖이 되거나, 2) 식신격의 원신元神이 이웃한 천간에게 피극被剋(진극眞剋만 해당)되거나 피합被合되면 파격이다. 예를 들면 甲일주 巳月 식신격이 년지나 일지에서 亥水를 만나서 巳亥沖이 성립되거나, 천간에 투透한 식신격의 원신인 丙火가 이웃한 壬水 편인에게 피극되거나, 이웃한 辛金 정관에게 피합되면 파격이다. 단 고지충庫支沖의 정기장간正氣藏干은 통근력을 상실하지 않으므로, 이를 파격으로 보면 안 된다. 또한 지지에서 인수국印綬局(삼합/방합/준삼합/준방합/반합 등 모두 포함)이 성립하여, 원신을 공격하여도 파격이다.

[내용적 파격조건 (용신이 소멸되거나, 정定할 수 없는 경우)]

3) 식신격의 용신이 피극被剋(진극眞剋만 해당)되거나 피합被合되면 파격이다. 예를 들면 甲일주 巳月生 식용재성격食用財星格에서 정재 용신 己土가 乙木에게 피극되거나, 甲木에게 피합되면 파격이다. 이때 乙木/甲木은 용신과 이격 없이 붙어 있어야 한다. 또한 지지에서 비겁국比

劫局이 성립하여, 정재 용신을 공격하여도 파격이다. 4) 식상이 천간에 3개가 透하면 파격이다. 식상의 심한 설기洩氣로 일주가 허약해진다. 하지만 월령이 식신이므로 종아격從兒格이 될 확률이 높다. 5) 식신격이라도 관살혼잡官殺混雜이면 파격이다. 하지만 정관격에서 파격인 중관重官이나 중살重殺은 파격이 아니다. 그리고 거살류관去殺留官이나 거관류살去官留殺이 성립하면, 파격이 해소된 것이다. 6) 식신격이라도 투간透干한 상관이 정관을 剋하면 파격이다. 이때 상관과 정관은 이격 없이 붙어 있어야 한다. 또한 지지에서 식상국食傷局이 성립하여 정관을 공격하여도 파격이다. 7) 식신격이라도 투간한 재성이 편관을 생조生助하면 파격이다. 이때 財와 殺은 이격 없이 붙어 있어야 한다. 또한 지지에서 재성국財星局이 성립하여 편관을 생조하여도 파격이다.

4.3 식신격 예제 (食神格 例題)

7) 乾命/1950. 6. 29. 寅時

정재	일주	정인	정관
戊	乙	壬	庚
寅	未	午	寅
丙甲	丁乙己	丙/己/丁(司令)	丙甲

70	60	50	40	30	20	10	5
2021	2011	2001	1991	1981	1971	1961	1956
庚	己	戊	丁	丙	乙	甲	癸
寅	丑	子	亥	戌	酉	申	未

[乙일주 午月 丁월령] 어면 오행도 득령하지 못하여 신강신약 여부를 판단하면, 식재관세食財官勢가 월일에 유근有根하고, 寅午 식상 반합국이 성립하여 신약식신격이다. 신약하여 壬水 정인을 용신으로 삼는데 무근無根이다. 한편 일주는 하목夏木이므로 조후상調候上 수기水氣가 필요한데, 월간에 壬水가 透하였다.

[甲申大運] 甲運은 년간庚에게 피극被剋되어, 한신운閑神運이 된다. 申運에는 년시의 寅寅과 결합, 寅申沖으로 쌍방피상雙方被傷의 국면이 되어, 寅木이 충거沖去된다. 이로 인해 乙일주(신약)의 兩 녹근祿根이 상실된다. [乙酉大運] 乙運은 년간庚과 간합하여, 庚희신은 합반合絆이 되어 壬용신을 생조하지 못한다. 酉運에는 월지午와 결합, 午酉害로 소양少陽 酉金(관살)이 태양太陽 午火(식상)에게 흡수된다. 《년간庚은 乙運에게 피합被合되어 酉金의 원신元神이 되지 못하므로, 害가 성립한다.》 [丙戌大運] 丙運은 월간壬에게 피극되어, 한신운이 된다. 戌運에는 년월의 寅午와 결합, 寅午戌 식상국(기신)이 성립하여 火기신의 勢가 막강하다. [丁亥大運] 丁運은 월간壬과 간합하여, 壬용신은 합반이 된다. 亥運은 일간乙의 생근生根으로 년일시의 寅未寅과 결합, 乙寅寅未亥 준비겁국(희신)이 성립하여 乙일주의 勢가 강화된다. [戊子大運] 戊運에는 시간에 이미 戊정재가 透하여, 재성혼잡財星混雜이 된다. 그리고 월간壬을 剋하여, 壬용신은 극거剋去된다. 子運에는 월지午와 결합, 子午沖으로 왕자충쇠旺者沖衰 쇠자발衰者拔의 국면이 되어, 午火가 충거된다. 이로 인해 寅午합(기신)은 합소合消된다. [己丑大運] 己運에도 戊運과 같이 재성혼잡이 된다. 丑運에는 일지未와 결합, 丑未沖으로 충출沖出된 未中丁은

월간壬과 合하여, 壬용신을 구속시키고, 丑中癸는 시간戊와 합하여 戊기
신을 구속시킨다.

  本 명조는 신약하여 인비운印比運(水木)이 희신인데, 천간의 비겁운
(甲乙)은 년간 庚金에게 피극 또는 피합되어 이롭지 않다. 지지에서는 40
대 이후 북향(亥子丑) 運이 도래한다. 다만   丑運에는 丑未沖이 發하여,
흉운으로 작용한다.

8) 乾命/1958. 11. 5. 午時

편인		일주		편관		식신	
甲 午		丙 戌		壬 戌		戊 戌	
己丁		辛丁戊		辛/丁/戊(司令)		辛丁戊	
70	60	50	40	30	20	10	5
2029	2019	2009	1999	1989	1979	1969	1964
庚 午	己 巳	戊 辰	丁 卯	丙 寅	乙 丑	甲 子	癸 亥

  [丙일주 未月 戊월령] 식신이 득령하여 신약식신격이다. 천간에서 壬水
편관이 戊土 식신에게 극거剋去되고, 지지에서는 戊土 식신이 년월일에 유
근有根하여 토세土勢가 강하다. 신약하여 甲木 편인을 용신으로 삼는다.
용신은 무근無根이지만 丙午戌 준비겁국이 성립하여 일주를 돕고 있다.

  [甲子大運] 甲運은 일간丙(신약)을 生하고 년간戊(기신)를 剋하여 이롭

다. 子運에는 시지午와 결합, 子午沖으로 쇠자충왕衰者沖旺 왕자발旺者 發의 국면이 되어 午火(희신)가 發한다.《월간壬은 이웃한 월간戊에게 극거剋去되어, 子水(기신)는 쇠자가 된다.》[乙丑大運] 乙運에도 일간丙(신약)을 生하여 이롭다. 丑運에는 사지四支에 發하는 기류가 없으나, 丑戌刑의 金氣(기신)는 動한다.《丑運과 년월일의 戌과 결합한 丑戌刑은, 動하나 發하지 못한다. 이는 종속변수인 일지가 포함된 丙午戌 준비겁국에 승勝할 수 없기 때문이다.》[丙寅大運] 丙運은 일간丙(신약)을 방신幇身하여 이로우나, 최양最陽인 丙火의 속성상 큰 도움은 못된다.《월간壬은 년간戊에게 극거되어, 丙運을 剋할 수 없다.》寅運은 일간丙의 생근生根으로 년월일시의 戌午와 결합, 丙寅午戌戌戌 비겁국(희신)이 성립하여, 丙일주의 역량이 극대화된다.《丙寅運은 간지통운干支通運으로 간지의 작용력이 증가된다.》[丁卯大運] 丁運은 월간壬과 간합하여, 이미 극거된 壬한신은 합반合絆이 된다. 卯運에는 사지四支에 動하는 기류가 없으나, 甲용신의 왕근旺根으로 작용한다.《卯運과 년월일의 戌과 결합한 卯戌 조합은, 천간에 木/土 오행이 모두 透하여 불합不合이다. 또한 시지午와 결합한 卯午 조합은, 천간에 甲이 透하여 역시 불해不害이다.》[戊辰大運] 戊運에는 이미 년간에 戊식신이 透하여, 식상혼잡食傷混雜이 된다. 辰運에는 년월일의 戌과 결합, 辰戌沖으로 충출沖出한 戌中辛은 일간丙과 合하여, 丙일주는 득재得財하고, 戌中丁은 일간丙에 입간入干하여 丙午戌 준비겁국(희신)이 소멸된다. [己巳大運] 己運에도 戊運과 같이 식상혼잡이 된다. 이후 시간甲(용신)과 간합한다. 巳運은 일간丙의 녹근祿根으로 시지午와 결합, 丙巳午 준비겁국(희신)이 성립하여, 丙일주의 勢가 강화된다.

本 명조는 신약하여 인비운印比運(木火)이 희신인데, 인생 전반에 걸쳐 간지干支 모두가 동·남향(甲乙丙丁/寅卯辰巳午)으로 흘러간다. 다만 丁/辰 運은 합충合沖 작용으로 인하여, 길변위흉吉變爲凶의 運으로 변모한다.

5. 편관격 (偏官格)

5.1 편관격의 개념 (偏官格의 概念)

편관은 사흉신四凶神(살상겁효殺傷劫梟) 中에서도 최악의 흉신으로 여긴다. 동일한 오행인 정관이 최고의 길신이라는 점과는 상반相反되는 십신이다. 이는 편관의 강압적이고 비합리적인 제어가 개인의 자유를 억압하고, 사회질서를 파괴하고 인류의 안녕을 위협할 수 있기 때문이다.

그래서 편관격은 역용逆用의 이치로 교화敎化시켜야 하므로, 식신으로 제살制殺하거나 인수로 설기洩氣하는 것이 원칙이다. 역역으로 흉화凶禍를 가중시키는 재성은 재생살財生殺이 되어 파격의 원인이 된다.

편관격의 월령기준은 일주 대비 편관에 해당되는 월령에 출생한 자로, 해당 배속기간配屬期間은 아래와 같다.

[십간별 편관격 월령기준]

일주	월령	배속기간	일수
甲	庚	申月中氣初日~酉月初氣末日	33일
乙	辛	酉月正氣初日~戌月中氣末日	32일
丙	壬	亥月中氣初日~子月初氣末日	33일
丁	癸	子月正氣初日~丑月中氣末日	32일
戊	甲	寅月中氣初日~卯月初氣末日	33일
己	乙	卯月正氣初日~辰月中氣末日	32일
庚	丙	巳月中氣初日~午月初氣末日	33일
辛	丁	午月中氣初日~未月中氣末日	32일
壬	戊	未月正氣初日~申月初氣末日 戌月正氣初日~亥月初氣末日	50일
癸	己	丑月正氣初日~寅月初氣末日 辰月正氣初日~巳月初氣末日	50일

5.2 편관격의 성격/파격 유형 (偏官格의 成格/破格 類型)

　자평진전子平眞詮에서는 편관격의 성격유형成格 類型으로, 1) 살용식제殺用食制 2) 살격용인殺格用印 3) 살격봉인殺格逢刃 등을 열거하고 있다. 세 가지 유형에 대해 설명하자면, 다음과 같다. [해석] 1) 살용식제 유형은 역용逆用 원칙의 전형典型이다. 그런데 식신제살食神制殺은 진극眞剋에 해당되는데, 가극假剋에 해당되는 상관가살(傷官駕殺: 상관으로 殺을 극제剋制)도 가능하다. 흉신凶神은 극하는 것이 급선무이므로, 진극신眞剋神이 없으면 가극신假剋神도 가능한 것이다. 이는 순용順用의

　　　　　　　　　　　　　　　　　　　　　　　　四柱의 定石

이치에서 파격조건으로, 格을 공격하는 기신忌神을 진극으로 한정한 것과 달리한다. 2) 살격용인 유형은 신약사주身弱四柱에서 살생인생일주殺生印生日主의 흐름으로, 흉신凶神인 殺을 洩하고 일주를 生하는 일거양득一擧兩得의 효과가 있다. 여기에서 인성은 정편正偏을 구분하지 않고 상신相神이 된다. 3) 살격봉인 유형은 상극관계相剋關係에 있는 흉신 양인陽刃으로 흉신 칠살七殺(=편관)에 대적한다는 것인데, 이법상理法上 살극겁殺剋劫의 구조이므로, 양인을 상신으로 정함이 불가해 보이나, 실상은 그렇지 않다. 陽일주의 입장에서 양인을 뿌리로 둔 것은 극왕極旺을 의미한다. 즉 아신我神을 공격하는 칠살에 방어할 수 있는 조건을 구비한 것이다. 다만 년지가 아닌 일지나 시지에 양인을 놓아, 살인균정(殺刃均停: 殺의 勢와 양인의 勢가 균형을 이룬 상태)이 이루어져야 한다. 4) 세 가지 유형 外에도 합살合殺로 인한 성격 유형도 있다. 편관이 천간에 透하면, 일주에게는 상당한 압박이 된다. 이때 투간透干한 殺이 이웃한 천간과 합하면, 기반羈絆이 되어 무력화無力化된다. 즉 陽일주의 합살은 편관합겁(偏官合劫: 편관과 겁재의 合)이 되고, 陰일주의 합살은 상관합살(傷官合殺: 상관과 편관의 合)이 된다.

그런데 세 가지 유형 外에 재성/비겁/관살 등에 대해서는 용처用處로 언급하지 않았다. 편관격은 대체로 신약사주身弱四柱가 될 확률이 높다. 그래서 실상은 제1의 상신相神인 식신을 用하기 어렵다. 사주의 배치가 적절하지 못하면, 극설교가剋洩交加의 사주로 전락轉落하기 때문이다. 그래서 신약편관격身弱偏官格이면 억부抑扶의 이치로 인수를 用하는 것이 자연스럽다. 만약 인수가 없거나 재성이 重하다면, 비겁을 用하는 것이다. 역逆으로 신강편관격身强偏官格이 식상이 없거나 인수가 重하다면, 재성을 用하는 것이 합리적이다. 단 殺이 투간하거나 지지에서 관살국官殺局이 성립하여, 재생살財生殺이 되면 파격이다. 한편 格의 원신元神이 불투不透하고 인비세印比勢로 충만한 신강사주身强四柱라면, 관살이 용신이다.

다음은 자평진전子平眞詮 편관격에 나오는 유운사劉運使의 명조命組에 대한 설명이다.

<table>
<tr><td>庚丙乙甲
寅戌亥申</td><td>신강하고 칠살은 약하고, 인수는 칠살의 기운을 설기洩氣하여 용신이 불청不淸하므로, 재財를 빌려 격格을 맑게 하여 귀격貴格이 되었다. 《原文: 身重煞輕, 煞又化印, 用神不淸, 而借財以淸格, 亦爲貴格.》</td></tr>
</table>

결과적으로 신강편관격身强偏官格이고 인수가 重하여, 억부抑扶의 이치로 財를 용신으로 삼는다 하면 될 일인데, 격국의 이치로 해결하려고 하니, 용신불청用神不淸이나 차재借財라는 어휘를 굳이 사용하여 설명한 것으로 보인다.

상술上述한 내용을 반영하여, 다음과 같은 기준으로 편관격의 용신을 구求한다. "편관격은 일주의 왕쇠강약旺衰强弱 여부에 따라 용신을 결정한다." 즉 관살이 득령得令하면 신쇠身衰하므로 인印/비比를 用하고, 관살이 실령失令하면 일주의 신강신약身强身弱 여부를 확인하여, 인비세印比勢가 강하면 식食/재財/관官을 用하고, 식재관세食財官勢가 강하면 인印/비比를 用하면 된다. 여기에서 월지가 이웃한 지지와 沖이 성립하거나, 투간透干한 관살이 이웃한 천간에 피극被剋 또는 피합被合이 되면 실령한 것으로 본다. 단 일주와의 간합干合은 기반羈絆이 안 된다.

四柱의 定石

일주의 왕쇠강약	용신 유형	특정 십신의 편중
신왕身旺/신강身强	살용식상殺用食傷	관살重
	살용관살殺用官殺	비겁重
	살용재성殺用財星	인수重
신쇠身衰/신약身弱	살용인수殺用印綬	식상重/관살重
	살용비겁殺用比劫	재성重

다음은 자평진전에서 설명하는 편관격의 파격유형破格類型이다. 칠살이 財를 만났는데 식상의 제복制伏이 없으면 파격이 된다.《原文: 七煞逢財無制, 七煞格敗也.》[해석] 이는 재생살財生殺이 되어도 식상의 제복이 있다면, 파격이 아니라는 것이다. 하지만 식상이 시간에 있고 財가 월간, 殺이 년간에 있으면 파격이다. 즉 財와 殺이 이격 없이 붙어 있으면, 식상이 透해도 소용이 없다.

한편 편관격의 성중유패成中有敗는 다음과 같다. 칠살격七殺格이 식신의 제복을 받고 있는데 인수를 만나면 결국 파격이 된다.《原文: 七煞逢食制而又逢印.》[해석] 인수가 상신相神인 식신을 剋하면 당연히 파격이다. 이러한 이치는 이미 재성격이나 식신격에서도 언급하였다. 그러므로 모든 격국의 상신은 피극被剋되면, 파격이 된다.

역逆으로 편관격의 패중유성敗中有成은 다음과 같다. 칠살격이 식신의 제복을 받고 있는데, 인수가 透하면 파격이 된다. 이때 재성을 만나 인수를 제거하고 식신을 남기면 결국 성격이 된다.《原文: 煞逢食制, 印來護煞, 而逢財以去印存食.》[해석] 상신인 식신을 剋한 인수 기신忌神을 재성으로 剋하면, 구응救應이 된다는 것이다. 거의 모든 격국에서 이러한 논리를 펼치는데, 다음과 같이 정리가 된다. 상신이 피극被剋되면, ① 상신을 剋한 기신忌神을 극제剋制하거나 ② 기신과 간합干合하여 기반羈絆시키거나 ③ 상신과 기신 사이에 통관通關하는 신神이 있으면 구응이 된다.

상술上述한 내용을 반영하고 보완하여, 다음과 같은 기준으로 편관격의 파격조건破格條件을 규정規定한다.

[형식적 파격조건 (용신은 존재하나, 하자瑕疵가 있는 경우)]

1) 월지가 이웃한 지지와 沖이 되거나, 2) 편관격의 원신元神이 이웃한 천간에게 피생被生되면 파격이다. 예를 들면 甲일주 申月 편관격이 년지나 일지에서 寅木을 만나서 寅申沖이 성립되거나, 천간에 透한 편관격의 원신인 庚金이 이웃한 土(戊/己) 재성에게 생조生助를 받으면 파격이다. 단 고지충庫支沖의 정기장간正氣藏干은 통근력을 상실하지 않으므로, 이를 파격으로 보면 안 된다.

[내용적 파격조건 (용신이 소멸되거나, 정定할 수 없는 경우)]

3) 편관격의 용신이 피극被剋(진극眞剋만 해당)되거나 피합被合되면 파격이다. 예를 들면 甲일주 申月生 살용식상격殺用食傷格에서 식신 용신 丙火가 壬水에게 피극되거나 辛金에게 피합되면, 파격이다. 이때 壬水/辛金은 용신과 이격 없이 붙어 있어야 한다. 또한 지지에서 인수국印綬局(삼합/방합/준삼합/준방합/반합 등 모두 포함)이 성립하여, 식신 용신을 공격하여도 파격이다. 4) 편관의 흉포성凶暴性으로 인해 관살혼잡官殺混雜(官과 殺이 모두 투간透干한 상태)/중관重官(官이 두 개 이상 투간한 상태)/중살重殺(殺이 두 개 이상 투간한 상태)이 성립하면 파격이다. 하지만 거살류관去殺留官이나 거관류살去官留殺이 성립한 경우에는

파격이 아니다. 5) 편관격이라도 투간한 상관이 정관을 剋하면 파격이다.
이때 상관과 정관은 이격 없이 붙어 있어야 한다. 또한 지지에서 식상국
이 성립하여, 정관을 공격하여도 파격이다.

5.3 편관격 예제 (偏官格 例題)

9) 乾命/1953. 8. 21. 寅時

식신		일주		편관		정인	
丙		甲		庚		癸	
寅		辰		申		巳	
丙甲		乙癸戊		戊/壬(司令)/庚		庚丙	
70	60	50	40	30	20	10	5
2024	2014	2004	1994	1984	1974	1964	1959
壬	癸	甲	乙	丙	丁	戊	己
子	丑	寅	卯	辰	巳	午	未

　[甲일주 申月 庚월령] 편관이 득령하여 신약편관격이다. 일주는 월주
庚申에게 피극被剋되고, 시주 丙寅에게 설기洩氣되어 극설교가剋洩交加
의 상황에 처해 있다. 신약하여 癸水 정인을 용신으로 삼는다. 용신은 월
지 申中壬(장생지)에 통근하여 다소 미약해 보이나, 癸申辰 준인수국 및
甲寅辰 준비겁국이 성립하여, 일주의 勢는 약하지 않다.

　[戊午大運] 戊運은 년간癸와 간합하여, 癸용신은 합거合去가 된다. 午

運은 시간丙의 왕근旺根으로 년시의 巳寅과 결합, 丙寅巳午 준식상국
(기신)이 성립하여 甲일주를 洩한다. [丁巳大運] 丁運은 년간癸에게 피
극被剋되어, 한신운閑神運이 된다. 巳運은 시간丙의 녹근祿根으로 시지
寅과 결합, 丙寅巳 준식상국(기신)이 성립하여 甲일주를 洩한다. [丙辰
大運] 丙運은 일간甲(신약)을 洩하고, 월간庚(희신)을 剋하여 이롭지 않
다. 辰運에는 사지四支에 發하는 기류가 없으나, 辰辰害의 목기木氣(희
신)는 動한다.《辰運과 일지辰이 결합한 辰辰害는 動하나 發하지 못한다.
이는 종속변수인 일지가 포함된 甲寅辰 준비겁국에 승勝할 수 없기 때문
이다.》[乙卯大運] 乙運은 월간庚과 간합하여, 庚기신은 합반合絆이 된
다. 卯運은 일간甲의 왕근으로 일시의 辰寅과 결합, 甲寅卯辰 비겁국(희
신)이 성립하여, 甲일주의 역량이 극대화된다. [甲寅大運] 甲運은 월간庚
에게 피극되어, 한신운이 된다. 寅運에는 월지申과 결합, 寅申沖으로 쌍
방피상雙方被傷의 국면이 되어, 申金이 충거沖去된다. 이로 인해 庚巳申
준관살국(기신)이 소멸되고, 癸申辰 준인수국(희신)도 소멸된다.《寅運
과 년월의 巳申과 결합한 寅巳申 조합은, 천간에 火/金 오행이 모두 透하
여 불형不刑이다.》[癸丑大運] 癸運은 일간甲(신약)을 生하여 이롭다. 丑
運은 월간庚의 고근庫根으로 년지巳와 결합, 庚巳丑 준관살국(기신)이
성립하여 甲일주를 압박한다.

本 명조는 신약하여 인비운印比運(水木)이 희신인데, 40대 이후에 천
간에서는 乙/癸/壬 運, 지지에서는 辰/卯/子 運 등이 길운으로 작용한다.

10) 乾命/1950. 11. 27. 戌時

식신		일주		겁재		편재	
戊		丙		丁		庚	
戌		寅		亥		寅	
辛丁戊		丙甲		戊/甲/壬(司令)		丙甲	
70	60	50	40	30	20	10	5
2021	2011	2001	1991	1981	1971	1961	1956
乙	甲	癸	壬	辛	庚	己	戊
未	午	巳	辰	卯	寅	丑	子

[丙일주 亥月 壬월령] 어떤 오행도 득령하지 못하여 신강신약 여부를 판단하면, 인비세印比勢가 년일시에 유근하고, 丙寅戌 준비겁국과 寅亥의 목기木氣도 있어, 약변위강弱變爲强 편관격이다. 신강하여 戊土 식신을 용신으로 삼는다. 용신은 좌하坐下의 戌中戊(동기근同氣根)에 통근한다.

[己丑大運] 己運은 일간丙(신강)을 洩하고, 년간庚을 生하여 상관생재傷官生財가 이루어지니 이롭다. 丑運에는 사지四支에 動하는 기류가 없으나, 시간戊(용신)의 동기근同氣根으로 작용한다.《丑運과 시지戌이 결합한 丑戌 조합은, 천간에 金오행이 透하여 불형不刑이다.》[庚寅大運] 庚運에는 년간에 이미 庚편재가 透하여, 재성혼잡財星混雜이 된다. 寅運에는 년일의 寅과 결합, 寅寅害로 지지병존地支竝存의 피해(활동성 과다)가 있다.《월지亥와 결합한 寅運에는 亥水 하나를 놓고, 세 寅木(년지/일지/寅運)이 쟁합爭合하는 국면이 된다.》[辛卯大運] 辛運에도 庚運과 같이 재성혼잡이 된다. 卯運에는 월지亥와 결합, 亥卯 인수 반합국(기신)

이 성립하여, 丙일주를 생조한다. 이후 시지戌과 결합, 卯戌合으로 卯(인성)가 구속된다. [壬辰大運] 壬運은 월간丁과 간합하여, 丁기신은 합거合去가 된다. 辰運에는 시지戌과 결합, 辰戌沖으로 충출沖出한 戌中辛은 일간丙과 합하여, 丙일주는 득재得財하고, 戌中丁은 월간丁에 입간入干하여 丙寅戌 준비겁국(기신)이 소멸되고, 辰中乙은 년간庚과 합하여 庚희신을 구속시킨다. [癸巳大運] 癸運은 년간庚에게 피생被生되어 재생관財生官이 이루어지고, 월간丁(기신)을 剋한다. 이후 시간戊(용신)와 간합한다. 巳運에는 월지亥와 결합, 巳亥沖으로 쌍방피상雙方被傷의 국면이 되어, 亥水(희신)가 충거沖去된다. [甲午大運] 甲運은 년간庚에게 피극被剋되어, 한신운閑神運이 된다. 午運은 일간丙의 왕근旺根으로 년일시의 寅寅戌과 결합, 丙寅寅午戌 비겁국(기신)이 성립하여 丙일주의 勢가 막강하다.

本 명조는 신강하여 식재관운食財官運(土金水)이 희신인데, 천간의 재성(金)운은 재성혼잡으로 이롭지 않다. 반면 지지에서는 동·남향(寅卯辰巳午未)으로 흘러간다. 다만 辰運에는 辰戌沖이 發하여, 흉변위길凶變爲吉의 運으로 변모한다.

6. 상관격 (傷官格)

6.1 상관격의 개념 (傷官格의 槪念)

상관傷官은 자의상字義上으로 官을 상상傷하게 한다는 의미이다. 이 의미는 식신이 흉신凶神인 殺을 剋하여 길신吉神이 되며, 상관은 길신인 官을 剋하여 흉신으로 분류되는 이분법적二分法的인 논리이다.

한편 식신과 상관의 차이는 "일주의 에너지를 얼마나 소모消耗하는가?"에도 있다. 즉 식신은 동일한 음양의 설기洩氣로서 적당하다고 보아서 누기漏氣이고, 상관은 상반相反된 음양의 설기로서 과過하다고 보아서 도기盜氣라고 한다. 하지만 이를 인간 성정性情의 측면에서 보면, 식신은 우유부단優柔不斷하고 결단성이 부족하여 주어진 기회를 놓칠 확률이 높다. 반면에 상관은 정열적이고 적극적이어서 사회적으로 출세할 확률이 높다. 그러므로 현대사회에서는 상관이 식신보다 더 대접待接받는 것이 아닌가 싶다.

하여간 상관은 흉신으로 분류되어 역용逆用의 이치에 따라 剋하거나 洩해야 하는 바, 인수나 재성이 용신이 된다. 그런데 상관격은 (편관격과 달리) 흉신을 剋하는 인수가 제1의 용신이 아니고, 설기하는 재성을 용신으로 삼는 것이 더욱 상격上格이 된다. 이는 재성의 입장에서 상관의 노력으로 득재得財하는 것이니, 더 이로운 조합으로 보는 것이다. 한편 편관격에서 재성이 흉신인 殺을 生하면 재생살財生殺이 되어 파격인데, 상관격에서는 비겁이 흉신인 상관을 생조生助하여도 파격이라고 하지 않

는다. 이는 비겁의 主된 역할이 일주를 방신幫身하는 것으로 보기 때문
이다.

　상관격의 월령기준은 일주 대비 상관에 해당되는 월령에 출생한 자로,
해당 배속기간配屬期間은 아래와 같다.

[십간별 상관격 월령기준]

일주	월령	배속기간	일수
甲	丁	午月中氣初日~未月中氣末日	32일
乙	丙	巳月中氣初日~午月初氣末日	33일
丙	己	丑月正氣初日~寅月初氣末日	50일
		辰月正氣初日~巳月初氣末日	
丁	戊	未月正氣初日~申月初氣末日	50일
		戌月正氣初日~亥月初氣末日	
戊	辛	酉月正氣初日~戌月中氣末日	32일
己	庚	申月中氣初日~酉月初氣末日	33일
庚	癸	子月正氣初日~丑月中氣末日	32일
辛	壬	亥月中氣初日~子月初氣末日	33일
壬	乙	卯月正氣初日~辰月中氣末日	32일
癸	甲	寅月中氣初日~卯月初氣末日	33일

6.2 상관격의 성격/파격유형 (傷官格의 成格/破格 類型)

　자평진전子平眞詮에서는 상관격의 성격유형成格 類型으로, 1) 상관생
재傷官生財 2) 상관패인傷官佩印 3) 상관대살傷官帶殺 등을 열거하고 있

　　　　　　　　　　　　　　　　　　　　　四柱의 定石

다. 세 가지 유형에 대해 설명하자면, 다음과 같다. [해석] 1) 상관생재 유형은 재성에 의해 설기洩氣되는 것이지만, 재성의 입장에서는 生을 받는 것이다. 인수격에서 官(길신)과 殺(흉신) 모두가 상신相神이 되는 것과 같이, 재성을 생조生助하는 식신(길신)과 상관(흉신) 모두가 상신이 된다. 2) 상관패인 유형은 상관이 사흉신四凶神의 하나로서 역용逆用이 원칙이므로, 인수로 剋하는 것이다. 편관격과 같이 상신(식신제살食神制殺/상관가살傷官駕殺)의 정편正偏 여부를 가리지 않는다. 즉 가극신假剋神인 편인도 상신이 된다. 3) 상관대살 유형은 순용順用도 역용逆用도 아니다. 이는 상관의 재성인 칠살七殺 흉신이 透한 유형이다. 여기에서 殺은 상신相神이 아니다. 상신의 역할을 하는 것이 아니기 때문이다. 이 유형에서 상관이 흉신인 칠살을 剋하고, 상관격 제 2의 상신인 인성을 생조生助하므로 이로우나, 상관격 제1의 상신인 재성에게 피생被生되면, 재생살財生殺이 되어 파격이 된다.

그런데 세 가지 유형 外에 정관/비겁/식상 등에 대해서는 용처用處로 언급하지 않았다. 상관격은 대체로 신강사주身弱四柱가 될 확률이 높다. 그러므로 신약상관격身弱傷官格의 경우에는 재성이나 편관을 용신으로 삼기 어렵다. 그래서 신약상관격이면 억부抑扶의 이치로 인비印比를 用하는 것이 자연스럽다. 역逆으로 신강상관격身强傷官格에서 관살이 重하다면, 식상을 용신으로 삼을 수 있다. 한편 정관을 용신으로 삼는 것은 상관견관傷官見官이 되어 근본적으로 취용取用이 불가하나, 비겁이 重하고 상관으로 인한 정관의 피상被傷이 없다면 정관도 용신이 된다.

상술上述한 내용을 반영하여, 다음과 같은 기준으로 상관격의 용신을 구求한다. "상관격은 일주의 왕쇠강약旺衰强弱 여부에 따라 용신을 결정

한다." 즉 식상이 득령得令하면 신쇠身衰하므로 인印/비比를 用하고, 식
상이 실령失令하면 일주의 신강신약身强身弱 여부를 확인하여, 인비세
印比勢가 강하면 식食/재財/관官을 用하고, 식재관세食財官勢가 강하면
인印/비比를 用하면 된다. 여기에서 월지가 이웃한 지지와 沖이 성립하
거나, 투간透干한 식상이 이웃한 천간에 피극被剋 또는 피합被合이 되면
실령한 것으로 본다. 단 일주와의 간합干合은 기반羈絆이 안 된다.

[상관격의 성격유형]

일주의 왕쇠강약	용신 유형	특정 십신의 편중
신왕身旺/신강身强	상용재성傷用財星	인수重
	상용관살傷用官殺	비겁重
	상용식상傷用食傷	관살重
신쇠身衰/신약身弱	상용인수傷用印綬	식상重/관살重
	상용비겁傷用比劫	재성重

다음은 자평진전에서 설명하는 상관격의 파격유형破格類型이다. 1) 금
수상관金水傷官을 제외하고 정관을 만나거나 2) 상관생재傷官生財가 되
면서 殺이 生하거나 3) 상관패인傷官佩印이 되나 상관이 輕하고 신강身
强하면 파격이 된다.《原文: 傷官非金水而見官, 或生財生帶煞, 或佩印而
傷輕身旺, 傷官格敗也.》[해석] 1) 흉신인 상관이 존귀신尊貴神인 정관을
보면 상관견관傷官見官이 되어 파격이 된다. 여기에서 본다는 의미는 단
순히 상관과 정관이 천간에 양투兩透한 것이 아니라, 이격 없이 붙어 있
어야 파격이다. 그런데 이미 정관격에서 상관견관은 파격이라 하였는데,
상관격에서 또 언급한다. 전술前述한 바와 같이, 상관견관은 비겁격/양

四柱의 定石

인격을 제외한 모든 정격正格에서 파격이 된다. 한편 금수상관金水傷官은 조후調候가 시급하므로, 오히려 관살官殺이 용신이 된다. 2) 상관격뿐만 아니라, (상관견관과 마찬가지로) 비겁격/양인격을 제외한 모든 정격에서 재성과 殺이 만나면 재생살財生殺로 파격이다. 이때 財와 殺은 이격 없이 붙어 있어야 한다. 3) 상관패인격傷官佩印格에서 식상이 輕하고 신강身强하면, 억부抑扶의 이치상 인수를 용신으로 삼을 수 없다. 이는 격국의 이치만 고수固守하지 않고, 억부논리抑扶論理를 적용한 것 같다. 이와 같이 자평진전에서 억부논리를 전혀 고려하지 않은 것은 아니다.

한편 상관격의 성중유패成中有敗는 다음과 같다. 1) 상관생재격傷官生財格에서 財가 간합干合되거나 2) 상관패인격傷官佩印格에서 인수가 피상被傷되면 결국 파격이 된다.《原文: 傷官生財而財又逢合, 佩印而印又遭傷.》[해석] 1) 상신相神이 간합으로 기반羈絆이 되면 제 역할을 할 수 없다. 상관생재격뿐만 아니라, 모든 상신이 간합되면 파격이 된다. 2) 상신인 인수가 재성에게 피극被剋되는 것을 말한다. 상관패인격뿐만 아니라 모든 상신이 기신忌神에게 피극되면, 파격이 된다.

역逆으로 상관격의 패중유성敗中有成은 다음과 같다. 상관생재격傷官生財格이 殺이 透하여 파격인데, 그 殺이 간합이 되면 결국 성격成格이 된다.《原文: 傷官生財透煞而煞逢合.》[해석] 상신이 재생살財生殺로 파격이 되었는데, 기신인 殺이 간합으로 기반羈絆되면 다시 성격이 된다. 이외에도 식상으로 殺을 극제剋制하여도 성격이 된다.

상술上述한 내용을 반영하고 보완하여, 다음과 같은 기준으로 상관격의 파격조건破格條件을 규정規定한다.

[형식적 파격조건 (용신은 존재하나, 하자瑕疵가 있는 경우)]

1) 월지가 이웃한 지지와 沖이 되면 파격이다. 예를 들면 甲일주 午月 상관격이 년지나 일지에서 子水를 만나서 子午沖이 성립되면 파격이다. 단 고지충庫支沖의 정기장간正氣藏干은 통근력을 상실하지 않으므로, 이를 파격으로 보면 안 된다.

[내용적 파격조건 (용신이 소멸되거나, 정定할 수 없는 경우)]

2) 상관격의 용신이 피극被剋(진극眞剋만 해당)되거나 피합被合되면 파격이다. 예를 들면 甲일주 午月生 상용재성격傷用財星格에서 편재 용신 戊土가 甲木에게 피극되거나 癸水에게 피합되면, 파격이다. 이때 甲木/癸水는 용신과 이격 없이 붙어 있어야 한다. 또한 지지에서 비겁국比劫局(삼합/방합/준삼합/준방합/반합 등 모두 포함)이 성립하여, 편재 용신을 공격하여도 파격이다. 3) 식상이 천간에 3개가 透하면 파격이다. 식상의 심한 설기洩氣로 일주가 허약해진다. 하지만 월령이 상관이므로 종아격從兒格이 될 확률이 높다. 4) 상관격이라도 관살혼잡官殺混雜이면 파격이다. 하지만 정관격에서 파격인 중관重官이나 중살重殺은 파격이 아니다. 그리고 거살류관去殺留官이나 거관류살去官留殺이 성립하면, 파격이 해소된 것이다. 5) 상관격이라도 투간透干한 상관이 정관을 剋하면 파격이다. 이때 상관과 정관은 이격 없이 붙어 있어야 한다. 또한 지지에서 식상국食傷局이 성립하여 정관을 공격하여도 파격이다. 6) 상관격이라도 투간한 재성이 편관을 생조生助하면 파격이다. 이때 財와 殺은 이격 없이 붙어 있어야 한다. 또한 지지에서 재성국財星局이 성립하여 편관을 생조하여도 파격이다.

6.3 상관격 예제 (傷官格 例題)

11) 乾命/1955. 6. 3. 寅時

정재		일주		편관		비견	
戊		乙		辛		乙	
寅		未		巳		未	
丙甲		丁乙己		戊/庚/丙(司令)		丁乙己	
70	60	50	40	30	20	10	5
2026	2016	2006	1996	1986	1976	1966	1961
癸	甲	乙	丙	丁	戊	己	庚
酉	戌	亥	子	丑	寅	卯	辰

[乙일주 巳月 丙월령] 어떤 오행도 득령하지 못하여 신강신약 여부를 판단하면, 식재관세食財官勢가 년월일에 유근有根하고 巳未未의 화기 火氣도 있어 신약상관격이다. 신약하여 乙木 비견을 용신으로 삼으려 하나, 이웃한 辛金 편관에게 극거剋去된 상태이다. 차선으로 시지의 寅中 甲을 용신으로 삼는다. 한편 일주는 하목夏木이므로 조후상調候上 수기 水氣가 필요한데, 水오행이 안 보인다.

[己卯大運] 己運에는 시간에 이미 戊정재가 透하여, 재성혼잡財星混雜이 되고, 월간辛을 生하여 재생살財生殺이 된다. 《己運은 년간乙에게 피극被剋되지 않는다. 乙이 이웃한 辛에게 이미 극거剋去되었기 때문이다.》卯運에는 일간乙의 왕근旺根으로 년일시의 未未寅과 결합, 乙寅卯 未未 준비겁국(희신)이 성립하여, 乙일주의 勢가 강화된다. [戊寅大運]

戊運에도 己運과 같이 재성혼잡이 되고 재생살이다. 寅運에는 월지巳와 결합, 寅巳刑으로 巳中庚(기신)이 피상被傷되나, 월간에 辛金이 透하여 상처가 가볍다. [丁丑大運] 丁運은 일간乙(신약)을 洩하나, 월간辛(기신)을 剋하여 이롭다. 丑運에는 년일의 未未와 결합, 丑未沖으로 충출沖出된 未中丁(식상)은 개고開庫가 된다. [丙子大運] 丙運은 월간辛과 간합하여, 辛기신은 합반合絆이 된다. 子運에는 사지四支에 動하는 기류가 없으나, 子水 자체는 조후를 해소한다. [乙亥大運] 乙運에는 월간辛에게 피극되어, 한신운閑神運이 된다. 亥運에는 월지巳와 결합, 巳亥沖으로 쌍방피상雙方被傷의 국면이 되어, 巳火가 충거沖去된다. 이로 인해 辛기신의 생근生根이 상실된다. 이후 일시의 未寅과 결합, 乙寅亥未 준비겁국(희신)이 성립하여, 乙일주의 勢가 강화된다. [甲戌大運] 甲運에는 일간乙(신약)을 방신幫身하여 이롭다. 이른바 등라계갑藤蘿繫甲이다. 戌運에는 년일의 未와 결합, 戌未刑으로 戌中辛(기신)이 피상되나, 월간에 辛이 透하여 상처가 가볍다.

本 명조는 조후로 보나 억부로 보나 인수운印綬運(水)이 중요한데, 30대~50대에 북향(丑子亥)으로 흘러간다. 천간에서는 50대 이후에 희신인 乙/甲/癸 運이 도래하는데, 乙運에는 월간 辛에게 피극被剋되어, 길운으로 작용하지 못한다.

12) 乾命/1955. 10. 23. 申時

상관		일주		겁재		편인	
戊		丁		丙		乙	
申		巳		戌		未	
壬庚		庚丙		辛/丁/戊(司令)		丁乙己	
70	60	50	40	30	20	10	5
2026	2016	2006	1996	1986	1976	1966	1961
戊	己	庚	辛	壬	癸	甲	乙
寅	卯	辰	巳	午	未	申	酉

[丁일주 戌月 戌월령] 상관이 득령하여 신약상관격이다. 지지에서는 巳申의 금기金氣도 있다. 신약하여 丙火 겁재를 용신으로 삼는다. 용신은 일지 巳中丙(녹지祿支) 및 년지 未中丁(쇠지衰支)에 통근하고, 년간 乙木 편인의 도움도 있다.

[甲申大運] 甲運은 일간丁(신약)을 生하고, 시간戊(기신)을 剋하여 이롭다. 申運에는 일지巳와 결합, 巳申刑으로 巳中丙(희신)이 피상被傷되나, 천간에 丙丁이 透하여 상처가 가볍다.《이를 巳申合으로 보면, 쟁합爭合으로 불합不合이므로, 자연스럽게 刑으로 작용한다.》[癸未大運] 癸運은 일간丁(신약)을 剋하여 이롭지 않다. 이후 시간戊와 간합한다. 未運은 월간丙의 쇠근衰根으로 일지巳와 결합, 丙巳未 준비겁국(희신)이 성립하여, 丁일주의 勢가 강화된다. [壬午大運] 壬運은 일간丁과 간합하여, 丁일주는 득관得官한다. 午運은 丁일주의 왕근旺根으로 년월일의 未戌巳와 결합, 丙巳午未戌 비겁국(희신)이 성립하여, 丁일주의 역량이 극대화

된다. [辛巳大運] 辛運은 월간丙과 간합하여, 丙용신은 합반合絆이 된다. 巳運은 丁일주의 녹근祿根으로 년지未와 결합, 丁巳未 준비겁국(희신)이 성립하여 丁일주의 勢가 강화된다. 이후 시지申과 결합, 巳申刑으로 巳中丙(희신)이 피상된다.《甲申運과 辛巳運에서의 巳申刑을 비교하면, 전자前者의 피상이 크다. 전자의 巳申刑은 申中壬 두 개가 巳中丙 한 개를 공격하기 때문이다.》[庚辰大運] 庚運은 년간乙과 간합하여, 乙희신은 합거合去가 된다. 辰運에는 월지戌과 결합, 辰戌冲으로 충출冲出한 戌中辛은 월간丙과 합하여, 丙용신을 구속시킨다. [己卯大運] 己運은 년간乙에게 피극被剋되어, 한신운閑神運이 된다. 卯運은 乙희신의 왕근으로 년지未와 결합, 乙卯未 준인수국(희신)이 성립하여 丁일주를 생조한다.

本 명조는 인비운印比運(木火)이 희신인데, 지지에서는 20대부터 남·동향(未午巳辰卯寅)으로 흘러간다. 다만 辰運에는 辰戌冲이 發하여, 길변위흉吉變爲凶의 運으로 전환된다. 반면에 천간에서는 역逆으로 북·서향(癸壬辛庚)으로 흘러 간다.

7. 비겁격 (比劫格)

7.1 비겁격의 개념 (比劫格의 概念)

자평진전子平眞詮 논용신論用神 편에서 "일주와 월령이 동일한 오행

 　　　　　　　　　　　　　　　　四柱의 定石

이면 본신本身을 用하는 것이 불가하므로, 천간에 재관식財官食이 透하거나 지지에서 회국會局(삼합/방합)이 성립하였는지의 유무를 반드시 간명看命하여, 별도로 용신을 취取한다"라고 하였다.《原文: 日與月同, 本身不可爲用, 必看四柱有無財官煞食透干會支, 另取用神.》다소 애매모호曖昧模糊한 표현이다. 결국 이러한 논리에서 월령이 일주와 동일한 오행이어도, 건록격建祿格/월겁격月劫格/양인격陽刃格이 탄생하였고, 결과적으로 십신十神 모두가 정격正格으로 성립된 셈이다. 반면에 적천수滴天髓, 명학강의命學講義 등에서는 건록격이나 양인격을 정격으로 취급하지 않는다. 필자는 제3장 '격국의 정립(格局의 定立)' 편에서 언급한 바와 같이, 비견/겁재도 종속변수從屬變數인 일주에 영향을 주는 독립변수獨立變數이므로, 응당 格의 하나라고 주장하였다.

그런데 록겁격/양인격은 정관격 등 여섯 개 정격正格이 월지장간月支藏干의 투간透干 여부에 따라 格을 정하는 방식과는 달리, 일주 대비對比 월지가 건록/월겁(陰일주의 겁재)/양인(陽일주의 겁재)에 해당되면 格이 성립된다. 이런 이중적인 잣대는 록겁격이나 양인격이 이미 성립하였는데, 일반 정격正格의 취격법取格法인 월지장간의 투간여부 방식을 혼용混用하여 格을 정할 수 있다는 것이다. 이를테면 甲일주가 寅月에 출생하면 건록격이나, 이는 월지장간 '戊丙甲'의 투간 여부에 따라 재성격/식신격이 될 수도 있다. 실제로 위천리韋千里는 그의 저서 명학강의命學講義에서, 월겁격의 초·중기 장간藏干에 한하여, 투간 여부로 格을 취하였다.

또한 건록격/양인격의 취용 방식에 더욱 심각한 문제점이 있다. 그것은 일주가 土(戊/己)오행이면, 화토동법(**火土同法: 火와 土의 기운을 동일하게 보아, 십이운성十二運星의 진행이 같다.**)에 의거하여, 득령得令

하지 못한 건록격이나 양인격이 된다는 점이다. 이를테면 戊일주가 巳月에 출생하면 실령失令한 건록격이요, 午月에 출생하면 실령한 양인격이 된다. 《사원질四原質인 木火金水 일주의 건록격/양인격은 월지가 비겁이고, 득령하여 신왕사주身旺四柱가 된다.》

무릇 격국은 십이운성十二運星이 아닌 십신十神에 기반을 두어 格을 정하는 바, 논리의 불일치를 초래招來하는 건록격/월겁격이란 용어用語는 사라져야 할 것이다. 그러므로 종래의 록겁격은 비겁격比劫格으로 새롭게 명칭을 부여附與하고, 土(戊/己)오행도 비겁격으로 당연히 초대招待받아야 할 것이다.

그리고 (전술前述한 바와 같이) 월지장간의 투간 여부로 格을 정하는 것은 오행의 기세氣勢를 판단하는 것이지, 일주와 월령의 계절적 관계와는 거리가 먼 것이다. 그러므로 格은 태어난 계절에 맞춰 월령을 정해야 한다. 이를테면 甲일주가 寅月에 출생하면 비겁격이고, 戊일주가 巳月에 출생하면 인수격이 되는 것이다.

한편 비겁격은 정편正偏의 구분이 무의미하다. 일주가 비겁을 만난다는 것은 득령하여 신왕사주가 된다. 신왕하므로 剋하는 것이니, 역용逆用의 이치와 통通한다. 겁재는 사흉신四凶神의 하나이므로 당연히 역용으로 다스려야 한다. 비견은 길신吉神도 흉신凶神도 아니나, 신왕사주에서 비견은 필요도 없고 오히려 일주의 경쟁자가 된다. 그래서 비견격比肩格이나 겁재격 劫財格을 모두 흉신으로 보는 것이다.

비겁격의 월령기준은 일주 대비 비겁에 해당되는 월령에 출생한 자로, 해당 배속기간配屬期間은 아래와 같다. 다만 甲/丙/庚/壬 등의 陽일주 대비 겁재에 해당되는 월령에 출생한 자는 제외한다.

[십간별 비겁격 월령기준]

일주	월령	배속기간	일수
甲	甲	寅月中氣初日~卯月初氣末日	33일
乙	甲乙	寅月中氣初日~辰月中氣末日	65일
丙	丙	巳月中氣初日~午月初氣末日	33일
丁	丙丁	巳月中氣初日~未午中氣末日	65일
戊己	戊己	丑月正氣初日~寅月初氣末日	100일
		辰月正氣初日~巳月初氣末日	
		未月正氣初日~申月初氣末日	
		戌月正氣初日~亥月初氣末日	
庚	庚	申月中氣初日~酉月初氣末日	33일
辛	庚辛	申月中氣初日~戌月中氣末日	65일
壬	壬	亥月中氣初日~子月初氣末日	33일
癸	壬癸	亥月中氣初日~丑月中氣末日	65일

7.2 비겁격의 성격/파격 유형 (比劫格의 成格/破格 類型)

자평진전子平眞詮에서는 록겁격祿劫格(=비겁격)의 성격유형成格類型으로, 1) 록겁용관祿劫用官 2) 록겁용살祿劫用殺 3) 록겁용재祿劫用財 등을 열거하고 있다. 세 가지 유형에 대해 설명하자면, 다음과 같다. [해석] 1),2) 록겁용관/록겁용살 유형은 신왕身旺하므로, 역용逆用의 이치를 적용, 이를 剋하는 관살을 상신相神으로 취할 수 있다. 《자평진전에서는 관살을 격국용신格局用神의 하나로 보나, 제3장 '격국의 정립(格局의 定立)' 편에서 언급한 바와 같이, 이는 체용상體用上 用의 영역에 있는 상신이나 마찬가지이다.》그런데 록겁용살격祿劫用殺格은 殺이 흉신이므로 제복신制伏神이 있어야 한다고 한다. 하지만 사주체四柱體에서 가장 절실한 용신을 剋한다는 것은 모순矛盾이다. 여타餘他 모든 格에서 용신을 剋하면 파격이다. 록겁격에서 하나의 殺이 透한 것은 흉신이 길신화吉神化된 것이다. 실제로 모든 신강사주身强四柱에서 편관이 정관의 역할을 하고, 양인격陽刃格에서 殺은 제1의 상신으로 대접받는다. 3) 록겁용재 유형은 순용順用도 역용逆用도 아닌 아극자我剋者 유형이다. 록겁격이 신왕사주라는 측면에서 재성을 용신으로 삼을 수 있다. 특히 인수가 重한 록겁격은 재성이 절실하다. 그런데 자평진전에서는 비극재比剋財의 상극관계相剋關係를 우려하여 식상의 통관通關이 요구된다고 한다. 상관견관傷官見官의 논리를 비겁견재 **(比劫見財: 비겁이 재성을 만남.)**의 논리로 확대한 것으로 보인다. 재성이 비겁에 붙어 있어 피상被傷되지 않는 한, 식상이 透할 필요는 없어 보인다. 다만 식상은 재성을 生하고 비겁比劫을 洩하는 유통신流通神이 된다.

그리고 세 가지 유형 外에 식상 상신에 대해서는 제한적制限的으로 언급하였다. 록겁격은 신왕身旺하므로 차선次善으로 왕신旺神을 洩하는 식상을 용신으로 삼을 수 있는데, 자평진전 논건록월겁論建祿月劫 편에서는 춘목春木/추금秋金 일주로 한정하고 있다. 이는 아마도 하화夏火나 동수冬水는 설기洩氣로서 왕신의 기세氣勢를 제압할 수 없다고 보는 것 같다. 그러나 적천수滴天髓 강유론剛柔論에서 시사示唆하는 바와 같이, 극강極强한 사주는 剋하는 것보다 洩하는 것이 유효하다고 하였다. 록겁격은 양인격과 함께 극강의 확률이 높은 것이니, 하화夏火/동수冬水/계토季土 일주에서도 식상은 유용한 용신이 된다.

상술上述한 내용을 반영하여, 다음과 같은 기준으로 비겁격의 용신을 구求한다. "비겁격은 모두 신왕사주身旺四柱이므로, 일주의 왕쇠강약旺衰强弱 여부와 상관 없이 용신을 결정하다" 즉 신왕하므로 식食/재財/관官을 용신으로 삼는다. 단 월지가 이웃한 지지와 沖이 성립하면, 일주의 신강신약身强身弱 여부를 확인하여, 인비세印比勢가 강하면 식食/재財/관官을 用하고, 식재관세食財官勢가 강하면 인印/비比를 用하면 된다.

[비겁격의 성격유형]

일주의 왕쇠강약	용신 유형	특정 십신의 편중
신왕身旺/신강身强	비겁용관살比劫用官殺	비겁重
	비겁용재比劫用財	인수重
	비겁용식상比劫用食傷	관살重
신쇠身衰/신약身弱	비겁용인比劫用印	식상重/관살重
	비겁용비겁比劫用比劫	재성重

다음은 자평진전에서 설명하는 록겁격의 파격유형破格類型이다. 1) 재관財官이 사주에 없는 경우 2) 殺과 인수가 투출透出한 경우는 파격이 된다.《原文: 無財官, 透煞印, 建祿月劫之格敗也.》[해석] 1) 관살/재성 용신 外에도 비겁용식상比劫用食傷 유형도 있으므로, 무식재관無食財官으로 수정修正되어야 한다. 2) 살인병투殺印竝透는 살생인생일주殺生印生日主로 이어져, 극신강사주極身强四柱가 되므로 파격이 된다.

한편 록겁격의 성중유패成中有敗는 다음과 같다. 1) 官이 透하여 상관을 만나거나 2) 財가 透하여 殺을 만나면 결국 파격이 된다.《原文: 建祿月劫, 透官而逢傷, 透財而逢殺.》[해석] 1) 록겁용관격祿劫用官格에서 상관은 상신相神인 정관을 尅하므로 당연히 파격이다. 2) 록겁용재격祿劫

用財格에서 재생살財生殺로 파격이 된다는 것인데, (전술前述한 바와 같이) 록겁격은 득령得令하여 신왕身旺하므로 쉽게 제압당하지 않는다. 즉 신살양정(身殺兩停: 일주의 勢와 殺의 勢가 대등한 상태)이 이루어져, 결코 파격이 될 수 없다.

역逆으로 록겁격의 패중유성敗中有成은 다음과 같다. 1) 록겁용관격祿劫用官格이 상관을 만나 파격되었으나, 그 상관이 피합被合되거나 2) 록겁용재격祿劫用財格이 殺을 만나 파격되었으나, 그 殺이 피합되면 결국 성격成格이 된다.《原文: 建祿月劫用官, 遇傷而傷被合, 用財帶煞而煞被合.》[해석] 1) 정관 상신을 剋하는 상관 기신忌神이 피합되면, 기반羈絆이 되어 구응救應이 된다. 2) 재생살財生殺로 파격되었으나 기신인 殺이 피합되면, 당연히 성격이 된다. 또한 상신을 剋하는 기신이 피극被剋되어도 구응이 된다. 그런데 록겁격이나 양인격은 득령한 신왕사주身旺四柱이므로, 재생살로 인하여 파격에 이르지 않는다고 하였다.

상술上述한 내용을 반영하고 보완하여, 다음과 같은 기준으로 비겁격의 파격조건破格條件을 규정規定한다.

[형식적 파격조건 (용신은 존재하나, 하자瑕疵가 있는 경우)]

1) 월지가 이웃한 지지와 沖이 되면 파격이다. 예를 들면 甲일주 寅月 비겁격이 년지나 일지에서 申金을 만나서 寅申沖이 성립되면 파격이다. 단 고지충庫支沖의 정기강간正氣藏干은 통근력을 상실하지 않으므로, 이를 파격으로 보면 안 된다.

[내용적 파격조건 (용신이 소멸되거나, 정定할 수 없는 경우)]

2) 비겁격의 용신이 피극被剋(진극眞剋만 해당)되거나 피합被合되면 파격이다. 예를 들면 甲일주 寅月生 비겁용관격比劫用官格에서 정관 용

 　　　　　　　　　　　　　　　四柱의 定石

신 辛金이 丁火에게 피극되거나 丙火에게 피합되면, 파격이다. 이때 丁火/丙火는 용신과 이격 없이 붙어 있어야 한다. 또한 지지에서 식상국食傷局(삼합/방합/준삼합/준방합/반합 등 모두 포함)이 성립하여, 정관 용신을 공격하여도 파격이다. 3) 사주체四柱體에 식재관食財官이 없으면 파격이다. 비겁격은 월지가 피충被沖되지 않는 한, 신왕身旺하므로 인수나 비겁을 용신으로 삼을 수 없다. 4) 비겁이 천간에 세 개가 透하면 파격이다. 비겁 편중偏重으로 극신강極身强 사주가 된다. 하지만 월령이 비겁이므로 종왕격從旺格이나 일행득기격一行得氣格이 될 확률이 높다. 5) 비겁격이라도 관살혼잡官殺混雜이면 파격이다. 하지만 정관격에서 파격인 중관重官이나 중살重殺은 파격이 아니다. 그리고 거살류관去殺留官이나 거관류살去官留殺이 성립하면, 파격이 해소된 것이다.

7.3 비겁격 예제 (比劫格 例題)

13) 乾命/1953. 2. 13. 辰時

정관		일주		겁재		편인	
庚		乙		甲		癸	
辰		未		寅		巳	
乙癸戊		丁乙己		戊/丙(司令)/甲		庚丙	
70	60	50	40	30	20	10	5
2024	2014	2004	1994	1984	1974	1964	1959
丙	丁	戊	己	庚	辛	壬	癸
午	未	申	酉	戌	亥	子	丑

[乙일주 寅月 甲월령] 일주와 월령이 동일한 오행이므로 비겁격이다. 신강하여 庚金 정관을 용신으로 삼는다. 용신은 년지 巳中庚(장생지)에 통근하나, 寅巳刑으로 巳中庚의 통근력이 약화되는 양상이므로 미근微根에 불과하다.

[壬子大運] 壬運에는 년간에 이미 癸편인이 透하여, 인성혼잡印星混雜이 된다. 子運은 년간癸의 왕근旺根으로 시지辰과 결합, 癸子辰 준인수국(기신)이 성립하여, 癸기신의 勢가 강화된다.《壬子運은 간지동운干支同運으로, 간지의 작용력이 증가된다.》[辛亥大運] 辛運에는 시간에 이미 庚정관이 透하여, 관살혼잡官殺混雜이 된다. 亥運에는 년지巳와 결합, 巳亥沖으로 쌍방피상雙方被傷의 국면이 되어, 巳火가 충거沖去된다. 이로 인해 庚용신의 생근生根이 상실된다. 이후 일지未와 결합, 甲亥未 준비겁국(기신)이 성립하여, 甲기신의 勢가 강화된다. [庚戌大運] 庚運은 일간乙과 간합하여, 시간庚과의 쟁합爭合으로 불합不合이 되고, 이로 인해 중관重官이 된다.《비겁격에서 중관은 파격이 아니다.》그리고 월간甲(기신)을 剋하여 이롭다. 戌運에는 일지未와 결합, 戌未刑으로 戌中辛(희신)이 피상被傷되나, 시간에 庚金이 透하여 상처가 가볍다. 이후 시지辰과 결합, 辰戌沖으로 충출沖出한 辰中乙은 년간庚과 합하여, 庚용신을 구속시키고, 戌中丁(식상)은 개고開庫가 된다. [己酉大運] 己運은 월간甲과 간합하여, 甲기신은 합반羈絆이 된다. 酉運은 시간庚의 왕근으로 년지巳와 결합, 庚巳酉 준관살국(희신)이 성립하여, 庚용신의 勢가 강화된다. [戊申大運] 戊運은 년간癸와 간합하여, 癸기신은 합거合去가 된다. 申運에는 월지寅과 결합, 寅申沖으로 쌍방피상雙方被傷의 국면이 되어, 寅

木이 충거된다. 이로 인해 甲기신의 녹근祿根이 상실된다.《申運과 시지
辰이 결합한 申辰 조합은, 년간癸가 戊運에게 피합被合되어, 癸申辰 준인
수국이 성립하지 못한다.》[丁未大運] 丁運은 년간癸에게 피극被剋되어,
한신운閑神運이 된다. 未運은 丁運의 쇠근衰根으로 년지巳와 결합, 丁巳
未 준식상국(기신)이 성립하여, 庚용신을 공격한다.

　本 명조는 庚용신의 근운根運이 최상인데, 40대 이후 지지에서 서향(酉
/申) 運이 도래한다. 반면에 천간의 관살운(辛/庚)은, 관살혼잡官殺混雜,
중관重官 등으로 이롭지 않다.

14) 乾命/1954. 8. 23. 寅時

겁재		일주		상관		정재	
庚		辛		壬		甲	
寅		亥		申		午	
丙甲		甲壬		戊/壬/庚(司令)		己丁	
70	60	50	40	30	20	10	5
2025	2015	2005	1995	1985	1975	1965	1960
庚	己	戊	丁	丙	乙	甲	癸
辰	卯	寅	丑	子	亥	戌	酉

　[辛일주 申月 庚월령] 일주와 월령이 동일한 오행이므로 비겁격이다.
신강하여 년간 甲木 정재를 용신으로 삼는다. 용신은 시지의 寅中甲(녹
지祿支) 및 일지 亥中甲(장생지)에 통근하고 있다. 천간에서는 상관생재
傷官生財의 양상이고, 지지에서는 壬申亥 준식상국 및 甲寅亥 준재성국

이 성립하여, 식재관세食財官勢가 일주의 勢와 대등하다.

　　[甲戌大運] 甲運에는 년간에 이미 甲정재가 透하여, 재성혼잡財星混雜이 된다. 戌運은 시간庚의 쇠근衰根으로 월지申과 결합, 庚申戌 준비겁국(기신)이 성립하여, 辛일주의 勢가 강화된다. [乙亥大運] 乙運에도 甲運과 같이 재성혼잡이 된다. 亥運에는 사지四支에 發하는 기류가 없으나, 亥亥害의 수기水氣(희신)는 動한다. 《亥運과 일지亥가 결합한 亥亥害는, 動하나 發하지 못한다. 이는 종속변수인 일지가 포함된 壬申亥 준식상국에 승勝할 수 없기 때문이다.》[丙子大運] 丙運은 월간壬에게 피극被剋되어, 한신운閑神運이 된다. 子運에는 년지午와 결합, 子午沖으로 왕자충쇠旺者沖衰 쇠자발衰者拔의 국면이 되어, 午火(희신)가 충거沖去된다. 이후 일지亥와 결합, 壬亥子 준식상국이 성립하여, 壬희신의 勢가 강화된다. [丁丑大運] 丁運은 월간壬과 간합하여, 壬희신은 합반合絆이 된다. 丑運에는 사지四支에 動하는 기류가 없으나, 亥丑 준반합의 수기水氣(희신)는 잠재적으로 작용한다. 《丑運과 일지亥가 결합한 亥丑 조합은, 월간壬이 丁運에게 피합被合되어, 壬亥丑 준식상국이 성립하지 못한다.》[戊寅大運] 戊運은 년간甲에게 피극되어, 한신운이 된다. 寅運에는 월지申과 결합, 寅申沖으로 쌍방피상雙方被傷의 국면이 되어, 申金이 충거된다. 이로 인해 壬申亥 준식상국(희신)이 소멸되고, 辛일주(신강)는 녹근祿根을 상실한다. [己卯大運] 己運은 년간甲과 간합하여, 甲용신은 합반이 된다. 卯運에는 일지亥와 결합, 亥卯 재성 반합국(희신)이 성립하여, 甲용신의 勢가 강화된다.

　　本 명조는 식재운食財運(水木)이 희신인데, 20대 이후 지지에서 북·동

　　　　　　　　　　　　　　　　　　　四柱의 定石

향(亥子丑寅卯辰) 運이 도래한다. 다만 寅運에는 寅申沖이 發하여, 길변위흉 吉變爲凶의 운으로 변모한다. 반면에 천간의 재성운(甲乙)은 재성혼잡으로 이롭지 않다.

8. 양인격 (陽刃格)

8.1 양인격의 개념 (陽刃格의 概念)

양인격은 陽일주가 월지에서 음양이 다른 동기同氣 오행을 만나면 성립한다. 즉 양간陽干의 겁재격이 된다. 바로 직전에 설명한 비겁격으로 분류될 수 있지만, 그 기세氣勢가 너무 강하여 별도로 분류한 것이다. 이는 강건한 속성인 양간(甲/丙/庚/壬)이 오로지 순일純一한 오행으로 구성된 제왕지帝旺支(卯/午/酉/子)를 만난 것이므로, 두려울 것이 없는 것이다.

그런데 종래 戊일주가 午月에 출생하면 화토동법火土同法**(火의 기운과 土의 기운을 동일하게 보아, 십이운성十二運星의 진행이 같다.)**에 의거하여, 양인격으로 분류한 것은 제외되어야 한다. 이는 사계토四季土의 속성 때문이다. 제2장 '천간과 지지(天干과 地支)' 편에서 사계토四季土의 主된 역할은 조절調節/중재仲裁/균형均衡/완충緩衝이라고 하였다. 그래서 土오행은 자신의 勢를 구축하지 않는다. 또한 사원질四原質인 木火金水와 달리, 戊일주와 午火의 만남은 십신분류상 겁재가 아닌 인수이므로, 논리적으로도 일치하지 않는다.

한편 음간陰干의 겁재격은 월겁격月劫格이라고 하는데, 이는 유순한 음간(乙/丁/辛/癸)이 복수複數의 오행으로 구성된 건록지建祿支(寅/巳/申/亥)를 만났으니, 양인격에 비해 상대적으로 기세가 약한 것이다. 비겁격 유형들을 氣의 왕쇠화旺衰化 정도에 따라 순위를 매긴다면, 양인격(양간의 겁재격)＞양간의 비견격＞음간의 비견격＞월겁격(음간의 겁재격) 순이다.《격格의 분류에 있어서 양인격 外의 유형은 모두 비겁격이다.》

양인격의 월령기준은 陽일주(甲/丙/庚/壬) 대비 겁재에 해당되는 월령에 출생한 자로, 해당 배속기간配屬期間은 아래와 같다.

[십간별 양인격 월령기준]

일주	월령	배속기간	일수
甲	乙	卯月正氣初日~辰月中氣末日	32일
丙	丁	午月中氣初日~未月中氣末日	32일
庚	辛	酉月正氣初日~戌月中氣末日	32일
壬	癸	子月正氣初日~丑月中氣末日	32일

8.2 양인격의 성격/파격 유형 (陽刃格의 成格/破格 類型)

자평진전子平眞詮에서는 양인격의 성격유형成格類型으로, 1) 양인로살陽刃露殺 2) 양인용관陽刃用官 등을 열거하고 있다. 두 가지 유형에 대해 설명하자면, 다음과 같다. [해석] 1),2) 양인격은 신왕身旺하고 흉신凶神이므로, 역용逆用의 이치로 官과 殺 모두를 상신相神으로 취할 수 있

四柱의 定石

다. 그런데 양인로살 유형이 양인용관 유형보다 상격上格인 이유는 극강한 양인을 길신인 官으로 다스리기 보다는, 흉신인 殺로 다스리는 것이 더 효과적이라고 본 것 같다. 이른바 이이제이(**以夷制夷: 적敵을 이용하여, 다른 적敵을 제어한다.**)의 논리이다. 하지만 흉신을 제어하는 이치는 식신제살食神制殺과 같이, 흉신인 상관보다 길신인 식신으로 교도矯導하는 것이 원칙이다.

그런데 두 가지 유형 外에 식상/재성 등에 대해서는 용처用處로 언급하지 않았다. 양인격은 신왕하므로 차선次善으로 설기洩氣를 논할 수 있는데, 자평진전에서는 언급이 없다. 이는 아마도 일주의 기세가 가장 강한 양인을 설기로 다스리는 것은 불가하다고 본 것 같다. 하지만 적천수滴天髓 강유론剛柔論에서 시사示唆하는 바와 같이, 극강極强한 사주는 剋하는 것보다 洩하는 것이 유효하다고 하였다. 그러므로 양인용식상陽刃用食傷 유형도 가능하다. 한편 아극자我剋者 유형인 양인용재성陽刃用財星도 고려해 볼 수 있는데, 결론적으로 말하면 불가하다. 식신제살食神制殺/재격투인財格透印/인용식상印用食傷 유형 등은 길신이 교도矯導하는 것이므로, 이를 순리적으로 여기나, 겁재劫財 흉신 中 최고로 흉한 양인이 길신인 재성을 剋하는 것은 자의字義 그대로 財를 겁탈劫奪하는 것이다. 즉 양인을 군겁群劫과 같은 기세氣勢로 보기 때문에, 재성의 피상被傷은 피할 수 없는 양상이 된다.

상술上述한 내용을 반영하여, 다음과 같은 기준으로 양인격의 용신을 구求한다. "양인격은 모두 신왕사주身旺四柱이므로, 일주의 왕쇠강약旺衰强弱 여부와 상관 없이 용신을 결정하다" 즉 신왕하므로 식食/관官을 용신으로 삼는다. 단 월지가 이웃한 지지와 沖이 성립하면, 일주의 신강신약身强身弱 여부를 확인하여, 인비세印比勢가 강하면 식食/관官을 用하고, 식재관세食財官勢가 강하면 인印/비比를 用하면 된다.

[양인격의 성격유형]

일주의 왕쇠강약	용신 유형	특정 십신의 편중
신왕身旺/신강身强	양인용관살陽刃用官殺	비겁重
	양인용식상陽刃用食傷	관살重
신쇠身衰/신약身弱	양인용인陽刃用印	식상重/관살重
	양인용비겁陽刃用比劫	재성重

다음은 자평진전에서 설명하는 양인격의 파격유형破格類型이다. 사주에 관살이 없으면 파격이다. 《原文: 陽刃無官煞, 刃格敗也.》 [해석] 관살용신 外에도 양인용식상陽刃用食傷 유형도 가능하므로, 무식관無食官으로 수정修正되어야 한다.

한편 양인격의 성중유패成中有敗는 다음과 같다. 양인격에서 透한 官이 피상被傷(=피극被剋)되거나, 透한 殺이 피합被合되면, 결국 파격이다. 《原文: 陽刃透官而又被傷, 透殺而又被合.》 [해석] 어떤 격국이든 상신相神이 피극되거나 피합이 되면 파격이다.

역逆으로 양인격의 패중유성敗中有成은 다음과 같다. 양인용관살격陽刃用官殺格이 식상을 만나 파격이 되었으나, 인수가 식상을 剋하고 관살을 보호하면 결국 성격成格이 된다. 《原文: 陽刃用官煞帶傷食, 而重印以護之.》 [해석] 상신을 극제剋制하는 기신忌神을 剋하면 성격成格으로 전환된다. 지속적으로 되풀이되는 구응책救應策이다. 그러므로 모든 격국에서 통용通用되는 이치로 보면 된다.

상술上述한 내용을 반영하고 보완하여, 다음과 같은 기준으로 양인격의 파격조건破格條件을 규정規定한다.

[형식적 파격조건 (용신은 존재하나, 하자瑕疵가 있는 경우)]

1) 월지가 이웃한 지지와 沖이 되면 파격이다. 예를 들면 甲일주 卯月 양인격이 년지나 일지에서 酉金을 만나서 卯酉沖이 성립되면 파격이다.

[내용적 파격조건 (용신이 소멸되거나, 정定할 수 없는 경우)]

2) 양인격의 용신이 피극被剋(진극眞剋만 해당)되거나 피합被合되면 파격이다. 예를 들면 甲일주 卯月生 양인용살격 陽刃用殺格에서 편관 용신 庚金이 丙火에게 피극되거나 乙木에게 피합되면, 파격이다. 이때 丙火/乙木은 용신과 이격 없이 붙어 있어야 한다. 또한 지지에서 식상국食傷局(삼합/방합/준삼합/준방합/반합 등 모두 포함)이 성립하여, 편관 용신을 공격하여도 파격이다. 3) 사주체四柱體에 식상이나 관살이 없으면 파격이다. 비겁격은 월지가 피충被沖되지 않는 한, 신왕身旺하므로 인수/비겁/재성을 용신으로 삼을 수 없다. 4) 비겁이 천간에 세 개가 透하면 파격이다. 비겁 편중偏重으로 극신강極身强 사주가 된다. 하지만 월령이 비겁이므로 종왕격從旺格이나 일행득기격一行得氣格이 될 확률이 높다. 5) 비겁격이라도 관살혼잡官殺混雜이면 파격이다. 하지만 정관격에서 파격인 중관重官이나 중살重殺은 파격이 아니다. 그리고 거살류관去殺留官이나 거관류살去官留殺이 성립하면, 파격이 해소된 것이다.

8.3 양인격 예제 (陽刃格 例題)

15) 乾命/1953. 4. 3. 午時

편관		일주		겁재		정인	
庚		甲		乙		癸	
午		申		卯		巳	
己丁		壬庚		甲/乙(司令)		庚丙	
70	60	50	40	30	20	10	5
2024	2014	2004	1994	1984	1974	1964	1959
丁	戊	己	庚	辛	壬	癸	甲
未	申	酉	戌	亥	子	丑	寅

[甲일주 卯月 乙월령] 甲일주가 월령에 동기同氣 오행의 왕지旺支를 놓으니 양인격이다. 신강하여 庚金 편관을 용신으로 삼는다. 용신은 일지 申中庚(녹지祿地) 및 년지 巳中庚(장생지)에 통근한다.

[癸丑大運] 癸運에는 년간에 이미 癸정인이 透하여, 인성혼잡印星混雜이 된다. 丑運은 시간庚의 고근庫根으로 년지巳와 결합, 庚巳丑 준관살국(희신)이 성립하여, 庚용신의 勢가 강화된다. [壬子大運] 壬運에도 癸運과 같이 인성혼잡이 된다. 子運은 년간癸의 왕근旺根으로 일지申과 결합, 癸申子 준인수국(기신)이 성립하여, 癸기신의 勢가 강화된다.《壬子運은 간지동운干支同運으로 간지의 작용력이 증가된다.》이후 시지午와 결합, 子午沖으로 왕자충쇠旺者沖衰 쇠자발衰者拔의 국면이 되어, 午火(기신)가 충거沖去된다. [辛亥大運] 辛運에는 시간에 이미 庚편관이 透하여, 관

 四柱의 定石

살혼잡官殺混雜이 된다. 반면 월간乙(기신)을 剋하여, 이로운 측면도 있다. 亥運에는 년지巳와 결합, 巳亥沖으로 쌍방피상雙方被傷의 국면이 되어, 巳火가 충거된다. 이로 인해 庚용신은 생근生根을 상실한다. 이후 일지申과 결합, 癸申亥 준인수국(기신)이 성립하여, 癸기신의 勢가 강화된다. [庚戌大運] 庚運은 월간乙과 간합하여, 乙기신은 합반合絆이 된다. 戌運은 시간庚의 쇠근衰根으로 일지申과 결합, 庚申戌 준관살국(희신)이 성립하여, 庚용신의 勢가 강화된다. 이후 시지午와 결합, 午戌 식상 반합국(기신)이 성립하여, 庚용신을 공격한다. [己酉大運] 己運은 월간乙에게 피극被剋되어, 한신운閑神運이 된다. 酉運에는 월지卯와 결합, 卯酉沖으로 쌍방피상의 국면이 되어, 卯木(기신)이 충거된다. 이후 일지申과 결합, 庚申酉 준관살국(희신)이 성립하여, 庚용신의 勢가 강화된다. [戊申大運] 戊運은 년간癸와 간합하여, 癸기신은 합거合去가 된다. 申運은 시간庚의 녹근祿根으로 년지巳와 결합, 庚巳申 준관살국(희신)이 성립하여, 庚용신의 勢가 강화된다. 《己酉/戊申 運은 간생지운干生支運으로 지지運이 희신이면, 희신의 역량이 증가된다.》

本 명조는 재관운財官運(土金) 희신인데, 지지에서는 40대 이후 서향(戌酉申) 運이 도래하고, 천간에서는 재관운 中 庚/戊 運이 길운으로 작용한다.

16) 乾命/1958. 9. 20. 未時

상관		일주		겁재		편인	
癸		庚		辛		戊	
未		子		酉		戌	
丁乙己		癸		庚/辛(司令)		辛丁戊	
70	60	50	40	30	20	10	5
2029	2019	2009	1999	1989	1979	1969	1964
己	戊	丁	丙	乙	甲	癸	壬
巳	辰	卯	寅	丑	子	亥	戌

[庚일주 酉月 辛월령] 庚일주가 월령에 동기同氣 오행의 왕지旺支를 놓으니 양인격이다. 더욱이 辛酉戌 준비겁국이 성립하여 일주의 勢가 막강하다. 신강하여 관살을 용신으로 삼아야 하나 불투不透하여, 차선으로 설기洩氣하는 癸水 상관을 용신으로 삼는다. 용신은 일지 子(왕지旺支)에 통근한다.

[癸亥大運] 癸運은 년간戊와 간합하여, 戊기신은 합반羈絆이 된다. 亥運은 년간癸의 녹근祿根으로 일지子와 결합, 癸亥子 준식상국(희신)이 성립하여, 癸용신의 勢가 강화된다. [甲子大運] 甲運은 시간癸(용신)를 洩하나, 년간戊(기신)를 剋하여 이롭다. 子運에는 일지子와 결합, 子子害로 지지병존地支竝存의 피해(인기과열)가 있다. 《子運과 월지酉가 결합한 子酉 조합은 천간에 辛庚이 透하여 불해不害이다.》[乙丑大運] 乙運은 월간辛에게 피극被剋되어, 한신운閑神運이 된다. 丑運은 시간癸의 쇠근衰根으로 일지子와 결합, 癸子丑 준식상국(희신)이 성립하여 癸용신의

 　　　　　　　　　　　　　四柱의 定石

勢가 강화된다. 이후 시지未와 결합, 丑未沖으로 충출沖出된 未中丁(관살)은 개고開庫가 되고, 未中乙은 일간庚과 합하여 庚일주는 득재得財하고, 丑中癸는 년간戊와 합하여 戊기신을 구속시킨다. [丙寅大運] 丙運은 월간辛과 간합하여, 辛기신은 합반이 된다. 寅運에는 사지四支에 動하는 기류가 없으나, 寅戌 준반합의 화기火氣(희신)는 잠재적으로 작용한다. 《지지에 動하는 기류가 없으면, 투간透干한 오행의 氣가 작용하고, 이도 없으면 준반합 등의 비동인기류非動因氣類가 잠재적으로 작용한다.》[丁卯大運] 丁運은 월간辛(기신)을 剋하여 이롭다. 卯運에는 월지酉와 결합, 卯酉沖으로 쇠자충왕衰者沖旺 왕자발旺者發의 국면이 되어, 酉金(기신)이 發한다. 이후 시지未와 결합, 卯未 재성 반합국(희신)이 성립하나, 천간의 兩 金에게 공격을 당한다. [戊辰大運] 戊運에는 년간에 이미 戊편인이 透하여, 인성혼잡印星混雜이 된다. 辰運에는 년지戌과 결합, 辰戌沖으로 충출沖出한 戌中辛은 월간辛에 입간入干하여, 辛酉戌 준비겁국(기신)을 소멸시키고, 戌中丁(관살)은 개고開庫되고, 辰中乙은 일간庚과 합하여, 庚일주는 득재得財한다. 이후 일지子와 결합, 癸子辰 준식상국(희신)이 성립하여 癸용신의 勢가 강화된다. 《戊辰運은 간지동운干支同運으로 간지의 작용력이 증가된다.》

本 명조는 식재관운食財官運(水木火)이 희신인데, 천간이나 지지 모두 북·동·남향(壬癸甲乙丙丁/亥子丑寅卯辰)으로 흘러간다. 특히 癸용신의 근운根運이 되는 亥/丑 運이 호운好運이다.

第5章

변격
(變格)

1. 종격 (從格)

1.1 종격의 성립조건 (從格의 成立條件)

종격은 특정 오행의 기세氣勢가 편중偏重될때, 억부抑扶의 이치로 중화中和를 이루는 것이 이란격석(以卵擊石: 계란으로 바위 치기)에 불과하므로, 부득이 극강極强한 오행의 勢에 순종해야 한다는 논리이다. 이는 두 가지 부류가 있다. 즉 일주의 기세가 극약極弱하여 식食/재財/관官勢에 종從하는 종아격從兒格/종재격從財格/종살격從殺格이 있고, 역逆으로 일주의 기세가 극강極强하여 인印/비比 勢에 종從하는 종강격從强格/종왕격從旺格이 있다.

그런데 적천수滴天髓에서는 종격을 진종眞從과 가종假從으로 구분하였고, 적천수천미滴天髓闡微에서는 가종에 대해 다음과 같이 정의定義하였다. "가종이란 일주의 뿌리가 박약하여 자립이 불가한데, 사주에 비록 비겁이나 인수가 있어도 일주는 의지할 데가 없어 他 오행에 從할 따름이다."《原文: 假從者, 如人之根淺力薄, 不能自立, 局中雖有劫印, 亦自顧不暇, 而日主亦難依靠, 只得投從於人也.》여기에서 진종은 비겁이나 인수가 없는 사주임을 유추할 수 있고, 가종은 인비印比가 있어도 무용지물無用之物인 양상임을 알 수 있다.

그리고 종격은 일주의 음양 여부에 따라 그 기준을 달리한다. 이와 관련하여 적천수 천간론天干論에서 음양에 대해 다음과 같이 주장하였다. "양간陽干은 氣를 따르지 勢를 따르지 않으며, 음간陰干은 勢를 따르므로 정의情意가 없다."《原文: 五陽從氣不從勢, 五陰從勢不情義.》이는 음간이 양간보다 종격이 될 확률이 높다는 점을 시사示唆하는 것이다.

이러한 맥락에서 극신약사주(極身弱四柱: 종아격/종재격/종살격)의 진종 및 가종의 성립조건을 다음과 같이 규정規定한다.

1) 일주의 통근通根 여부 : 지지에 일주의 뿌리가 있다면 陽·陰 일주 모두 부종不從이다. 여기에서 沖으로 통근력을 상실한 뿌리나 묘고지墓庫支에 뿌리를 둔 것은 무근無根으로 판단한다. 2) 인성/비겁의 투간透干 여부 : 인성이 천간에 透하여 지지에 유근有根하다면 陽·陰 일주 모두 부종不從이다. 하지만 인성이 무근無根하다면, 陽일주는 부종不從이고 陰일주는 가종假從이다. 여기에서 투간한 인성이 이웃한 천간에 피극被剋되거나 피합被合되면, 인성이 제거된 것으로 본다. 한편 비겁이 천간에 透하면, 陽·陰 일주 모두 종격 성립에 지장이 없는 것으로 본다. 비겁은 일주에 미치는 생조력生助力이 미미하기 때문이다. 3) 종신從神의 득령得令 및 종신국從神局의 성립 여부 : 종신을 포함하여 어떤 오행도 득령하지 못하거나, 지지에서 종신국(삼합/방합/준삼합/준방합/반합 등 모두 포함)이 성립하지 않으면, 종신의 기세가 강하지 않으므로 陽·陰일주 모두 가종이다. 여기에서 종신국의 성립은 반드시 월지가 포함되어야 한다. 한편 종신이 득령했으나 월지충(月支沖: **월지가 이웃한 년지나 일지와의 결합으로 성립된 沖**)으로 하자瑕疵가 있는 경우에도, 陽·陰일주 모두 가종이다. 4) 종신을 剋하는 오행의 투간 여부 : 종신을 剋하는 오행이 천간에 透하여, 지지에 유근하다면 陽·陰 일주 모두 부종이다. 하지만 극제신剋制神이 무근하다면, 陽일주는 부종이고 陰일주는 가종이다. 여기에서 기신忌神인 극제신이 이웃한 천간에 피극되거나 피합하면, 기

신이 제거된 것으로 본다.

　상기上記의 성립조건을 보면, 陽일주는 종신이 실령失令하거나 득령에 하자가 있는 경우 外에는 가종이 없다. 이는 적천수에서 주장하는 논리대로, 양간은 氣를 따르기 때문에 엄격한 잣대로 판단한 것이고, 음간은 勢에 從하기 때문에 종격의 범위를 확대하여 가종을 적용한 것이다. 그리고 가종의 성립조건이 두 개 이상일 경우에는 부종으로 판단한다. 이를테면 陰일주에서 종신이 실령하고, 무근한 인성이 透하면, 가종 성립조건이 두 개가 되어 부종으로 본다.

　다음은 극신강사주의 진종/가종의 성립조건이다. 그런데 적천수 원문이나 적천수천미에서는 종왕격이나 종강격의 가종에 대한 언급이 없다. 하지만 극신강사주의 가종 개념을 유추類推하면 성립기준을 정할 수 있다. 그리고 극신약사주와 달리 극신강사주는 양간/음간의 구별에 따른 가종 기준이 불필요하다. 陽일주이든 陰일주이든 정인/편인/겁재/비겁 모두가 아신我神의 우군友軍이기 때문이다.

　이러한 맥락에서, 극신강사주(종강격/종왕격)의 진종 및 가종의 성립조건을 다음과 같이 규정規定한다.

　1) 종신從神(일주/인성)의 득령得令 여부 : 비겁이나 인수가 중중重重하나, 종신을 포함하여 어떤 오행도 득령하지 못하면 가종이다. 한편 종신이 득령했으나 월지충月支沖으로 하자瑕疵가 있는 경우에도 가종이다. 2) 종신국從神局의 성립 여부 : 종신이 실령失令했지만 지지에서 종신국(삼합/방합/준삼합/준방합/반합 등 모두 포함)이 성립하면 진종이다. 여기에서 종신국의 성립은 반드시 월지가 포함되어야 한다. 예를 들면 甲일주 亥月生이라면 실령했지만, 이웃한 지지에 卯/未가 있다면 종

신국이 성립하여 진종이 된다. 3) 종신을 剋하는 오행의 투간透干 여부 :
종신을 剋하는 오행이 천간에 透하여, 지지에 유근하다면 부종이다. 종
강격의 경우에는 일주를 剋하는 관살도 포함된다. 하지만 극제신剋制神
이 무근이라면 가종이다. 여기에서 기신忌神인 극제신이 이웃한 천간에
피극被剋되거나 피합被合되면, 기신이 제거된 것으로 본다.

그리고 상기上記의 가종 성립조건이 두 개 이상일 경우에는 부종으로
판단한다. 이를테면 종왕격從旺格에서 종신이 실령하고 무근한 관살이
透하면, 가종 성립조건이 두 개가 되어 부종으로 본다.

그런데 상기上記의 성립조건을 적용하면, 적천수천미滴天髓闡微에서
설명한 진종眞從 예제사주例題四柱 10개 中 4개는 종격의 범위를 벗어나
정격正格(=부종不從)이 되고, 가종假從 예제사주 5개 中 1개는 진종이
고, 2개는 부종이 된다. 이에 대한 설명은 다음과 같다.

1) 戊庚壬壬	2) 丁庚癸癸	3) 甲癸壬丙	4) 丙丙乙癸
寅寅寅寅	亥申亥酉	寅巳辰戌	申申丑酉
5) 癸己乙癸	6) 壬丙壬丁	7) 癸戊己乙	8) 庚辛壬丁
酉亥卯巳	辰申寅丑	亥辰卯卯	寅亥寅卯

1) 庚일주는 戊土 인수가 있어 진종이 아닌 부종이다. 2) 庚일주는 년일
에 통근하여 진종이 아닌 부종이다. 그런데 적천수천미에서는 이를 종아
격의 부종不從이 아닌 종기격從氣格으로 보고 있다. 3) 土관살이 득령하
거나 종신국이 성립한 것도 아니고, 더욱이 土관살을 剋하는 甲木이 좌하
坐下의 寅木에 유근하므로 진종이 아닌 부종이다. 4) 丙일주는 乙木 인수

가 있어 진종이 아닌 부종이다. 5) 관살 종신이 득령得令하여 기세가 강하고, 지지의 巳火는 인수가 透한 것이 아니므로 動하지 않는다. 그래서 가종이 아닌 진종이다. 지지는 정물靜物이므로 발용發用하지 않으면, 십신으로 분류하면 안 된다. 설사 이격離隔 간의 巳亥沖이 성립한다 하여도, 巳火는 충거沖去되어 인수의 역할을 하지 못한다. 6) 천간의 '丁壬'이 木으로 化하고 木오행이 득령하나, 寅申沖이 성립하고 시간에 壬편관이 透하여 丙일주는 가종이 아닌 부종이다. 7) 양간인 戊일주는 좌하坐下에 비견지比肩支를 두어 가종이 아닌 부종이다. 8) 천간의 '丁壬'이 木으로 化하고, 사지四支 전체가 재성의 근根이나, 종신을 훼하는 庚金 겁재가 透하여 가종이 된다.

1.2 종격의 용 · 희신 (從格의 用 · 喜神)

인수와 비겁이 중중重重하면 극신강사주가 되는데, 종강격從强格은 상대적으로 인수가 重한 사주이며, 종왕격從旺格은 상대적으로 비겁이 重한 사주이다. 그래서 종강격은 비겁운比劫運/인수운印綬運이 길吉하지만 식상운食傷運은 인수와 상극관계相剋關係이므로 이롭지 않다. 종왕격은 식상운/비겁운/인수운 모두가 길吉하지만, 인수가 투간透干한 종왕격은 식상운이 한신閑神이고, 식상이 투간한 종왕격은 인수운이 기신忌神이다. 두 종격의 공통적인 기신은 재관운財官運이다. 재성운財星運은 군겁쟁재群劫爭財의 국면이기 십상十常이고, 관살운官殺運은 왕신旺神을 훼한다.

한편 식재관食財官이 중중重重하면 극신약사주가 되는데, 종아격從兒
格은 상대적으로 식상이 重한 사주이며, 종재격從財格은 재성이 重한 사
주이며, 종살격從殺格은 관살이 重한 사주이다. 극신약사주의 세 개 유
형은 그 취용取用의 이치가 비슷하다. 즉 종아격은 식상으로 從했으므로
식상운이 용신이고, 용신을 보호하는 재성운이 희신喜神이다. 그리고 관
살운은 상극관계相剋關係이고, 인수운은 종신從神을 剋하고, 비겁운은
일주를 방신幇身하여 각각 기신이 된다. 종재격은 재성으로 從했으니 재
성운이 용신이고, 용신을 生하는 식상운과 용신을 보호하는 관살운이 희
신이다. 그리고 인수운은 상극관계이고, 비겁운은 종신을 剋하여 각각
기신이 된다. 종살격은 관살로 從했으니 관살운이 용신이고, 용신을 生
하는 재성운이 희신이다. 그리고 식상운은 종신을 剋하고, 인수운과 비
겁운은 일주를 生하여 각각 기신이 된다. 세 종격의 공통적인 기신은 인
비운印比運이다. 종재격은 종아격이나 종살격에 비해 희신의 범위가 넓
으므로, 상격上格으로 대접받는다.

종격은 이외에도 종기격從氣格과 종세격從勢格이 있는데, 위에서 언
급한 종격과 중복된 개념이다. 종기격은 재관인식財官印食을 불문하고,
하나의 기세에 쏠리는 종격을 말한다. 이를 육신六神(아신我神/인수/비
겹/식상/재성/관살)의 구조로 보면, 官生印/印生比/比生食/食生財/財生
官 등의 결합이 된다. 이는 결국 종강격/종왕격/종아격/종재격/종살격
등으로 귀결되는 것이므로, 굳이 별도로 구분할 필요가 없다. 한편 종세
격은 일주가 무근無根하고, 사주에 식재관食財官의 勢가 균형을 이루고
있는 종격을 말한다. 식재관 모두가 희신이니, 결국 종재격과 같은 개념
으로 보면 된다. 단 식상과 관살은 상극관계相剋關係이므로, 사주의 배

합配合이 식생재생관食生財生官으로 유통流通되어야 한다.

한편 종격에 조후調候 여부를 적용하면, '火/水' 오행으로 從되면 조후가 난망難望하다. 이를 일행득기격一行得氣格(세세한 사항은 후술後述)으로 보면, 염상격炎上格이나 윤하격潤下格에 해당되고, 화격化格(세세한 사항은 후술後述)으로 보면, 무계화화격戊癸化火格이나 병신화수격丙辛化水格이 된다. 그래서 염상격이나 윤하격은 상격上格이 되지 못하고, 조후가 해소되는 運이 희신운喜神運이 되고, 종신운從神運이 도래해도 이롭지만 않다. 그러므로 종격은 木/土/金 오행으로 從되는 곡직격曲直格/가색격稼穡格/종혁격從革格이 상대적으로 상격이 된다.

1.3 종격의 행운도래 (從格의 行運到來)

종격의 진종眞從/가종假從 구분은 정격에서 진격眞格이 가격假格보다 상격上格으로 취급받는 것처럼 진종이 가종보다 상격이다. 그래서 행운行運을 통해 가종이 진종으로 변화될 수 있음을 예측할 수 있다. 하지만 전술前述한 바와 같이, 格은 근본적으로 변하는 것이 아니라고 하였다. 행운에서 가종이 진종으로 변하는 일은 결코 없다. 변하는 논리를 주장한다면, 진종이 가종이 될 수도 있고 더 나아가서 종격이 정격으로 변할 수 있으니 혼란만 가중될 뿐이다.

해당 運이 도래하면, 정격은 억부抑扶의 이치로 판단하면 되고, 종격은 진종이든 가종이든 종세(從勢: 세勢에 따르는 것)의 이치로 판단하면 된다. 가종이 진종을 유도誘導하는 행운이 도래하면 호운好運으로 추리하

면 될 일이다. 예를 들면 陰일주 종재격이 천간에 인수가 透해서 가종이
나, 행운에서 인수를 尅하는 運이 도래하여도 진종으로 변화하는 것이 아
니라, 정격과 마찬가지로 호운이 도래한 것으로 보면 된다.

1.4 종격 예제 (從格 例題)

17) 乾命/1953. 3. 14. 戌時

비견		일주		겁재		정인	
甲		甲		乙		癸	
戌		子		卯		巳	
辛丁戊		癸		甲(司令)/乙		庚丙	
70	60	50	40	30	20	10	5
2024	2014	2004	1994	1984	1974	1964	1959
丁	戊	己	庚	辛	壬	癸	甲
未	申	酉	戌	亥	子	丑	寅

　[甲일주 卯月 甲월령] 甲일주가 득령하고, 천간에서는 인비印比만 透하
고, 식재관食財官은 전무全無하고, 극왕極旺한 비겁세比劫勢(木)에 대적
하는 오행이 없으므로 종왕격從旺格이다. 용신은 木종신이고, 이를 생조
하는 인수(水)가 희신喜神이 되고, 식상운食傷運은 인수가 투간透干하여
한신閑神이 된다.

　[癸丑大運] 癸運은 木종신을 生하여 이롭다. 丑運은 년간癸의 쇠근衰

根으로 일지子와 결합, 癸子丑 준인수국(희신)이 성립하여, 木종신을 생조한다. 이후 시지戌과 결합, 丑戌刑으로 戌中丁(희신)이 피상被傷된다. [壬子大運] 壬運에도 癸運과 같이 木종신을 生하여 이롭다. 子運에는 일지子와 결합, 子子害로 지지병존地支竝存의 피해(인기과열)가 있다.《子運과 월지卯와 결합한 子卯 조합은, 木(甲/乙)이 透하여 불해不害이다.》 [辛亥大運] 辛運은 木종신을 剋하여 이롭지 않다.《변격變格인 종격/화격/양신성상격/일행득기격의 용신은, 진극眞剋이든 가극假剋이든 음양에 상관 없이 피극被剋된다.》亥運에는 년지巳와 결합, 巳亥沖으로 쌍방피상雙方被傷의 국면이 되어, 巳火(한신)는 충거沖去된다. 이후 일지子와 결합, 癸亥子 준인수국(희신)이 성립하여, 木종신을 생조한다. [庚戌大運] 庚運은 월간乙과 간합하여, 乙용신은 합반合絆이 된다. 戌運에는 월지卯와 결합, 卯戌合으로 戌(재성)은 구속된다. [己酉大運] 己運은 일간甲과 간합하여, 甲일주는 득재得財한다. 酉運에는 월지卯와 결합, 卯酉沖으로 쇠자충왕衰者沖旺 왕자발旺者發의 국면이 되어, 卯(木종신의 왕근旺根)가 發한다. [戊申大運] 戊運은 년간癸와 간합하여, 癸희신은 합거合去가 된다. 申運에는 일지子와 결합, 申子 인수 반합국(희신)이 성립하여 木종신을 생조한다.

本 명조는 인비운印比運(水木)이 희신인데, 천간에서는 초년기(소아기~20대)에 甲/癸/壬 運이 도래하고, 지지에서는 북향(丑子亥) 運이 도래한다. 그리고 기신으로 보이는 酉/申 運도 沖合작용으로 인하여, 흉변위길凶變爲吉의 運으로 변모한다.

18) 乾命/1958. 9. 16. 卯時

정재		일주		정재		식신	
辛		丙		辛		戊	
卯		申		酉		戌	
乙		壬庚		庚(司令)/辛		辛丁戊	
70	60	50	40	30	20	10	5
2029	2019	2009	1999	1989	1979	1969	1964
己	戊	丁	丙	乙	甲	癸	壬
巳	辰	卯	寅	丑	子	亥	戌

[丙일주 酉月 庚월령] 재성이 득령하고, 천간에서는 식재食財가 透하고 인비세印比勢는 전무全無하며, 지지에서는 辛申酉戌 종신국從神局까지 성립하고, 극왕極旺한 재성(金)에 대적하는 오행이 없어 종재격從財格이다. 용신은 金종신이고, 이를 생조하는 식상(土)과 설기하는 관살(水)이 희신이 된다.

[癸亥大運] 癸運은 년간戊와 간합하여, 戊희신은 합반合絆이 된다. 亥運에는 시지卯와 결합, 亥卯 인수 반합국(기신)이 성립하나, 천간의 兩 辛金이 이를 방어한다. [甲子大運] 甲運은 년간戊(희신)를 剋하고, 일간丙(기신)을 生하여 이롭지 않다. 子運에는 사지四支에 發하는 기류가 없으나, 申子合의 수기水氣(희신)는 動한다. 《子運과 일지申이 결합한 申子合은 動하나 發하지 못한다. 이는 종속변수인 일지가 포함된 金申酉戌 재성국에 승勝할 수 없기 때문이다.》[乙丑大運] 乙運은 월간辛에게 피극被剋되어, 한신운閑神運이 된다. 丑運은 월간辛의 고근庫根으로 월지酉와

결합, 辛酉丑 종신국從神局이 성립하여, 金종신의 勢가 강화된다. [丙寅
大運] 丙運은 월간辛과 간합하여, 辛용신은 합반이 된다. 이로 인해 시간
辛도 합거合去가 된다.《원국原局에서 辛丙辛 조합은 쟁합爭合으로 불합
不合이나, 丙運의 도래로 배우配偶의 조합이 되어 두 조組의 丙辛合이 성
립한다. 극신약 종격에서는 일간의 간합도 기반羈絆이 된다. 일간은 기
명棄命하고 종신에 從하기 때문이다.》寅運에는 일지申과 결합, 寅申沖
으로 쌍방피상雙方被傷의 국면이 되어, 申金이 충거沖去된다. 이로 인해
申酉戌 삼회가 회소會消된다. [丁卯大運] 丁運은 金종신을 剋하여 이롭
지 않다. 卯運에는 월지酉와 결합, 卯酉沖으로 쌍방피상의 국면이 되어,
《천간의 兩 辛金은 丁運에게 극거剋去되어, 金/木 모두가 불투不透한 상
황이다.》酉(金종신의 왕근旺根)가 충거된다. 이로인해 申酉戌 종신국이
소멸된다. [戊辰大運] 戊運은 金종신을 生하여 이롭다. 辰運에는 년지戌
과 결합, 辰戌沖으로 충출沖出한 戌中辛은 일간丙과 합하여, 丙기신을 구
속시키고, 辰中乙(인성)은 개고開庫가 된다.

本 명조는 식재관운食財官運(土金水)이 희신인데, 천간에서는 노년기
(60대/70대)에 식상운(戊/己)이 도래한다. 지지에서는 초기(10대~30대)
에 북향(亥子丑) 運이 도래한다. 다만 亥運에는 亥卯合이 작용하여, 길변
위흉吉變爲凶의 運으로 변모한다.

19) 乾命/1953. 12. 26. 子時

정인		일주		정재		식신	
戊		辛		甲		癸	
子		亥		子		巳	
癸		甲壬		壬/癸(司令)		庚丙	
70	60	50	40	30	20	10	5
2024	2014	2004	1994	1984	1974	1964	1959
丙	丁	戊	己	庚	辛	壬	癸
辰	巳	午	未	申	酉	戌	亥

[辛일주 子月 癸월령] 식신이 득령하고, 천간에서는 식재食財가 透하고, 지지에서는 식상이 월일시에 유근有根하고, 癸亥子子 종신국從神局까지 성립하여 식상이 극왕極旺하나, 시간에 무근無根한 戊土 정인이 透하여 가종아격假從兒格이다. 용신은 水종신이고, 이를 설기하는 재성(木)이 희신이 된다.

[壬戌大運] 壬運은 水종신과 같은 동기同氣 오행이므로 이롭다. 戌運에는 사지四支에 動하는 기류가 없으나, 시간戊(기신)의 동기근同氣根으로 작용한다. [辛酉大運] 辛運은 水종신을 生하여 이롭다. 酉運은 일간辛의 왕근旺根으로 년지巳와 결합, 辛巳酉 준비겁국(기신)이 성립하여 辛기신의 勢가 강화된다. [庚申大運] 庚運은 水종신을 生하나, 반면에 甲희신을 剋하여 이롭지만 않다. 申運은 일간辛의 녹근祿根으로 월시의 子와 결합, 癸申子 종신국이 성립하여 水종신의 勢가 강화된다. [己未大運] 己運은 월간甲과 간합하여, 甲희신은 합반合絆이 된다. 未運에는 사지四支에 動

하는 기류가 없으나, 시간戊(기신)의 동기근同氣根으로 작용한다. 《未運과 일지亥와 결합한 亥未 조합은, 월간甲이 己運에게 피합被合되어 甲亥未 준재성국이 성립할 수 없다.》[戊午大運] 戊運은 년간癸와 간합하여, 癸용신은 합거合去가 된다. 午運에는 월시의 子와 결합, 子午沖으로 쌍방피상雙方被傷의 국면이 되어, 《년간癸가 戊運에게 피합被合되어, 水/火 모두가 불투不透한 상황이다.》子(水종신의 왕근)가 충거沖去된다. [丁巳大運] 丁運은 년간癸에게 피극被剋되어, 한신운閑神運이 된다. 巳運에는 일지亥와 결합, 巳亥沖으로 쌍방피상의 국면이 되어, 亥水가 충거된다. 이로 인해 癸亥子子 종신국이 소멸되고, 甲희신의 생근生根도 상실된다.

本 명조는 식재운食財運(水木)이 희신인데, 천간에서는 초기(소아기/10대)에 식상운(癸/壬)이 도래하나, 지지에서는 북·동향 運이 보이지 않는다. 다만 申運에는 申子合이 작용하여, 흉변위길凶變爲吉의 運으로 변모한다.

2. 화격 (化格)

2.1 화격의 성립조건 (化格의 成立條件)

화격은 합화合化 오행의 기세氣勢가 강할 때, 일주는 자신을 버리고 그 기세에 따른다는 이치인데, 천간에서 성립된 합의 기운氣運은 지지의 협

四柱의 定石

조로 합화合化가 성립한다. 즉 일주는 이웃한 월간이나 시간과 슴이 성립하고, 합화신合化神은 지지에서 득령得令이나 화신국化神局(삼합/방합/준삼합/준방합/반합 등 모두 포함)이 성립되고, 합화신을 훼剋하는 오행이 없으면 완전한 합화가 이루어지는 것이다. 까다로운 조건이다. 사주체四柱體의 주인공이 아我를 망각한다는 것이 그리 쉬운 일이 아니기 때문이다. 그리고 상기上記의 조건에서 다소 벗어나면, 가화假化 내지는 합이불화合而不化로 전락轉落한다.

화격도 종격從格과 마찬가지로 진화眞化와 가화假化로 구분되는데, 적천수천미滴天髓闡微에서 가화假化의 조건을 다음과 같이 설명하였다. "가화격은 그 형상이 하나가 아니다. 1) 합신合神은 진신眞神인데, 일주가 홀로 쇠약하거나 2) 화신化神의 氣는 유여有餘한데, 일주가 근묘根苗가 있거나 3) 합신은 진신이 못되는데, 일주도 뿌리가 없거나 4) 화신의 氣는 부족한데, 일주도 氣가 없거나 5) 이미 합화合化가 되었는데, 일주가 비겁이나 인수로부터 도움을 받고 있거나 6) 이미 합화가 되었는데, 한신閑神이 화기化氣에 피상被傷을 주는 경우이다."《原文: 假化之局, 其象不一, 有合神眞而, 日主孤弱者, 有化神有餘而日帶根苗者, 有合神不眞而日主無根者, 有化神不足而, 日主無氣者, 有旣合化神而日主得劫印生扶者, 有旣合化而閑神來, 傷化氣者.》위 내용을 정리하면, 대체로 일주의 기세氣勢가 다소 남아 있거나, 화신化神의 氣가 완전하지 않은 경우에 가화로 보고 있는 것 같다.

변격變格은 모름지기 일주의 힘이 극히 미약하거나 강왕康旺하여 도저히 정격正格으로 분류하기 어렵고, 변격의 일정한 구성요건構成要件이 성립된 경우에 한하여, 格으로 정정하는 것이다. 변격 中에 극신약極

身弱에 해당되는 것이 종재격/종아격/종살격 등인데, 화격化格도 화신의 기세가 강하고 일주의 기세가 허약하여, 일주의 정신精神을 포기하는 것이므로, 극신약의 종격과 그 성립조건이 유사하나 다소 차이가 있다. 종격은 양·음간을 구별하여 성립조건成立條件을 정했지만, 화격은 陽일주와 음간의 合이든 陰일주와 양간의 合이든, 음양이 合하여 새로운 오행으로 변화되는 것이므로, 음양의 구별이 무의미하다. 이러한 맥락에서 진화眞化 및 가화假化의 성립조건을 다음과 규정規定한다.

 1) 일주의 통근通根 여부 : 지지에 일주의 뿌리가 있다면 합이불화合而不化이다. 여기에서 沖으로 통근력을 상실한 뿌리나, 묘고지墓庫支에 뿌리를 둔 것은 무근無根으로 판단한다. 그러나 '己/庚' 일주는 화신化神과 같은 오행이므로, 통근한 지지가 있어도 불화不化가 아니다. 2) 인성/비겁의 투간透干 여부 : 인성이 천간에 透하여, 지지에 유근有根하다면 불화不化이다. 하지만 인성이 무근無根하다면 가화이다. 여기에서 투간透干한 인성이 이웃한 천간에 피극被剋되거나 피합被合되면, 인성이 제거된 것으로 본다. 한편 비겁이 천간에 透하면, 화격 성립에 지장이 없는 것으로 본다. 비겁은 일주에 미치는 생조력生助力이 미미하기 때문이다. 3) 화신의 득령得令 및 화신국化神局의 성립 여부 : 화신을 포함하여 어떤 오행도 득령하지 못하거나, 지지에서 화신국化神局(삼합/방합/준삼합/준방합/반합 등 모두 포함)이 성립하지 않으면, 화신의 기세가 강하지 않으므로 불화이다. 여기에서 화신국의 성립은 반드시 월지가 포함되어야 한다. 종격은 특정 오행의 勢에 초점을 맞추므로 득령 여부는 부차적副次的이지만, 화격은 合이 성립하면 합화合化할 수 있는 氣에 초점을 맞추므로, 氣의 모멘텀(momemtum)인 득령이 중요하다. 그러므로 화신이 실

   四柱의 定石

령失令하거나 화신국의 성립이 없으면 불화이다. 한편 화신이 득령했으나 월지충月支沖으로 하자瑕疵가 있는 경우에는 가화이다. 4) 화신을 剋하는 오행의 투간透干 여부 : 화신을 극剋하는 오행이 천간에 透하여, 지지에 유근하다면 불화이다. 하지만 극제신剋制神이 무근이라면 가화이다. 여기에서 기신忌神인 극제신이 이웃한 천간에 피극되거나 피합되면, 기신이 제거된 것으로 본다. 5) 辰土의 투출透出 여부 : 적천수滴天髓 원문에서 "합이 성립하고 천간에서 방해가 없으면, 辰土 하나만 있어도 진화가 된다."고 설명한다. 하지만 적천수천미滴天髓闡微에서는 이를 부정否定하고 있다. 辰土가 화기化氣의 원신元神이지만, 이로써 화격이 완성된다는 것은 비약적인 논리이다. 다만 천간이 화신化神의 원신이고 좌하坐下에 辰土가 놓이면, 辰土는 화신의 하나가 된다. 예를 들면 丙일주 辛월간 화수격化水格에서 시간에 壬水가 透하면, 시두법(時頭法: **시주時柱를 정하는 방법**)에 의거, 좌하坐下에는 무조건 辰土가 놓이게 되는데, 이때 辰土는 화기化氣의 원신이므로, 화신으로 본다.

상기上記의 성립조건을 보면, 결과적으로 陰일주 극신약 종격의 성립조건과 유사하다. 다른 점은 화신化神이 실령하거나 화신국이 불성립하면, 가화가 아닌 불화라는 점이다. 이는 화신이 종신從神과 달리, 勢(오행의 편중)보다는 氣(월령이나 근根)에 종속從屬되기 때문이다.

그리고 가화의 성립조건이 두개 이상일 경우에는 불화로 판단한다. 예를 들면 甲己合이 성립했으나, 무근한 인성이 透하고 득령한 화신이 피충被沖되면, 가화의 성립조건이 두 개가 되어 불화로 본다.

그런데 상기上記의 성립조건을 적용하면, 적천수천미滴天髓闡微에서 설명한 진화眞化 예제사주例題四柱 5개 中 2개는 화격의 범위를 벗어나 정격正格(=불화)이 되고, 가화假化 예제사주 5개 中 5개 모두가 불화가 된다.

1) 己甲甲乙	2) 己甲壬戊	3) 壬癸戊丙	4) 己甲甲己
巳辰申丑	巳辰戌辰	戌巳戌戌	巳子戌卯
5) 己甲丙甲	6) 己甲丁甲	7) 戊癸辛甲	8) 辛壬丁甲
巳申子子	巳戌丑寅	午亥未寅	亥辰卯辰

1) 土화신이 실령하고, 土화신을 剋하는 木오행이 두 개나 있어 진화가 아닌 불화이다. 2) 土화신은 득령했고, 辰戌沖의 정기장간正氣藏干은 통근력을 상실하지 않으므로 진화이다. 3) 火화신이 실령하고, 火화신을 剋하는 壬水가 있어 진화가 아닌 불화이다. 4) 甲일주는 왕지旺支인 卯木에 유근有根하여 가화가 아닌 불화이다. 5) 화토신化土神은 실령하여 가화가 아닌 불화이다. 6) 甲일주는 녹지祿支인 寅木에 유근하여 가화가 아닌 불화이다. 7) 火화신은 실령하고, 癸일주는 좌하坐下에 녹지祿支인 亥水가 있고, 천간에는 辛金 인수가 있어 가화가 아닌 불화이다. 8) 壬일주는 녹지인 亥水에 유근하고, 辛金 인수가 있어 가화가 아닌 불화이다.

한편 일간합日干合이 아닌 년간과 월간이 간합干合한 경우, 역시 지지에서 협조하면 합화合化가 가능하다. 즉 합화신合化神이 득령得令하거나 화신국化神局이 성립하면 합화가 된다. 하지만 일주와의 합이 아니므로, 일주가 합화신에 따르는 화격化格의 범주는 아니다. 예를 들면 년간 癸와 월간戊가 투간透出하여 간합하면, 월두법(月頭法: **월주月柱를 정하는 방법**)에 의거, 월지는 필히 午火이므로 '癸戊'는 火오행으로 변화한다. 이러한 합화는 癸戊 조합 外에도 己甲/庚乙/丁壬 조합도 해당된다. 이를

四柱의 定石

설명하면 다음과 같다.

1) 丙丁戊癸	2) ○○甲己	3) ○○乙庚	4) ○○壬丁
午酉午卯	○○戌○	○○酉○	○○寅○

1) 1963년 6월 23일 午時에 출생한 건명乾命의 명조命組이다. 정격으로 보면, 인비세印比勢가 극강極强하여 癸水 편관을 용신으로 삼을 수 있는데, 癸水 편관이 월간 戊土와 간합하여 용신이 무력화無力化되어 파격이다. 하지만 年月의 戊癸合은 월지가 午火이므로, 戊癸는 火오행으로 변화된다. 결과적으로 本 명조는 식재관세食財官勢가 전무全無하여, 丁 일주의 勢에 從하는 종왕격從旺格이 된다. 일주가 합화合化된 것이 아니므로 화격으로 분류하면 안 된다. 2),3),4)도 년월이 간합하여 합화되는 경우이다.

2.2 화격의 용·희신 (化格의 用·喜神)

화격도 종격과 마찬가지로 억부抑扶의 논리에서 벗어나, 합화신合化神에 수렴收斂하는 오행이 희신喜神이 된다. 즉 합화신을 중심으로 합화신을 생조生助하거나 설기洩氣하는 오행이 희신이 된다. 이를테면 진화토격眞化土格은 합화신의 기세氣勢가 유여有餘하므로, 이를 洩하는 金오행이 土화신보다 제1의 희신이 되고, 가화토격假化土格은 진화토격에 비해 상대적으로 기세가 부족하므로, 이를 生하는 火오행이 土화신보다

제1의 희신이 된다. 하지만 사주의 배합配合에 따라 희신운喜神運이 달라질 수 있다. 이를테면 합화신의 인수가 透하면, 합화신의 식상운食傷運은 한신閑神이고, 합화신의 식상이 透하면 인수운印綬運은 기신忌神이 된다.

2.3 化格 例題 (화격 예제)

20) 乾命/1958. 7. 31. 戌時

정관		일주		비견		겁재	
甲		己		己		戊	
戌		酉		未		戌	
辛丁戊		辛		丁/乙/己(司令)		辛丁戊	
70	60	50	40	30	20	10	5
2029	2019	2009	1999	1989	1979	1969	1964
丁	丙	乙	甲	癸	壬	辛	庚
卯	寅	丑	子	亥	戌	酉	申

[己일주 未月 戊월령] 己일주는 시간 甲木과 간합하고, 土화신은 득령하고, 천간과 지지에는 土화신과 동일한 오행이 가득하고, 土화신에 대적하는 오행이 없으므로 진화토격眞化土格이다. 용신은 土화신이고, 화신의 수기秀氣를 흡수하는 金오행과 화신을 생조하는 火오행이 희신이 된다.

[辛酉大運] 辛運은 土화신의 수기秀氣를 흡수하여 이롭다. 酉運은 辛運

四柱의 定石

의 왕근旺根으로 년시의 戌과 결합, 辛酉戌 준식상국(희신)이 성립하여
土화신의 수기秀氣를 흡수한다. [壬戌大運] 壬運에는 壬水 하나를 놓고,
土화신들이 다투는 군겁쟁재群劫爭財의 양상이 된다. 戌運은 월지未와
결합, 戌未刑으로 戌中辛(희신)이 피상被傷된다. [癸亥大運] 癸運은 년간
戊와 간합하여, 戊용신은 합반合絆이 된다. 亥運에는 사지四支에 動하는
기류가 없으나, 亥未 준반합의 목기木氣(기신)는 잠재적으로 작용한다.
[甲子大運] 甲運은 월간己와 간합하여, 甲己合이 성립하고 화토化土가 된
다.《甲運과 결합한 월간己도 합화를 이루므로, 두 개 조組의 갑기화토甲
己化土가 성립한다.》子運에는 일지酉와 결합, 子酉害로 소양少陽 酉金
(식상)이 태음太陰 子水(재성)에 흡수된다. [乙丑大運] 乙運은 土화신을
剋하여 이롭지 않다. 丑運에는 년월의 戌未와 결합, 丑戌未삼형으로 戌
中辛·丁 희신이 형거刑去된다.《丑戌未 삼형에서 火/金 오행이 모두 불
투不透하여, 戌이 형거된다.》이후 일지酉와 결합, 酉丑 반합국(희신)이
성립하여, 土화신의 수기秀氣를 흡수한다. 이후 시지戌과 결합, 丑戌刑
으로 戌中丁(희신)이 피상된다. [丙寅大運] 丙運은 土화신을 生하여 이롭
다. 寅運에는 년시의 戌과 결합, 丙寅戌 준인수국(희신)이 성립하여, 土
화신을 생조한다.

本 명조는 인비식운印比食運(火土金)이 희신인데, 천간에서는 초년기
(소아기~10대)에 식상운(庚辛)이 도래하고, 노년기(60대~70대)에 인수운
(丙丁)이 도래한다. 지지에서는 초년기(소아기~20대)에 서향(申酉戌) 運
이 도래한다. 다만 戌運에는 戌未刑이 작용하여, 길운吉運이 되지 못한다.

21) 乾命/1953. 9. 26. 酉時

정재		일주		겁재		상관	
乙		庚		辛		癸	
酉		辰		酉		巳	
辛		乙癸戊		庚/辛(司令)		庚丙	
70	60	50	40	30	20	10	5
2024	2014	2004	1994	1984	1974	1964	1959
癸	甲	乙	丙	丁	戊	己	庚
丑	寅	卯	辰	巳	午	未	申

[庚일주 酉月 辛월령] 庚일주는 시간 乙木과 간합하고, 金화신은 득령하고, 천간과 지지에는 金화신과 동일한 오행이 가득하고, 金巳酉 화신국化神局까지 성립하고, 金화신에 대적하는 오행이 없으므로 진화금격眞化金格이다. 용신은 金화신이고, 화신의 수기秀氣를 흡수하는 水오행이 희신이다. 水희신을 剋하는 土오행은 기신이 된다.

[己未大運] 己運은 癸희신을 剋하여 이롭지 않다. 未運에는 일지辰과 결합, 辰未害로 소음少陰 辰土가 태양太陽 未土에 흡수된다. [戊午大運] 戊運은 년간癸와 간합하여, 癸희신은 합거合去가 된다. 午運에는 사지四支에 動하는 기류가 없으나, 巳午 준반합의 화기火氣(기신)는 잠재적으로 작용한다. [丁巳大運] 丁運은 金화신을 剋하여 이롭지 않다. 巳運에는 시지酉와 결합, 巳酉 화신국化神局이 성립하여 金화신의 勢가 강화된다. [丙辰大運] 丙運은 월간辛과 간합하여, 辛용신은 합반合絆이 된다. 辰運에는 월시의 酉와 결합, 두 개 조組(辰運&월지/일지&시지)의 辰酉合이

四柱의 定石

성립하여, 辰土(인수)가 구속된다.《원국原局에서 酉辰酉 조합은 본디 쟁합爭合으로 불합不合이나, 辰運이 도래하여 배우配偶의 조합이 되어, 두 개 조의 辰酉合이 성립한다.》[乙卯大運] 乙運은 일간庚과 간합하여, 시간乙과의 쟁합으로 乙庚合은 불합이 된다. 이로 인해 불화不化가 된다.《적천수滴天髓 원문에서는 화격의 쟁합을 부정否定하나, 적천수천미滴天髓闡微에서는 쟁투爭妒의 의미로 보고 있다. 즉금卽今에 혼인한 자가 이혼하는 것은 비일비재非一非再하다. 쟁합은 정격正格이든 화격化格이든 합이불화合而不化이다. 그러므로 원국에서의 화격은 金종격으로 변화된다.》卯運에는 월시의 酉와 결합, 卯酉沖으로 쌍방피상雙方被傷의 국면이 되어, 酉金이 충거沖去된다. 이로 인해 金巳酉 종신국도 소멸된다.《원국에서 시간乙은 을경화금乙庚化金으로 변화되나, 乙運이 도래하여 쟁합으로 불합이 되면, 시간乙은 卯運의 원신元神이 된다. 그래서 卯酉沖은 쌍방피상이 된다.》이후 일지辰과 결합, 乙卯辰 재성국(기신)이 성립하여 목세木勢가 강화된다. [甲寅大運] 甲運에는 甲木 하나를 놓고, 金화신들이 다투는 군겁쟁재群劫爭財의 양상이 된다. 寅運은 甲運의 녹근祿根으로 일지辰과 결합, 甲寅辰 준재성국(한신)이 성립한다.

本 명조는 비식운比食運(金水)이 희신인데, 천간에서는 소아기/70대에 庚/癸 運이 도래한다. 반면 지지에서는 남·동향(未午巳辰卯寅) 運으로 흘러간다. 다만 巳運에는 金巳酉 화신국이 성립하여, 흉변위길凶變爲吉의 運으로 변모한다.

22) 乾命/1959. 3. 21. 丑時

정인		일주		정재		정관	
辛		壬		丁		己	
丑		寅		卯		亥	
癸辛己		丙甲		甲/乙(司令)		甲壬	
70	60	50	40	30	20	10	5
2030	2020	2010	2000	1990	1980	1970	1965
己	庚	辛	壬	癸	甲	乙	丙
未	申	酉	戌	亥	子	丑	寅

[壬일주 卯月 乙월령] 壬일주는 월간 丁火와 간합하고, 木화신은 득령하고, 木寅卯亥 화신국化神局까지 성립하여 木화신의 勢가 강하다. 하지만 木화신에 대적하면서, 壬일주를 生하는 辛金 정인이 透하여 가화목격假化木格이다. 용신은 木화신이고, 화신을 생조하는 水오행과, 화신의 수기秀氣를 흡수하고 金기신을 剋하는 火오행이 희신이 된다.

[乙丑大運] 乙運은 木화신과 동기同氣의 오행이므로 이롭다. 丑運은 시지丑과 결합, 丑丑害가 發하여 지지병존地支竝存의 피해(고집/치밀함)가 있다. [甲子大運] 甲運은 년간己와 간합하여, 己한신은 합거合去가 된다. 子運에는 사지四支에 動하는 기류가 없으나, 亥子丑 조합의 수기水氣(희신)는 잠재적으로 작용한다. 《원국原局에서 亥丑 간이 원격遠隔이어서, 亥子丑 조합은 불회不會이다.》 [癸亥大運] 癸運은 년간己에게 피극被剋되어, 한신운閑神運이 된다. 亥運은 木화신의 생근生根으로 일지寅과 결합, 木寅亥 화신국이 성립하여 木화신의 勢가 강화된다. [壬戌大運] 壬運

四柱의 定石

은 월간丁과 간합하여, 일간壬과의 쟁합爭合으로 丁壬合은 불합不合이 된다. 이로 인해 불화不化가 되어, 정격인 신약 상관격으로 변화된다. 戌運에는 일지寅과 결합, 丁寅戌 준재성국(기신)이 성립하여, 己기신을 생조한다.《원국에서 월간丁은 정임화목丁壬化木으로 변화되나, 壬運이 도래하여 쟁합으로 불합이 되면, 월간丁은 戌運의 원신元神이 된다. 그래서 丁寅戌 준재성국이 성립한다.》[辛酉大運] 辛運은 木화신을 剋하여 이롭지 않다. 酉運에는 월지卯와 결합, 卯酉沖으로 왕자충쇠旺者沖衰 쇠자발쇠者拔의 국면이 되어,《木화신은 辛運에게 피극되어, 卯는 쇠자가 된다.》卯木이 충거沖去된다. 이로 인해 木寅卯亥 화신국이 소멸된다. [庚申大運] 庚運에도 木화신을 剋하여 이롭지 않다. 申運에는 일지寅과 결합, 寅申沖으로 왕자충쇠旺者沖衰 쇠자발쇠者拔의 국면이 되어,《木화신은 庚運에게 피극되어, 寅은 쇠자가 된다.》寅木이 충거된다. 이로 인해 木寅卯 화신국이 소멸된다.

本 명조는 木화신의 인비식운印比食運(水木火)이 희신이다. 천간에서는 丙/乙/甲/癸/壬 運이 이에 해당되나, 이 中에 甲/癸/壬 運은 피합被合 또는 피극被剋되어 이롭지 않다. 반면 지지에서는 북향(丑子亥) 運이 길운으로 작용한다. 다만 丑運에는 수기水氣가 아닌 丑丑害가 發하여, 이롭지 않다.

3. 양신성상격 (兩神成象格)

3.1 양신성상격의 성립조건 (兩神成象格의 成立條件)

양신성상격의 성립조건에 대하여 적천수천미滴天髓闡微에서는 다음과 같이 설명하였다. 상생相生은 내가 生하는 것으로 수기秀氣가 유행流行함이 좋고, 상극相剋은 내가 剋하는 것으로 일주가 상상하지 않음이 좋다. 상생은 반드시 공평하게 나누어져 있어야 하며, 조금 많거나 조금 부족한 것은 취取하지 않는다. 상극은 반드시 균등하게 대치하고 있어야 하며, 한쪽이 무겁거나 한쪽이 가벼운 것은 절대 꺼린다.《原文: 相生要我生, 秀氣流行, 相剋要我剋, 日主不傷, 相生必欲平分, 無取稍多稍寡, 上剋務須均敵, 切忌偏重偏輕.》즉 양신성상격은 상생형相生型과 상극형相剋型으로 구분되며, 상생형이나 상극형 모두 兩 오행의 수數가 동수同數로 구성되어야 한다고 강조하는데, 실제 예제사주例題四柱에서도 兩 오행의 수數가 동일하다.

상생형은 다시 인비조합형印比組合型(일주·비겁과 인수와의 조합)과 비식조합형比食組合型(일주·비겁과 식상과의 조합)으로 구분할 수 있다. 그런데 상생형은 수기秀氣가 유행됨이 좋다고 하였으므로, 인비조합형은 식상이 희신喜神으로, 비식조합형은 재성이 희신으로 작용한다. 하지만 인비조합형에서 인성이 透하면 식상을 剋하고, 비식조합형에서 비겁이 透하면 재성을 剋하게 된다.

그래서 상생형 양신성상격의 개념을 다시 생각해 볼 필요가 있다. 무릇 인비조합형은 인수가 일주를 생조生助하므로 결국 종왕격從旺格이나 종강격從强格과 같은 것이고, 비식조합형은 비겁이 식상을 생조하므로 결국 종아격從兒格이 될 확률이 높거나, 일주가 득령得令했다면 정격正格의 신강사주身强四柱가 된다. 결과적으로 상생형의 양신성상격은 종격이나 정격으로 판단해도, 동일한 취용取用을 하게 되는데, 굳이 상생형 양신성상격을 별도로 분류할 필요는 없어 보인다. 적천수천미滴天髓闡微에서 설명한 상생형 예제사주例題四柱는 모두 4개인데, 사주 구성이 한결같이 兩 오행의 수數가 4대 4로 반분半分되어 있다. 그런데 모든 예제를 종격從格이나 정격正格으로 설명하여도 동일한 결과로 귀결歸結된다. 해당 예제사주는 아래와 같다.

1) 丁甲丁甲	2) 乙丁乙丁	3) 戊丙戊丙	4) 辛戊辛戊
卯午卯午	巳卯巳卯	戌午戌午	酉戌酉戌

1),3),4)번 예제사주는 비식조합형인데, 차이점은 1)번은 일주가 득령得令하였고 3),4)번은 식상이 득령하였다. 3),4)번은 결국 종아격從兒格이어서 재성운이 희신喜神으로 작용하고, 1)번은 정격正格의 신왕사주身旺四柱이므로, 식재관食財官을 용신으로 삼을 수 있는데, 마침 이를 설기洩氣하는 丁火 상관이 透하여 용신으로 삼는다. 2)번은 유일하게 인비조합형인데, 木이 화세火勢를 따르므로 결국 종왕격從旺格이어서 인비운印比運이 희신으로 작용한다. 만약에 木 인성이 득령했다면 종강격從强格이 성립할 것이다. 적천수천미에서 설명한 내용도, 상술上述한 바와 같다.

3.2 양신성상격의 용신 (兩神成象格의 用神)

　적천수滴天髓 형상론形象論에 "양기합이성상兩氣合而成象, 상불가파야象不可破也."라는 문구가 있다. 주석註釋하면, 양기兩氣가 합하여 형상形象이 이루어지면, 그 象을 깨뜨리는 것은 불가하다. 이는 양신兩身 中에 어느 하나라도 피상被傷되면 양신성상격은 파격破格임을 의미한다. 그리고 적천수천미滴天髓闡微에서 상극형相剋型 양신성상격은 일주가 상상하지 않음을 요要한다고 하였다. 그래서 위 두 조건을 만족할 수 있는 상극형 양신성상격의 용신은 통관신通關神이 유일하다. 이를테면 金木 양신성상격에서 火/金 오행은 兩神을 剋하여 기신忌神이 되고, 木/土 오행은 兩神과 상극相剋이므로 한신閑神이고, 水오행은 金生水生木으로 유통流通되어 兩神을 화해和解시킨다. 그러므로 상극형 中 비재조합형比財組合型(일주·비겁과 재성과의 조합)은 식상이, 비관조합형比官組合型(일주·비겁과 관살과의 조합)은 인수가 용신이 된다.

　그런데 상극형에서 兩 오행의 수數는 동일해도, 기세氣勢가 균등한 사주를 찾기 어렵다. 적천수천미滴天髓闡微에서 언급한 상극형 예제사주例題四柱는 2개인데, 전부 기세가 균등한 사주가 아니다. 예제사주는 兩 오행이 수량적으로 4 對 4로 반분半分되어 있어 균등한 것으로 보이나, 월령月令/생시生時에 통근한 것이 여타餘他 지지에 통근한 것보다도 기세가 강하다는 기본적인 이치에서 보면, 兩 오행은 균형과 거리가 멀다. 해당 상극형 예제사주와 필자가 준비한 예제사주를 덧붙여 설명하면 아래와 같다.

四柱의 定石

| 5) 癸戊癸戊 | 6) 己癸己癸 | 7) 癸戊癸戊 | 8) 甲戊甲戊 |
| 亥戊亥戊 | 未亥未亥 | 亥辰亥辰 | 寅辰寅戊 |

　5)번 예제사주가 비재형 양신성상격이면 통관신 식상을 용신으로 삼아야 한다. 하지만 이 사주는 水 재성이 득령得令 및 득시得時(**해당 천간이 시령時令을 득得한 것을 말한다. 예를 들면 水(壬/癸) 오행이 子時에 통근한 경우이다.**)하여, 兩 오행의 균형이 완전히 무너진 신약사주身弱四柱이다. 적천수천미에서의 설명도 丙寅 인수운에 과거급제科擧及第 했다고 하니, 양신성상격이 아닌 신약사주로 본 것이다. 6)번 예제사주도 비관형 양신성상격이면 통관신 인수를 용신으로 삼아야 한다. 하지만 이 사주도 土 관살이 득령 및 득시하니, 兩 오행은 대등하지 못하다. 적천수천미에서의 설명도 乙卯 運에 현령縣令의 벼슬에 올랐다고 했는데, 식상운(木)은 양신兩神의 한 축인 土 관살을 剋하는 기신忌神이므로, 양신성상격의 개념에 역逆하는 것이다. 그런데 이 명조命組는 신약사주身弱四柱로, 관살이 중重하고 인수가 천간에 불투不透하여, 식상운이 호운好運으로 작용한다. 7),8)번 예제사주(乾命, 1928.11.24. 亥時 / 乾命, 1958.2.20. 寅時)는 적천수천미의 예제사주와 유사한 명조를 필자가 올린 것인데, 일주는 실령失令 및 실시失時(**해당 오행이 시령을 실失한 것을 말한다. 예를 들면 水(壬/癸) 오행이 水時令을 득得하지 못한 경우이다.**)하여, 역시 신약사주身弱四柱이다.

　적천수천미의 예제사주를 보고 생각해 보건대, 사주팔자의 구성상 월주는 월두법月頭法, 시주는 시두법時頭法에 의해 간지干支가 정해지는데, 월두법이나 시두법의 이치는 같다. 즉 양자兩者는 모두 합화오행合

化五行을 기준으로 하여 순방향順方向으로 진행시키므로, 간지 배합이 동일하다. 예를 들면 甲/己 年이나 甲/己 日이면 갑기화토甲己化土이므로, 합화오행인 戊土를 진위辰位에 올려 놓고, 戊辰 → 己巳 → 庚午 순순順으로 진행하면 된다. 다만 월주는 寅月이 시작점이고 시주는 子時가 시작점이므로, 지지 '子丑'은 상이相異하다. 이러한 이유로 년간 및 일간이 동일한 글자이면, 월주 및 시주는 子丑을 제외한 모든 간지가 필히 동일하다. 그런데 상기上記의 예제사주에서 년주와 일주에 동일한 글자를 놓고 상극相剋하는 오행을 월주에 놓으니, 시주 또한 동일한 오행이 도출導出되는 것이다. 그래서 월·시주에 있는 재성이나 관살이 득령득시得令得時하는 것이다. 결국 이러한 사주 조합은 모두가 신약사주身弱四柱가 된다. 그래서 두 예제사주에 대한 적천수천미에서의 설명도 신약사주로 해석하였다.

이는 체용상體用上 체體 영역의 양신성상격(사주팔자四柱八字에서 兩神 오행의 수數가 반분半分되어 있다.)이지, 용용 영역의 양신성상격(兩神의 기세는 균등하게 작용한다.)이 아니다. 그리고 체體 영역의 양신성상격이 정격正格과 차별성이 없다면, 굳이 양신성상격을 별도의 格으로 분류할 필요는 없는 것이다. 하여간 양신성상격은 아주 희박稀薄한 사주인데, 그 원인은 반드시 양신을 동수同數로 맞추어야 하므로, 균등한 기세의 사주를 찾기 어렵다. 그래서 지지에서는 동일비율의 기준보다는 통근력의 우열優劣을 기준으로 하여, 兩 오행의 기세가 균등하면 양신성상격으로 보는 것이 합리적이다. 이를테면 천간에 水/火 오행이 동수同數인데, 火오행이 년·월지에 통근하고 水오행이 일·시지에 통근하면 기세가 대등하다. 또한 火오행이 득령하면 水오행은 여타餘他 세 지지 모두에 통근하여도 기세가 대등하다. 하지만 火오행이 월·시지나 월·일 지를 점占하면, 水오행에 비해 통근력이 월등越等하게 강해지므로, 용用 영역의 양신성상격이 성립되지 않는다. 이에 대해서는 예제사주를 통해 설명하겠다.

3.3 양신성상격 예제 (兩神成象格 例題)

23) 乾命/1923. 11. 21. 未時

겁재		일주		정재		정재	
己		戊		癸		癸	
未		戌		亥		亥	
丁乙己		辛丁戊		戊/甲(司令)/壬		甲壬	
70	60	50	40	30	20	10	5
1994	1984	1974	1964	1954	1944	1934	1929
乙	丙	丁	戊	己	庚	辛	壬
卯	辰	巳	午	未	申	酉	戌

[戊일주 亥月 壬월령] : 정격正格으로 보면 재성격이나, 천간에서는 일주·비겁과 재성, 兩 오행으로만 구성되어 있고, 지지에서는 재성이 년·월지에 통근하고, 일주가 일·시지에 통근한 바, 兩 오행의 기세가 균 형을 맞추고 있어 양신성상격이다. 용신은 통관신通關神(金)이 된다.

[辛酉大運] 辛運은 일시의 비겁신比劫神을 洩하고 년월의 재성신財星

神을 生하여, 土生金生水로 유통流通되어 이롭다. 酉運은 辛運의 왕근旺根으로 일지戌과 결합, 辛酉戌 준식상국(희신)이 성립하여 통관신의 勢가 강화된다. [庚申大運] 庚運에도 辛運과 같은 이치로 유통되어 이롭다. 申運은 庚運의 녹근祿根으로 일지戌과 결합, 庚申戌 준식상국(희신)이 성립하여 통관신의 勢가 강화된다.《辛酉/庚申 運은 간지동운干支同運으로, 용신의 작용력이 증가된다.》[己未大運] 己運은 년월의 재성신을 剋하여 이롭지 않다. 未運에는 일지戌과 결합, 戌未刑으로 戌中辛(희신)이 피상被傷된다. [戊午大運] 戊運은 년간癸와 간합하여, 癸(재성신)는 합반合絆이 된다. 午運에는 시지戌과 결합, 午戌 인수 반합국(한신)이 성립하여 비겁신을 생조하여, 兩神의 균형이 깨진다. [丁巳大運] 丁運은 년간癸에게 피극被剋되어, 한신운閑神運이 된다. 巳運에는 년월의 亥와 결합, 巳亥沖으로 쇠자충왕衰者沖旺 왕자발旺者發 국면이 되어, 亥水(재성신의 녹근)가 發하여 兩神의 균형이 깨진다.《巳運과 결합한 巳未 준반합은, 천간의 丁運이 년간癸에게 피극되어, 丁巳未 준인수국이 성립하지 못한다.》[丙辰大運] 丙運은 비겁신을 生하여 이롭지 않다. 辰運에는 일지戌과 결합, 辰戌沖으로 충출沖出한 戌中辛(식상)/戌中丁(인수)/辰中乙(관살)은 개고開庫가 된다.

本 명조는 통관신通關神(金)이 용신인데, 초년기(10대~20대)에 간지동운干支同運인 辛酉/庚申 運이 도래한다.

24) 乾命/1955. 9. 26. 辰時

비견		일주		정재		정재	
庚		庚		乙		乙	
辰		寅		酉		未	
乙癸戊		丙甲		庚/辛(司令)		丁乙己	
70	60	50	40	30	20	10	5
2026	2016	2006	1996	1986	1976	1966	1961
丁	戊	己	庚	辛	壬	癸	甲
丑	寅	卯	辰	巳	午	未	申

[庚일주 酉月 辛월령] : 정격正格으로 보면 양인격이나, 천간에서는 일주·비겁과 재성, 兩 오행으로만 구성되어 있고, 지지에서는 일주가 월지에 득령하였고, 재성이 일시에 통근한 바, 兩 오행의 기세가 균형을 맞추고 있어 양신성상격이다. 용신은 통관신通關神(水)이 된다.

[癸未大運] 癸運은 일시의 비겁신比劫神을 洩하고 년월의 재성신財星神을 生하여, 金生水生木으로 유통流通되어 이롭다. 未運에는 사지四支에 動하는 기류가 없으나, 未未 조합의 화기火氣(기신)는 잠재적으로 작용한다.《未運과 년지未가 결합한 未未害가 있으나, 년지의 害는 작용력이 미약하므로, 動하지 않는 것으로 본다.》《未運과 시지辰이 결합한 辰未 조합은 천간에 兩 乙木이 透하여 불해不害이다.》[壬午大運] 壬運에도 癸運과 같은 이치로 유통되어 이롭다. 午運에는 일지寅과 결합, 寅午 관살 반합국(기신)이 성립하여, 비겁신을 공격한다. [辛巳大運] 辛運은 년월의 재성신을 剋하여 이롭지 않다. 巳運은 비겁신의 생근生根으로 월지

酉와 결합, 金巳酉 준비겁국이 성립하여 兩神의 균형이 깨진다. [庚辰大運] 庚運은 년간乙과 간합하여, 乙(재성신)은 합거合去가 된다. 辰運에는 월지酉와 결합, 辰酉合으로 辰土(인성)가 구속된다. [己卯大運] 己運은 년간乙에게 피극被剋되어, 한신운閑神運이 된다. 卯運에는 월지酉와 결합, 卯酉沖으로 상방피상雙方被傷의 국면이 되어, 酉金(비겁신의 왕근旺根)이 충거沖去된다. 이후 일지寅과 결합, 木寅卯辰 재성국이 성립하여, 兩神의 균형이 깨진다. [戊寅大運] 戊運은 일시의 비겁신을 生하여 이롭지 않다. 寅運에는 사지四支에 發하는 기류가 없으나, 寅寅害의 목기木氣는 動한다. 《寅運과 결합한 寅寅害는 動하나 發하지 못한다. 이는 종속변수인 일지가 포함된 乙寅辰 준재성국에 승勝할 수 없기 때문이다.》

本 명조는 통관신通關神(水)이 용신인데, 천간에서는 초기(10대~20대)에 식상운食傷運(癸/壬)이 도래한다, 반면 지지에서는 통관신이 보이지 않는다.

25) 乾命/1947. 6. 13. 亥時

비견		일주		정재		편재	
癸 亥		癸 亥		丙 午		丁 亥	
甲壬		甲壬		丙(司令)/己/丁		甲壬	
70	60	50	40	30	20	10	5
2018	2008	1998	1988	1978	1968	1958	1953
戊 戌	己 亥	庚 子	辛 丑	壬 寅	癸 卯	甲 辰	乙 巳

[癸일주 午月 丙월령] 정격正格으로 보면 재성격이나, 천간에서는 일주·비겁과 재성, 兩 오행으로만 구성되어 있고, 지지에서는 재성이 월지에 득령하였고, 일주는 년·일·시지에 통근한 바, 兩 오행의 기세가 균형을 맞추고 있어 양신성상격이다. 용신은 통관신通關神(木)이 된다.

[甲辰大運] 甲運은 일시의 비겁신比劫神을 洩하고 년월의 재성신財星神을 生하여, 水生木生火로 유통流通되어 이롭다. 辰運에는 사지四支에 動하는 기류가 없으나, 辰亥 조합의 수기水氣(기신)는 잠재적으로 작용한다. [癸卯大運] 癸運은 년월의 재성신을 剋하여 이롭지 않다.《양신성상격의 兩神은, 진극眞剋이든 가극假剋이든 음양에 상관 없이 피극被剋된다.》卯運에는 년일시의 亥와 결합, 亥亥亥卯 식상 반합국(희신)이 성립하여, 통관신의 勢가 극대화된다. [壬寅大運] 壬運은 년간丁과 간합, 丁(재성신)은 합거合去가 된다. 寅運은 재성신의 생근生根으로 월지午와 결합, 火寅午 준재성국이 성립하여 兩神의 균형이 깨진다. [辛丑大運] 辛運은 년간丁에게 피극되어, 한신운閑神運이 된다. 丑運은 비겁신(水)의 쇠근衰根으로 년일시의 亥와 결합, 水亥亥亥丑 준비겁국(기신)이 성립하여 재성신을 공격한다. [庚子大運] 庚運은 월간丙에게 피극되어, 한신운이 된다. 子運에는 월지午와 결합, 子午沖으로 쌍방피상雙方被傷의 국면이 되어, 午火(재성신의 왕근旺根)가 충거沖去된다. 이후 일시의 亥와 결합, 水亥亥子 준비겁국(기신)이 성립하여 재성신을 공격한다. [己亥大運] 己運은 일시의 비겁신을 剋하여 이롭지 않다. 亥運에는 년일시의 亥와 결합, 亥亥害로 지지병존地支並存의 피해(게으름/태만)가 있다.

本 명조는 통관신通關神(木)이 용신인데, 천간에서는 초기 (소아기~10
대)에 乙/甲 運이 도래한다. 반면 지지에서는 20대 卯運이 도래하는데,
亥卯合으로 세 번 動한다.

4. 일행득기격 (一行得氣格)

4.1 일행득기격의 성립조건 (一行得氣格의 成立條件)

독상獨象(=일행득기격)의 성립조건에 대해 적천수천미滴天髓闡微에
서는 다음과 같이 정의定義하고 있다. 木일주가 목방木方(寅卯辰) 또는
목국木局(亥卯未)이 온전하고, 金이 섞이지 않으면 곡직격曲直格이라 하
고 … 반드시 득령得令하여야 한다.《原文: 木日或方或局全, 不雜金爲曲
直, … 必要得時當令.》즉 일행득기격은 지지에서 방국方局(방합/삼합)
의 성립을 요要하고, 독상신獨象神을 剋하는 오행이 없어야 하고, 독상
신의 득령도 요구한다. 이는 종왕격從旺格이 방국이나 일주의 득령 등을
필요조건必要條件으로 내세우지 않는 점과 다르다. 그러므로 일행득기
격은 종왕격의 진부분집합眞部分集合으로 보면 되고, 조건의 까다로움
은 종왕격보다 품격品格이 높은 상위의 格임을 의미한다.

그런데 일행득기격의 성립조건을 기존의 삼회三會(삼합/방합) 外에,
준회국準會局도 성립조건에 포함시켜, 성격成格의 범위를 확장하고자
한다. 준회국이란, 지지에서 두 자 결합인 반합체半合體(생왕生旺/왕고

四柱의 定石

旺庫 결합)나 준반합체準半合體(생고生庫/생록生祿/녹왕祿旺/ 왕쇠旺衰
/녹쇠祿衰 결합)가 천간에 원신元神이 透하여, 국국이 성립되는 세 자의
결합을 말한다. 예를 들면 지지에서 生祿 결합인 寅亥 조합이 천간에 원
신인 木(甲/乙)오행이 透한 경우이다.

4.2 일행득기격의 희신 (一行得氣格의 喜神)

　적천수滴天髓 형상론形象論에서 "독상희행화지獨象喜行化地, 이화
신요창而化神要昌."이란 문구가 있다. 주석註釋하면, 하나의 기세氣勢
로 이루어진 형상形象은 인화引化되는 방향으로 가는 것을 기뻐하며, 또
한 화신化神의 창성昌盛함이 요구된다. 이는 희신喜神이 수기秀氣의 흡
수처吸收處인 식상임을 명시하고 있다. 그러므로 인성이 透한 일행득기
격은 희신인 식상을 상傷하게 한다. 그런데 적천수천미滴天髓闡微의 예
제사주 5개 中 3개가 인성이 투간透干한 명조命組이다. 해당 예제사주를
설명하면 아래와 같다.

1) 丙甲丁甲	2) 己戊丁己	3) 乙丙甲丙	4) 壬癸辛壬
寅辰卯寅	未子丑未	未戌午寅	子丑亥子

　1)번 명조는 인성이 없는 곡직격曲直格이다. 식상이 천간에 2개나 透
하고 년시에 통근하여 화신化神은 창성昌盛하므로 응당 희신이 된다.
2),3),4)번 명조는 인성이 있는 일행득기격이다. 4)번 명조는 인성이 무근
無根한 윤하격潤下格인데, 수기秀氣를 흡수하는 식상운食傷運인 甲寅大

運에 길吉했다고 설명한다. 2)번 명조는 丁火 인성이 두 개의 未中丁에 통근하여 화세火勢가 다소 강하다. 그래서 이를 흉凶하게 보고 식상인 金(庚/辛)오행이 불투不透함을 애석哀惜하게 여기고 있다. 3)번 명조는 甲/乙 인성이 녹지祿支인 寅木에 유근有根하여 목세木勢가 자못 강하다. 적천수천미에서는 목왕극토木旺剋土로 수기秀氣가 상상한다고 하였고, 己亥大運에서 식상운인 己運에 대한 언급은 없고, 亥運에 寅木과 합하여 寅亥合으로 강직降職됐다고 설명한다.

　적천수천미의 예제사주를 보고 생각해 보건대, 일행득기격에서 인성은 화신化神인 식상을 상상하게 하는 기신忌神으로 작용한다. 그러므로 인성이 투간透干하면 일행득기격이 아닌 것이다. 일행득기격은 자의字義 그대로 하나의 오행만이 기세氣勢가 있어야 한다. 인성이 투간하면 그저 종왕격從旺格이나 종강격從強格으로 판단하여, 인성이 강한 종강격이면 인성/비겁이 희신이고, 비겁이 강한 종왕격이면 식상/비겁/인성이 희신이 되나, 식상이 사주 원국原局에 투간하면 인성운印星運은 기신이 된다.

4.3 일행득기격 예제 (一行得氣格 例題)

26) 乾命/1964. 3. 6. 亥時

겁재	일주	상관	비견
乙	甲	丁	甲
亥	寅	卯	辰
甲壬	丙甲	甲(司令)/乙	乙癸戊

70	60	50	40	30	20	10	5
2035	2025	2015	2005	1995	1985	1975	1970
乙	甲	癸	壬	辛	庚	己	戊
亥	戌	酉	申	未	午	巳	辰

[甲일주 卯月 甲월령] 甲일주는 득령하고, 지지에서는 寅卯辰 목방木房이 성립하고, 甲寅亥 상신국象神局까지 성립한다. 목상신木象神을 剋하는 오행이 없으므로 곡직격曲直格이다. 용신은 木상신이고 희신은 수기秀氣를 흡수하는 식상(火)이다.

[己巳大運] 己運은 년간甲과 간합하여, 甲용신은 합반合絆이 된다. 巳運에는 시지亥와 결합, 巳亥沖으로 쌍방피상雙方被傷의 국면이 되어, 亥水가 충거沖去된다. 이로 인해 木寅亥 상신국이 소멸된다.《巳運과 결합한 丁寅巳 준식상국(희신)은 動하나 發하지 못한다. 이는 종속변수인 일지가 포함된 寅卯辰 삼회에 승勝할 수 없기 때문이다.》[庚午大運] 庚運에는 甲용신이 피극被剋되거나 乙용신이 피합被合되어 이롭지 않다. 午運은 사지四支에 發하는 기류가 없으나, 丁寅午 준식상국(희신)의 화기

火氣는 動한다. [辛未大運] 辛運은 월간丁에게 피극되어, 한신운閑神運이 된다. 未運은 木상신의 고근庫根으로 월시의 卯亥와 결합, 木亥卯未 상신국이 성립하여, 木상신의 기세가 극대화된다. [壬申大運] 壬運은 월간丁과 간합하여, 丁희신은 합거合去가 된다. 申運에는 일지寅과 결합, 寅申沖으로 쌍방피상雙方被傷의 국면이 되어, 寅木이 충거沖去된다. 이로 인해 木상신의 녹근과 丁희신의 생근生根이 상실된다. [癸酉大運] 癸運은 丁희신을 剋하여 이롭지 않다. 酉運에는 월지卯와 결합, 卯酉沖으로 쇠자충왕衰者沖旺 왕자발旺者發의 국면이 되어, 卯(木상신의 왕근)가 發한다. [甲戌大運] 甲運은 木상신과 같은 동기同氣 오행이므로 이롭다. 戌運에는 년지辰과 결합, 辰戌沖으로 충출沖出한 辰中乙은 년간甲에 입간入干하여, 寅卯辰 삼회가 회소會消되고, 辰中癸(인성)/戌中辛(관살)이 개고開庫가 된다. 이후 일지寅과 결합, 發하지는 못하지만 丁寅戌 준식상국(희신)의 화기火氣는 動한다.

本 명조는 비식운比食運(木火)이 희신인데, 10대~30대에 남향(巳午未) 運이 도래한다. 반면에 서향(申酉戌) 運은 기신인데, 酉運에는 卯酉沖이 發하여, 흉변위길凶變爲吉의 運으로 변모한다.

27) 乾命/1947. 7. 6. 申時

비견		일주		비견		겁재	
丙		丙		丙		丁	
申		戌		午		亥	
壬庚		辛丁戊		丙/己/丁(司令)		甲壬	
70	60	50	40	30	20	10	5
2018	2008	1998	1988	1978	1968	1958	1953
戊	己	庚	辛	壬	癸	甲	乙
戌	亥	子	丑	寅	卯	辰	巳

[丙일주 午月 丁월령] 丙일주는 득령하고, 지지에서는 丙午戌 상신국象神局이 성립하고, 화상신火象神을 剋하는 오행이 없으므로 염상격炎上格이다. 용신은 火상신이고, 희신은 수기秀氣를 흡수하는 식상(土)과 용신을 생조하는 인수(木)이다.

[甲辰大運] 甲運은 火상신을 生하여 이롭다. 辰運에는 일지戌과 결합, 辰戌沖으로 충출沖出한 戌中辛은 월간丙과 합하여 丙용신을 구속시키고, 戌中丁은 년간丁에 입간入干하여 丙午戌 상신국이 소멸되고, 辰中癸(관살)는 개고開庫가 된다. [癸卯大運] 癸運은 火상신을 剋하여 이롭지 않다. 卯運에는 일지戌과 결합, 卯戌合으로 戌土(식상)가 구속된다. [壬寅大運] 壬運은 년간丁과 간합하여, 丁용신은 합거合去가 된다. 寅運은 火상신의 생근生根으로 월일의 午戌과 결합, 火寅午戌 상신국이 성립하여, 火상신의 勢가 극대화된다. 이후 시지申과 결합, 寅申沖으로 쌍방피상雙方被傷의 국면이 되어 申金(한신)이 충거된다. [辛丑大運] 辛運은 월

간丙과 간합하여, 丙용신은 합반合絆이 된다. 丑運에는 사지四支에 動하는 기류가 없으나, 丑戌 조합의 금기金氣(한신)는 잠재적으로 작용한다. 《丑運과 일지戌이 결합한 丑戌 조합은, 천간에 辛運이 들어와 불형不刑이다.》[庚子大運] 庚運에는 庚金 하나를 놓고, 火상신들이 다투는 군겁쟁재群劫爭財의 양상이 된다. 子運에는 월지午와 결합, 子午沖으로 쇠자충왕衰者沖旺 왕자발旺者發의 국면이 되어, 午(火상신의 왕근旺根)가 發한다. 이후 시지申과 결합, 申子 관살 반합국(기신)이 성립하여 火상신을 공격한다. [己亥大運] 己運은 火상신의 수기秀氣를 흡수하여 이롭다. 亥運에는 사지四支에 動하는 기류가 없으나, 申亥 준반합의 수기水氣(기신)는 잠재적으로 작용한다. 《亥運과 년지亥가 결합한 亥亥害가 있으나, 년지의 害는 작용력이 미약하므로, 動하지 않는 것으로 본다.》

本 명조는 인비식운印比食運(木火土)이 희신인데, 천간에서는 초년기(소아기~10대)에 인수운, 노년기(60대~70대)에 식상운이 도래한다. 반면 지지에서는 동향(辰卯寅) 運이 도래한다. 다만 辰運에는 辰戌沖이 發하여 이롭지 않다. 반면에 북향(丑子亥) 運은 기신인데, 子運에는 子午沖이 작용하여, 흉변위길凶變爲吉의 運으로 변모한다.

28) 乾命/1960. 9. 10. 巳時

식신		일주		편재		겁재	
癸		辛		乙		庚	
巳		丑		酉		子	
庚丙		癸辛己		庚(司令)/辛		癸	
70	60	50	40	30	20	10	5
2031	2021	2011	2001	1991	1981	1971	1966
癸	壬	辛	庚	己	戊	丁	丙
巳	辰	卯	寅	丑	子	亥	戌

[辛일주 酉月 庚월령] 辛일주는 득령하고, 지지에서는 巳酉丑 상신국象神局이 성립하고, 천간에서는 월간 乙木과 년간 庚金이 合하여 (월령이 '庚'이므로) 金으로 化하고, 금상신金象神을 剋하는 오행이 없으므로. 종혁격從革格이다. 용신은 金상신이고 희신은 수기秀氣를 흡수하는 식상(水)이다.

[丁亥大運] 丁運은 金상신을 剋하여 이롭지 않다. 亥運은 시간癸의 녹근祿根으로 년일의 子丑과 결합, 癸亥子丑 식상국(희신)이 성립하여 金상신의 수기秀氣를 흡수하다. 이후 시지巳와 결합, 巳亥沖으로 쌍방피상雙方被傷의 국면이 되어, 巳火가 충거沖去된다. 이로 인해 巳酉丑 삼회(상신국)가 회소會消된다. [戊子大運] 戊運은 년간癸와 간합하여, 癸희신은 합거合去가 된다. 子運에는 사지四支에 發하는 기류가 없으나, 癸子丑 준식상국의 수기水氣(희신)는 動한다.《子運과 일지丑이 결합한 癸子丑 준식상국은, 動하나 發하지 못한다. 이는 종속변수인 일지가 포함된 巳酉

丑 삼회에 승勝할 수 없기 때문이다.》 [己丑大運] 己運은 癸희신을 剋하여 이롭지 않다. 丑運에도 사지四支에 發하는 기류가 없으나, 癸子丑 준식상국의 수기水氣(희신)는 動한다. 《丑運과 년지子가 결합한 癸子丑 준식상국은, 動하나 發하지 못한다. 이는 종속변수인 일지가 포함된 巳酉丑 삼회에 승勝할 수 없기 때문이다.》 [庚寅大運] 庚運은 월간乙과 간합하여, 년간庚과의 쟁합爭合으로 乙庚合은 불합不合이 된다. 이로 인해 乙편재가 부활한다. 寅運에도 사지四支에 發하는 기류가 없으나, 寅巳刑의 화기火氣(기신)는 動한다. 《寅運과 시지巳가 결합한 寅巳刑은, 動하나 發하지 못한다. 이는 종속변수인 일지가 포함된 巳酉丑 삼회에 승勝할 수 없기 때문이다.》 [辛卯大運] 辛運은 金상신과 같은 동기同氣 오행이므로 이롭다. 卯運에는 월지酉와 결합, 卯酉沖으로 쇠자충왕衰者沖旺 왕자발旺者發의 국면이 되어, 酉(金상신의 왕근旺根)가 發한다. [壬辰大運] 壬運은 金상신의 수기秀氣를 흡수하여 이롭다. 辰運에는 사지四支에 發하는 기류가 없으나, 癸子辰 준식상국의 수기水氣(희신)는 動한다. 《辰運과 년지子가 결합한 癸子辰 준식상국은, 動하나 發하지 못한다. 이는 종속변수인 일지가 포함된 金巳酉丑 상신국에 승勝할 수 없기 때문이다.》

本 명조는 비식운比食運(金水)이 희신인데, 천간에서는 중년기(40대~50대)에 비겁운, 노년기(60대~70대)에 식상운이 도래한다. 다만 庚運은 쟁합으로 인하여, 길변위흉吉變爲凶의 運으로 변모한다. 지지에서는 10대부터 30대까지 북향(亥子丑)으로 흘러간다.

四柱의 定石

초판 1쇄 발행 2025년 12월 24일

지은이　　황창현
펴낸이　　이기봉
편집　　　좋은땅 편집팀
펴낸곳　　도서출판 좋은땅
주소　　　서울특별시 마포구 양화로12길 26 지월드빌딩 (서교동 395-7)
전화　　　02)374-8616~7
팩스　　　02)374-8614
이메일　　gworldbook@naver.com
홈페이지　www.g-world.co.kr

ISBN　979-11-388-5130-5 (03180)